Literatur um 1800

Akademie Studienbücher
Literaturwissenschaft

Herausgegeben von
Iwan-Michelangelo D'Aprile

Harald Tausch

Literatur um 1800

Klassisch-romantische Moderne

Akademie Verlag

Der Autor:
PD Dr. *Harald Tausch*, Jg. 1965, Privatdozent für Neuere Deutsche Literaturgeschichte sowie Allgemeine und Vergleichende Literaturwissenschaft an der Justus-Liebig-Universität Gießen

Bibliografische Information der Deutschen Nationalbibliothek
Die Deutsche Nationalbibliothek verzeichnet diese Publikation in der Deutschen Nationalbibliografie; detaillierte bibliografische Daten sind im Internet über http://dnb.d-nb.de abrufbar.

© Akademie Verlag GmbH, Berlin 2011
Ein Wissenschaftsverlag der Oldenbourg Gruppe

www.akademie-studienbuch.de
www.akademie-verlag.de

Das eingesetzte Papier ist alterungsbeständig nach DIN/ISO 9706.
Alle Rechte, insbesondere die der Übersetzung in andere Sprachen, vorbehalten. Kein Teil dieses Buches darf ohne schriftliche Genehmigung des Verlages in irgendeiner Form – durch Fotokopie, Mikroverfilmung oder irgendein anderes Verfahren – reproduziert oder in eine von Maschinen, insbesondere von Datenverarbeitungsmaschinen, verwendbare Sprache übertragen oder übersetzt werden.

Einband- und Innenlayout: milchhof : atelier, Hans Baltzer Berlin
Einbandgestaltung: Kerstin Protz, Berlin, unter Verwendung der Miniatur „Heinrich von Kleist" von Peter Friedel (1801). bpk/SBB/Ruth Schacht.
Gesamtherstellung Beltz Bad Langensalza GmbH

Dieses Papier ist alterungsbeständig nach DIN/ISO 9706

ISBN 978-3-05-004541-2

Literatur um 1800
Klassisch-romantische Moderne

1	**Epochenbegriff und Epochengrenzen**	9
1.1	Klassizistisch-romantische Moderne als Einheit	11
1.2	Begriffsgeschichte und Epochenkonzept	16
1.3	Selbsteinschätzung und Fremdwahrnehmung	18
2	**Provinz und Metropole**	25
2.1	Weimar und Berlin	27
2.2	Wackenroders und Tiecks fränkische Reise	33
3	**Imaginationen des Anderen: Rom – Griechenland – Ritterzeit**	39
3.1	Das Eigene und das Fremde	41
3.2	Klassizistisches Rom – Griechenland	42
3.3	Hölderlin	45
3.4	Romantisches Mittelalter, romantische Ritterzeit	50
3.5	Seumes Wanderung nach Rom, Sizilien und Paris	52
4	**Kunstdiskurs und Intermedialität**	55
4.1	Vom Paragone der Künste zur Intermedialität	57
4.2	Klassizistische Plastik – romantische Musik?	59
4.3	Literarische Gespräche über Kunst	65
5	**Gattungsdiskurs und Gattungsinnovation**	71
5.1	Gattungsdiskurs	73
5.2	Romantische Gattungsmischung	79
5.3	Gattung als Reflexionsfigur in Tiecks *Der blonde Eckbert*	81
6	**Ästhetische Theorie und Geschichtsphilosophie**	87
6.1	Zur historischen Positionierung der Ästhetik	89
6.2	Selbstvergewisserung und Diskursstiftung. Anmut bei Schiller	93
6.3	Faszination und Distanz. Anmut bei Kleist	98
7	**Wissensordnungen**	103
7.1	Aufklärerische und romantische Enzyklopädistik	105
7.2	Wissensordnungen bei Goethe	107
7.3	Die frühromantische Enzyklopädistik	110
7.4	Erfundene Enzyklopädie: Jean Pauls *Schulmeisterlein Wutz*	114

8	**Naturwissenschaft und Magie in Goethes *Faust***	119
8.1	Bildwelt der historischen Alchemie	121
8.2	Die Tragödie Margarethes	122
8.3	Die Tragödie Fausts	125
8.4	Naturwissenschaftliche Verfahrensweise	129
9	**Sprachdiskurs und Hermeneutik**	133
9.1	Die Theorie des Sprachsingens	135
9.2	Das Singen und das Zauberwort bei Novalis	138
9.3	Eichendorffs *Wünschelruthe*	143
10	**Der Diskurs der Bildung**	149
10.1	Bildung des Bürgers?	151
10.2	*Wihelm Meisters Lehrjahre* als Bildungsroman?	152
10.3	Die romantischen Antworten auf *Wilhelm Meister*	157
11	**Anthropologie und Psychologie**	163
11.1	Empirische Beobachtung in Anthropologie und Psychologie	165
11.2	Anfänge romantischen Schreibens	169
11.3	Noch einmal: Ludwig Tieck, *Der blonde Eckbert*	173
12	**Das medizinische Wissen: Wahnsinn**	179
12.1	Geschichte des Wahnsinns	181
12.2	Der Wahnsinn in Goethes Werk	182
12.3	E. T. A. Hoffmann: *Der Sandmann*	187
13	**Der juridische Diskurs: Recht – Verbrechen – Opfer**	195
13.1	Naturrecht gegen positives Recht	197
13.2	Die Frage nach dem Recht in Schillers Dramen	200
13.3	Kleists Verhöre: *Das Käthchen von Heilbronn*	205
14	**Wirkungsgeschichte**	209
14.1	Drei Punkte zur Problematik der Wirkung	211
14.2	Phasen der Wirkungsgeschichte	214
14.3	Eichendorff und Heine als Beispiel	220
15	**Serviceteil**	227
15.1	Allgemeine bibliografische Hilfsmittel	227
15.2	Institutionen und Web-Adressen	229
15.3	Werkausgaben einzelner Autoren	230

16	**Anhang**	239
16.1	Zitierte Literatur	239
16.2	Abbildungsverzeichnis	251
16.3	Personenverzeichnis	252
16.4	Glossar	256

1 Epochenbegriff und Epochengrenzen

Abbildung 1: Achille Josephe Etienne Valois: *Triumphaler Einzug der römischen Kunstwerke in Paris* [Ausschnitt], (um 1810)

Die Federzeichnung von Achille Valois zeigt die Überführung römischer Antiken nach Paris. An diesen Kunstwerken hatten sich bislang die Künstler in Rom geschult. Seit 1796 aber hatten die französischen Revolutionstruppen in Italien begonnen, sie zu beschlagnahmen und nach Frankreich zu verbringen (vgl. Savoy 2011). Die Abbildung zeigt das mittlere Drittel der breitformatigen Zeichnung. Der Triumpfbogen am linken Rand steht stellvertretend für Rom, das klassizistische Portal des Museums rechts für das Musée Napoléon, wie die Sammlung im Louvre ab 1803 hieß. Im Bildzentrum befindet sich die berühmte Statue des Apoll vom Belvedere. Raffaels Transfiguration im Bildhintergrund steht als prominentes Beispiel ein für die ungeheuere Menge von Bildern, die den Weg aus Italien nach Paris antraten. Die Zeichnung von Valois war Vorlage für die bildliche Auszierung des Frieses einer Vase, die in der Grande Galérie des Louvre aufgestellt werden sollte.

Viele Zeitgenossen um 1800 empfanden die Überführung der römischen Werke nach Paris als Umbruch: Nicht mehr das traditionsreiche Rom, sondern das revolutionäre und postrevolutionäre Paris sollte nun Hauptstadt für Künstler und Bildungshungrige sein. Die damit einhergehende Musealisierung von Werken, die bis dahin dem Kirchenstaat und anderen Ländern Europas gehört hatten, wurde ebenso lebhaft wie kontrovers diskutiert. Die einen beklagten den Kunstraub und forderten politischen Kulturschutz für national bedeutsame Denkmäler, die anderen lobten die öffentliche Zugänglichkeit der nunmehr chronologisch nach Epochen aufgestellten Werke. Durch ihre Präsentation im Museum waren diese gleichsam erst zu autonomen Kunstwerken geworden – und genau dies forderte die ästhetische Theorie auch von den zeitgenössischen Künstlern: Die Schaffung neuer autonomer, also selbstständig nur auf sich beruhender Kunst. Das Musée Napoléon flankiert somit eine theoretische Diskussion, die für die Autoren der Zeit – unabhängig davon, ob sie eher klassizistische oder eher romantische Texte verfassten – zentral war. Konzepte wie die Kunstautonomie, die geschichtlich reflektierte Aneignung der Antike oder die Vorstellung von ästhetischer Bildung war etwas, das alle miteinander verband.

1.1 **Klassizistisch-romantische Moderne als Einheit**
1.2 **Begriffsgeschichte und Epochenkonzept**
1.3 **Selbsteinschätzung und Fremdwahrnehmung**

1.1 Klassizistisch-romantische Moderne als Einheit

Ältere Literaturgeschichten sprechen von der Weimarer Klassik und der Romantik gerne so, als handle es sich dabei um zwei klar voneinander zu unterscheidende Epochen (vgl. Schultz 1940). Bis heute kann man sich den Suggestionen der Universitätsbibliotheken nur schwer entziehen: nach den Regalen, in denen die Aufklärung zu finden ist, folgen Sturm- und Drang, Klassik und Romantik meist in dieser Reihenfolge.

Gänsemarsch der Stile?

Um 1968 setzte sich die kritischere Literaturwissenschaft von einer typologischen Betrachtungsweise dieser Art ab, weil sie deren Konstruiertheit erkannt hatte. Man war zu der Einsicht gekommen, dass es *eine* Romantik nicht gebe und dass man gut beraten sei, nur von Romantikern im Plural zu sprechen. Was diese miteinander verbindet – außer vielleicht eine gemeinsame Opposition gegen etwas Drittes – war nämlich bei genauer Betrachtung kaum zu erkennen, so meinte man. Ganz ähnlich verlief dieser wissenschaftshistorische Prozess für die Klassik: Die Differenzen zwischen den bis dahin als ‚Klassiker' angesehenen Autoren traten immer mehr zutage, unbekanntere Autoren mit ähnlicher Ausrichtung oder in deren engeren Umfeld erhielten eine Stimme und die Vorstellung einer programmatisch in sich einigen Klassik löste sich auf. Außerdem wurde erstmals ganz grundsätzlich die Frage diskutiert, ob sich denn all diese Autoren, die man da der einen oder anderen Literaturepoche zugeordnet fand, selbst überhaupt als Romantiker, ob sie sich als Klassiker verstanden hatten – und wenn ja: seit wann. Schließlich schrieben Klassiker und Romantiker (und späte Aufklärer!) – fast – gleichzeitig und in vielen Fällen mit Blick aufeinander. Unter Berufung auf die Wahrnehmung zeitgenössischer ausländischer Beobachter überlegte man sogar, Goethe und Schiller, die bis dahin als Klassiker par excellence gegolten hatten, gleichfalls als Romantiker einzuschätzen – ein nach wie vor spannender Ansatz (vgl. Hoffmeister 1990, S. 7). Die Frage nach der historischen Belegbarkeit der Verwendung der Begriffe Klassik bzw. Romantik wurde zeitweilig wichtiger als die makroskopische Bestimmung von Epochen, die es so, wie es die ältere Wissenschaft wollte, also sicherlich nie gegeben hat.

Epoche als Konstrukt

Die neuere Forschung leugnet trotz dieser Erkenntnisse nicht, dass es Strömungen, Stilgegensätze, Tendenzen gibt, die bestimmte Texte eher als „klassizistisch", andere eher als „romantisch" erscheinen lassen. Doch neigt sie dazu, jenseits dieser Unterschiede ein Gemeinsames im Antwortcharakter dieser Texte auf die Herausforderungen

Zuordnungen

der Zeit zu sehen (weswegen ein langlebiger Autor wie Goethe je nachdem klassizistische, romantische oder auch avantgardistische Texte wie seinen *Faust* veröffentlichen konnte, die weder als klassizistisch noch als romantisch verstanden werden können → KAPITEL 8). Bestimmte Tendenzen der historischen Spätaufklärung, die in den unterschiedlichen Diskursen greifbar werden, erschienen im Verlauf der Zeit immer problematischer. Kaum ein Autor konnte ungebrochen an das anknüpfen, was die Spätaufklärung beispielsweise in den Bereichen der Erkenntnistheorie und der Gattungsdiskussion, aber auch der Psychologie und der Medizin herausgefunden zu haben glaubte (→ ASB D'APRILE/SIEBERS). Eine gewisse Aufklärungsskepsis, die sich gerade nicht gegen die ursprünglichen Impulse der Aufklärung, wohl aber gegen vielleicht vorschnell gegebene Antworten der Wissenschaften der Spätaufklärung richtete, verband so unterschiedliche Autoren wie z. B. Schiller und Kleist (→ KAPITEL 13). Als „zweite Aufklärung, welche die Beschränkungen der ersten reflektiert und ihre verborgenen Fundamente, Quellen und Antriebe freilegt" (Hansen 1987, S. 9), haben Olaf Hansen und Jörg Villwock die Romantik bezeichnet; diese Bestimmung könnte man mit gleichem Recht auf den Klassizismus anwenden – vor allem, wenn man statt von einer normativen „Klassik" von einem sich über seinen Antikenbezug definierenden „Klassizismus" spricht und diesen auf Texte statt auf Autoren bezieht.

Klassizismus und Romantik folgen also nicht als distinkte Epochen aufeinander. Man hat es vielmehr mit einer klassizistisch-romantischen Doppelepoche zu tun, in der die Begriffe „Romantik" und „Klassik" noch nicht sofort zur Verfügung standen, sondern erst allmählich von den beteiligten Autoren in der Diskussion über konkrete Texte eingesetzt wurden. Anhand bestimmter Inhalts- und Formprobleme hat der Literaturwissenschaftler Silvio Vietta dargelegt, inwiefern sich in dieser Doppelepoche aus heutiger Sicht die literarische Moderne ankündige (vgl. Vietta 1992). Vietta zufolge befindet sich die literarische Moderne in einem Prozess des permanenten Widerstreits gegen eine vorgängige technisch-wissenschaftlich-ökonomische Moderne, die seit dem 17. Jahrhundert einen bestimmten Denktypus herausgebildet habe: einen Denktypus, der erstens durch ein mathematisch exaktes Erkenntnisideal gekennzeichnet sei (→ KAPITEL 9.2), der zweitens eine rationalistische Selbstermächtigung des Subjekts über seine äußeren Bedingungen herbeigeführt habe, der drittens einen universalistisch-globalen Anspruch durchgesetzt habe, der viertens zur reflexiven Distanznahme von autoritativen Instanzen (wie insbesondere der Theologie) geführt habe und der fünftens ein radikal neues

Zeitbewusstsein geschaffen habe, das durch den Zwang zur permanenten Innovation gekennzeichnet sei. Von dem durch diese fünf Merkmale gekennzeichneten Denktypus setze sich, so Vietta, die jüngere literarische Moderne in permanentem Widerstreit kritisch ab.

Am Beispiel des besonders wichtigen fünften Punktes, nämlich dem Zwang zur Innovation, lassen sich die Folgen bis in die diskursiven Epochenzuschreibungen hinein verfolgen, die in diesem Kapitel Thema sind. Da alles Wissen, Meinen und Tun in der Moderne von einer grundlegenden Verzeitlichungserfahrung durchdrungen ist, wird selbst dann, wenn von der literarischen Moderne scheinbar normativ Gültiges gesagt oder geschrieben wird, eine grundierende Erfahrung von Vorläufigkeit nachweisbar sein, der ein Bewusstsein für das notwendige Veralten des nur versuchsweise Entworfenen zugrunde liegt. Demzufolge rechnete nicht nur jeder Versuch, eine normative Klassik oder auch nur einen zitierend auf die Antike bezogenen Klassizismus als Stil zu etablieren, immer schon mit dem Überbotenwerden durch konkurrierende ästhetische Modelle; sondern auch das romantische Modell der „progressiven Universalpoesie" (→ KAPITEL 5.2) weiß demzufolge, dass es nicht die letzte Antwort auf die Vergeschichtlichung allen Wissens sein wird, so tief durchdrungen der Gedanke der ‚Progression' von der Tendenz der Verzeitlichung auch ist. Es ist diese fundamental neue Verzeitlichungserfahrung, die es erlaubt, mit der klassizistisch-romantischen Doppelepoche die literarische Moderne beginnen zu lassen. Hinsichtlich ihres Antwortcharakters auf eine vorgängige technisch-wissenschaftlich-ökonomische Moderne ist sie gleichen Ursprungs.

Verzeitlichungserfahrung

Die neueste Forschung tendiert genau aus diesem Grund dazu, die Unterteilung in eine (angeblich progressive) Früh-, eine (angeblich populärere) Hoch- und eine (angeblich reaktionäre) Spätromantik infrage zu stellen. Die dargelegte Logik der konkurrierenden Überbietung von permanent Veraltendem trug die literarische Moderne nämlich von Anfang an. Auch die innerhalb der Doppelepoche um 1800 entstandenen Zuschreibungen, was als klassi(zist)isch oder romantisch anzusehen sei, gehorchen dieser Logik der Überbietung. Der Germanist Ludwig Stockinger geht daher von einer in sich spannungsreichen Einheit der Epoche von etwa 1797 bis in die Mitte des 19. Jahrhunderts aus. Er begründet dies damit, dass zumindest die gesamte Romantik von folgenden drei Konzepten geprägt sei:

Kritik angeblicher Phasen der Romantik

1. dem Konzept der Kunstautonomie,
2. dem Konzept der geschichtlich reflektierten Aneignung der Antike,

Drei gemeinsame Konzepte

3. dem Konzept der ästhetischen Erziehung. (vgl. Stockinger 2009, S. 34f.).

Die folgenden, auf freie Weise an Stockinger anknüpfenden Überlegungen zu diesen drei Konzepten legen es nahe, gerade auch die klassizistische Literaturproduktion der Dichter in Weimar von diesen Konzepten her zu verstehen.

1. Kunstautonomie

Angesichts der extremen Herausforderungen der Zeit entwickelt sich mit dem Konzept der Kunstautonomie ein Selbstbeschreibungskonzept von „Literatur als Kunst" heraus, das sich selbstbewusst von der Vormundschaft sinngebender Institutionen und Wissensordnungen (Religion, Philosophie, Wissenschaften) emanzipiert (ein in die Renaissance zurück verlegtes Beispiel ist der von Goethe in *Torquato Tasso*, 1790, dargestellte Konflikt zwischen dem Dichter Tasso und dem Herzog von Ferrara, bei dem es vordergründig um das strittige Besitzrecht an einem Manuskript des Dichters, im Hintergrund aber auch um die eigengesetzliche Verfasstheit seiner Dichtung geht → KAPITEL 12.2). Autonome Literatur, die ihrer medialen Selbstgesetzlichkeit vertraut, sucht jedoch gerade nicht (oder: noch nicht) die ästhetizistisch selbstgenügsame Abkehr von einer nachahmbaren ‚Wirklichkeit'. Vielmehr will sie dem Anspruch nach das bloß diskursiv verfasste Wissen überflügeln und letztlich auch die Erkenntnismethoden der Philosophie an Reflexivität überbieten (→ KAPITEL 6). In diesem Sinn bietet gerade autonome Literatur „Diskurskritik" (vgl. Ricklefs 1990).

2. Geschichtlich reflektierte Aneignung von Vor-Vergangenheiten

Die klassizistisch-romantische Moderne suchte bewusst den Bruch mit dem Gegebenen. Statt an das Wissen der vorausgegangenen Zeit anzuknüpfen (wie das in der Frühen Neuzeit gängig war, in welcher Rhetorik und Poetik das überlieferte Wissen vom Generieren von Texten auf lehrbare Weise zur Verfügung stellten; → ASB KELLER), wurden sowohl von klassizistischen als auch von romantischen Texten Vorvergangenheiten, die je eigen imaginiert, konstruiert oder rekonstruiert wurden, von zentraler Bedeutung für das neue Konzept einer sich als produktiv begreifenden Einbildungskraft. Für klassizistische Texte ist diese Vorvergangenheit in der Antike zu suchen, und zwar überwiegend in der griechischen. Klassizistische Texte neigen dazu, das antike, vorchristliche, von der römisch-lateinischen Tradition absorbierte Griechenland als einen zeitenthobenen, bedeutsamen, von den Humanitätsvorstellungen der Gegenwart her entworfenen Mythos zu erfinden, der mit dem ‚bloß antiquarischen' Wissen der Altertumskunde von Griechenland wenig gemein hat (so ist das berühmte Wort aus Goethes Schauspiel *Iphigenie auf Tauris*, 1787, interpretierbar: „Das Land der Griechen mit der Seele suchend"; V. 12). Für romantische Texte setzt diese Vorvergangenheit erst mit dem Christentum ein. Sie neigen zum Rekurs auf eine meist eher frühneuzeitliche als mittelalterliche Ritterzeit, deren Interessantes sie sich für Literaturexperimente ins Eigene übersetzen (z. B. indem Clemens Brentano den frühneuzeitlichen Roman *Der Goldtfaden*, 1557, von Jörg Wickram zugleich programmatisch modernisierend und eigenwillig historisierend ‚übersetzte' und 1809 in zeitlicher Nähe zu Achim von Arnims Bearbeitungen ähnlich datierbarer Stoffe in *Der Wintergarten*, 1809, als eine romantische Geschichte erscheinen ließ). Sowohl klassizistische als auch romantische Texte halten reflexiv präsent, dass es sich hierbei um autonome Entwürfe handelt, die immer die Bedingungen der Gegenwart im Blick behalten (so z. B. die Rahmenhandlung von *Der Wintergarten*). Die „Reflexion der epochalen Differenz zwischen Antike und Moderne in den Text einzubauen" (Stockinger 2009, S. 35), ist beiden wichtig (→ KAPITEL 3, 4.3).

Nicht die Selbstreferenzialität, die mit der Formel *l'art pour l'art* bezeichnet ist und die eine absolute Selbstzweckhaftigkeit von Literatur behauptet, sondern eine Kunstautonomie, die auf den Rezipienten wirken will, gerade weil sie einen so hohen Begriff vom Menschen hat, verbindet die Texte um 1800. Die klassizistischen ästhetischen Schriften Friedrich Schillers sehen Kunst dabei als ein Therapeutikum an, das gerade deswegen heile, weil es nicht direkt wirke, sondern – wie bei einem Spiel – nur nachwirke (→ KAPITEL 6.2). Dieser Erziehungsgedanke steht in Beziehung zu einer Wirkungsästhetik, die nur verborgen wird, indem anthropologische Grundsatzerwägungen an ihre Stelle treten (auf die bei Schiller schon der Begriff des „Spiels" hindeutet, da solche Erwägungen am Beispiel von Kindern im Unterschied zu Erwachsenen erörtert werden können): z. B. die Frage nach der Empfindungsweise, die dem Epischen oder Dramatischen im Gemüt des Rezipienten korrespondiere (→ KAPITEL 5.1). Zahlreiche romantische Texte verstehen den Gedanken der Autonomie so, dass nur die Poesie die willkürlichen Setzungen, die von den Wissenschaftsdiskursen über den Menschen (z. B. von der Psychologie) festgeschrieben werden, als Setzungen bewusst halten, konkurrierend überbieten, performativ überschreiten oder reflexiv brechen kann (→ KAPITEL 11). Sowohl klassizistische als auch romantische Texte wollen also auf eine sehr vorsichtige und vermittelte, aber äußerst ehrgeizige Weise ‚ästhetisch erziehen', ohne überzeitlich feststehende Erziehungsziele ausdrücklich festzuschreiben, da beide ge-

3. Ästhetische Erziehung

meinsam die Auffassung des 18. Jahrhunderts übernehmen, dass der Mensch ein essenziell im Werden begriffenes Lebewesen ist (→ KAPITEL 10).

1.2 Begriffsgeschichte und Epochenkonzept

<small>Geschichtlichkeit der Begriffe</small>

Für die Bestimmung der klassizistisch-romantischen Doppelepoche als Beginn der literarischen Moderne ist die Rekonstruktion der Begriffsgeschichte von „klassisch" und „romantisch" mithin von gewissem, doch – angesichts der skizzierten Forschungsansätze – begrenztem Interesse. Beide Begriffe wurden zwar bereits weit vor 1800 verwendet, bezogen sich jedoch auf gänzlich andere Gegenstandsbereiche. Wann sich dies genau änderte, ab wann sich sodann die Zeitgenossen um 1800 als Klassiker im Gegensatz zu Romantikern und vice versa verstanden, und vor allem welche Selbst- und Fremdeinschätzungen mit den frühen Gruppenbildungen verbunden waren, ist in der Forschung höchst umstritten.

<small>Begriffsgeschichte von „romantisch"</small>

Das Wort „romantisch" wurde schon im 17. und 18. Jahrhundert benutzt. Es bedeutete jedoch gänzlich anderes als heute. Die Vorstellung, dass „die Romantik" eine Epoche sei oder zumindest eine ‚Schule' von Gleichgesinnten bezeichne, bildete sich nämlich erst im Verlauf des von uns betrachteten Zeitraums heraus. Folglich konnte auch das Adjektiv „romantisch" von den Zeitgenossen zunächst nicht auf „die Romantik" bezogen werden. Vielmehr wurde es von der Gattung des Romans abgeleitet, die man ihrerseits mit Ursprüngen in der romanischen Volkssprache in Verbindung brachte (vgl. Immerwahr 1972). „Romantisch" kann im späten 18. Jahrhundert beispielsweise eine romanhafte Stimmung oder ein romanhafter Landschaftsgarten sein (vgl. das Beispiel Sanspareil, → KAPITEL 2.2). Da der Roman in der Frühen Neuzeit noch weitaus niedriger in der Gattungshierarchie angesiedelt war als nach 1800, war es also weder eine Auszeichnung, wenn eine Landschaft romantisch genannt wurde, noch waren damit die zu Beginn des Kapitels erläuterten Konzepte der Autonomie, der Antike/Moderne-Reflexion oder der ästhetischen Bildung gemeint. Wurde beispielsweise in der Zeit der Empfindsamkeit um 1770 eine gemalte Landschaft als romantisch bezeichnet, schwang hierbei oft der mehr oder weniger deutliche Vorwurf mit, dass eine solche Darstellung sich auf schwärmerisch überzogene Weise von der Wahrheit der Natur entferne. Auch vernunftorientierte Kritiker gaben jedoch zu, dass eine solche Landschaft vergleichweise stark auf die Empfindung wirken könne (der Begriff Landschaft ist aus Gründen wie diesen ebenfalls ein historisch sich wandelnder).

Da schon die Aufklärung im Zeichen einer wirkungsorientierten Ästhetik gerade auch die Sinnlichkeit aufzuwerten suchte, kam jedoch schon im 18. Jahrhundert eine Tendenz auf, das Adjektiv „romantisch" zumindest wertneutral zu benutzen. Diese Tendenz verstärkte sich spätestens seit den 1790er-Jahren, allerdings ohne dass man sagen könnte, „romantisch" beziehe sich bereits auf die programmatische Literaturtheorie einer Epoche der Romantik. Noch als Friedrich Schlegel 1798 seine Fragmente anonym im *Athenäum* (1798–1800), der ersten programmatischen Zeitschrift der sogenannten Jenaer Romantiker, veröffentlichte (neben anonymen Fragmenten seines Bruders August Wilhelm und seines Freundes Novalis), schwang die alte Bedeutung des Wortes nicht nur mit, sondern war überwiegend noch dominant. Zwar zielte Schlegel auf eine „progressive Universalpoesie" (→ KAPITEL 5.2), der als Überbietungsmodell alles bisher Gewesenen ein komplexes Programm aufgeladen wird und die insofern etwas entschieden ‚Neues' meint. Für diese nur mit der Französischen Revolution vergleichbare revolutionäre Tendenz der Literatur lauteten seine maßgeblichen Beispiele jedoch: Goethes Roman *Wilhelm Meisters Lehrjahre* (1795/96) und Johann Gottlieb Fichtes Philosophie – Beispiele, die man nur dann für „romantisch" halten darf, wenn man sich von älteren Typologien löst und in unserem Sinn von einer Doppelepoche spricht.

Schlegels Athenäum

Hinsichtlich der Begriffsgeschichte von „Klassik" hat die Forschung herausgearbeitet, dass die seit dem 19. Jahrhundert etablierte Vorstellung von Klassik, verstanden als einmaliger Aufgipfelung der kulturellen Leistungen einer Nation, ein reines Rezeptionsphänomen darstellt: Es war der Nationalismus des 19. Jahrhunderts, der aus literaturfernen Gründen eine solche Klassik um 1800 mit den beiden Heroen Friedrich Schiller und Johann Wolfgang Goethe in Weimar erfand. Begonnen hat dieser Prozess früh, nämlich bald nach der historischen Katastrophe der Schlacht von Jena im Jahr 1806, als der französische Sieg über Preußen und seine politischen Verbündeten dazu führte, dass Preußens Staatlichkeit faktisch aufgelöst wurde und die zukünftige Gestalt des nicht mehr bestehenden Römischen Reichs Teutscher Nation mehr als fraglich geworden war. In dieser als Apokalypse wahrgenommenen geschichtlichen Situation begannen bestimmte Intellektuelle, eine deutsche Kulturnation mit Weimar als ihrem Mittelpunkt zu postulieren, die der gesamtgesellschaftlichen

Begriffsgeschichte von „Klassik"

Auflösungstendenz entgegenwirken sollte. Doch blieb es nicht bei diesem frühen Konzept. Gemeinsam mit der Geschichte des Nationalismus, gemeinsam auch mit dem deutschen ‚Sonderweg' durch das wechselvolle 19. Jahrhundert änderte sich auch der Stellenwert, den man „Weimar" respektive der „Klassik" zudachte. In diesem nationalliberalen Konstrukt war es vor allem Schiller, weitaus weniger Goethe, der als Schlagwortgeber diente (→ KAPITEL 14).

Klassik als nationalliberales Konstrukt

1.3 Selbsteinschätzung und Fremdwahrnehmung

Selbsteinschätzung als „Klassiker"?

In der Forschung ist es überaus umstritten, ab wann Klassiker und Romantiker sich unter diesen Zuordnungen gegenseitig wahrzunehmen begannen. Noch diffiziler wird diese Angelegenheit, wenn man berücksichtigt, dass die Option, sich von Anfang an als Klassiker zu verstehen, für Goethe und Schiller durchaus bestanden hätte.

Erweitert man die engere begriffsgeschichtliche Methode auf ideengeschichtliche Fragestellungen hin, wird deutlich, dass nicht nur das Verorten der vermeintlichen Klassik der Deutschen um 1800 im europäischen Vergleich verspätet ist (wie überhaupt das Alte Reich weder ein Nationalstaat noch, wie sein zentralistisch regierter westlicher Nachbar Frankreich, auf dem Weg dahin war): Goethe und Schiller lebten nicht einfach nur *nach* dem französischen Erzklassiker Jean Racine (1639–99) und seinem umstritteneren englischen Pendant John Milton (1608–74). Vielmehr lebten sie so spät, dass sie auf die englischen und französischen Versuche zur Stilisierung dieser Autoren zu Klassikern bereits zurückschauen konnten. Das historische Denken des aufgeklärten 18. Jahrhunderts versuchte nämlich, rückblickend die Produktion bestimmter Dichter und ihrer Kreise für kanonisch zu erklären: England besaß demzufolge in John Miltons *Paradise lost* (1667) ein Nationalepos, wie der Aufklärer und Essayist Joseph Addison 1711 den Lesern der moralischen Wochenschrift *The Spectator* vorführte – womit Addison das entscheidende Selbstbeschreibungskonzept für seinen eigenen Klassizismus gefunden hatte (vgl. Busch / Borgmeier 2000, S. 972). Ganz ähnlich die Argumentation des Aufklärers Voltaire für die französischen Verhältnisse: Frankreich besaß ein klassisches Zeitalter unter Ludwig XIV., so führte der mit seinen Zeitgenossen hadernde Voltaire in *Siècle de Louis XIV* (Berlin 1751) kulturhistorisch fundiert und mit einer den Sonnenkönig projektiv überzeichnenden Absicht aus. Sowohl Addison als auch Voltaire befanden sich somit auf dem Weg von der Vorstellung

Vergleich mit Europa

Addison

Voltaire

,Kanon' zur Vorstellung ,Klassik', blieben jedoch in einem entscheidenden Punkt vor letzterer stehen: Da sie noch nicht „unter dem Druck von ,Verzeitlichung' und ,Innovation'" argumentierten, führten sie noch immer – wie in der Antike – bestimmte Autorennamen als kanonisch an, nicht aber Werke (vgl. Gumbrecht 1987, S. 288).

Goethe und Schiller begannen erst weit nach diesen Diskussionen zu schreiben. Das bedeutet, dass sie mit einer gewissen europäischen, aufgeklärten Tradition des Rückbezuges auf eine zur klassischen Norm erhobenen Nationalliteratur immer schon rechnen konnten, wenn sie gelegentlich von Weimar als Ilm-Athen sprachen. Doch reicht das schon aus, um eine Absicht zur Stilisierung Weimars zum Ort einer deutschen Klassik nachzuweisen (→ KAPITEL 2.1)?

„Klassik" als Option?

Für die Diskussion des Themas bietet sich ein Text Goethes in besonderer Weise an. Goethe hat sich in einem Beitrag für Schillers ambitionierte Zeitschrift *Die Horen* dem Problem explizit gestellt. Provoziert durch einen anonymen Zeitschriftenaufsatz des Berliner Spätaufklärers Daniel Jenisch im *Berlinischen Archiv der Zeit und ihres Geschmacks* setzte Goethe sich 1795 in seinem Artikel *Literarischer Sansculottismus* mit der Frage auseinander, was dazu gehöre, „die Ausdrücke: klassischer Autor, klassisches Werk" zu gebrauchen. Auf die selbstgestellte Frage, „Wann und wo entsteht ein klassischer Nationalautor?" antwortet Goethe:

Literarischer Sansculottismus

„Wenn er in der Geschichte seiner Nation große Begebenheiten und ihre Folgen in einer glücklichen und bedeutenden Einheit vorfindet; wenn er in den Gesinnungen seiner Landsleute Größe, in ihren Empfindungen Tiefe und in ihren Handlungen Stärke und Konsequenz nicht vermißt; wenn er selbst, vom Nationalgeiste durchdrungen, durch ein einwohnendes Genie sich fähig fühlt, mit dem Vergangnen wie mit dem Gegenwärtigen zu sympathisieren, wenn er seine Nation auf einem hohen Grade der Kultur findet, so daß ihm seine eigene Bildung leicht wird; wenn er viele Materialien gesammelt, vollkommne oder unvollkommne Versuche seiner Vorgänger vor sich sieht, und so viel äußere und innere Umstände zusammen treffen, daß er kein schweres Lehrgeld zu zahlen braucht, daß er in den besten Jahren seines Lebens ein großes Werk zu übersehen, zu ordnen und in Einem Sinne auszuführen fähig ist." (Goethe 1985ff., Bd. 4.2, S. 16f.)

All diese Voraussetzungen aber verneint Goethe mit Blick auf die deutschsprachigen Autoren, die allesamt unter ungünstigen Umständen angetreten seien, die – wie offenbar er selbst – ein bitteres Lehrgeld hätten zahlen müssen, um sich nur einigermaßen Freiraum zu erkämpfen und einen Wirkungskreis um sich zu versammeln, von welchem sie sich – wie er – tätige Förderung für ein erst noch hart zu erarbeitendes Werk versprechen durften, das – wie das seine – 1795 aber noch keineswegs vorlag und dessen Umrisse auch noch lange nicht erkennbar waren. Denkbar wäre es, so Goethe weiter, dass die Bedingungen sich schlagartig änderten; Anzeichen dafür ließen sich bereits erkennen. Doch dann zeigt sich, wie Goethe die Denkbarkeit und die Wünschbarkeit eines solchen Nationalautors letztlich einschätzt: Wenn einzig die Überwindung der Kleinteiligkeit des Alten Reiches nach dem Vorbild des Zentralismus Frankreichs imstande sei, jene gesellschaftspolitische Ausgangslage herzustellen, die notwendig Bedingung für einen klassischen Autor oder für einen „vortrefflichen Nationalschriftsteller" sei, wie man ihn „nur von der Nation fordern" könne, dann sollte man Goethe zufolge folgenden Wunsch haben: „Wir wollen die Umwälzungen nicht wünschen, die in Deutschland klassische Werke vorbereiten könnten." (Goethe 1985ff., Bd. 4.2, S. 17)

Goethes frühe Ablehnung eines klassischen Nationalschriftstellers

Mit anderen Worten: Goethe dachte im Jahr 1795 – sechs Jahre nach dem Beginn der Französischen Revolution, fünf Jahre nach dem Abschluss seiner ersten Werkausgabe und ein Jahr nach dem Beginn des Freundschaftsbundes mit Schiller – laut über die Möglichkeit klassischer Werke in Deutschland nach. Allerdings hielt er sich selbst nicht für einen möglichen Kandidaten (dazu ist viel zu deutlich, dass das „Lehrgeld", von dem er spricht, das von ihm selbst mehrfach bezahlte ist), und er hielt darüber hinaus einen solchen Klassiker auch deswegen nicht für wünschenswert, weil er den Untergang der vom aufgeklärten Absolutismus mühsam reformierten, regional so unterschiedlichen Landschaft des Alten Reiches als Vorbedingung eines solchen ansah. Er wollte also angesichts der ja längst auf deutsche Territorien übergreifenden Französischen Revolution – an dem Feldzug gegen das demokratische Mainz hatte er sich 1792 selbst beteiligt – an einem kleinen Hof wie Weimar festhalten: als Modell für die Möglichkeit eines friedlichen Miteinanders der Stände, als Beispiel für einen auf Konsens abzielenden Konstitutionalismus.

Eine unantike Antike in der Zukunft?

Sehen wir demgegenüber, was fast zum selben Problem der alsbald als Erzromantiker geltende Friedrich von Hardenberg zu sagen hat. In einer undatierten und unbetitelten Aufzeichnung über Goethe schreibt der 1801 verstorbene Novalis (dies das bekannte Pseudonym des Adligen Friedrich von Hardenberg):

„Natur und Natureinsicht entstehn zugleich, wie Antike, und Antikenkenntniß; denn man irrt sehr, wenn man glaubt, daß es Anti-

ken giebt. Erst jezt fängt die Antike an zu entstehen. Sie wird unter den Augen und der Seele des Künstlers. Die Reste des Alterthums sind nur die specifischen Reitze zur Bildung der Antike." (Novalis 1960ff., Bd. 2, S. 640)
Novalis hatte zwar keinen Epochenbegriff von Romantik, doch begann er neben Friedrich Schlegel, eine „klassische Litteratur für uns – die die Alten selbst nicht hatten", zu erfinden, und zwar mit Goethe als ihrem Mittelpunkt. Trotz dieser Apotheose Goethes – so geht das Novalis-Zitat weiter – meinte er diesen, wenn auch „nur um sehr wenig" (Novalis 1960ff., Bd. 2, S. 642), überbieten zu müssen. Die Vorstellung einer ‚Klassik' ist für Novalis also lediglich ein Inzitament, das sofort zur produktiven Überbietung anreizt.

„Klassik" als Anreiz für Novalis

Zwar kann man zwischen 1795 und 1805 eine ganze Reihe von Projekten namhaft machen, die im Nachhinein so gedeutet werden können, als sei damit von Weimar aus eine normative Klassik intendiert gewesen. Zu denken ist hier an die von den Weimarischen Kunstfreunden zwischen 1799 und 1805 jährlich ausgeschriebenen Preisaufgaben für bildende Künstler, da hier der Antikenbezug im Sinne eines zumindest formal auf die Antike rekurrierenden Klassizismus augenfällig ist (→ KAPITEL 4.3). Ein Beispiel dafür ist auch der sogenannte Xenienstreit, der als hochgesinnte ästhetische Opposition der Klassiker gegen ein vergnügungssüchtiges Publikum gedeutet wurde (vgl. Reed 1984, S. 39f.): Schiller und Goethe hatten diesen Streit angezettelt, indem sie oft spöttische, bisweilen verletzend sarkastische Distichen (= Zweizeiler in einem definierten griechischen Versmaß) über schreibende Zeitgenossen verfasst und als *Xenien* (= griechisch ursprünglich: Gastgeschenke) im *Musen-Almanach* des Jahres 1797 anonym veröffentlicht hatten, was die Gegenwehr der Angesprochenen zur Folge hatte. Auch an die Namengebung der Zeitschriften *Propyläen* und *Horen* könnte man denken, wobei insbesondere die von Goethe herausgegebenen *Propyläen* das Zukunftsweisende des Rückblicks auf Griechenland symbolisieren, da ihr Name sich auf die als Durchgang dienende Toranlage eines griechischen Tempels bezieht und insbesondere an die Akropolis von Athen denken lässt. Doch unterscheiden diese Projekte Goethe und Schiller wirklich von den Brüdern Schlegel und der Zeitschrift *Athenäum* (1798–1800), die zwar die offenere Wandelhalle einer akademieartigen Vereinigung im kaiserzeitlichen Rom in den Blick nimmt, jedoch über diesen römischen ‚Umweg' ebenfalls an Athen, nämlich den Tempel der Athene, erinnert? Unterscheiden die Weimarer Preisaufgaben sich von der Kunstförderung durch andere zeitgenössische

Weimar als „Klassik"?

Kunstvereine wirklich derartig eminent? Stehen nicht auch sie in einem lange Zeit nicht beachteten, pragmatischen Bezugsfeld, das ihre vermeintlich rein auf die Wiedergeburt der Antike gerichtete Programmatik erheblich relativiert: nämlich die Wiedererrichtung des durch Brand zerstörten Fürstenschlosses in Weimar? Setzen die *Xenien* nicht auch einfach die Streitkultur der Aufklärung fort, gerade indem sie bestimmte Aufklärer attackieren? – Fragen, die nicht endgültig beantwortet sind und vermutlich nie endgültig geklärt werden können.

Es spricht vieles dafür, dass Goethe erst nach Schillers Tod (1805) dazu überging, das Jahrzehnt seiner Freundschaft mit dem Verstorbenen als das wahrzunehmen, was es dann wurde: eine Klassik. Die 1795 von Goethe noch gefürchteten politischen Umwälzungen waren 1806 ja auch über Weimar und Jena hereingebrochen. Damit aber war grundsätzlich der Hinderungsgrund entfallen, das eigene Anliegen als das eines Klassikers zu definieren und sich auf diese Weise alle möglichen Optionen freizuhalten, wie die Vorstellung ‚Klassik' inhaltlich zu füllen sei. Es war der Weg frei, Weimar zu einem zeitenthobenen Kulturmodell zu stilisieren: eine Klassik mit Goethe und Schiller im Zentrum, mit dem für die Sprachphilosophie bedeutenden Theologen Johann Gottfried Herder im Vorfeld und am Rande (→ KAPITEL 9.1), doch ohne einen Vierten im Bunde – dem bis zu seinem Tod 1813 literarisch überaus produktiven Aufklärer und Antikenkenner Christoph Martin Wieland (zu schweigen von dem aus damaliger Sicht als Zentralgestalt des Klassizismus erscheinenden Dichter Johann Heinrich Voß).

Als Verhältnisbestimmungen tauchen die Begriffe „Klassik" und „Romantik" dann zwar spät, weil erst nach dem Tod von Novalis (1801), Herder (1803) und Schiller (1805), aber doch noch früh genug auf, um im Selbstverständnis der Epoche etwas zu bewirken. Die Konversion Friedrich Schlegels zum Katholizismus im Jahr 1808 spielte hierbei eine entscheidende Rolle. Nun waren es Verfasser klassizistischer Texte, die zu definieren begannen, was Romantik sei. Der Wiener Aufklärer Joseph Schreyvogel beklagte 1808 den „Mystizismus" (nach Seidler 1982, S. 126) der Brüder August Wilhelm und Friedrich Schlegel. Der Philologe Heinrich Voß, Sohn von Johann Heinrich Voß, schrieb im August 1809 in einem Brief an den vermutlich wichtigsten Verleger der Zeit um 1800, Johann Friedrich Cotta in Tübingen:

> „Wir Klassiker sind doch viel besser daran als die Romantiker. Schimpfen sie uns, so können wir herzlich lachen; schimpfen wir oder satirisieren und ironisieren wir sie, so beißen sie vor Wut in die Irrsinnsketten." (Voß 1809, zitiert nach Fehling 1925, S. 312)

In Heidelberg, wo die Liedersammlung *Des Knaben Wunderhorn* (1805–08) von Achim von Arnim und Clemens Brentano erschienen und von Goethe lebhaft begrüßt worden war, zeichnete sich also eine klare Frontlinie zwischen Klassikern und Romantikern ab, die sich als solche gegenseitig wahrnahmen. Die Partei um Johann Heinrich Voß und seinen Sohn verspottete die Romantiker nicht nur wegen ihres angeblichen mystischen Tiefsinns und ihrer Neigung zum Paradoxen. Konkret stieß man sich auch an deren Versuch, eine als veraltet betrachtete, längst außer Gebrauch gekommene, ‚romanische' Gattung wie das Sonett in der deutschsprachigen Lyrik wiederzubeleben. Der alte Voß, der Homer-Übersetzer, und sein Sohn, der Shakespeare-Übersetzer, empfanden von einem klassizistischen Standpunkt aus die Form des Sonetts als historisierenden Rückfall in eine von der Entwicklung der Literatursprache überholte Form. Ihrem Protest aber verliehen sie Ausdruck, indem sie eine Sonettensammlung veranstalteten, die all das, was sie als romantisch empfanden, parodierten, das heißt: durch Übertreibung kenntlich machten. Der Sammlung gaben sie gemeinsam mit dem Herausgeber Jens Baggesen den Titel *Der Karfunkel oder Klingklingel-Almanach. Taschenbuch für vollendete Romantiker und angehende Mystiker* (1810). Im Zentrum ihrer Kritik standen zunächst allerdings nicht etwa Achim von Arnim und Clemens Brentano, sondern Otto Heinrich Graf von Loeben, der sich Isidorus Orientalis nannte, um den verstorbenen Novalis einen mystischen Kult betrieb und junge Dichter wie Joseph von Eichendorff in einem schwärmerischen Freundschaftsbund um sich scharte (→ KAPITEL 9.2). Erst nach und nach verstrickten sich auch Brentano und Arnim, die Loeben verachteten und Novalis nicht besonders schätzten, in diesen Literaturstreit, der zunächst zur Produktion einer Vielzahl von überwiegend parodistisch gemeinten Sonetten und schließlich dazu führte, dass Arnim und Brentano „den gegen sie gerichteten Begriff Romantiker sogleich für sich als Parteinamen in Anspruch" nahmen (Müller 2003, S. 331).

Sonettenstreit

Fragen und Anregungen

- Diskutieren Sie, welche Konzepte nach Ludwig Stockinger maßgeblich für die Einheit der Epoche um 1800 sind.
- Welche Bedeutung hat die Begriffsgeschichte der Worte „klassisch" und „romantisch" für das Verständnis der Moderne um 1800? Worin liegen die Grenzen einer Epocheneinteilung nach diesen Begriffen?

- Welchen Erkenntnisgewinn erbringt der Vergleich mit europäischen Parallelentwicklungen (z. B. Argumentationen Voltaires oder Addisons) für die Einordnung Schillers und Goethes als Klassizisten?
- Erläutern sie, welche Auffassungen von „Klassikern" und welche Auffassungen von „Romantikern" sich im Gefolge des Sonettenstreits verhärten. Wer sind die treibenden Kräfte?

Lektüreempfehlungen

Quellen
- **Johann Wolfgang Goethe: Literarischer Sansculottismus**, in: ders. 1985ff., Bd. 4.2, S. 15–20.
- **Novalis: [Über Goethe]**, in: ders. 1960ff., Bd. 2, S. 640–642.

Forschung
- **Ereignis Weimar. Anna Amalia, Carl August und das Entstehen der Klassik 1757–1807**, hg. von der Klassik Stiftung Weimar, Leipzig 2007. *Ein facettenreicher Ausstellungskatalog, der den Zusammenhang der kulturellen Bestrebungen in Weimar mit Politik und Wissenschaft herausarbeitet.*
- **Gerhard Lauer: Klassik als Epoche – revisited**, in: Mitteilungen des Deutschen Germanistenverbandes 49 (2002), Heft 3, S. 320–328. *Als Diskussionsgrundlage für die Frage nach der Klassik als ‚Epochenstil' besonders geeigneter Aufsatz.*
- **Sabine M. Schneider: Klassizismus und Romantik – Zwei Konfigurationen der *einen* ästhetischen Moderne**, in: Jahrbuch der Jean-Paul-Gesellschaft 37 (2002), S. 86–128. *Wichtigster Forschungsbericht zur Gleichursprünglichkeit von Klassizismus und Romantik.*
- **Salvatore Settis: Die Zukunft des „Klassischen". Eine Idee im Wandel der Zeiten**, Berlin 2004. *Ein Plädoyer dafür, an die von der Geschichte unabgegoltenen Impulse des Klassizismus anzuknüpfen.*
- **Ludwig Stockinger: Die ganze Romantik oder partielle Romantiken?**, in: Bernd Auerochs / Dirk von Petersdorff (Hg.), Einheit der Romantik? Zur Transformation frühromantischer Konzepte im 19. Jahrhundert, Paderborn 2009, S. 21–41. *Als Diskussionsgrundlage für die Frage nach der Einheit der Epoche besonders geeigneter Aufsatz.*
- **Theodore Ziolkowski: August Böckh und die „Sonnettenschlacht bei Eichstädt"**, in: Antike und Abendland 41 (1995), S. 161–173. *Ein erhellender Aufsatz über die Kontexte und Parteibildungen in der Auseinandersetzung um das Sonett.*

2 Provinz und Metropole

Abbildung 2: Blick von der Höhe in Reichardts Garten auf das Reichardtsche Gehöft und auf das Saaletal, Lithographie, William Colley Wrankmore zugeschrieben (um 1840)

Die Ansicht zeigt Haus und Garten von Johann Friedrich Reichardt, dem ehemaligen Kapellmeister Friedrichs des Großen. Das Anwesen, gelegen in Giebichenstein bei Halle, war so etwas wie eine Herberge der Romantik; fast jeder deutsche Romantiker war mindestens einmal dort zu Gast. Den Fluss und ein paar Höfe auf der einen, den ‚erhabenen' Fels auf der anderen Seite, schmiegt sich das Haus malerisch an den Verlauf der Saale an. Das Bild deutet auch etwas schwer Darstellbares an, das literarische Berichte in besonderer Weise hervorheben: Man konnte, wenn man sich von Halle und Giebichenstein aus dem Garten wandernd näherte, nicht in das sich nach unten gleichsam wegduckende Anwesen hineinsehen. Der zweiteilige, an sehr steilem Hang gelegene und durch schützende Bäume und überwölbte Wandelgänge ausgezeichnete Garten suchte – anders als der nahegelegene fürstliche Landschaftspark Wörlitz – nicht die Heiterkeit und Munterkeit von transparenten Durchsichten, sondern den Schutz des Geheimnisses unter Freunden, die sich – wie in Ludwig Tiecks „Phantasus"(1812–16) – hier in vertrauten Gesprächszirkeln versammelten. Für Autoren der früheren Romantik wie Tieck und Wilhelm Heinrich Wackenroder war das Haus des Aufklärers Reichardt eine Institution.

Wer sich – wie Goethe – um 1775 entschied, nach Weimar statt nach Berlin oder Wien zu gehen, zog nicht einfach die Provinz der Metropole vor; er traf eine Entscheidung, die auch eine politische, weil auf ein sogenanntes ‚drittes Deutschland' gerichtete Dimension hatte. Wer wiederum nach 1800, als eine solche Option nicht mehr bestand, unruhig zwischen städtischen Kulturzentren wechselte, zog nicht allein die Metropole der Provinz vor, sondern reagierte meist auch auf politisch-militärische Einflüsse der Französischen Revolution auf die deutschen Territorien. Neben Berlin und Weimar kannte die Zeit um 1800 weitere, unscheinbarere, doch zu Unrecht vergessene Orte des Kulturaustausches. Einige davon, wie Reichardts Anwesen in Giebichenstein bei Halle, waren von zentraler Bedeutung für die Biografien der sich hier versammelnden Intellektuellen.

2.1 **Weimar und Berlin**
2.2 **Wackenroders und Tiecks fränkische Reise**

2.1 Weimar und Berlin

In dem „Weimar und Berlin" betitelten Abschnitt ihrer Literaturgeschichte der Zeit um 1800 stellt Hannelore Schlaffer fest:
„Die deutsche Literatur ist von der Großstadt nie so geprägt worden wie etwa die französische; der Ursprung aus der Abgeschiedenheit kleiner Städte und der Kauzigkeit vereinsamter Dichterseelen ist ihr von den Intellektuellen und auch von einem Teil des Lesepublikums als Nachteil angelastet worden. [...] Bis ans Ende des 18. Jahrhunderts ist der literarische Mittelpunkt Deutschlands Weimar; danach ziehen die Dichter unruhig zwischen Jena und Heidelberg, Berlin, Dresden und München hin und her, ohne daß einer der Orte je noch eine so eindeutige Vorrangstellung im literarischen Leben einzunehmen vermöchte wie einst die kleine Residenz." (Schlaffer 1986, S. 152)

Provinzielle Klassik – urbane Romantik?

Mit Blick auf die unsteten Lebenswege von Autoren wie E. T. A. Hoffmann scheint diese Beobachtung zunächst ungemein plausibel. Davon ausgehend könnte man meinen, eine grundlegende Differenz zwischen Verfassern klassizistischer und romantischer Texte liege darin, dass erstere die Provinz, letztere die Metropole bevorzugten. Auf der Suche nach leicht fasslichen Gegensätzen zwischen den Vertretern unterschiedlicher literarischer Stile ist eine derart griffige These sehr verlockend. Schlaffer selbst scheint sie zu vertreten, wenn sie im Verlauf ihrer weiteren Argumentation die Einwohnerzahlen von Weimar (1779: etwa 6 000; 1818: 8 000) und Berlin (1779: 138 000; 1818: 198 000) miteinander vergleicht und diesen Vergleich mit zwei suggestiven Bildern verknüpft: Goethe in Weimar habe „die grünen Grenzen der Stadt in wenigen Minuten" (Schlaffer 1986, S. 153) erreicht, sei also gleichsam stets auf dem Sprung in die Natur gewesen, die er als ein Ganzes wahrgenommen und ästhetisch gestaltet habe. Der Romantiker E. T. A. Hoffmann hingegen, so Schlaffer, habe vom Fenster seiner Wohnung in Berlin aus nur einen Ausschnitt des von einer unübersichtlichen Menschenmenge erfüllten Gendarmenmarktes wahrnehmen können, wie Hoffmanns späte Erzählung *Des Vetters Eckfenster* (1822) belege. Die Vorstellung, dass Klassik es mit dem ästhetisch in sich ruhenden Ganzen, Romantik hingegen eher mit dem fragmentarischen Ausschnitt zu tun habe, ließe sich auf diese Weise sogar mit den jeweils bevorzugten Wohnorten belegen.

Die neuere Forschung hat demgegenüber betont, dass die Gegenüberstellung von Weimar als Zentrum klassizistischer, Berlin als Zentrum romantischer Literatur und Kunst zu kurz greift. Weimar

Weimar: ‚Provinz' im Vergleich zu Berlin?

war nämlich nicht einfach ‚Provinz', sondern die Residenzstadt des mitteldeutschen Herzogtums Sachsen-Weimar-Eisenach. Als Residenzstadt war es der Sitz eines Herzogs und eines nicht unbedeutenden Hofes. Zwar hatte es zu beklagen, dass das für das Hofleben zentrale Schloss im Jahr 1774 abgebrannt war; spätere Berichte, die die Provinzialität der Stadt Weimar teils drastisch ausmalten, hatten in diesem Punkt tatsächlich recht. Doch begründeten die durch diesen Brand verursachten Notlösungen des Problems, wo man die herzogliche Familie unterbringen und wie man das Hofleben organisieren könne, auf die Dauer ein Absenken des sonst meist noch üblichen Hofzeremoniells, das traditionell auf der Trennung der Stände und auf striktem Einhalten einer Vielzahl von Regeln bestand. Vor allem jener Kreis, den Herzogin Anna Amalia nach dem Amtsantritt ihres Sohnes Carl August 1775 im Landsitz Tiefurt vor den Toren Weimars um sich scharte, liebte es, das eigene Landleben als arkadisch frei darzustellen. Auch der neue Herzog Carl August band in Fortsetzung der von seiner Mutter begonnenen Kulturförderpolitik Eliten aus verschiedenen Ständen in die Regierungsverantwortung mit ein; einzig der Hof stand offiziell weiterhin ausschließlich Adligen offen.

Der politische Kontext

Noch weniger provinziell erscheint Weimar, wenn man die politischen Rahmenbedingungen des späten 18. Jahrhunderts berücksichtigt. In außenpolitischer Hinsicht versuchte sich Weimar unter dem jungen Herzog Carl August zunächst als Teil eines ‚dritten Deutschlands' zwischen den erstarkenden Mächten Preußen und Österreich zu behaupten. Es kam sogar zum Projekt eines Fürstenbundes, der sich über konfessionelle Gegensätze hinweg insbesondere auf die mittelgroßen Territorialfürstentümer im mitteldeutschen Raum zu stützen suchte. Dieses ‚dritte Deutschland' suchte alles in allem – schon aus politischem Eigeninteresse – den Frieden im Reich zu wahren, den Preußen und Österreich mit ihrer jeweiligen Hausmachtspolitik seit längerem und mit erkennbar bedrohlicherem Potenzial für die Zukunft infrage stellten. Freilich hatte es damit keinen Erfolg: Preußens in dieser Zeit scheinbar unaufhaltsamer Aufstieg – der allerdings 1806 mit dem französischen Doppelsieg in Jena und Auerstedt in die Katastrophe der Auflösung Preußens mündete – brachte auch das Fürstenbundprojekt in preußisch dominiertes Fahrwasser und frustrierte nicht nur die Friedensambitionen vieler politischer Ideenschmiede, sondern auch die politischen Ziele des Weimarer Herzogs (vgl. Aretin 1980, S. 45–52).

Wer um 1775 nach Weimar ging, entschied sich also tatsächlich, an einen kleineren deutschen Hof zu gehen, doch entschied er sich nicht gegen eine Metropole, da es eine solche – allenfalls mit Ausnahme der Kaiserstadt Wien – nicht gab, sondern er entschied sich für eine politisch spezifische Provinz zwischen den großen Höfen der zwei aggressivsten Aufsteiger unter den deutschen Territorialfürsten. Dies lehrt ein Blick auf die Alternativen, die die Beteiligten in Erwägung zogen: Christoph Martin Wieland, damals bereits einer der anerkanntesten Schriftsteller und der oft vergessene ‚Vierte' Weimarer Große neben Goethe, Schiller und Herder, entschied sich 1772 sowohl gegen Wien als auch dagegen, als Herausgeber eines geplanten Journals in das größte deutsche Verlagszentrum Leipzig zu ziehen; er wurde stattdessen nominell Erzieher, in Wahrheit politischer Berater des an die Regierung drängenden Prinzen Carl August. Goethe zog 1775 als persönlicher Berater des jungen Herzogs Carl August nach Weimar, obwohl er seine Heimatstadt Frankfurt bereits mit anderweitigen Berufsplänen verlassen hatte. Schon ein Jahr später wurde er dann in das politische Beratungskollegium des Geheimen Consiliums aufgenommen. Goethes Freund Johann Gottfried Herder hingegen hätte 1776 wohl eine Theologie-Professur an der fortschrittlichsten Universität der damaligen Zeit, Göttingen, vorgezogen, als er die Berufung auf das höchste geistliche Amt in Weimar annahm und Generalsuperintendent wurde. An einen Umzug nach Berlin indessen hätte keiner der Genannten gedacht. Berlin war einfach nicht das, was Paris innerhalb Frankreichs darstellte. Es galt als die Garnisonsstadt der Soldaten Friedrichs II., in der es zwar einen lebendigen, aber kleinen Wirkungskreis von Aufklärern gab, dessen Bestrebungen sich nie von den allein an der französischen Kultur und Philosophie orientierten und allmählich erstarrenden Vorstellungen Friedrich II. hatten lösen können, der sich zudem persönlich mehr und mehr auf seine Schlösser in Potsdam zurückgezogen hatte (vgl. Möller 1989, S. 362–383). Und: Berlin verfügte zu dieser Zeit weder über eine Universität noch über ein z. B. mit der alten Verlags-, Messe- und Universitätsstadt Leipzig konkurrenzfähiges literarisches Leben. Allein das Theater und die allmählich unter König Friedrich Wilhelm III. an Bedeutung gewinnenden Akademien konnten als kulturell bedeutende Institutionen Berlins gelten. Wie die Autobiografie *Was ich erlebte* (10 Bde., 1840–44; Neudruck 1995) von Henrich Steffens zeigt (→ KAPITEL 11), gilt dies noch für das als Mittelpunkt eines „militärischen Staate[s]" wahrgenommene Berlin des Jahres 1799, dessen neue „großartige Gebäude" allerdings „mächtigen Eindruck" machten (Steffens 1995, S. 184f.).

Weimar hingegen versprach gerade aufgrund der Jugend des Regenten Carl August und der Abwesenheit einer starken Außenpolitik

Warum ging man nach Weimar?

eine Experimentierstätte für etwas Zukünftiges zu werden: ein „Bethlehem", wie Goethe in zwar scherzhafter, doch zur Legendenbildung einladender Anspielung auf den Geburtsort des künftigen Heilands im undatierten Gedicht *Auf Miedings Tod* formulierte, das zunächst in das in wenigen handschriftlichen Exemplaren kursierende Journal von Tiefurt aufgenommen, im Erstdruck 1789 allerdings ohne diese auf Bethlehem bezogene Strophe gedruckt wurde (vgl. Golz 2005, S. 60 sowie Goethe 1985ff., Bd. 2.1, S. 66–72). Die kulturelle Aufgeschlossenheit der jung verwitweten Herzogin Anna Amalia, deren Sohn Carl August bei seinem Amtsantritt 1775 erst 18 Jahre alt war, schien hier Vieles für die Zukunft zu verbürgen, was andernorts kaum vorstellbar war: Es bot Handlungsspielräume für Schriftsteller, die gerade angesichts ihrer hochgesteckten Ziele vom Schreiben allein nicht leben konnten.

Warum blieb man in Weimar?

Anders freilich verhält es sich mit der Frage, warum man in Weimar blieb und was Weimar nach den historischen Krisen und Umbrüchen der Jahre 1792, 1806 und 1815 wurde, als z. B. Berlin allmählich in die neue Rolle hineinwuchs, die das im Zeichen des Nationalstaatsgedankens stehende 19. Jahrhundert ihm zudachte. Warum verblieb Goethe an diesem Hof, obwohl er am Widerstand der altgedienten Beamtenschaft in den ersten zehn Jahren so sehr litt, dass es Vermutungen gab, er würde von seiner Italienreise (1786–88) nicht wiederkehren? Warum blieb man, obwohl die nahe gelegene Universität Jena, die zeitweilig der eigentliche Anziehungspunkt für die „legendäre Wohngemeinschaft" (Safranski 2007, S. 70) der Romantiker um August Wilhelm und Friedrich Schlegel war, schon um 1803 fast wieder zur Bedeutungslosigkeit herabsank, (während Heidelberg auf Intellektuelle aller Lager eine immense Ausstrahlung zu entfalten begann)? Warum blieb Schiller, obwohl ihn 1804 im Zuge einer Reise nach Berlin das Angebot erreichte, auf eine jährliche Pension von 3 000 Reichstalern – statt bisher 400 in Weimar – hoffen zu dürfen, „falls er sich an Berlin binden möchte" (Alt 2000, Bd. 2, S. 559), was wohl eine geregelte Tätigkeit für die Akademie, für das Theater und als Geschichtslehrer für den Kronprinzen bedeutet hätte? Warum blieb man überhaupt an diesem Ort, der nach wie vor ein Hof war, wie er für das 18. Jahrhundert typisch war – und das in Zeiten, die aus den verschiedensten Gründen von tiefgreifenden Umbrüchen gekennzeichnet waren (z. B. hinsichtlich der Entstehung von Nationalstaaten, hinsichtlich ökonomischer und wissenschaftlicher Modernisierungsschübe)?

Stilisierungen Weimars nach 1806

Weimar wurde insbesondere nach 1806, nach dem Ende des Alten Reiches, zum Mythos. Der Zufall, dass der Tod Herders und Schillers zeitlich nahe mit diesem Ende zusammenfiel, ist vielleicht der ausschlaggebende Faktor: Was beendet ist, kann abschließend bewertet, es kann wissenschaftlich untersucht, es kann indessen auch zum Mythos stilisiert werden. Die Zeit nach 1806, als mit dem Alten Reich auch dessen Verfassungsinstitutionen erloschen waren und zudem Preußen als Staat faktisch nicht mehr bestand, bedurfte solcher Mythen. In diesen Jahren begann man, retrospektiv die Klassik zu erfinden, indem man Weimar zum Symbol für eine durch kulturellen Zusammenhalt definierte deutsche Nation erhob (→ KAPITEL 1). Eine für die Literaturgeschichte entscheidende Besonderheit hierbei ist, dass Goethe seinen Platz in diesem Mythos mitgestalten konnte und musste: durch die von ihm selbst konzipierten, also konsequent autorintendierten Ausgaben seiner Werke, durch seine monumentalisierende Autobiografie (*Dichtung und Wahrheit*, 1808–31), durch die Ausgestaltung seines Hauses am Weimarer Frauenplan als Ort einer Kunstsammlung, deren Stücke in sinnvollem Bezug zum Ganzen des Lebens des hier wohnenden Sammlers zu stehen schienen – und nicht zuletzt: durch die vielen Fragezeichen, die seine Romane hinter genau diese Selbstinszenierung setzen (→ KAPITEL 10). Goethe war kein Freund von Denkmälern für Lebendige, wie er selbst schon 1819 eines erhalten sollte (→ KAPITEL 14) – sein Werk aber begriff er als ein Monument, das dem ruinösen Charakter der Zeit abzutrotzen sei.

<small>Erfindung der Klassik</small>

Verdeutlicht man sich die schriftstellerischen Produktionsbedingungen vor Ort an einem Beispiel, so werden die Grenzen zwischen Provinz und Metropole noch unschärfer: Man kann es auch für ‚modern' halten, dass man in Weimar von Anfang an keine Zeit zu verlieren hatte, sondern effizient an Werken arbeitete – selbst, wenn man, wie Schiller, fast ständig schwer krank war. Wie die Forschung klar gezeigt hat, war Weimar nie ein idyllischer ‚Musenhof'; eine Textproduktionsstätte von außergewöhnlicher Kreativität war es aber allemal. Aus der entsagungsvoll gewählten Selbstbeschränkung auf den engen Wirkungskreis Weimar heraus öffnete sich bezeichnenderweise gerade der alte Goethe dem Ideal einer „Weltliteratur" (vgl. Koch 2002, S. 1–14), die keine nationalen Beschränkungen kennt. – Um hingegen im Berlin des Jahres 1818 leben zu können, erwies es sich z. B. für die von vielen als Inbegriff einer romantischen Schriftstellerin angesehene Bettina von Arnim zeitweilig als wichtigstes Projekt, eine Kuh vom Wiepersdorfer Gut in den Garten des Stadthauses zu verfrachten, um auf finanzierbare Weise Milch für ihre Kinder zu haben. Diese Sorge beherrschte so viele Briefe an ihren Gatten Achim, dass sie zum Schreiben selbst kleinerer literarischer Texte,

<small>Urbane Provinz, provinzielle Metropolen</small>

wie sie sie in Heidelberg 1808 angefertigt hatte, keine Zeit fand; ihre eigentliche Karriere als Schriftstellerin begann denn auch erst später (→ KAPITEL 14). Achim hingegen, der ab einem bestimmten Zeitpunkt Berlin nur noch schwer ertrug und sich auf das Landgut zurückgezogen hatte, nutzte die Distanz zur Stadt, um seinen innovativsten Stadt-Text zu verfassen: *Die Majorats-Herren* (1819), eine Erzählung, die das Thema der Darstellbarkeit der Stadt auf intrikate Weise mit den Diskursen des Magnetismus, des Wahnsinns und des Verbrechens verflicht.

Zentrumslosigkeit

Berücksichtigt man politische Rahmenbedingungen, konkrete Produktionsbedingungen und Selbstaussagen der Schriftsteller, so zeigt sich also, dass die polemische Gegenüberstellung von Weimar als Stadt der Klassizisten und Berlin als eine der Städte der Romantik zu kurz greift. Hinsichtlich Berlins hat die neuere Forschung zudem klar zeigen können, dass diese Stadt über einen aus der Spätaufklärung hervorgehenden Klassizismus eigener Prägung verfügte (vgl. Wiedemann 2009). Hier wie in vielen anderen intellektuellen Zentren der Zeit um 1800 koexistierten Klassizismus und Romantik und waren primär Textphänomene. Betrachtet man zusätzlich, an wie vielen Orten ‚grenzgängerische' Autoren wie Heinrich von Kleist tätig waren, dann fällt es schwer, sie nur einem Zentrum zuzurechnen. Es irritiert fast zu sehen, welch große Bedeutung das ‚romantische' Heidelberg – der Ort, an dem Arnim und Brentano die Liedersammlung *Des Knaben Wunderhorn* (1805–08) herausgaben und sich in den Sonettenstreit verstrickten (→ KAPITEL 1.3,, 3.3) – für den klassizistischen Homer-Übersetzer Johann Heinrich Voß, oder auch das im Vergleich zu Weimar wirklich provinziell abgelegene Ziebingen für den weltgewandten Ludwig Tieck haben sollte (vgl. Hölter 2010, S. 125).

Darstellung in der Literatur

Bezieht man außerdem die Darstellung von Geselligkeitsformen (wie z. B. Hauszirkel, Gesprächskreise, Freundschaftsbünde) in jenen innovativen literarischen Textsammlungen ein, die sich allen vorschnellen Gattungszuordnungen widersetzen und insbesondere nicht mit den Begriffen der normativen zeitgenössischen Gattungsdiskussion erfassbar sind (→ KAPITEL 5), dann ergibt sich folgendes Bild: Der Gegensatz von Provinz und Metropole mag zwar aus heutiger Sicht ein Problem der damaligen Zeit, der konkreten „Poesie des Lebens" (vgl. van Dülmen 2002) und der Lebensläufe der Autoren darstellen, dieser Gegensatz wird jedoch kaum je von den literarischen Texten thematisiert. Dies zeigt sich z. B. in den Rahmengesprächen von Goethes *Unterhaltungen deutscher Ausgewanderten* (1795 → KAPITEL 5.1), Achim von Arnims *Der Wintergarten* (1809), Tiecks *Phantasus*

(1812–16), oder E. T. A. Hoffmanns *Die Serapions-Brüder* (1819–21). In ihnen wird stets eine zeitgenössische Kommunikationssituation zwischen mehr oder weniger miteinander befreundeten Menschen entworfen und an symbolisch bedeutsamen ‚Orten' lokalisiert, die sodann als Ausgangspunkt für die gegenseitige Mitteilung von ‚Geschichten' dient, welche ihrerseits fast immer perspektivisch auf die rahmende Kommunikationssituation bezogen sind. Doch wiewohl die Orte hier von hoher Bedeutung für die vorab eingenommenen Erzählperspektiven sind, spielt die Frage nach der Urbanität oder Provinzialität keine Rolle. Es geht vielmehr um Standortbestimmungen zu jenen Geschichten, die sodann mit Blick auf die anderen Zuhörenden und deren Erwartungen, Hoffnungen und Befürchtungen vorgetragen werden.

2.2 Wackenroders und Tiecks fränkische Reise

Einer der ersten Autoren, die die Stadt als Thema für die deutsche Literatur entdeckten, war Ludwig Tieck. Tieck kam in einem relativ großen Berliner Haus zur Welt, sein Vater war ein begüterter Seilermeister. Schnell zeigte sich die Begabung des behütet aufwachsenden Jungen: Er las fast ohne Unterbrechung, schrieb bald selbst und fiel damit just unter denjenigen als strikt rationalistisch geltenden aufklärerischen Autoren und Verlegern der Stadt auf, die Tieck mit kleineren literarischen Auftragsarbeiten versorgten. Tieck nahm diese Aufgaben an, indem er alsbald eigene Nuancen setzte. Er benutzte die Brotarbeit vorsichtig als Experimentallabor, um neue Themen aufzubringen. Eines dieser Themen war die Würdigung der Stadt als einem Ort, der Begegnungen erzwingt, die identitätsrelevante Ahnungen auslösen, und der von unheimlichen Blickbeziehungen geprägt ist. Diese Themen hat Tieck später am eindrucksvollsten in der Erzählung *Liebeszauber* gestaltet, die erstmals im Rahmen der Sammlung seiner bedeutendsten Werke, dem *Phantasus*, erschien (1812–16). Aber schon in *Der blonde Eckbert* (1797), ebenfalls in den *Phantasus* aufgenommen, ist der Ortswechsel in die Stadt mit einem identitätsrelevanten Bruch in der Erzählung korreliert (→ KAPITEL 5.3, 11.3).

Stadt als literarisches Thema

Der junge Tieck bewegte sich in Berlin in einem intellektuell anregenden Umfeld. Z. B. hörte er Vorlesungen bei dem für die deutsche Spätaufklärung zentralen Autor Karl Philipp Moritz (→ KAPITEL 4, 6, 11), als dessen jüngeren Doppelgänger sein Freund Wilhelm Heinrich

Berlin als Ausgangspunkt

Wackenroder ihn einmal bezeichnete. Moritz war auch derjenige, der den Freunden die sogenannte ‚Kunstreligion' näherbrachte: eine schon zuvor von Aufklärern wie z. B. dem späten Gotthold Ephraim Lessing vertretene Auffassung, die von der Kunst im Allgemeinen erwartete, dass sie die Rolle als soziales Bindemittel würde übernehmen können, die die Religion schon seit längerem nicht mehr innehatte (vgl. Auerochs 2006, S. 362). Moritz traute der Kunst, und zwar gerade auch der in den Alltag eingreifenden Ornamentik, in dieser Hinsicht sehr viel zu, doch wäre er nie so weit gegangen, vor einem Kunstwerk gleichsam geistig niederzuknien, wie es der mit Moritz eng befreundete Goethe 1817 den zum Katholizismus konvertierten romantischen Malern (den Nazarenern) vorwerfen sollte. Ein weiterer bedeutender Anreger für Tieck und Wackenroder wurde der junge Berliner Architekturtheoretiker Friedrich Gilly, dessen Schriften und Entwürfe die Rolle der Architektur im Spannungsfeld zwischen Selbst- und Fremdbestimmtheit der Kunst ausloteten. Doch war es nicht allein Berlin, dessen Stadtphysiognomie und intellektuelle Zirkel den Hintergrund abgaben für die genuin aus der Spätaufklärung hervorgehende Literatur der beiden Freunde. Anregungen, Diskurse und einen neuartigen Erfahrungsraum bot den beiden auch das Studium; zunächst getrennt in Göttingen und Halle, dann gemeinsam in Erlangen.

Die Reisen von Wackenroder und Tieck

Tieck und Wackenroder haben im Jahr 1793 mehrere, meist zwei- bis dreitägige Reisen durch Franken unternommen, die der Literaturgeschichte schon seit langem als Anlass zu einigen der ersten romantischen Texte gelten, wiewohl keiner der beiden Autoren eine druckbare Reisebeschreibung angefertigt hätte; nur die langen, ganz offensichtlich auf literarische Stilisierung bedachten Briefe der beiden zeugen davon, wie zwei Berliner Autoren die Provinz für sich entdeckten:

> „Man kann ohne Übertreibung sagen, dass es Tieck und Wackenroder waren, die in jenem Sommer dieses Franken mit seinen mittelalterlichen Städten, Wäldern, Burgruinen, Residenzen und Bergwerken erstmals zum gelobten Land der deutschen Romantik verklärten." (Safranski 2007, S. 99)

Es gibt mehrere Gründe, warum diese Reisen von der Literaturgeschichte lange Zeit als ein Anfang der Romantik betrachtet wurden. Es wurde die These vertreten, die beiden jungen Berliner hätten aus Überdruss an einer kalten und rationalistischen Aufklärung, aus Überdruss an Berlin zumal, sich dem sinnlichen, kunstsinnigen, musikliebenden und vor allem: katholischen Süden zugewendet. Ein ka-

Katholisches Franken?

tholisches Hochamt im Bamberger Dom habe ihnen die Augen für die Schönheit des römisch-katholischen Ritus und zugleich für eine als romantisch wahrgenommene deutsche oder altdeutsche Landschaft geöffnet (vgl. Haym 1870, S. 54). Noch Rüdiger Safranski vertritt diese These: „Es ist eine katholische Welt, in der die jungen Mädchen sie an die Marienbilder in den Kirchen und Klöstern erinnern." (Safranski 2007, S. 99). Die Begegnung mit römischer Kunst in Galerien, wie insbesondere der Gemäldesammlung von Schloss Weißenstein bei Pommersfelden, ist Safranski zufolge als ästhetisches Bekehrungserlebnis zu deuten, das den Anfang zu einer insgesamt katholischen Wende der Romantik darstelle (wie sie Friedrich Schlegels spätere Konversion zum Katholizismus im Jahr 1808 letztlich nur noch spektakulär belege).

Doch die Reisebriefe der beiden enttäuschen, genau gelesen, dieses literarhistorische Klischee. Zum Teil mag dies an deren Adressatenbezogenheit liegen: Wackenroder schrieb aus dem erzprotestantischen Erlangen an seinen Vater, einen strengen Juristen, der seinen einzigen Sohn an der Universität des neuen preußischen Landesteils Ansbach-Bayreuth ebenfalls zum Juristen ausbilden lassen wollte. Auf des Vaters Erwartungen war sicherlich Rücksicht zu nehmen. Doch warum sind Tiecks parallele Berichte an seine Schwester in einem ähnlichen Ton gehalten? Dass sich die beiden Freunde eben nicht nur von den malerisch krummen Gassen der alten Stadt Nürnberg angezogen fühlten (vgl. Peter 1997, S. 129), die im übrigen eines der ältesten Zentren des Protestantismus und 1793 auch der Aufenthaltsort des Revolutionsanhängers Johann Benjamin Erhard war, sondern ganz besonders auch von den ganz und gar nicht ‚katholischen' Gärten um Erlangen und Bayreuth, muss ernst genommen werden. Schließlich war der wichtigste dieser Gärten, der Felsengarten Sanspareil in der Fränkischen Schweiz, unter maßgeblicher Beteiligung der Protestantin Wilhelmine von Bayreuth, also einer Schwester Friedrichs des Großen, angelegt worden.

Die Reisebriefe

Wackenroder und Tieck finden, dass der von Wilhelmine als Einsiedelei in der freien, erhabenen Natur wilder Felsformationen angelegte Garten ein romantischer Garten ist. Erstaunlich ist dabei, wie beide sich von diesem im aufklärerischen Sinne (→ KAPITEL 1.2) als romantisch verstandenen Garten faszinieren lassen, um ihn sodann entschieden abzulehnen. Romantisch ist der Gartenentwurf in ihren Augen deswegen, weil ihm ein Roman zugrunde liegt. Wackenroder erkennt, dass „die Einbildung [...] den romantischen Hayn zum Aufenthalt des Telemach, zur Insel der Kalypso umgeschaffen" (Wacken-

Sanspareil als romantischer Garten

roder 1991, Bd. 2, S. 160) habe, und dass der Erziehungsroman *Les Aventures de Telemaque* (1699) des hofkritischen, im 18. Jahrhundert als empfindsam geltenden französischen Geistlichen Fénelon das Vorbild dafür abgab. Die Grotten, Naturtheater und Felsblöcke, die Hintergrund der Abenteuer des Telemach auf der Insel der Kalypso waren, wurden von Wilhelmine mit viel Fantasie im Garten nachgestellt.

Wirkung auf den Besucher

Wackenroder betont, dass der ersten Anblick des Gartens ihn tatsächlich, wie erhofft, „in eine ganz fremde Welt gezaubert" habe (Wackenroder 1991, Bd. 2, S. 160) – kaum anders als Tieck, der hervorhebt, dass ihn angesichts des Feenhaften, Großen und Wilden dieses Gartens geradezu ein „Taumel" erfasst habe (Wackenroder 1991, Bd. 2, S. 258). Dann aber stellen beide übereinstimmend fest, dass diese aufklärerische Gartenkonzeption als begrenzt zu betrachten sei – allerdings nicht etwa, weil das Rauschartige, Nächtliche, Phantastische nicht weit genug ginge, ganz im Gegenteil: Wackenroder moniert, dass man des „sonderbare[n], fremde[n]", bei dem er an eine „Redoute" (einen Maskenball) denkt, „am ersten überdrüßig" (Wackenroder 1991, Bd. 2, S. 161) werde, weil es nur frappieren möchte, also absichtlich auf starke Effekte abziele; Tieck vergleicht Sanspareil sogar mit dem als Inbegriff aufklärerischer Gartenkunst geltenden Gartenreich in Wörlitz, wenn er abschließend sehr negativ befindet, dass über dem Dauereindruck des Bizarren hier wie dort die hohe Empfindung für die Natur verloren gehe, weil man anders als in der freien umgebenden Natur das Als-ob nie vergessen könne: „in einem Garten läuft mir die Natur gewissermaßen immer mit allen ihren Plätzen nach" (Wackenroder 1991, Bd. 2, S. 258).

Das Romantische

Diese Wahrnehmungsmuster zeigen, dass sich Tieck und Wackenroder im Jahr 1793 von einem romantischen Garten zunächst eine Erweiterung ihres Horizontes durch die Begegnung mit ‚dem Anderen' einer frappierenden, bizarren, phantastischen Erscheinung innerhalb der betretbaren Natur versprachen. Erstaunlich ist dabei nicht zuletzt, in welchem Ausmaß es ein Garten aus der Aufklärungszeit war, der ihnen eine Alteritätserfahrung (also: das ganz Andere) im Sinne dessen bereitzuhalten schien, was man heute oft für romantisch hält: das Phantastische, Feenartige, Zauberhafte, Bizarre, Frappierende, Nächtliche, Esoterisch-Dunkle, das eine über dem Lesen eines Romans erhitzte Einbildungskraft in der Natur umzusetzen versucht habe. Nichts davon kann unsere ‚Romantiker' auf Dauer überzeugen. Demgegenüber kritisierten beide, dass es das Künstliche der hier ausgeübten Kunst sei, das eine dauerhafte Erfahrung in jenem umfassenden Sinne, wie es die äußere Natur vermag, nur verhindern könne. Es ist das Als-ob des vorab hinsichtlich seiner Wirkungen auf die Seele berechneten ‚Spiels', das die erhoffte Erfahrung verhindert. Der Garten wird unter dem Vorbehalt wahrgenommen, dass die hier inszenierte Natur ihre Inszeniertheit selbstreflexiv ausstelle und darüber zu einer theatralischen Veranstaltung, einem Maskenball, werde; ein Felsentheater ist denn auch – wie Wackenroder bemerkt – einer der strukturellen Mittelpunkte der ganzen Anlage, deren „Scenen" (Wackenroder 1991, Bd. 2, S. 160) Wackenroder im einzelnen wie Bühnenbilder würdigt.

Tieck und Wackenroder haben zahlreiche Schriften gemeinsam verfasst. Die *Herzensergießungen eines kunstliebenden Klosterbruders* (1797) und die *Phantasien über die Kunst, für Freunde der Kunst* (1799) gehören zu den Bekanntesten. Auch der Roman *Franz Sternbalds Wanderungen* (1798), der meist nur Ludwig Tieck als Autor nennt, wurde gemeinsam konzipiert. In all diese Werke sind Reflexe der Studienzeit und der Reisen eingegangen.

<small>Wichtige gemeinsame Werke</small>

Die „Einleitung" in Tiecks seit 1799 geplanten *Phantasus* zeigt, dass auch die spätere romantische Literatur nicht einfach eine Literatur der Stadt ist. Sie führt anfangs zwei Freunde im Gespräch beim Wandern vor, dann vervollständigt sich die Runde zufällig zu einem Gesprächskreis, der sich alsbald im Hausgarten und Gartensaal eines freimütigen Gastgebers versammelt (für den übrigens Johann Friedrich Reichardts Garten Pate stand, → ABBILDUNG 2). Anspielungen auf die gemeinsam von Wackenroder und Tieck unternommenen Reisen (Tieck 1985, S. 18) eröffnen ein intertextuelles Verweisungsspiel, das die frühen Texte und deren Themen aus dem Horizont der Zeit der Drucklegung (1812) neu beleuchtet. Der Begriff des Romantischen z. B. wird nun nicht mehr vom Roman her verstanden, sondern hat die Diskussionen um Gattungen und Epochen in sich aufgenommen (→ KAPITEL 1.2, 5): Den „romantischen Park" (Tieck 1985, S. 26), über den man jetzt spricht, grenzt man wie im Rahmen der frühen fränkischen Reisen von einem englischen Landschaftspark im Sinne der Aufklärung ab, er ist jetzt aber auf neue Weise ein Modell im Sinne der Romantik, verstanden als literarische Bewegung: Der englische Park ziele überall auf Verständigung, Durchsicht, Kommunikation, wohingegen es im Sinne der Romantik sei, Geheimnisse auch unter Freunden als Geheimnisse zu respektieren, so Tieck (Tieck 1985, S. 26).

<small>Stadt, Haus und Garten in Tiecks *Phantasus*</small>

Fragen und Anregungen

- Skizzieren Sie den Wandel der Spielräume, die Weimar für einen Autor wie Goethe von 1775 bis 1806 bot.
- Erläutern Sie, was Wackenroder und Tieck am Garten Sanspareil störte.
- Inwiefern können Haus und Garten für einen unterschiedlichen Umgang mit dem Geheimnis einstehen?

Lektüreempfehlungen

Quellen
- **Ludwig Tieck: Einleitung**, in: ders., Phantasus (= Schriften in zwölf Bänden, Bd. 6), hg. von Manfred Frank, Frankfurt a. M. 1985, S. 11–101.
- **Ludwig Tieck: Liebeszauber**, in: ders., Phantasus (= Schriften in zwölf Bänden, Bd. 6), hg. von Manfred Frank, Frankfurt a. M. 1985, S. 210–240 [bzw. –246: das Gespräch darüber].
- **Wilhelm Heinrich Wackenroder [und Ludwig Tieck]: Reiseberichte**, in: ders., Sämtliche Werke und Briefe. Historisch-kritische Ausgabe, hg. von Silvio Vietta und Richard Littlejohns, Heidelberg 1991, Bd. 2, S. 155–283 [hier inbes. S. 156–165, S. 179–190 (Wackenroder) und S. 245–258 (Tieck)].

Forschung
- **Richard van Dülmen: Poesie des Lebens. Eine Kulturgeschichte der deutschen Romantik 1795–1820. Bd. 1: Lebenswelten**, Köln 2002. *Großartige historische Gesamtdarstellung des literarischen Lebens der Zeit, zentriert um 80 Lebensläufe.*
- **Jochen Golz: Weimar – ein „Bethlehem" der deutschen Kultur um 1800?**, in: Rolf Selbmann (Hg.), Deutsche Klassik, Darmstadt 2005, S. 60–78. *Dichte Übersicht neuerer Forschung.*
- **Georg Schmidt: Das Ereignis Weimar-Jena und das Alte Reich**, in: Lothar Ehrlich / Georg Schmidt (Hg.), Ereignis Weimar-Jena, Köln 2008, S. 11–32. *Forschungsorientierte Darstellung der politischen Gründe der Selbstinszenierung Weimars.*
- **Conrad Wiedemann: Weimar? Aber wo liegt es?**, in: Dieter Burdorf / Stefan Matuschek (Hg.), Provinz und Metropole, Heidelberg 2008, S. 75–101. *Polemik gegen den Mythos Weimar.*

3 Imaginationen des Anderen: Rom – Griechenland – Ritterzeit

Abbildung 3: Jean Jacques Lequeu: *Architecture civile*, Fig. 146 [Bellevue]

Der Bellevue-Entwurf des als Architekt und Kartograph tätigen Jean Jacques Lequeu ist Teil einer nach und nach erweiterten Zeichnungsmappe (die frühen Zeichnungen sind auf die Jahre 1778–85 datiert), wie Architekten sie für ihre Projekte anfertigten. Dieser Entwurf freilich bricht mit allem, was der gute Geschmack verlangt. Wo links ein zinnenbewehrter Turm an den Gebäudekörper angebaut ist, findet sich rechts eine flächig wirkende Zierarchitektur zurückgesetzt, die eine Tempelfassade trägt. Die bewusste Verletzung elementarer Regeln der Symmetrie kehrt im Gebäudekörper selbst wieder: kein Fenster findet sein Pendant, gotisierende Formen werden klassizierenden gegenübergestellt, nicht einmal das Dach ist symmetrisch zu Ende geführt. Lequeu setzt aus Versatzstücken ein grotesk anmutendes Architekturcapriccio zusammen: einen launigen Architekturentwurf, dessen willkürliche Mischung römischer, griechischer und mittelalterlicher Elemente hergebrachte Normen bewusst verletzt und damit den Betrachter verunsichert.

Will man klassizistischen Künstlern eine Stadt zuordnen, die sie inspirierte, so ist es Rom. Sie sehnten sich in dieser wesentlich vom Papsttum bestimmten Hauptstadt Alteuropas nach einem utopischen Griechenland, dessen Spuren sie in der vor Ort überlieferten Kunst auszumachen meinten. Paris hingegen wurde die unübersichtliche Hauptstadt des 19. Jahrhunderts, die aufzusuchen für die meisten Reisenden Erfahrungen der Kontingenz, also der Verweigerung von Sinn, bereithielt. Für diese subjektiv als Verzeitlichung erfahrene Kontingenz war die sich im Verlauf der Französischen Revolution beschleunigende politische Geschichte ein wesentlicher Bedingungsfaktor, die Wahrnehmung Napoléon Bonapartes ihr Katalysator. Aus dieser historisch bewegten Situation heraus imaginierte die klassizistisch-romantische Moderne sich Wunschräume und Wunschzeiten, indem sie sich mit Rom, Griechenland und der Ritterzeit je eigene Vorvergangenheiten auf geschichtsphilosophisch reflektierte Weise aneignete.

3.1 **Das Eigene und das Fremde**
3.2 **Klassizistisches Rom – Griechenland**
3.3 **Hölderlin**
3.4 **Romantisches Mittelalter, romantische Ritterzeit**
3.5 **Seumes Wanderung nach Rom, Sizilien und Paris**

3.1 Das Eigene und das Fremde

Mit einem Wort aus Karl Immermanns Roman *Die Epigonen* (1836) kann man die klassizistisch-romantischen Imaginationen, die als normative Bezugshorizonte einer geschichtlich reflektierten Aneignung von Vorvergangenheiten fungierten (→ KAPITEL 1.1), zur Grundlage einer idealtypischen Zuordnung machen: „Rom und Griechenland und die Ritterzeit" (Immermann 1971, S. 382). Träumten die Klassizisten ausschließlich von den Vorvergangenheiten des antiken Rom und Griechenland – so, wie die Romantiker von der Vorvergangenheit der „Ritterzeit" des Mittelalters und der Frühen Neuzeit träumten? Warum träumte man nicht auch von Jerusalem oder dem minoischen Kreta – oder gab es Einzelne, die dies doch taten (vgl. Ziolkowski 2008)? Handelt es sich um Flucht-, Wunsch- oder solche Träume, die man noch am Tag (z. B. durch Reisen) zu verwirklichen suchte, deren Andersartigkeit also handlungsleitende Folgen für das Eigene im Hier und Jetzt hatte?

Rom, Griechenland und Ritterzeit als Bezugspunkte

Versteht man Italien, Griechenland und die z. B. auch in August Wilhelm Schlegels Wiener *Vorlesungen über dramatische Kunst und Literatur* (1809–11) eher nördlich konnotierte „Ritterzeit" (Schlegel 1967b, S. 289) in diesem Sinn als Verständigungsmodelle, dann wird man durch die Selbstzuordnung der Autoren zu einem dieser Modelle eher etwas über das Eigene der Autoren als über ‚das Andere' der jeweils gesuchten Bezugsgrößen erfahren. Gleichwohl reicht es nicht hin, die Klassizisten über ihren Träumen von der Antike, die Romantiker hingegen über ihren Träumen von der Ritterzeit zu belauschen. Oft genug treten zwischen den Traum und den Träumenden störende Dinge, die erst recht erkenntnisfördernd sind: Wer die Antike sucht und deswegen nach Italien reist, wird dort vielleicht nicht finden, was er suchte, doch wird er Anderes finden, das produktiv in den eigenen Traum eingebaut werden muss. In diesem Sinn kann ein gemeinsames Moment der klassizistisch-romantischen Moderne darin gesehen werden, dass sie durch die Konfrontation mit Irritationen den projektiven Charakter ihrer Wunschträume zu durchschauen lernte.

Verständigungsmodelle

Der oft in Briefform abgefasste Reisebericht, der um 1800 stark selbstreflexive Züge trug, war eine der innovativsten Gattungen, in denen sich über diese Dialektik des Eigenen und Fremden nachdenken und schreiben ließ (→ ASB D'APRILE/SIEBERS, KAPITEL 8). Auch der nicht zur Veröffentlichung bestimmte Privatbrief geriet darüber bisweilen zu einem zwischen Wahrnehmung und Konstruktion oszillierenden literarischen Kunstwerk, das selbst anspruchsvollsten Gedichten gleichrangig an die Seite treten kann.

Reisebericht und Brief als Gattung

3.2 Klassizistisches Rom – Griechenland

Das Rom der Klassizisten

Wichtigster Begegnungsraum mit der Antike war sowohl für Künstler als auch für Reisende in der Frühen Neuzeit Rom. Der Archäologe und Kunstgelehrte Johann Joachim Winckelmann schrieb in den *Gedancken über die Nachahmung der Griechischen Wercke in der Mahlerey und Bildhauer-Kunst* (1755) der antiken Plastik zu, „eine edle Einfalt, und eine stille Grösse, so wohl in der Stellung als im Ausdruck" zu verkörpern, wohingegen „die Geschichte der Heiligen, die Fabeln und Verwandlungen", also „der ewige und fast einzige Vorwurf der neueren Mahler seit einigen Jahrhunderten", nur noch „Ueberdruß und Eckel" (Pfotenhauer 1995b, S. 30, S. 46) erregen würden. Seitdem begannen Künstler und Schriftsteller, nicht mehr mit denselben Zielen nach Rom zu reisen wie zuvor: Man wollte nun vor allem den schmalen Kanon antiker Werke studieren, den der Wahlrömer Winckelmann, der seit 1755 in Rom lebte, in den folgenden Jahren vor Ort in kleineren Schriften beschrieb und 1764 in seiner großen *Geschichte der Kunst des Alterthums* in das Gesamtspektrum antiker Kunst einordnete. Rom wurde aufgrund mehrerer Umstände gerade auch im Bereich der Architekturtheorie und des Architekturstudiums zu einem Zentrum, von dem aus die in der aktuellen Praxis der Kunst erst auszubildende Formsprache des neuen Klassizismus Europa erfasste (ein wichtiger Beitrag Winckelmanns bestand z. B. darin, dass er 1762 in seinen *Anmerkungen über die Baukunst der Alten* Nachricht von den ältesten griechischen Gebäuden auf italienischem Boden gab). Während die Plastik weiterhin auf die menschliche Gestalt fixiert blieb, suchte man im Bereich der Architektur künstlerische Lösungen für Aufgaben, die die Antike noch gar nicht gekannt hatte (z. B. Schulhäuser, Gefängnisbauten, Irrenheilanstalten), weswegen der von Winckelmann eher mit einer gewissen Verlegenheit behandelte Bereich der Architektur gegen 1800 weitaus innovativer war als derjenige anderer Künste. Für die Ausbildung dieser neuen, von einer erst noch zu begründenden Theorie zu flankierenden klassizistischen Kunst studierten die romreisenden Künstler und angehenden Architekten freilich weiterhin in allen Bereichen der Kunst die aus der Antike überlieferten Werke: das Pantheon, die antiken Wandmalereien, den Apoll vom Belvedere.

Plastik und Architektur

Griechenland – das eigentliche Vorbild

Schon Winckelmann hatte in den auf italienischem Boden überlieferten Kunstwerken letztlich etwas anderes gesucht: Griechenland. Seiner mit dem geschichtsphilosophischen Schema Aufstieg – Blüte – Verfall argumentierenden *Geschichte der Kunst des Alterthums*

(1764) zufolge verhielt es sich nämlich so, dass die in Rom überlieferten Stücke letztlich nur einen schwachen Abglanz von dem vermittelten, was Griechenland einst zu bieten hatte. Je nachdem, wie nahe ein Werk dem vermuteten Ideal griechischer ‚Natürlichkeit' kam, rangierte es höher oder niedriger in Winckelmanns Wertschätzung. Da Rom auch bei anderen Autoren nur ein Ersatz für Griechenland war, führten viele Reisen bald über Rom hinaus nach Paestum und Sizilien, also jenen Bereich, der in der Antike von Griechenland aus kolonisiert war und noch erhebliche Mengen an originalen Werken (wiederum v. a. Baukunst) aufzuweisen hatte. Parallel wandte man sich innerhalb Roms den ältesten Werken zu (z. B. dem Tempel der Fortuna virilis) und interessierte sich zunehmend für archäologische Grabungen, insbesondere für die Ausgrabung der von einem Ausbruch des Vesuv schon in der Antike verschütteten, also gleichsam unter dem Erdboden konservierten, allerdings ‚römischen' Städte Pompeji und Herkulaneum. All dies geschah entweder aus einem geschichtsphilosophisch motivierten Interesse an Griechenland als einem fast utopisch zu nennenden (und nur in die Vergangenheit zurückprojizierten) Modell, oder aber aus einem archäologischen Interesse an ‚Ursprüngen', das zunehmend von institutioneller Professionalität erfasst wurde und zugleich aus dem Interesse an einem Formschatz für ein akademisch geregeltes Studium der Künstler und Baukünstler, die sich an der Antike anschauend schulen sollten, um auf freie Weise die neuen Bauaufgaben lösen zu können.

Einer der bekanntesten klassizistischen Texte, die in diesem Spannungsfeld zumindest konzipiert wurden, ist Goethes *Italienische Reise*. Goethe reiste 1786–88 nach Italien, wo er anfangs ein Tagebuch führte und zudem in Briefen an Frau von Stein und die Freunde in Weimar von seinen Eindrücken berichtete. Allerdings redigierte er seinen berühmten Reisebericht erst im Rahmen seines Autobiografie-Projekts *Aus meinem Leben* mit dem Kernstück *Dichtung und Wahrheit* (→ KAPITEL 11), wo er 1816/17 und 1829 erschien.

Goethes Reise nach Italien

Italien hat Goethe nicht nur inspiriert, sondern auch nachhaltig irritiert. Die Begegnung mit der verstörenden Erhabenheit griechischer Tempel in Paestum hat dazu beigetragen („in einer völlig fremden Welt"; Goethe 1985ff., Bd. 15, S. 272). Schon in Rom kam Goethe jedoch mit der Überfülle von Werken aus allen Zeiten nicht zurecht. Er war mit der Erwartung angereist, dass sich ihm die antike Kunst so schön, so übersichtlich und so verständlich darbieten würde wie in einer jener Studiensammlungen von Korkmodellen nach antiken Bauten, die damals in Mode kamen. Diese Erwartung,

Goethes Rom zwischen Erwartung und Erfahrung

die in seinen Briefen greifbar wird, wurde jedoch mit einer gänzlich anderen Gegenwart konfrontiert: Die faktisch erfahrbare Antike war nicht, wie erhofft, der Inbegriff des Schönen, sondern entzog sich seinem Bemühen um ästhetisches Verständnis allenthalben (z. B. weil antike Tempel christlich umgenutzt, deswegen baulich immer wieder verändert und schließlich in umgebende Häuserzeilen oder Stadtmauern eingebaut worden waren). So nahm Goethe durchaus Kunst-Erfahrungen aus Italien mit, die dann in Weimar gebraucht wurden: zunächst beim Wiederaufbau des Weimarer Schlosses, das seit einem Brand 1774 eine kostspielige Ruine war und dessen architektonisch neu konzipierten Wiederaufbau eine von Goethe mitgeleitete Kommission zur Aufgabe hatte (Goethe hatte sich in Rom z. B. von dem altertumskundigen Reiseführer Aloys Hirt ein Verzeichnis der aktuell dort arbeitenden Künstler anfertigen lassen und teils deren Arbeitsweise und Ideen vor Ort kennengelernt); außerdem beim Neubau des Römischen Hauses am Ilmpark als Refugium für Herzog Carl August, für welches Goethe in Rom den so dringend benötigten klassizistischen Architekten in der Person von Johann August Arens ausfindig gemacht hatte; vor allem aber für theoretische Kenntnisse im Bereich aller bildenden Künste, die Goethe im Vorfeld des neuen, von ihm projektierten Klassizismus als Schwesterkünste der Dichtkunst zunehmend wichtiger wurden (→ KAPITEL 4). Doch trotz all dieser Anregungen blieben die in Italien verfassten Papiere mit wenigen Ausnahmen sehr lange liegen, bis Goethe aus der Distanz der Erinnerung die Kraft fand, aus alten Briefen einen Reisebericht zu schaffen, der die damaligen Irritationen nicht auflösen, wohl aber mäßigend in das neue Projekt einer ästhetisierenden Autobiografie einbinden sollte. Erst diese sollte von seinem ganzen Leben ein anschauliches Bild und Italien als dessen entscheidende ‚Bekehrung' zu einer ‚klassischen' Auffassung von der Kunst vorstellen.

Wiewohl Goethe also noch vor Ausbruch der Französischen Revolution in Rom war, erschienen der Reisebericht seines zeitgleich in Rom anwesenden Freundes Karl Philipp Moritz *Reisen eines Deutschen in Italien in den Jahren 1786 bis 1788* (1792–93) oder auch Johann Gottfried Seumes *Spaziergang nach Syrakus im Jahre 1802* (1803) weit vor demjenigen Goethes, der auf diese Berichte ebenso wie auf eine allmählich einsetzende Spezialliteratur über Rom zugreifen konnte, um seinen Reisebericht als ein faszinierendes Märchen aus Dichtung und Wahrheit zu erstellen. Friedrich Schiller hingegen, der die Begegnung mit der antiken Plastik des Mannheimer Antikensaals im *Brief eines reisenden Dänen* (1785) als Erweckungserlebnis stilisierte, ist nie in Italien gewesen (vgl. Pfotenhauer 1995a, S. 453–459). Für ihn war die Antike ohnehin eher eine Idee von Ganzheit als etwas, was sich vor Ort anschauen ließ. Gleichwohl bedurfte auch er der Suggestion des Sichtbaren und sinnlich Fühlbaren für seinen Begriff antiker Fülle, den er der unsinnlichen Armut der Moderne polemisch gegenüberstellen wollte – er brauchte also die sinnliche Gegenwärtigkeit der antiken Plastik als Statthalter für eine Idee, die er an bestimmten Schlüsselstellen seiner theoretischen Abhandlungen zur Ästhetik als realisierbar hinstellen wollte.

Diese Spannung zwischen einer als bedrängend eng, arm und mit sich entzweit empfundenen Gegenwart, für die Schiller gerne das Bild des Gefängnisses setzte, und einer genau gegenteiligen Vision der Fülle, für die in einer Art rückwärtsgewandter Utopie das antike Griechenland einstehen konnte, findet sich immer wieder in Schillers philosophischer Lyrik. *Die Götter Griechenlandes* (1788) sucht diese Fülle dadurch zu versinnlichen, dass eine lange Reihe von allegorisierenden Verweisen auf die Mythologie aufgeboten wird; ob Schiller diesen Göttern indessen „Realität zuerkennt" (Zimmermann 2008, S. 76), lässt das Gedicht offen. Ebenso bleibt, zumindest in diesem Gedicht, das Problem ungelöst, dass die Idee einer zeitenthobenen ‚Fülle' sich nicht in eine verzeitlichende Folge von Allegorien auflösen lässt, ohne ihre behauptete Andersartigkeit infrage zu stellen. Noch radikaler verfährt Schiller in einem seiner anspruchsvollsten Gedichte, dem Klagelied *Nänie* (erschienen 1800). Er überantwortet darin die Klage über den Verlust des Schönen einer Gedichtform, die für die Antike bezeugt ist: ein bei Leichenzügen zur Flöte gesungenes Klagelied. Die äußere Gestalt des Gedichts gibt sich also antik; da Schiller ihr jedoch sein geschichtsphilosophisches, von Gegensätzen geprägtes Programm auflädt, weist sein modernes Klagelied einen Bruch in der Konzeption auf, der unantik ist: eine gleichsam gedanklich bedingte Zäsur, die der antikischen Stilisierung zuwiderläuft. Eine solche Zäsur ist für die ‚romantisch' besetzte, weil aus dem romanischen Mittelalter stammende Form des Sonetts konstitutiv – dort gibt es an entsprechender Stelle einen Einschnitt zwischen Oktave und Sextett (vgl. Osterkamp 1996, S. 287; → ASB FELSNER/HELBIG/MANZ, KAPITEL 8).

Die Antike in Schillers Lyrik

Schillers modernes Klagelied

3.3 Hölderlin

Zugleich einfacher und schwieriger gestaltet sich dieser Problemzusammenhang bei dem lange Zeit als moderner ‚Grieche' geltenden

Dichter Friedrich Hölderlin, für den Schillers Lyrik und die Begegnung mit Schiller im Winter 1794/95 in Jena eminent wichtig wurden (vgl. Wackwitz 1997, S. 29f.). Äußerlich betrachtet ist Griechenland für Hölderlin noch bedeutsamer als für Schiller, wohingegen Italien (das aufzusuchen Hölderlin genau in dieser Zeit im Februar 1795 als Hofmeister eines Sohns der reichen deutsch-dänischen Schriftstellerin Friederike Brun vergeblich hoffte) eine noch geringere Rolle für ihn spielt. In Hölderlins Briefroman *Hyperion oder der Eremit in Griechenland* (1797/99; mehrere Vorfassungen seit etwa 1792) ist tatsächlich Griechenland der Schauplatz, auf den die Briefe des dorthin zurückgekehrten Hyperion an seinen deutschen Freund Bellarmin sich in einer mehrfach gebrochenen Erinnerungsperspektive beziehen. Allerdings geht es hier nicht um das antike Griechenland, sondern um dasjenige der Zeit des griechischen Aufstandes gegen die Türken im Jahr 1770 (das zum fernen Spiegel für Hölderlins Revolutionsverständnis wurde). Hölderlins Fragmente zu einem Trauerspiel *Empedokles* (entworfen ca. 1796–1800) sind um die vereinsamende Gestalt des antiken Philosophen Empedokles zentriert, dessen tödlicher Sturz in den Ätna (soweit die bis heute umstrittene Editionslage erkennen lässt) als Konsequenz von dessen Naturphilosophie begründet wird, deren Widerstreit mit dem Zeitgeist sichtbar wird.

Hölderlin hat zahlreiche reimlose Oden verfasst, die zwar nicht die ersten ihrer Art sind, sich von Schillers antikisierender Lyrik jedoch dadurch unterscheiden, dass sie sich grundsätzlich dem Reimzwang widersetzen. Diese Oden verdanken Hölderlins früher Auseinandersetzung mit denen des griechischen Dichters Pindar (etwa 518–446 v. Chr.), die er nach 1799 auf ungewohnte Weise wörtlich – und damit gegen alle Gesetze der deutschen Syntax – zu übersetzen versuchte, überaus viel.

Hölderlins Antikenbild wird von der Forschung sehr unterschiedlich bewertet. Der Literaturwissenschaftler Alexander Honold entdeckt Ansätze, die kontinuierlich zum faschistischen Kult des männlichen Körpers führten, in Hölderlins pindarisierenden Bezugnahmen auf das antike Olympia, und zwar über Hölderlins Übersetzungen von Pindars Preisliedern auf olympische Sieger hinaus (vgl. Honold 2002, passim). Sein Kollege Winfried Menninghaus macht dagegen eine unheroische, weibliche Seite in fünfsilbigen Wortgruppen (dem sogenannten Adoneus, einem fast nur bei der lesbischen Dichterin Sappho nachweislichen Versmaß) ausfindig, die Hölderlin immer wieder über seine Texte verstreut habe, um gemäß seiner Lehre vom „Wechsel der Töne" zwei Töne innerhalb eines Gedichtes gegeneinander zu führen: einen pindarisierend-männlichen und einen weiblichen, der sich an Sappho orientiere (vgl. Menninghaus 2005, S. 98).

Hinsichtlich der möglicherweise bewusst von Hölderlin herbeigeführten Vieldeutigkeit betont der ausgewiesene Hölderlin-Forscher Ulrich Gaier in ähnlicher Argumentation, dass eine Ode wie *Natur und Kunst oder Saturn und Jupiter* (entstanden 1800/01) einerseits Kampfdichtung sei, und zwar: „Kampfdichtung [...] gegen alles, wofür in seinem Gedicht ‚Jupiter' stehen kann, und das heißt gegen Ansprüche auf Alleinherrschaft in Theologie, Politik, Philosophie, Geschichtsauffassung, Poetik seiner Zeit" (Gaier 1996, S. 125). Andererseits führe diese Ode einen Sprecher ein, der als perspektivisch bedingte Gestalt konturiert werde. Auf diese für Lyrik höchst ungewöhnliche Weise thematisiere Hölderlin zwar eine kämpferische Haltung in der Rede dieses Sprechers (konkret in der Anrede an Jupiter: „Herab denn!") und thematisiere auch das Konstruieren neuer Mythologien, die als Hintergrundideologie einer solchen Haltung ausgemacht werden können (konkret im willkürlichen Zurechtbiegen griechischer Mythologeme als Rechtfertigungsstrategie für die Forderung an Jupiter, er möge abtreten und von nun an dem von ihm einst verdrängten, älteren Gott Saturn dienen). Allerdings gehe es ihm genau genommen darum, das auf diese Weise Vorgeführte (letztlich also: eine willkürliche Indienstnahme der Mythologie Griechenlands) multiperspektivisch auffächernd zu problematisieren (vgl. Gaier 1996, S. 131). Zudem weist Gaier nach, dass die Forderung nach einer neuen gemeinsamen Mythologie, die als gewissermaßen kollektiver Wissens- und Glaubenshorizont einer größeren Gemeinschaft fungieren könnte (wie es eine Nation, die Deutschland damals noch nicht war, an sich sein könnte), nicht erst von Friedrich Schlegel, Novalis und Hölderlin, sondern bereits „im Zentrum der Aufklärung" von Johann Georg Hamann und Johann Gottfried Herder erhoben wurde (Gaier 2004, S. 193): Bereits in der Aufklärung suchte man demzufolge das Verblassen christlicher Normen nicht etwa aufzuhalten, sondern durch ein neues normatives Bezugssystem zu ersetzen, das überhaupt erst einmal – ob in der Mythologie Griechenlands oder der des Nordens – aufgefunden oder gar neu ersonnen werden musste. Friedrich Schlegels berühmte *Rede über die Mythologie* (1800), in der das zumindest für die aktuelle Poesie erhobene Postulat eines „Mittelpunkt[s], wie es die Mythologie für die der Alten war", vorgetragen wurde, stand demzufolge letztlich in einer langen, aus Debatten der Aufklärung hervorgehenden Tradition, von der Hölderlin sich schon wieder distanzierte (vgl. Stolzenberg 1997, S. 79). Anders als der immanent

Distanz zum aufklärerischen Postulat einer neuen Mythologie

verfahrende, bedeutende Hermeneut Max Kommerell (vgl. Kommerell 1967/68) untersucht die neuere Forschung also neben dem Wechsel der Töne bevorzugt die philosophischen Diskurse (vor allem auch Hölderlins philosophische Entwürfe, z. B. das unbetitelte Fragment über [*Urtheil und Seyn*]) und die netzwerkartigen Konstellationen (vgl. Henrich 2004), in deren Kontext literarische Werke wie *Natur und Kunst* oder *Saturn und Jupiter* entstanden.

Hölderlin setzte sich intensiv mit Schiller und mit Johann Gottlieb Fichtes Philosophie auseinander, überwand die von diesen beiden Denkern empfangenen Denkanstöße aber letztlich. Von Schiller trennt ihn – wie die Forschung insbesondere der Jahre um 1968 erkannte – ein anderer Begriff von Autonomie, der Dichtung weniger als Spiel begreift (→ KAPITEL 6.1), sondern Autonomie als Wunsch nach einer umfassenden Selbstbestimmung des Menschen interpretiert, der notwendig auf Gespräch, Dichtung und Handeln angewiesen ist (vgl. Müller-Seidel 1984, S. 236). Unterhalb des gemeinsamen Verständnisses, dass Literatur als autonom zu begreifen sei, zeichneten sich hier Spannungen auch politischer Natur ab, was genau mit Autonomie gemeint sei (→ KAPITEL 1). Gerade weil Hölderlin – anders als Schiller – das Gespräch zwischen Menschen nicht als bloß auf willkürlicher Übereinkunft beruhend begriff, konnte er eine radikal eigene lyrische Ausdruckssprache schaffen, die ohne konventionelle rhetorische Bezüge auf die Antike auszukommen versucht (vgl. Darsow 2000, S. 103). Hölderlins Gedicht *Die Eichbäume* (1797) wurde als ein erster dichterischer Ausdruck der auch politisch durch Hölderlins Republikanismus motivierten, persönlich schwierigen Loslösung von Schiller gedeutet: Hölderlin setzt das Allein-Stehen erhabener Bergeichen im freien Bund gegen die geduldig und häuslich gepflegte, ‚schöne' Natur der dichterisch gleichsam gestutzten ‚Gärten' Schillers, die sich meist dem Reimzwang fügen (vgl. Mommsen 1984, S. 147). Von der Philosophie des nachkantianischen Idealismus trennte Hölderlin wiederum die Überzeugung, dass die Welt sich nicht allein vom Ich aus konstruieren lasse (Fichte spricht in diesem Zusammenhang davon, dass das Ich „schlechthin durch sich selbst bestimmt seyn" solle; Fichte 1972, S. 74). Allerdings konnte er hierzu Ansätze gerade Fichtes aufgreifen, für dessen *Wissenschaftslehre* (1794) eine solche Selbstbestimmtheit lediglich als eine Zielvorstellung denkbar war (→ KAPITEL 7.3), auf die hin das „Streben" (Fichte 1972, S. 74) des Menschen orientiert sei (vgl. Waibel 2000, S. 119). Es zeichnet sich hier ab, dass Fichte und Hölderlin fast parallel über dieselben Probleme nachdachten.

Abkehr von Schiller

Abkehr vom Idealismus

Ein zentraler Begriff für den Rückbezug auf etwas, was paradoxerweise erst durch den Rückbezug entsteht (und in diesem Sinn von einem Ich hier und jetzt ‚gesetzt' wird), lautet „Erinnerung" (bzw. unter Bezug auf die griechische Mythologie: *Mnemosyne*; vgl. Kreuzer 2002, S. 150f.). Diese Erinnerung, die einerseits strikt von der Gegenwart und von der in ihr angelegten Zukunft her gedacht ist und die andererseits doch auf offene, anrührungsfähige Weise im Dialog mit der Antike und ihren Göttern stehen soll (unter die Hölderlin neben Dionysos sogar Christus einreihte), ‚stiften' bei Hölderlin die Dichter: buchstäblich mit dem Stift (vgl. *Andenken*). Zwar kann man in diesem ‚Stiften' das ‚Setzen' von Fichte mithören, Hölderlin kennt jedoch nicht die fichtesche Selbstgewissheit des Ichs. Das erinnernde Ich erfährt ihm zufolge nämlich die Moderne prinzipiell als eine „Diskontinuität" (Hühn 1997, S. 163), die ihm die idealistische Selbstgewissheit zu voraussetzungslosen Akten der Stiftung von Bedeutung nimmt. In diesem Sinn könnte man von einer Modernität Hölderlins sprechen, die den Gegensatz von Klassizismus und Romantik gar nicht kennt, insofern sie diesen durch avantgardistische Verfahrensweisen – wie Verfahren der Überblendung, die die Differenzqualität von Antike und Moderne bestehen lassen – hinter sich lässt (vgl. Gaier 1995, S. 39).

Aus heutiger Sicht wird entweder betont, dass der republikanisch orientierte, zeitweilig sogar als Jakobiner eingeschätzte Hölderlin (vgl. Wackwitz 1997, S. 44f.) „die Möglichkeit des dichterischen Eingreifens in den geschichtlichen Gang" (Mieth 1996, S. 57) unmittelbarer als Goethe und Schiller verstand und in diesem Punkt auch Friedrich Schlegels artifiziellere Auffassung von Kunstautonomie nicht teilte (vgl. Gaier 1995, S. 27). Oder es wird im Gegenteil darauf hingewiesen, welche Gefährdungen dieser avantgardistischen Auffassung vom Dichterberuf innewohnen, die zur Erfindung von Mythen, ja zur Erfindung der Antike tendiere (vgl. Honold 2002). Diese Polarisierung entspricht jedoch nicht dem integrativen Anspruch des erläuterten Hölderlinschen Verständnisses von Erinnerung (*Andenken*), das ohne teleologische Vorstellungen von einem Ziel, auf das die geschichtliche Zeit hin zulaufe, auszukommen sucht. Hölderlins späte Affinität zur Topografie beispielsweise, die sich des Verlaufs der großen europäischen Ströme im geografischen Raum bedient, um eine ebenso individuell-eigene wie anspielungsreiche Erinnerungslandschaft zu imaginieren (z. B. *Der Ister*, Datierung umstritten, zwischen 1803 und 1805 entstanden, 1916 Erstdruck), nimmt in diesem nicht-teleologischen Moment Züge der literarischen

Avantgarden des späten 19. und 20. Jahrhunderts vorweg (vgl. Bennholdt-Thomsen 1995, S. 320–322).

3.4 Romantisches Mittelalter, romantische Ritterzeit

Reaktionäres Mittelalterbild?

Der Romantik wurde in der älteren Forschung ein reaktionäres Geschichtsbild attestiert. Daneben war oft zu lesen, dass die Dichter der Romantik mittelalterliche Stoffe bevorzugt hätten. Demzufolge stand das Mittelalter also für dieses reaktionäre Geschichtsbild der Romantik ein. Es symbolisiere eine Sehnsucht nach einer klar geordneten, hierarchisch gestuften, durch religiöse Werte verbindlichen Welt, so hieß es (vgl. z. B. Meinecke 1928, S. 74). Diese Zuschreibung ist zweifellos ein Klischee, welches die literaturgeschichtliche Forschung der vergangenen Jahre zunächst für Novalis' Roman *Heinrich von Ofterdingen* (entstanden 1799/1800, gedruckt postum 1802) und seinen schon 1799 umstrittenen Aufsatz *Die Christenheit oder Europa* (entstanden 1799) ausgeräumt hat (vgl. Kasperowski 1997). Ob es hierbei um ein ‚Zurück' ging oder um das strikt gegenwartsbezogene Fernbild einer Zeit, die zwar einen Kaiser, nicht aber Fürsten und Fürstenwillkür kannte, ist ein aktuelles Thema der Forschung. Ähnliches gilt für Achim von Arnims bedeutenden historischen Roman *Die Kronenwächter* (1817; 2. Teil postum 1854). Dieser Roman entwirft dem Arnim-Forscher Ulfert Ricklefs zufolge zwar ein „Gemälde der Erlösungsbedürftigkeit von Geschichte", doch sind es „durchweg mißglückende Heilsgeschichten", die Arnim in die Zeitenwende um 1500 und in die damalige Erinnerung an das staufische Mittelalter zurück projiziert (Ricklefs 1990, S. 202).

Savignys Mittelalterverständnis

Ein aufschlussreiches Beispiel, wie das „Mittelalter" im Jahr 1799 eingeschätzt wurde, bietet das Journal, das der spätere Mitbegründer der historischen Rechtsschule, Friedrich Karl von Savigny (→ KAPITEL 13), auf einer Wanderung führte. (Sayignys Geschichtsbild wurde übrigens für die Märchen-, Rechts- und Mythensammlungen der bei ihm studierenden Brüder Grimm wichtig.) Am 24. Juli 1799 schrieb er nach dem Besuch des Franziskanerklosters in Fulda:

> „[...] mit einer widrigen Empfindung hörte ich plötzlich hinter mir den Gesang der Mönche; warum verstimmt uns das, da uns eine alte Burg, ein altes Kloster selbst in einer lachenden Gegend willkommen sind und da doch beide Ruinen (die religiösen und die architectonischen) auf Ein Mittelalter hindeuten? darum, weil

diese die *ganze* historische Figur in uns hervorrufen, an der nun auch und vornämlich die schlichte Kräftigkeit hervortritt und uns erfreut – anstatt daß jene uns nur noch das häßliche Gerippe zeigen, ohne das Leben und die Schönheit, die ihm die Muskeln geben." (Savigny 1799, zitiert nach: Stoll 1927, S. 107)

Was in der Gegenwart noch auf das Mittelalter hindeutete, waren also zwei Möglichkeiten, die in Savignys Journal klar unterschieden werden: die Kontinuität einer religiösen Tradition bei den Mönchen, die angesichts der eigenen Gegenwart als todgeweihtes „häßliches Gerippe" wahrgenommen wird; und das Diskontinuierliche der Überreste architektonischer Ruinen, die im Kontext der Landschaft fast mit Winckelmanns Vorstellungen von edler Einfalt und stiller Größe als erhaben beschrieben werden („schlichte Kräftigkeit"). Es sind letztere, die die „ganze historische Figur" in der Imagination erstehen lassen.

Savignys Haltung hat einiges mit der sogenannten Heidelberger Romantik gemeinsam. Auch die später mit Savigny befreundeten Dichter Achim von Arnim und Clemens Brentano hatten in ihrer Heidelberger Zeit keinerlei Interesse an einer Wiederbelebung des Mittelalters. Sie gingen dazu über, frühneuzeitliche Romane (vgl. dazu Clemens Brentanos Bearbeitung des Romans *Der Goldtfaden* von Georg Wickram im Jahr 1809; → KAPITEL 1), sogenannte Volksbücher v. a. aus der Barockzeit (Joseph Görres: *Die teutschen Volksbücher*, 1807) und Lieder zu sammeln, die trotz der auffrischenden Überarbeitungen durch die Redakteure dem Volk als Kollektivautor zugeschrieben wurden (vgl. Rölleke 1980). Die konfessionell zerrissene Frühe Neuzeit spielte unter dem Begriff der „Ritterzeit" und verwandten Namen eine besondere Rolle als Verständigungsmodell für die Krisen der damaligen Gegenwart. Daran hielt Arnim auch noch im Roman *Die Kronenwächter* fest, in dem architektonische Ruinen aus dieser Ritterzeit von besonderer Bedeutung sind. Anders Savignys Schüler: An der Auseinandersetzung über die Editionsprinzipien der Liedersammlung *Des Knaben Wunderhorn* (1806–10) wird klar, dass die Brüder Grimm dokumentarisch bewahren – also nicht auffrischend überarbeiten – wollten, was ihnen vom Verschwinden bedroht schien. Ihre *Vorrede* (1819) zu den *Kinder- und Hausmärchen* ist ein Zeugnis hiervon (vgl. Uerlings 2000, S. 178–188). Dass sie mit diesen Grundsätzen gleichwohl eine neue Gattung des Märchens schufen, ihrerseits also mehr als nur ‚auffrischten', ist eine der vielen Ironien der Literaturgeschichte (vgl. Rölleke 2008, S. 38–57).

	Heidelberger Romantik ...
	... und Ritterzeit

3.5 Seumes Wanderung nach Rom, Sizilien und Paris

Johann Gottfried Seume ist ein weiteres Beispiel dafür, wie unzulänglich die herkömmliche literaturwissenschaftliche Trennung zwischen Klassizismus und Romantik ist. Die Germanistin Inge Stephan hat die Literatur der deutschen Jakobiner als selbstständige Kraft neben Klassizismus und Romantik beschrieben, die in vielem der Spätaufklärung verhaftet blieb und beispielsweise von einigen schriftstellerisch tätigen Freunden Hölderlins eingenommen wurde (z. B. Isaak von Sinclair). Seume ist Spätaufklärer, doch trennt ihn von der zunehmend skeptisch-distanzierten Haltung des von ihm verehrten Christoph Martin Wieland (insbesondere von dessen *Aristipp und einige seiner Zeitgenossen*, 1800–01) eine Revolutionsbegeisterung, die erst sehr spät, nach 1798, begann. Eine grundsätzliche Überzeugung vom Primat des Politischen ließ ihn zudem Schillers Versuche, formal unmittelbar auf die Antike zurückzugehen, misstrauisch beobachten (v. a. die Wiedereinführung des antiken Chors in *Die Braut von Messina*; vgl. Seume 1993, Bd. 2, S. 28). Die Antike kannte kein Naturrecht (→ KAPITEL 13), lautet Seumes Dauereinwand. Gleichwohl war Seume Klassizist genug zu versuchen, die Zensur nach der Niederlage Preußens 1806 dadurch zu umgehen, dass er ein politisches Glaubensbekenntnis in lateinischer Sprache verfasste, angeblich als Vorrede zu einer Ausgabe dunkler Stellen im Plutarch (vgl. Seume 1993, Bd. 2, S. 348–361). Es zeigt zudem, wie der strikt gegen das höfische Privilegienwesen anschreibende Seume sich seit dem Konsulat Napoléon Bonapartes 1802 und der Selbstkrönung zum Kaiser Napoléon I 1804 zunehmend national orientierte (vgl. Beßlich 2007, S. 63). In der Aphorismen-Sammlung *Apokryphen* (gekürzt gedruckt 1811), für die sich zu Seumes Lebzeiten gleichfalls kein Verleger fand, wird deutlich, dass Seume sich am antiken Sparta orientierte.

Seumes literarische Leistung liegt – wie diejenige des Weltumseglers, Anthropologen und frühen Jakobiners Georg Forster (vgl. Hoorn 2004, S. 8) und die des auf diesem Gebiet Weltruhm erlangenden Alexander von Humboldt – vor allem im Bereich der Reisebeschreibung (vgl. Reinhardt 1991, S. 328). Sein im Jahr 1803 erschienener *Spaziergang nach Syrakus im Jahre 1802* ist in der Form von Briefen abgefasst. Den Umstand, dass der jung unter Soldaten geratene Seume sich auf dem Titelblatt der Erstausgabe mit umgeschnalltem Tornister und Wanderstock darstellte, abgekehrt vom Leser gewissermaßen in das Buch schreitend, hat man als symbolisch für eine Flucht aus der deutschen Enge gedeutet (vgl. Schlaffer 1986, S. 207). Allerdings beruhte Seumes Aufbruchswunsch nicht auf Sehnsucht, was ihn z. B. von der Figur des Taugenichts aus Joseph von Eichendorffs *Aus dem Leben eines Taugenichts* (1826) trennt, der sich ebenfalls nach Italien aufmacht und der als Inbegriff der Aufbruchsleichtigkeit verstanden werden kann. Seumes Fußwanderung führte vielmehr über Rom nach Sizilien bis zum sogenannten Ohr des Tyrannen Dionysios in den Steinbrüchen von Syrakus (wo er seine Kritik an der Allgegenwärtigkeit des Tyrannen und seiner Kreaturen einem Einheimischen in den Mund legt, der Syrakus mit Paris vergleicht); dann geht es auf den Ätna hinauf, von wo aus der Rückweg ins sächsische Grimma über das postrevolutionäre Paris genommen wird, das zum modernen Gegenpol von Syrakus avanciert.

Als Seume seinen Text 1803 veröffentlichte, war abzusehen, dass der ehemalige Revolutionsgeneral Bonaparte ein neues, nationalfranzösisches Kaisertum restituieren würde. Seume gewann aus seinem in diesem Kontext stillschweigend (und damit die Zensur umgehend) durch das bloße Abschreiben angestellten Vergleich der Gedächtnisorte Rom – Syrakus – Paris einen eminent kritischen Blick auf die drohende Gefahr einer neuen Tyrannis. Sein Text, dessen Lakonismus eher aufklärerische als klassizistische Formideale erfüllt, fällt angesichts der zu Fuß wahrgenommenen sozialen und politischen Probleme indes oft gallig bitter im Ton aus. Er ist von der ästhetischen Distanziertheit Weimars ebenso weit entfernt wie von der herzanrührenden Beschränktheit des Blicks, mit welcher der Beamte Eichendorff den Taugenichts als Stellvertreter seines Fernwehs ausstattete – auf dass dieser Italien auch ja als das wahrnehme, was es den im Norden verbreiteten Klischees unterdessen erscheinen wollte: das Land der Kunst und Künstler.

Seumes Entgegensetzung Syrakus – Paris

Fragen und Anregungen

- Welche Unterschiede erkennen Sie im Dichtungsverständnis von Friedrich Hölderlin, Friedrich Schiller und Johann Gottfried Seume?
- Diskutieren Sie, ob das klassizistische Griechenland eine Utopie ist.
- Was genau schätzt Friedrich Karl von Savigny am „Mittelalter", was nicht?
- Informieren Sie sich über die politische Bewegung des deutschen Philhellenismus.

Lektüreempfehlungen

Quellen
- Friedrich Hölderlin: **Brief an Casimir Ulrich Böhlendorff** [undatiert], in: Hölderlin 1992–94, Bd. 3, S. 466–468.
- Friedrich Hölderlin: **Andenken,** in: Hölderlin 1992–94, Bd. 1, S. 360–362.
- Friedrich Schiller: **Brief eines reisenden Dänen,** in: Pfotenhauer 1995a, S. 453–459.
- Johann Gottfried Seume: **Spaziergang nach Syrakus im Jahre 1802,** in: Seume 1993, Bd. 1, S. 155–540 (insbesondere S. 349–368 und S. 505–534).

Forschung
- Axel Dunker: „**Die Zeit der Dichtung ist vorbei**". Seumes Auseinandersetzung mit Friedrich Schiller in *Mein Sommer 1805,* in: Jörg Drews (Hg.), In Polen, Palermo und St. Petersburg, Bielefeld 2008, S. 201–215. *Am Beispiel des Verhältnisses von Seume und Schiller werden literaturtheoretische Positionen geklärt.*
- Alexander Honold: **Nach Olympia. Hölderlin und die Erfindung der Antike,** Berlin 2002. *Kulturhistorisch provozierender Versuch (v. a.: S. 169–230), den Diskurs der philanthropischen Pädagogik und der gräkophilen Archäologie mit Hölderlins dichterischen Bezügen auf Olympia zusammenzusehen.*
- Norbert Miller: **Europäischer Philhellenismus zwischen Winckelmann und Byron,** in: Propyläen Geschichte der Literatur. Bd. 4. Aufklärung und Romantik 1700–1830, Berlin 1983, S. 315–366. *Kenntnisreicher kulturgeschichtlicher Überblick.*
- Christof Thoenes: **Felix Italia? Materialien zu einer Theorie der Italien-Sehnsucht,** in: ders., Opus Incertum. Italienische Studien aus drei Jahrzehnten, Berlin 2002, S. 511–524. *Essay eines der besten Kenner der Kunst Italiens über das Chimärische der Italiensehnsucht von Goethe bis heute.*
- Conrad Wiedemann (Hg.): **Rom – Paris – London. Erfahrung und Selbsterfahrung deutscher Schriftsteller und Künstler in den fremden Metropolen.** Ein Symposion, Stuttgart 1988. *Facettenreicher, mit nützlichen einführenden Referaten versehener Sammelband mit Beiträgen zu fast allen in diesem Kapitel behandelten Autoren.*

4 Kunstdiskurs und Intermedialität

Abbildung 4: Karl Friedrich Schinkel: *Felsenschloss am Flussufer* (o. J.)

Karl Friedrich Schinkels „Felsenschloss am Flussufer" (zwischen 1816 und 1820) entstand einem Bericht zufolge als Ergebnis eines Künstlerwettstreits mit dem Dichter Clemens Brentano. Es heißt, Brentano habe in geselliger Runde die Ansicht vertreten, es sei nicht möglich, in einer Zeichnung verständlich auszudrücken, was sich im Medium der Dichtung leicht erzählen lasse. Schinkel erbrachte den Gegenbeweis, indem er eine Woche lang in Konkurrenz zu dem aus dem Stegreif erzählenden Dichter eine seiner bedeutendsten Landschaften komponierte. Brentano legte den Schauplatz und die Zeitstrukturen seiner Erzählung offenbar so schwierig wie möglich an: Er ließ eine Försterfamilie nach dem Tod eines Fürsten dessen Schloss beziehen, schilderte den Grundriss des Schlosses und dessen Einbettung in die Umgebung, ließ den Förster schließlich sterben und, weil das Gelände um das Schloss nur aus Fels bestand, erst am jenseitigen Ufer des Flusses seine letzte Ruhe finden. Ein in den verödeten Schlossgarten eintretender Hirsch sollte dafür einstehen, wie die Natur sich die Kultur zurückerobert. Schinkels Gemälde, das all dies in eine Komposition integriert, legt den Akzent gegen Brentanos Absichten jedoch darauf, die Architektur als harmonische Fortsetzung der inneren konstruktiven Tätigkeit der Natur zu erweisen.

Im Sprechen und Schreiben über Kunst bildete sich schon in der Aufklärung ein Pluralismus der Stimmen heraus, der für eine erste öffentliche Meinungsbildung wichtig war. Ein wichtiges Medium hierfür war die Kunstzeitschrift. 1799 erschienen in der klassizistischen Zeitschrift *Die Propyläen* Goethes Text *Der Sammler und die Seinigen* und in der romantischen Zeitschrift *Das Athenäum* das ohne Verfasserangabe publizierte Gespräch *Die Gemählde*. In beiden Texten bildet sich in Kontroversen über Kunstwerke ein spezifischer Perspektivismus heraus, der dem beginnenden kunsthistorischen Denken viel verdankt, insofern dieses die Argumente für den Diskurs bereitstellt. Das Kunstgespräch erweist sich als eine ergebnisoffene Gattung für die klassizistische Theoriediskussion und das romantische ‚Symphilosophieren' (also: das gemeinsame Philosophieren von Freunden) über Kunst.

4.1 **Vom Paragone der Künste zur Intermedialität**
4.2 **Klassizistische Plastik – romantische Musik?**
4.3 **Literarische Gespräche über Kunst**

4.1 Vom Paragone der Künste zur Intermedialität

Um den Stellenwert zu bestimmen, den die Künste für die klassizistisch-romantischen Diskurse einnehmen, muss man sich vergegenwärtigen, dass es vor den Anfängen der Kunstgeschichte eine alte Tradition der Kunstliteratur war, einen sogenannten Paragone – einen Vergleich der Künste – durchzuführen. Um die Mitte des 16. Jahrhunderts befragte der Gelehrte Benedetto Varchi eine Reihe von Künstlern, worauf die Eigenart der Malerei, der Bildhauerei und der Dichtung beruhe. Diese Befragung führte dazu, dass bestimmte Eigenheiten der Künste formuliert wurden. So wurde die Malerei im Vergleich mit der Bildhauerei als geistigere Kunst eingeschätzt, weil sie auf den Schein berechnet sei; die Bildhauerei hingegen konnte das Argument der Wahrheit im platonischen Sinn für sich verbuchen, weil sie nicht nachahme, sondern eine in der Idee geschaute Gestalt aus der bloßen Materie des Marmors ‚befreie' (vgl. Körner 1999, S. 365).

Der alte Vergleich der Künste: der Paragone

Argumente wie diese wurden unter neuen Vorzeichen wieder aufgegriffen, als das absolutistische Frankreich Akademien für die Künste gründete, deren Mitglieder in regelmäßigen Sitzungen gelehrte *Discours* hielten, in denen eine verbindliche Begrifflichkeit für das Reden und Nachdenken über die Künste erarbeitet werden sollte. Stärker als in der Renaissance suchten die Akademiker des späteren 17. Jahrhunderts in der sogenannten *Querelle des Anciens et des Modernes* (*Streit der Alten und der Neueren*) das Eigenrecht der Gegenwart gegenüber der Antike vom Zusammenwirken der Künste her zu bestimmen. Deswegen genossen gerade jene Künste besondere Aufmerksamkeit, in denen die Gegenwart sich hervortat: die Malerei galt neben der spektakulären Gartenkunst als eine solche Kunst, insbesondere, wenn man die Errungenschaft der Perspektive mit dem verglich, was man von der antiken Malerei zu wissen meinte (→ ASB BRUHN).

Systematisierung des Diskurses im 17. Jahrhundert

Im Verlauf des 18. Jahrhunderts trat neben die von den Akademien schriftlich notierten *Discours* über die Künste schon bald eine neue literarische Gattung, die in mancher Hinsicht auf die Formen vorausweist, in denen die klassizistisch-romantische Moderne sich über Kunst äußern sollte: die Kunstkritik. Aus den begleitenden Berichten zu den jährlichen Ausstellungen der Akademiemitglieder im *Mercure de France* emanzipierte sich nach und nach die literarische Gattung der „Salons", bei welchen es sich dem Romanisten Victor Klemperer zufolge um „die ersten Kunstausstellungsberichte der französischen Literatur" (Klemperer 1954, S. 333) handelt. Die Würdigungen der ausgestellten Werke boten zunehmend auch individuel-

Entstehung der Kunstkritik

leren Geschmacksurteilen Raum, die zur literarisierenden Ausgestaltung der Berichte drängten (vgl. Dresdner 2001, S. 255).

Der Enzyklopädist Denis Diderot sollte diese Gattung zu einem ersten Höhepunkt führen, indem er beispielsweise im Salon von 1767 eine kleine Zahl ausgestellter Landschaftsbilder Joseph Vernets narrativ verlebendigte. Er fingierte, die Ausstellung zu verlassen, einen Spaziergang in der freien Natur zu unternehmen und mit einem Abbé darüber zu streiten, wie Vernet sie wohl gemalt hätte – um den Leser sodann dadurch zu verblüffen, dass er gemeinsam mit ihm außerhalb des Rahmens der eben doch bereits von Vernet gemalten Landschaft erwachte. Noch die rätselhaftesten Texte der romantischen Kunstkritik, wie beispielsweise der von Clemens Brentano und Achim von Arnim „ursprünglich dramatisch abgefaßt[e]" (Kleist 1810, zit. nach: Schultz 2004, S. 46), dann von Heinrich von Kleist für den Druck in den *Berliner Abendblättern* überarbeitete Text *Empfindungen vor Friedrichs Seelandschaft* (1810), stehen in dieser wandlungsfähigen Gattungstradition, überschreiten sie jedoch fast immer auf zeitgenössische Debatten hin. So findet Kleist hier gegen den ursprünglich von Brentano und Arnim geplanten Text zu der Formulierung über Caspar David Friedrichs berühmtes Gemälde: „so ist es, wenn man es betrachtet, als ob Einem die Augenlieder weggeschnitten wären" (Kleist 1810, zit. nach: Schultz 2004, S. 44).

Für den Rangstreit der Künste ist es von größter Tragweite, dass die Aufklärer bereits um die Mitte des 18. Jahrhunderts von einer neuen Wahrheit der Kunst zu träumen begannen, die sie in ihrer eigenen Wirklichkeit nirgends mehr realisiert fanden, doch von der sie vermuteten, dass die Antike ihr nahegekommen sei. Nicht das ganze Feld des aus der Antike Überlieferten, nur die höchsten Beispiele griechischer Plastik verwiesen nach dem Begründer der neueren Archäologie, Johann Joachim Winckelmann, darauf, dass hier „eine edle Einfalt, und eine stille Grösse" (Winckelmann zitiert nach: Pfotenhauer 1995b, S. 30) in idealer Weise realisiert sei. Dies wurde von Winckelmann denn auch nicht mehr in der Sprache der Gelehrsamkeit erfasst, sondern in idealisierenden Beschreibungen durch Anleihen beim hohen Ton der Dichtung gewürdigt (bis hin zur Einfügung von Hexametern in Wissenschaftsprosa, vgl. Zeller 1955, S. 158; → KAPITEL 3.2).

In der Schrift *Plastik* (1778) von Johann Gottfried Herder wird das Nachdenken über die Bildhauerei konsequenterweise mit der erkenntnistheoretischen Einsicht des Sensualismus verknüpft, dass der Tastsinn der ursprünglichste all unserer Sinne sei. Herder begründete seine Forderung nach einen buchstäblich mit allen Sinnen zu leistenden Rückgriff auf antike Statuen in doppelter Weise anthropologisch: nicht nur von der fühlenden Hand des Rezipienten her, der erst greifend begreife, sondern auch durch seinen Wunsch nach organischer Ganzheit, die er in der Plastik als Darstellung des nackten Menschen verkörpert fand.

Nimmt man noch hinzu, dass Gotthold Ephraim Lessings Schrift *Laokoon: oder über Grenzen der Malerei und Poesie* bereits 1766 in Auseinandersetzung mit Winckelmann die Eigengesetzlichkeit von Dichtung und Malerei vergleichend zu bestimmen suchte, sind die wichtigsten Voraussetzungen benannt, an die man um 1800 anknüpfen konnte, wenn man über die Künste diskutierte. Auch die frühe Kunstgeschichte, wie Johann Dominicus Fiorillo sie 1794 in Göttingen Ludwig Tieck und Wilhelm Heinrich Wackenroder (→ KAPITEL 2.2) nahebrachte, oder wie Carl Ludwig Fernow sie 1803 aus Rom nach Jena und Weimar importierte, wäre zu nennen. Lessing hingegen wollte gegen Winckelmann noch mit vergleichsweise unhistorischen Argumenten die grundsätzliche Überlegenheit der Poesie über die bildende Kunst nachweisen. Er tat dies mit der semiotischen Argumentation, dass die Poesie vollständig auf das Repräsentierte hin transparent werden könne, indem sie allein die Einbildungskraft anspreche, wenn sie komplexe Handlungen ausdrücke; die Malerei hingegen bleibe mit ihrer größeren Materialität in Farbe und Zeichnung letztlich opak, indem sie sich mit ihrem Material zunächst an die Sinne wende. Das letzte Ziel der bildenden Kunst ist demzufolge Schönheit, das der Literatur Ausdruck (→ KAPITEL 6).

Aufwertung der Einbildungskraft

4.2 Klassizistische Plastik – romantische Musik?

Idealtypisch aufgefasst, hält der Weimarer Klassizismus an der durch Johann Joachim Winckelmann eingeleiteten Vorrangstellung antiker Bildhauerei fest und orientiert sich auch innerhalb der Malerei an einem plastischen Ideal der Menschengestalt. Man kann dies an der Weimarer Erstaufführung von Schillers antikisierendem Schauspiel *Die Braut von Messina* (1803) nachweisen, da hier das Statuarische in sich ruhender Gestalten für die bühnenpraktische Umsetzung des Stückes ideengebend war. Es ist der Gedanke klassischer Vollendung, den man hier am Werk sehen kann.

Ebenso idealtypisch aufgefasst, steht dem plastischen Ideal des Klassizismus in der Romantik die Idee der Musik gegenüber. So be-

Idealtypische Zuordnungen

trachtet, orientierten sich die Romantiker mit der Musik an einer nicht-nachahmenden Kunst, die durch Komponisten wie Ludwig van Beethoven ihrerseits fast zeitgleich zu einer Ausdrucksform autonomen Kunstverständnisses erhoben wurde, indem in dessen Instrumentalmusik die sinngebende Sprache keine Rolle mehr spielt (vgl. Neubauer 1986, passim). Die Zeitkunst Musik entführt den Rezipienten demzufolge in die Unendlichkeit der eigenen Imagination.

Die antike Plastik, deren Bedeutung der Klassizismus an Marmorstatuen wie dem berühmten Apoll vom Belvedere in Rom abzulesen meint, weist zudem auf eine Tendenz hin, die dem Klassizismus grundsätzlich eigen ist: der Versuch einer Dämpfung der Affekte und des Pathos. Auf Seiten der Romantik antwortete darauf eine Tendenz zur Steigerung der Intensität des Gefühls durch Synästhesien sowie durch die rauschhafte Seite der Musik. Schon der Aufklärer Lessing, der sich in Auseinandersetzung mit Winckelmanns Schriften Gedanken machte, warum Laokoon trotz des ihm zugefügten körperlichen und seelischen Schmerzes von den antiken Bildhauern nicht als schreiend dargestellt wurde, ist – was seinen Kunstgeschmack angeht – Klassizist. (Der trojanische Priester Laokoon wird in der antiken, im Jahr 1506 aufgefundenen Laokoon-Gruppe in jenem Augenblick dargestellt, in dem er gemeinsam mit seinen beiden Söhnen von zwei Meeresschlangen erwürgt wird). Es war eben der Grundsatz der Affektdämpfung um der Schönheit der Darstellung willen, der hier über den natürlichen Ausdruck des Affektes triumphierte. Ganz anders in der Romantik: Dort fand man eine Hingabe an die geradezu dionysisch entgrenzende Macht der Musik, intensive Gefühlserlebnisse freizusetzen, z. B. in E. T. A. Hoffmanns Musikkritiken der Werke Beethovens, die für dessen frühe Rezeption bedeutend waren.

Als symbolischen Rahmen für die klassizistische Bevorzugung der Plastik kann man folglich das als Tempel inszenierte Museum verstehen, als symbolischen Rahmen für die romantische Bevorzugung der Musik die musikalische Soirée im geselligen Kreis. Goethes *Einleitung* in die ehrgeizige Zeitschrift *Die Propyläen* aus dem Jahr 1798 spielt darauf an, dass man sich noch „in den Vorhöfen" (Goethe 1985ff., Bd. 6.2, S. 9) eines solchen Tempels befinde, dass der Klassizismus also trotz seiner Antikenorientierung auch eine zukunftszugewandte Kunst sei, die den getrennten Gattungen der Künste einen dauerhaften Bau für das interesselose Wohlgefallen künftiger Generationen verschaffen wolle. Demgegenüber könnte man die Geselligkeit von Liederabenden im kleineren Kreis als romantisches Spezifikum verbuchen.

An dieser idealtypischen Gegenüberstellung ist zweifellos manches richtig, manches bedarf indes auch der Differenzierung. So hielt die romantische Kunsttheorie Friedrich und August Wilhelm Schlegels noch nach 1800 am „Kern des Winckelmannschen Klassizismus" (Müller 2010, S. 57) fest, insofern die Vollkommenheit antiker Plastik weiterhin nicht infrage gestellt wurde. So kultivierte die Musik der Romantik nicht nur die Instrumentalmusik (Sonaten, Symphonien), sondern auch das Lied und den Liederzyklus auf eine Weise, dass man sogar von einer Semantisierung der Musik im 19. Jahrhundert sprechen könnte (z. B. Franz Schuberts *Winterreise*, 1827): Gänzlich nur auf sich verwiesen ist die Imagination des Zuhörers also auch weiterhin nicht, da die Sprache dem Lied einen bestimmten Sinn verleiht. Klassizistische Texte hingegen hielten nicht nur das plastische Ideal der in sich geschlossenen Menschengestalt in Ehren, sondern zeigten sich auch vom Bedeutungslosen und Spielerischen fasziniert. Der Gedanke, dass autonome Kunst sich weder vom Staat noch von der Kirche als Auftraggeber ihre Gegenstände vorschreiben lassen dürfe, trug beispielsweise zur Autonomisierung auch von Ornamenten in der bildenden Kunst bei, die Immanuel Kant in seiner *Kritik der Urteilskraft* (1790) als Beispiele für eine freie Schönheit angeführt hatte, welche nur die Einbildungskraft beschäftige. Auch auf die Musik verwies Kant in diesem Kontext.

Einwände

Ornamente sind im früheren, sich auf Vitruv (1. Jh. v. Chr.) als maßgeblichen antiken Referenzautor beziehenden Schrifttum über Kunst fast stets kritisch eingeschätzt worden. Durch die spektakulären Ausgrabungen der Siedlungen Pompeji, Herculanum und Stabiae seit der Mitte des 18. Jahrhunderts traten hingegen in den Innenraumausmalungen antiker Zimmer Formen von Ornamenten zutage, die zeigten, dass schon die alten Römer Geschmack an ornamentalen Formen hatten, die nicht zu der als antik ausgegebenen Forderung des 18. Jahrhunderts nach Mimesis (→ ASB D'APRILE/SIEBERS) passen wollten. Die Kunsttheorie seit Winckelmann reagierte nach dieser Entdeckung mit einer Doppelstrategie auf die Ornamente: Die sogenannten Grotesken wurden überwiegend weiterhin abgelehnt, weil sie Verschlingungen und willkürliche Kombinationen von Tieren und Menschen in Mischgestalten vor Augen führten, die aus den Wissensordnungsversuchen der Naturgeschichte herausfielen und daher als Monster angesehen wurden. Die sogenannten Arabesken, deren luftig-leichte, vegetabile, abstraktere Schlingmuster an Strukturen islamischer Bauornamentik erinnerten, wurden hingegen eher positiv bewertet und konnten eine wichtige Rolle in der klassizistischen Kunsttheorie einnehmen.

Ornamente

Goethe veröffentlichte im Rahmen einer Aufsatzserie in *Der Teutsche Merkur* unmittelbar nach seiner Rückkehr aus Italien die kleine Abhandlung *Von Arabesken* (1789). Er führt hierin aus, dass dieser Name eine „willkürliche und geschmackvolle malerische Zusammenstellung der mannigfaltigsten Gegenstände" bezeichne, „um die innern Wände eines Gebäudes zu verzieren". Dabei nimmt er die Arabesken gegen die allgemeine Geringschätzung in Schutz, indem er auf die Freundlichkeit des Zimmerschmucks der kleinen Häuser von Pompeji verweist. Doch ordnet Goethe ihnen insgesamt lediglich eine untergeordnete Stellung zu. Sie sollten der „bessern Kunst gleichsam zur Rahm dienen, sie nicht ausschließen, sie nicht verdrängen, sondern sie [die Kunst] nur noch allgemeiner, den Besitz guter Kunstwerke möglicher machen" (Goethe 1985ff., Bd. 3.2, S. 191, S. 193).

Von Arabesken

Ähnlich argumentierte der mit Goethe befreundete Schriftsteller Karl Philipp Moritz in seinem Buch *Vorbegriffe zu einer Theorie der Ornamente* (1793), ging jedoch über Goethes Argumentation noch einen Schritt hinaus. Nicht das Rahmen der bedeutenderen Kunst, sondern das Isolieren wird nun als letzte Funktionsbestimmung der Ornamente ausgemacht. Moritz bewegt sich mit diesem Gedanken, den er gleichfalls am Beispiel der Arabesken, aber auch an Vasen, Rahmen und Denksäulen erläutert, auf einen Gedankengang Kants zu.

Vorbegriffe zu einer Theorie der Ornamente

Kant befand in der *Kritik der Urteilskraft* (1790) einerseits, dass allein der Mensch fähig sei, ein Ideal der Schönheit darzustellen, weil allein der Mensch den Zweck seiner Existenz in sich habe (Kant sieht im Menschen sogar „den letzten Zweck der Natur", Kant 1974, S. 387). Die handlungslos in sich ruhende Darstellung des Menschen in der Plastik, deren geschlossener Umriss nicht ‚deformiert' sei, müsste daher eigentlich ihre ideale Realisierung sein, da in ihr auf äußerliche Zwecke, wie sie jeder Handlung zugrunde liegen, verzichtet werde. Diese Hochschätzung der menschlichen Gestalt wird indes von Kant selbst relativiert. Sie steht nämlich in Spannung zu seiner prinzipiellen, vom Rezipienten ausgehenden Annahme, dass nur jenes ästhetische Empfinden rein sei, das als ein freies Spiel aller Erkenntnisvermögen auf begriffliche Festlegungen verzichten, also von allen Zwecken absehen könne. Jene Gegenstände, die gar keinen Begriff von ihrem Zweck voraussetzen, können daher auf eine Weise ‚schön' genannt werden, die letztlich ‚freier' ausfällt als die Schönheit der menschlichen Gestalt:

Kritik der Urteilskraft

„So bedeuten die Zeichnungen à la grecque, das Laubwerk zu Einfassungen, oder auf Papiertapeten u. s. w. für sich nichts: sie stellen nichts vor, kein Objekt unter einem bestimmten Begriffe, und sind freie Schönheiten. Man kann auch das, was man in der

Musik *Phantasien* (ohne Thema) nennt, ja die ganze Musik ohne Text, zu derselben Art zählen." (Kant 1974, S. 146)
Kants Beispiel der „Musik ohne Text" bzw. der freien musikalischen Phantasie zeigt, dass die Idee einer Abkehr vom Bedeutung festlegenden Primat der Sprache für die Musik nicht erst in der Romantik möglich wurde, sondern ihr historisch vorausliegt. Das 19. Jahrhundert wird sie in der Idee der „absoluten Musik" weiter verfolgen (Lubkoll 1995, S. 11). Herder freilich wehrte sich gegen diese Anfänge einer reinen Formalästhetik, die von den Gegenständen absehen will. In seiner Spätschrift *Kalligone* (1800) verfasste er eine Metakritik gegen Kant, in der er das System der Künste rigoros auf eine humanistische Ethik verpflichten wollte.

Dem Umstand, dass die Künste ein zentraler Diskursgegenstand in der klassizistisch-romantischen Moderne waren, kann man sich auch am Leitfaden der Übersetzungsproblematik annähern. So lange man alle Künste vom gemeinsamen Grundsatz her betrachtete, dass sie als Nachahmung der Natur zu verstehen seien, war eine Übersetzung einer Kunst in eine andere relativ unproblematisch. Bereits Lessings *Laokoon* zeigt, wie gerade die Aufklärung, die einerseits an diesem Grundsatz festhalten wollte, andererseits zu der Einsicht gelangt, dass die eine Kunst offenkundig kann, was die andere aufgrund ihrer spezifischen Materialität oder auch aufgrund der von ihr benutzten Zeichen nicht kann (etwa das Schreien des Laokoon wiedergeben). Wie aber lässt sich dann z. B. ein Werk der bildenden Kunst in Sprache übersetzen? Wie lässt es sich übersetzen, ohne dessen mediale Eigenart zu missachten? Wie lässt sich eine körperlich-räumliche Kunst wie die Plastik in der immer nur als Folge von Zeichen realisierbaren, also zeitlich verfassten Schrift wiedergeben? Der angesichts dieser Fragen fast paradox anmutende Umstand, dass Kunstwerke nie zuvor in derartiger Häufung Gegenstand dichterischer Deutung waren, ist mit Sicherheit symptomatisch zu interpretieren (vgl. Langen 1940). Gerade weil um 1800 ein hermeneutisches Bewusstsein (→ KAPITEL 9.3) dafür entstand, dass sich die Künste nicht ohne Weiteres mehr ineinander übersetzen ließen, war der Anreiz groß, innerhalb der einen Kunst über die andere und ihre Andersartigkeit zu reflektieren. Die Frage, ob und wie dies theoretisch denkbar und mit einer Theorie des Symbols zu vereinbaren sei, ist Gegenstand von Moritz' Abhandlung *Die Signatur des Schönen. In wie fern Kunstwerke beschrieben werden können?* (1788/89).

Auch ohne dass die klassizistisch-romantische Moderne bereits über eine ausgearbeitete Theorie der Intermedialität verfügen würde

Übersetzung als Problem der Künste

Anfänge einer Theorie der Intermedialität?

(immerhin lässt sich eine Verwendung des Begriffs „intermedium" im Jahr 1812 bei dem englischen Dichter und Kritiker Samuel Taylor Coleridge nachweisen, der ihn allerdings im Sinn eines Mitteldings zwischen Allegorie und Person, nicht aber im Kontext distinkter Medien, verwendet, vgl. Müller 1998, S. 31), werden die Künste doch nicht nur im Rahmen der neuartigen Systementwürfe verglichen, die von Philosophen wie Hegel oder Friedrich Wilhelm Joseph Schelling vorgelegt wurden (→ KAPITEL 6). Vielmehr boten die neuen Kunstzeitschriften eine geeignete Plattform, die verschiedenen Sichtweisen sehr unterschiedlicher Kunstkritiker zu integrieren und gerade hierdurch dynamisierende Effekte freizusetzen.

Die Zeitschrift als Ort der Kunstkritik

Besonders intensiv wurden die Künste in Zeitschriften reflektiert. Diese hatten seit dem frühen 18. Jahrhundert einen rasanten Aufstieg genommen, indem sie die alte Deutungshoheit von Obrigkeit und Kirche relativierten und sich selbst als Forum öffentlicher Meinungsbildung inszenierten. Zwar reflektierte man in der klassizistisch-romantischen Moderne um 1800 auch weiterhin in der literarischen Form des Essay oder der selbstständig erscheinenden Abhandlung über die Einzelkünste. Doch wie beispielsweise schon der Name der in Berlin erscheinenden *Sammlung nützlicher Aufsätze und Nachrichten, die Baukunst betreffend* anzeigt, suchte man darüber hinaus neuartige Verständigungszusammenhänge zwischen Kunst und Gesellschaft herzustellen. Solche Zusammenhänge werden unter anderem darin greifbar, dass in den Zeitschriften die handwerklichen Kunstgewerbe zunehmend Aufmerksamkeit fanden und die Kunstgewerbeschulen ihre praxisbezogenen Lehrprogramme vor- und zur Diskussion stellten. Man kannte weiterhin die literarische Gattung des Ausstellungsberichtes, dem im europäischen Vergleich verspätet nun auch in deutscher Sprache große Aufmerksamkeit zuteil wurde. Kunstkritiken spielten jedoch nicht mehr nur in den höchst anspruchsvollen, doch wenig gelesenen Journalen eine Rolle, die von bestimmten Schriftstellern mit einem bestimmten Programm herausgegeben wurden, wie z. B. *Über Kunst und Alterthum* von Goethe. Sie nahmen nun auch stetig mehr Raum in der periodischen Presse ein, beispielsweise in Beilagen zu Cottas *Morgenblatt für gebildete Stände*. Wenn in solchen Kontexten auch die Formensprache der Antike rezipiert wurde, etwa um Entwürfe für Tee- und Kaffeeservice der Porzellanmanufakturen vorzustellen, dann liegen hier wichtige Beispiele für die Sentimentalisierung der Antike vor, die ein Gemeinbesitz der Epoche war (→ KAPITEL 2.1). Durch neue Reproduktionstechniken wie den Steindruck (Lithographie) wurde es möglich, diesen Texten genauere und auch in

Aufstieg der Zeitschriften

ökonomischer Hinsicht günstigere Abbildungen nach Kunstwerken beizugeben – eine Entwicklung, die z. B. in *Über Kunst und Alterthum* beobachtet und lebhaft begrüßt wurde.

4.3 Literarische Gespräche über Kunst

Ein Beispiel für ein literarisches Kunstgespräch ist Goethes in den *Propyläen* erschienener kleiner Roman *Der Sammler und die Seinigen* (1799). Er hat – was ein Novum nicht nur in der deutschen Literaturgeschichte ist – allein die Künste und das Sammeln zum Gegenstand. Dabei verzichtet er weitgehend auf eine Handlung und greift den Perspektivismus der verhandelten Künste schon formal in der Ausgestaltung als Briefroman mit szenisch-dramatisch wiedergegebenen Gesprächssituationen auf. Statt eine dogmatische Lehre zu verkünden, bietet Goethes Roman verschiedenen Meinungen einen Artikulationsraum. Auch der romantische Text *Die Gemählde* (1799), der fast zeitgleich anonym im *Athenäum* erschien, ist in dieser Hinsicht symptomatisch: Die Gesprächsform, in welcher er abgefasst ist, weist keinen übergeordneten Rahmen mehr auf, der die Autorität nur einer Stimme gegen den Pluralismus der vorgetragenen Positionen durchsetzen würde.

Ein Hintergrund der Entstehung von *Der Sammler und die Seinigen* war, dass Goethe und sein engster Berater in Kunstangelegenheiten, Johann Heinrich Meyer, von 1799 an jährlich Preisaufgaben mit antiken Themen für bildende Künstler ausschreiben wollten (und dies bis 1805 auch taten). Die späteren Diskussionen der „Weimarischen Kunstfreunde" (das waren wiederum vor allem Goethe und Meyer) über die eingesandten Arbeiten, die von sehr unterschiedlicher Qualität waren, konnten Goethes kleinen Roman, der seit November 1798 verfasst wurde, zwar nicht beeinflussen. Doch gingen die von Goethe und Meyer im Vorfeld der Preisaufgaben schematisch nach kunsthistorischen Rubriken betriebenen Studien über die Kunst Italiens in den Roman ein, wenn an dessen Ende ein Katalog zur Einteilung jener Künstler erarbeitet wird, deren künstlerische Handschriften es gerade deswegen erst einmal zu begreifen und zu benennen galt, weil man sie letztlich als dilettantisch (und als bloße Manier) ansah: Skizzisten, Punktierer, Charakteristiker, Phantomisten, Phantasmisten, Nebulisten, Undulisten, Schwebler und Nebler geben sich hier die Hand mit jenen, die im selben Sinn als Liebhaber über die Künste reden und schreiben, ohne über fundierte Kenntnisse

Goethes Briefroman über Kunst

Klassizistische Grenzziehungsversuche und ...

zu verfügen. Bilden die kunsthistorischen Studien mit Meyer den einen Bezugspunkt, so wird in der etablierten Terminologie ein weiterer Bezugspunkt greifbar: die genau in den Tagen der Fertigstellung des Romans, im Mai 1799, gemeinsam mit Schiller und Meyer betriebenen Studien zum Dilettantismus (→ KAPITEL 7). Auch hat sich ein von Goethe und Schiller gemeinsam entworfenes Schema zum Roman erhalten (Schiller 1943ff., Bd. 21, S. 347–349). Der wichtigste Begriff, über den man in diesem Umfeld diskutierte, ist der des Charakteristischen: Soweit das Charakteristische das Typische meint, steht es nämlich Goethes Begriff des Symbols nahe, der alles Besondere mit einem Allgemeinen vermittelbar denkt; soweit es hingegen das Interessante, Unverwechselbare und Neue meint, denkt es über das im Symbol stimmig Vermittelbare hinaus und kann „sogar dem Häßlichen einen ästhetischen Stellenwert" (Kanz 2008, S. 13) zubilligen.

... Perspektivismus als Gegentendenz

Freilich steht diesen Versuchen, zu einer klaren Grenzziehung zwischen der Manier der einen und der anderen zu gelangen, von vornherein die Form von Goethes Text *Der Sammler und die Seinigen* im Wcg. Es handelt sich gerade nicht um einen auktorial erzählten Roman, in dem eine einzige Stimme darüber befinden würde, wie sich das weite Feld der Kunst in sinnvolle Unterabteilungen einteilen lassen würde. Vielmehr ist der Roman in acht humoristisch getönten Briefen verfasst, die den Pluralismus mehrerer Stimmen zulassen. Die lebhaften Diskussionen sprengen die Briefform fast, wenn sie im sechsten Brief überwiegend szenisch-dramatisch wiedergegeben werden. Selbst der Versuch einer Typologie der Künstler und ihrer Manieren entlang der Begriffe Nachahmer – Imaginanten – Charakteristiker – Undulisten – Kleinkünstler – Skizzisten findet sich in einem Brief der Romanfigur Julie, die den eigenen Perspektivismus nicht nur nicht verleugnet, sondern explizit betont. Er wird als ein nur vorläufiger Versuch der Bündelung der vorhergegangenen Diskussionen dargestellt, der ausdrücklich zu weiteren, auch kritisch abstimmenden Gesprächen anregen will.

Aufklärerische Fundierung des Perspektivismus

Es zeigt sich eine zunehmende Nähe Goethes zu Denis Diderots Perspektivismus. Goethe kannte Diderots *Jacques le Fataliste* seit 1780 und hatte soeben eine kommentierte Übersetzung von zwei Kapiteln aus Diderots *Essais sur la peinture* (1766 in *Correspondance Littéraire*, 1795 gedruckt) angefertigt, die 1799 in *Die Propyläen* erschien. Schiller gegenüber äußerte er sich zwar zunächst skeptisch über Diderots aufklärerische Tendenz, „Natur und Kunst zu konfundieren" (Goethe 1985ff., Bd. 7, S. 1042), die er als bloße Naturnachahmung ablehnte. Doch nach 1804, als er zudem *Le Neveu de Ra-*

meau übersetzte (*Rameaus Neffe*, 1805), wusste er nicht genug zu rühmen, „wie glücklich er [Diderot] die heterogensten Elemente der Wirklichkeit in ein ideales Ganze zu vereinigen wußte" (Goethe 1985ff., Bd. 7, S. 685).

Erstaunlich ist nun schon allein die Zeitnähe des kleinen Kunstromans von Goethe zu jenem *Gemählde*-Gespräch, welches wie kaum ein anderer Text Zeugnis des romantischen „Symphilosophieren" (Röttgers 1981, S. 91) ist, das sich als ein gemeinsames, ergebnisoffenes, mehrere Perspektiven produktiv einander ergänzen lassendes Philosophieren von Freunden verstand. Im Sommer 1798 waren mehrere junge Schriftsteller und Philosophen, die in Jena studierten, nach Dresden gereist, um die bedeutenden Kunstsammlungen zu sehen. Daraus entstand das ohne Verfasserangabe publizierte Gespräch *Die Gemählde* (1799), das dem Urteil des Literaturwissenschaftlers Theodore Ziolkowski zufolge „alle grundlegenden romantischen Auffassungen der Kunst" enthält (Ziolkowski 1994, S. 458). Die Brüder August Wilhelm und Friedrich Schlegel waren sicherlich die Hauptverfasser, doch eine womöglich ebenso große Rolle spielte Caroline Schlegel, die bereits zuvor mit ihrer Tochter Auguste in Begleitung des bedeutenden Übersetzers italienischer Literatur Johann Dietrich Gries in Dresden eingetroffen war. Zu diesem Kreis stießen zeitweilig Novalis, der hier Ideen zur bildenden Kunst notierte (vgl. Novalis 1960ff., Bd. 2, S. 648), der Philosoph Schelling, der Anregungen für seine späteren Vorlesungen über Ästhetik aufnahm, und der Philosoph Johann Gottlieb Fichte, der dem Briefzeugnis der Malerin Dora Stock zufolge von den Schlegels mit Theorien geradezu traktiert wurde.

> Das *Gemählde*-Gespräch im Athenäum

Bezeichnenderweise beginnt das Gespräch unter den antiken Statuen, die zeitgleich für Goethes und Meyers klassizistische Texte so wichtig waren. Man grenzt sich vom In-Sich-Ruhenden der antiken Plastik ab und wendet sich der Malerei als der interessanteren Kunst zu. Die Zentralkategorie hierbei lautet: geselliger Genuss. Es ist die Figur Luise, die dafür die entscheidenden Stichworte liefert: Sie sei heute nicht kontemplativ gestimmt, sondern gesellig und zum Plaudern aufgelegt. Ihre Akzentsetzung auf eine subjektivierte Rezeption, die den produktiven Anteil des Betrachters beim Kunstgenuss nicht hoch genug veranschlagen kann, findet in der Malerei vielfältigeren Anreiz. Doch geht es ihr dabei weder um individuelle Versenkung noch um den koketten Witz von Diderot, dessen Salons ausdrücklich erwähnt werden, sondern vielmehr um eine gesellige Mitteilung, die in der vergleichenden Konkurrenz mit anderen Beobachtern und dem von ihnen jeweils Gesehenen das Gespräch über Kunst als tendenziell

> Von der antiken Plastik ...

unendlichen Text fortspinnen will. Mit demselben Argument lässt man die schlichte Entgegensetzung von Malerei und Plastik bald hinter sich und plädiert für eine Mischung nicht nur der literarischen Gattungen, sondern aller Künste.

Wie aber sollte eine solche Mischung aussehen?

<small>... zur Landschaftsmalerei</small>

Man diskutiert diese Frage am Beispiel der Landschaftsmalerei, da diese die offenste Gattung der Malerei darstelle. Aus den unterschiedlichen Perspektiven der mittlerweile am Elbufer im Freien sitzenden Freunde werden Argumente für und wider sie vorgebracht. So wird sie beispielsweise von Reinhold – einer weiteren Figur – zur höchsten Gattung erklärt, weil sie den Schein verabsolutiere. Farbe heißt das entscheidende kunsttheoretische Stichwort. Waller hingegen wendet mit einem gleichsam Diderotschen Argument ein, dass es doch eigentlich die dargestellte Natur sei, die auf das Gemüt wirke (denn dies ist eine der Pointen, die Diderot mit seinem imaginären Spaziergang in die dargestellte Natur der Landschaften Vernets narrativ inszenierte) – entsprechend müsse die äußere Natur selbst als dasjenige betrachtet werden, was erhaben auf das Gemüt wirke. Wiederum ist es Luise, die mit wirkungsästhetischen Einsichten für die Artifizialität der Kunst und gegen übertriebene Naturtreue plädiert. Sie erläutert dies am Unterschied der wilden, erhabenen, ‚romantischen' Landschaften Salvator Rosas zu den Gemälden Philipp Hackerts, der Goethes Favorit war. E. T. A. Hoffmann knüpfte hieran später an, indem er den auch als aufmüpfigen Satiriker bekannten Maler und vermeintlichen Komponisten Salvator Rosa zur Verständigungsfigur seines Kunstverständnisses in der Erzählung *Signor Formica* (1819) erhob (vgl. Regel 2007, S. 15).

<small>Von der Nachahmung zur symbolistischen Ästhetik</small>

Sollte ein so bedeutender Künstler wie Philipp Otto Runge im Februar 1802 feststellen, „es drängt sich alles zur Landschaft" (Bertsch/Wegner 2010, S. 8), so konnte er Denkfiguren aufgreifen, die in diesem Gespräch am Beispiel bestimmter älterer Gemälde erstmals formuliert wurden. Z. B. die Überlegung, „die Landschaftmahlerey zur höchsten Gattung" zu machen, „weil in ihr das bloße Phänomen eine so wichtige Rolle spielt" (Schlegel 1996, S. 34). Auch findet sich in diesem Text der Gedanke, die Wirkung der Landschaftsmalerei auf den Betrachter mit der „Musik wenigstens zu irgend einem großen Text" zu vergleichen. (Schlegel, 1996, S. 28). Der Komparatist György Vajda hat mit Blick auf solche Argumente die These vertreten, dass sich um 1800 ein Paradigmenwechsel von der an der Malerei orientierten mimetischen Nachahmungsästhetik zur symbolistischen Ästhetik vollziehe, wie an den Anfängen des Prosagedichts zu beobachten sei, das musikalische Strukturen aufnehme und den Symbolismus Charles Baudelaires vorbereite (vgl. Vajda 2001, S. 487).

In *Die Gemählde* kommt es jedoch zu so zahlreichen Übergängen zwischen den gesprächsweise vertretenen Positionen, dass dieser Text für die Doppelgesichtigkeit der klassizistisch-romantischen Moderne (→ KAPITEL 1.1) besonders aufschlussreich ist. So weist Reinholds Argumentation gewisse Ähnlichkeiten mit derjenigen von Karl Philipp Moritz auf: Kunst lasse sich nicht in andere Medien übersetzen, vor allem nicht in Sprache auflösen (vgl. *Die Signatur des Schönen*). Allein produktiv hervorbringend (‚bildend') sei ‚Nachahmung' denkbar und sinnvoll: ein Kunstwerk könne nur in ein Kunstwerk übersetzt werden. Mit anderen Worten: Die nacherschaffende Kraft des Rezipienten darf nicht kleiner sein als die des Produzenten, soll das Medium Kunst im Medium des Worts wiedererschaffen werden. Allerdings findet Reinhold einen zunehmend schärfer widersprechenden Gegner in Waller. Ausgerechnet der am Anfang des Gesprächs am stärksten klassizistisch argumentierende Waller, der zunächst unter den antiken Skulpturen ‚wallt', erweist sich am Ende des Textes als Befürworter einer religiösen Fundierung der Kunst: Er empfiehlt einen historisierenden Rückgriff auf den „bestimmten mythischen Kreis" (Schlegel 1996, S. 107) christlicher Gegenstände, um der Kunst eine allgemeine Verständlichkeit zurückzuerstatten, die ihm durch die moderne Lizenz zu freierer Stoffwahl bedroht erscheint. Es bricht ein Konflikt zwischen den Freunden auf, der nur noch mühsam überdeckt wird.

[Romantischer Perspektivismus]

Eine Konsequenz aus dem Gespräch der Freunde ist die abschließend über die theoretischen Gräben hinweg erzielte Einigung, dass die Unmöglichkeit der Übersetzung im traditionellen Sinne letztlich nur eines bedeuten kann: Man müsste Malerei in Worten wiedererschaffen, die selber Gemälde wären. Daher trägt man Gedichte vor, Gemäldegedichte, die nicht beschreiben, sondern selbst Gemälde sein wollen. Da jedes dieser ‚lyrischen Gemälde' seine eigene Perspektive hat und ist, steht das Ende des Texts an der Grenze des Übergangs vom Perspektivischen, das als Anreicherung mehrerer Perspektiven mit demselben Blickpunkt verstanden werden kann, zum Perspektivistischen im modernen Sinn, das von der Unvereinbarkeit gänzlich heterogener Standpunkte ausgeht. Dieser Schritt ist in dem 1804/05 anonym veröffentlichten Text *Nachtwachen. Von Bonaventura* vollzogen: Sowohl das Goethesche Kunstfreunde-Programm als auch Schlegel werden hier dem zynischen Gelächter einer verzweifelten Sa-

[Perspektive oder Perspektivismus?]

[*Nachtwachen. Von Bonaventura*]

tire preisgegeben, neben anderen Diskursen gerade auch die „moderne Kunstreligion" (*Nachtwachen* 2003, S. 109) verspottet (vgl. insbesondere die *Dreizehnte Nachtwache*, S. 106–111).

Fragen und Anregungen

- Legen Sie dar, inwiefern vom Paragone der Künste eine dynamisierende Wirkung auf die Einzelkünste ausgeht.
- Worin liegen die Unterschiede zwischen Kunsttheorie und Kunstkritik?
- Begründen Sie, wieso es nur bedingt stimmt, dass der Klassizismus sich an der Plastik, die Romantik hingegen sich an der Musik orientierte.
- Wie wirkt sich der Wechsel vom Perspektivischen zum Perspektivistischen in der Rede über die Kunst und die Künste aus?

Lektüreempfehlungen

Quellen
- Friedmar Apel (Hg.): Romantische Kunstlehre, Frankfurt a. M. 1992.
- Johann Wolfgang Goethe: Der Sammler und die Seinigen, in: Pfotenhauer 1995a, S. 208–267.
- August Wilhelm Schlegel: Die Gemählde. Gespräch, hg. von Lothar Müller, Amsterdam/Dresden 1996.

Forschung
- Gottfried Boehm/Helmut Pfotenhauer (Hg.): Beschreibungskunst – Kunstbeschreibung. Ekphrasis von der Antike bis zur Gegenwart, München 1995. *Forschungsgeschichtlich wichtiger Sammelband mit gegliederter Auswahlbibliografie.*
- Johannes Grave u. a. (Hg.): Der Körper der Kunst. Konstruktionen der Totalität im Kunstdiskurs um 1800, Göttingen 2007. *Aktueller Sammelband zum Kunstdiskurs, der die Wissenschaftsnähe und Aktualität der Konzepte um 1800 betont.*
- Heide Hollmer/Albert Meier: Kunstzeitschriften, in: Ernst Fischer (Hg.), Von Almanach bis Zeitung, München 1999, S. 157–175. *Einordnung dieses für den Kunstdiskurs wichtigen Mediums, Entwicklungsskizze und vier Fallbeispiele.*

5 Gattungsdiskurs und Gattungsinnovation

Abbildung 5: Phillipp Otto Runge: Konstruktionszeichnung zu *Der Tag* (1803)

Der Künstler Philipp Otto Runge stellt in der Konstruktionszeichnung zur Radierung „Der Tag" (1803) für den Zyklus „Die Zeiten" (1805/07) scheinbar das Motiv von Mutter Erde mit ihren Kindern ins Zentrum. Doch mehr noch als die ausgeführte Radierung lässt die Zeichnung augenfällig werden, wie bewusst Runge nicht nur das Bildzentrum, sondern auch die rahmenden Bildzonen konstruiert. Er denkt offenbar in der Kategorie eines Bildganzen, das jenseits der herkömmlichen Gattungen angesiedelt ist und genau deswegen größter kompositorischer Anstrengungen bedarf (vgl. Beyer 2006, S. 478). Runges Empfinden nach drängte die zeitgenössische Kunst zur theoretisch unterbestimmten Gattung der Landschaftsmalerei und zur Arabeske, weil sich hier auf naturphilosophisch fundierte Weise mit den aus der Kunstgeschichte überkommenen Bildformeln experimentieren ließ, z. B. indem das traditionelle Verhältnis von Zentrum und Peripherie umgekehrt wurde. Auch als Schriftsteller hat der Künstler Runge für eine romantische Gattung eine ‚Konstruktionszeichnung' geliefert. Zwei Märchen Runges wurden für die „Kinder- und Hausmärchen" (1812) der Brüder Grimm zu einem entscheidenden Muster.

Kein anderer Diskurs betrifft die schriftstellerische Praxis derart essenziell wie derjenige über Zahl und Wesen der Gattungen; und kein anderer behindert die hermeneutische Auseinandersetzung mit dem Einzeltext so sehr wie dieser. Die uns heute so vertraute Theorie, dass es lediglich drei Gattungen poetischer Rede gebe, Lyrik, Epik und Dramatik, entstand nämlich erst um 1800. Diskutiert wurden diese Gattungen von klassizistischen und romantischen Texten gleichermaßen. Goethe und Schiller tauschten sich intensiv über die Möglichkeiten von Annäherung und Trennung der Gattungen aus, Friedrich Schlegel und Novalis dachten über eine Gattungsmischung nach. Viele literarische Texte um 1800 sind jedoch jenseits der diskursiven Festschreibung von Gattungsgesetzen angesiedelt: im schlichteren Fall, weil sie – wie Ballade, Novelle und Märchen – in formaler Hinsicht Neuland betreten, im komplexeren Fall, etwa in Ludwig Tiecks *Der blonde Eckbert* (1797/1812), weil die Gattungsproblematik im Text selbst reflektiert wird.

5.1 **Gattungsdiskurs**
5.2 **Romantische Gattungsmischung**
5.3 **Gattung als Reflexionsfigur in Tiecks *Der blonde Eckbert***

5.1 Gattungsdiskurs

Die Frage nach den Gattungen der Poesie war für klassizistische und romantische Texte gleichermaßen von Interesse. Der Germanist Stefan Trappen hat in seiner Studie zur Gattungspoetik gezeigt, dass dieses Interesse nicht neu war. Bereits die Frühaufklärung hat die entscheidenden Denkfiguren für den „gesellschaftlich-kulturellen Verständigungsprozess" (Trappen 2001, S. 2) der Gattungsdiskussion bereitgestellt. Was Schiller, Wilhelm von Humboldt und August Wilhelm Schlegel um 1800 andachten, war in den frühaufklärerischen Debatten über das Lesen, über Bildung und Selbstbildung des Lesers vorbereitet worden, und zwar über die Landesgrenzen hinweg. So hatte ein Kreis um den englischen Aufklärer Joseph Addison bereits 1712 versucht, die überkommene normative Gattungshierarchie der Frühen Neuzeit zu verabschieden, die sich noch am repräsentierten Personal und dessen Standeshöhe orientierte (→ ASB KELLER), weil sie mit dem neuen Erziehungsideal des aufklärerischen Sensualismus, der vom Primat der Sinne ausging, nicht mehr harmonierte: Der Mensch galt jetzt als zukunftsoffen, lernfähig und daher der sinnlichen Wirkung auch der Dichtung bedürftig. Wenig später planten die Züricher Philologen Johann Jakob Bodmer und Johann Jakob Breitinger zeitweilig, eine Theorie des epischen Gedichtes auszuarbeiten, der diese sensualistischen Erwägungen zugrunde liegen sollten.

Voraussetzungen in der Aufklärung

Nach der Mitte des 18. Jahrhunderts ging hieraus eine frühe Theorie der Zeichen hervor. Gotthold Ephraim Lessing stellte in seinem einflussreichen Text *Laokoon oder über die Grenzen der Malerei und Poesie* (1766; → KAPITEL 4.2) die Frage nach dem „Wie" in den Vordergrund: Wie macht Literatur es, dass sie mit bloßen Zeichen solche Wirkungen erzielt? Dabei geht er vergleichend vor, indem er fragt: Wie ist das Drama, wie ist das Epos beschaffen, um rühren, Mitleid erzielen und vor allem zum Selbstdenken anleiten zu können? Wie verhält es sich demgegenüber mit Werken der bildenden Kunst (eine Frage, die insbesondere Goethe später fortführte)? Lessing tendierte bereits dazu, bestimmte Gattungen aus dem Diskurs auszusondern, um den Bereich einer eigentlichen, programmatisch bevorzugten Literatur näher zu bestimmen. Lehrgedichte und beschreibende Poesie fielen seiner klaren Bevorzugung des Schauspiels und der Fabel zum Opfer. Rund 30 Jahre nach seinem Erscheinen diente Lessings *Laokoon* der klassizistisch-romantischen Moderne als ein Ausgangspunkt für Überlegungen zur Eingrenzung der Zahl der Gattungen und zur Frage der möglichen Überschreitung von Gat-

Lessings Laokoon

tungsgrenzen. Die akademischen Vorlesungen, die der Göttinger Altphilologe Christian Gottlob Heyne hielt und die die antike Dichtung faktisch in Lyrik, Epik und Dramatik einteilten, orientierten sich vermutlich erstmals an der auf diese Weise vorbereiteten Gattungstrias als einer strikten Dreizahl.

Anthropologische Fundierung

Der neueren Forschung zufolge strebten schon Aufklärer wie Joseph Addison, Jean-Baptiste Dubos, Bodmer und Lessing nach einer anthropologischen Fundierung der Gattungsdiskussion im Sinne einer Erziehung der ‚Gattung' Mensch (vgl. Trappen 2001). Die Theorie, dass es lediglich drei Gattungen poetischer Rede gebe, nämlich Lyrik, Epik und Dramatik, entstand aber erst nach 1800. Erst seither werden diese drei Gattungen von der spekulativen Gattungsästhetik als „Naturformen der Dichtung" (Goethe 1985ff., Bd. 11.1.2, S. 194f.) betrachtet. Es heißt, diese Gattungen würden Gesetzen folgen, die nicht willkürlich gesetzt seien, sondern (menschen-)naturkonform. Goethes Rede von „Naturformen" (in den Abhandlungen zu *West-östlicher Divan*, die 1819 unter dem Titel *Besserem Verständniss* erschienen) unterschlägt jedoch den Umstand, dass erst die Diskussionen zwischen 1795 und 1797, an denen Friedrich Schiller und August Wilhelm Schlegel maßgeblich beteiligt waren, die Gattungstrias begründeten und dass diese Trias erst nach 1802 oder sogar nach 1809 insbesondere durch die Vorlesungen August Wilhelm Schlegels für das Nachdenken über Literatur verbindlich wurde. Was die damalige Gattungstheorie als natürlich ausgibt, ist Ergebnis eines langen, kontroversen Kommunikationsprozesses.

Schiller und Goethe

Wie der Literaturwissenschaftler Peter Szondi dargestellt hat, gehen die Überlegungen von Schiller und Goethe zu den Gattungen primär aus ihrem jeweiligen Interesse an der eigenen Praxis hervor und haben daher neben der vorrangig rezeptionsästhetischen, also am Leser orientierten Zielrichtung immer auch einen auf die Produktion zielenden Aspekt (vgl. Szondi 1974, S. 43). Der Dramatiker Schiller und der Epiker Goethe verständigten sich in ihrem Briefwechsel insbesondere gegen Ende des Jahres 1797 auf grundlegende Weise über die Frage, was ein episches und was ein dramatisches Werk ausmache, wie es verfasst sein müsse, um auf das Gemüt zu wirken, und wie es folglich theoretisch zu bestimmen sei. Diese Selbstfestlegung beider Autoren auf je eine Gattung nahm eher der jeweils Andere – also Schiller für Goethe und umgekehrt – vor, wurde dann aber von beiden überwiegend akzeptiert. Angesichts dieser Ausgangslage erstaunt es, dass der moderne Roman 1797 kaum mehr Beachtung in ihren systematischen Überlegungen zur Gattungsfrage fand, und das, obwohl Goethes Roman *Wilhelm Meisters Lehrjahre* (1795/96) nach dem Beginn des Briefwechsels mit Schiller im Juni 1794 Buch für Buch diskutiert wurde. Bemerkenswert ist dies auch, weil ein ganzes Kapitel der *Lehrjahre* (5. Buch, Kapitel 7) von dem Streitgespräch ausgefüllt wird, „ob der Roman oder das Drama den Vorzug verdiene?" (Goethe 1985ff., Bd. 5, S. 305–308). Unterdessen, 1797, verstanden Goethe und Schiller unter „Epik" wiederum allein epische Gedichte von der Art des Versepos *Hermann und Dorothea* (1797), auf das Goethe 1798 und 1799 ein weiteres Versepos *Achilleis* folgen lassen wollte, das die vermeintliche Lücke zwischen Homers *Ilias* und *Odyssee* schließen sollte und sich somit auf eine imaginierte griechische Antike bezog. Ebenso die Lyrik: Auch sie zählte für die eigentlichen Gattungsüberlegungen Goethes und Schillers kaum, und das, obwohl das Schreiben und Besprechen von einzelnen Balladen im sogenannten Balladenjahr 1797 als einer der Höhepunkte der produktiven Zusammenarbeit von Goethe und Schiller gelten muss. Wenn er sich über Idyllen oder Elegien äußerte, sprach Goethe daher auch eher von „Dichtarten" als von „Gattungen" (Goethe 1985ff., Bd. 8.1, S. 426).

Im Vordergrund des Interesses stand zunächst die Frage, welcher Stoff von sich aus welche Behandlungsweise erfordere: die epische oder die dramatische. Kriterium war dabei noch immer die wirkungsästhetische Fragestellung der Aufklärung, wie man auf den Rezipienten einwirken solle (vgl. Szondi 1974, S. 49). Allerdings fragten Goethe und Schiller nicht mehr wie die Aufklärer, auf welche Weise man dem Rezipienten die ‚Pille' der zu erzielenden Wirkung verabreichen müsse, sondern gingen vielmehr vom Gemüt des Rezipienten aus, das sie unter Bezug auf Immanuel Kant durch eine Hinwendung auf die Bedingungen der Möglichkeit von (ästhetischer) Erfahrung als etwas Freies fassten; es ging ihnen also zunehmend um eine in ihrer Autonomie zu wahrende Empfindungs-, nicht mehr nur um eine Behandlungsweise. Insbesondere Schiller fragte sich mit Blick auf die Gegebenheiten der eigenen, als ein Entzweiungsgeschehen begriffenen Gegenwart und deren unübersehbaren Differenzen zu den Entstehungs- und Rezeptionsbedingungen der antiken Werke, wie sich jetzt und heute das hohe Ziel einer alle Kräfte im Gemüt des Rezipienten harmonisch in Bewegung setzenden Weise einlösen lasse (diese ‚Kräfte' werden von Schiller z. B. unter den teils gegensätzlichen Begriffen des Spieltriebs, des Tätigkeitstriebs, des Stofftriebs oder auch des Triebs nach Form und ähnlicher anthropologisierender Bestimmungen gedacht, vgl. zur Übersicht: Schiller 1943ff., Bd. 21,

Empfindungs- statt Behandlungsweise

S. 496). Ein gravierendes Problem erkannte Schiller darin, dass diese spielerisch-harmonische Freisetzung aller Gemütskräfte, in der er das letzte Ziel aller Kunst sah, vom Epiker viel eher zu erreichen sei als vom Dramatiker (also eher von Goethe als von ihm selbst). Der Rezipient des Epos – Schiller versteht ihn als modernen Leser eines schriftlichen Textes, nicht als Zuhörer des ursprünglich mündlich überlieferten Epos – könne nämlich „ungleichen Schritt" mit dem Text halten: Er kann entweder buchstäblich hin- und herblättern oder aber nur in seiner Vorstellung vor- und zurückschreiten, um sich frei über die in einer bestimmten Folge dargestellten Zusammenhänge zu erheben. Der Rezipient des Dramas (‚seiner' Gattung also) hingegen sei gezwungen, zuschauend einer „fremden Gewalt" zu folgen, sei also der sinnlichen Gegenwart des Theaters auf eine Weise ausgeliefert, die dem Gemüt jede Freiheit nehme (Goethe 1985ff., Bd. 8.1, S. 473).

Aus diesem Vergleich der zwei Gattungen mit Blick einerseits auf das Gemüt des Rezipienten, um dessen Autonomie es Schiller zu tun war, andererseits auf die praktischen Folgen für die poetische Produktion, um deren Freiheit es dem Dichter laut Schiller gehen muss, beobachtete er, dass sich das gegenwärtige Drama fast notwendig dem Epos annähern werde. Diese Annäherung erfolge, um „die individuell auf uns eindringende Wirklichkeit von uns entfernt zu halten und dem Gemüt eine poetische Freiheit gegen den Stoff zu verschaffen" – denn offensichtlich ist diese Wirklichkeit literaturfeindlich, wie jeder „individuell" erfahre. Aber auch umgekehrt gelte, dass der Epiker sich dem Dramatischen annähern werde, da er nicht mehr – wie im antiken Epos – den aktiv aus sich selbst handelnden Helden in der sinnlichen Fülle der alten Welt gestalten könne, sondern – wie Goethe es soeben in *Hermann und Dorothea* getan habe – den leidenden Helden („mehr pathologisches Interesse als poetische Gleichgültigkeit") in der unsinnlichen, gefängnisartigen „Enge des Schauplatzes" der modernen Welt zeigen müsse, die in dieser Bedrängtheit viel eher dem Schauplatz der antiken Tragödie als der Welt des antiken Epos ähnele (Goethe 1985ff., Bd. 8.1, S. 474).

Es sind also die Bedingungen der entzweiten, bedrängend engen Moderne (zum Gefängnis bei Schiller → KAPITEL 13), die Schiller zufolge den Dichter dazu nötigen, die Gattungen auf eine Weise einander anzunähern, dass ihre Mischung fast als zwingend notwendige Konsequenz erscheint. Just diese – von Friedrich Schlegel alsbald aus gänzlich anderen Gründen geforderte – Mischung aber galt es aufzuhalten, darin waren Schiller und Goethe sich aus Gründen der Kunstfreiheit prinzipiell einig.

Goethe begründete dies mit Beispielen aus der bildenden Kunst, die ihm seit seiner Reise nach Italien (1786–88) zunehmend wichtiger geworden war. Am Beispiel des Basreliefs zeigte er, wie sich diese zwischen Plastik und Malerei stehende Gattung der bildenden Kunst im Verlauf der Geschichte tendenziell von der antikentypischen „geschmackvolle[n] Andeutung eines Gegenstands auf einer Fläche" hin zur naturalistischen Geschmacklosigkeit vollplastischer, farbiger, landschaftlich ausstaffierter und perspektivisch illusionistischer Darstellungen in emailliertem Ton veränderte – eine dekadente Entwicklung, die es gerade im Namen der Artifizialität der Kunst aufzuhalten gelte. Ähnlich solle der Schriftsteller „durch undurchdringliche Zauberkreise" Werk von Werk trennen, die Überschreitung von Grenzen zwischen den Gattungen verhindern und der Vermischung wehren (Goethe 1985ff., Bd. 8.1, S. 470, S. 471). Goethe argumentiert hier mit Begriffen der Magie („Zauberkreise") und räumt dem werkästhetischen Argument eine größere Rolle als Schiller ein: Zumindest wenn es um bildende Kunst ging, lag ihm die Frage nach dem Werk und seiner Struktur näher als die Schiller so bewegende Frage nach dem Rezipienten und seinem Gemüt. Dennoch konnte auch er – z. B. in seinem Aufsatz *Über Laokoon* (1798) – dieselben poetologischen Überlegungen vorrangig vom Rezipienten her denken, wenn er meint, dass dieser angesichts der Lebensnähe des hier von einem genialen Künstler der Antike dargestellten Leids genötigt sei, die Illusion durch ein künstliches Verschließen und Wiederöffnen der Augen zu durchbrechen, um das Werk als Ganzes in der Einbildungskraft wiederzuerschaffen (vgl. zu Goethes in der Praxis durchgeführtem Antiillusionismus durch multiperspektivische Ironie in *Wilhelm Meisters Lehrjahre*, 1795/96, → KAPITEL 10).

Antiillusionistische Werkästhetik bei Goethe

Für Schiller hingegen, demzufolge die ideelle Annäherung der Gattungen geradezu nötig war (s. o), um innerhalb der Moderne noch produzieren zu können, stellten sich Begründung und Art der Gattungstrennung ursprünglich anders dar: Gerade weil das Drama sich dem Epos nähern sollte, hielt er die Grenzen zwischen den Gattungen prinzipiell aufrecht. Um beispielsweise den Chor nicht etwa im Sinne des antiken Chors, sondern vielmehr als episches Element in das moderne Drama einführen zu können, müssten klare theoretische Vorstellungen vom Wesen des Epischen und des Dramatischen bestehen; nur so lasse sich das Eine in das Andere kontrastiv einfügen – als eine „Einführung symbolischer Behelfe". Durch solche Einführung werde dann eine „Verdrängung der gemeinen Naturnachahmung" erreicht (Goethe 1985ff., Bd. 8.1, S. 477), die den moder-

Schillers „Einführung symbolischer Behelfe"

nen Rezipienten davor schütze, einem Illusionismus absoluter Gegenwärtigkeit ausgeliefert zu sein. In *Über den Gebrauch des Chors in der Tragödie* (als Vorwort der *Braut von Messina* 1803 vorangestellt) hat Schiller näher erläutert, wie er den Chor in diesem Trauerspiel als distanzierendes „Kunstorgan" im Sinne der sentimentalischen Moderne einsetzt, um die erforderliche „Freiheit des Gemüths" sicherzustellen (Schiller 1943ff., Bd. 10, S. 11, S. 8). Dieser Gedanke sorgte für viel Aufsehen (vgl. Schreyvogel 1810, S. 275–303).

Klassizistische Gattungsinnovation

Bemerkenswert ist: Noch während sie sich über das Wesen von Epos und Drama Gedanken machten, schrieben Goethe und Schiller ihre innovativsten Erzählungen, Novellen, Märchen und Balladen – Gattungen, die in ihrer Zeit noch kaum eine Theorie aufwiesen. Just 1797, als beide Autoren sich über die Notwendigkeit verständigten, die Gattungen zu trennen, verfassten sie mit Blick aufeinander ihre berühmten Balladen wie *Der Handschuh* (Schiller) oder *Der Zauberlehrling* (Goethe) und arbeiteten so eng und produktiv wie nie wieder zuvor und danach zusammen. Gattungsmäßig lässt sich die von der Aufklärung wiederentdeckte Form der Ballade als Erzählgedicht verstehen, das – Goethes vielzitierter, jedoch bereits rückblickender Diagnose aus dem Jahr 1821 zufolge – immer schon aus lyrischen, epischen und dramatischen Elementen bestehe, die „noch nicht getrennt, sondern, wie in einem lebendigen Ur-Ei, zusammen sind".

Balladen: Das „Ur-Ei" der Dichtung

Für den späten, seinerseits bereits literaturhistorisch denkenden Goethe nach dem *West-östlichen Divan* hat die ursprünglich angeblich gesungene Ballade aufgrund ihrer Herkunft daher „etwas mysterioses ohne mystisch zu sein" (Goethe 1985ff., Bd. 13.1, S. 505). Seine eigene, einem einfachen Verstehen sich entziehende *Ballade* (1813/17, Druck 1820) – wie das *Märchen* (1795) oder die späte *Novelle* (1828) die Gattungsbezeichnung als Titel führend – gibt 1821 das Hauptbeispiel dafür ab, inwiefern die moderne Ballade sich jedoch nur noch bedingt als ein solches „Ur-Ei" verstehen lässt (→ ASB FELSNER/HELBIG/MANZ).

Novellen: Unterhaltungen deutscher Ausgewanderten

Gut 25 Jahre vor diesen eingängigen Formeln der Jahre um 1820 legte Goethe solch für die Gattungsdiskussion innovative Texte wie *Unterhaltungen deutscher Ausgewanderten* (1795) vor: ein klassizistischer Text, mit dem die Literaturgeschichte die deutsche Novellistik beginnen sieht. In diesem nach dem Vorbild der Erzählsituation von Boccaccios *Decameron* (1349–53) angelegten Text wird der geschichtliche Hintergrund (bei Goethe: die Französische Revolution) dadurch spürbar, dass die Figuren der Rahmenerzählung über Politisches zu schweigen und stattdessen Novellen zu erzählen beschließen. Novellen (vom Wortsinn her: Neuigkeiten) waren an sich seit langem bekannt, doch verfügte die Gattung noch über keine Theorie und war in der deutschen Literatur noch nicht heimisch geworden. In den Figurenperspektiven der Rahmenerzählung finden sich nun Positionen aus der beginnenden gattungstheoretischen Diskussion zwischen Goethe und Schiller wieder. Die Novellen werden aus diesen Figurenperspektiven erzählt, für die das mitgeteilte Irrationale, Wunderbare oder auch nur Unerhörte jeweils eine unterschiedlich bewertete Rolle spielt (vgl. Käuser 1990). Keine Novelle jedoch, sondern ein ebenso artifizielles wie unausdeutbares *Märchen* beschließt dieses Werk, dessen formale Offenheit (es gibt kein Schlusswort einer Figur aus der Rahmenerzählung; der ‚Rahmen' schließt sich also nicht) bereits auf den von Gesprächen und Einlagen geprägten kleinen Roman *Der Sammler und die Seinigen* (1797; → KAPITEL 4.3) und auf die gattungsmäßige Offenheit des seit 1807 nach und nach verfassten Spätwerks *Wilhelm Meisters Wanderjahre* (Urfassung 1821, zweite Fassung 1829) vorausweist. Dieser späte Roman von Goethe geht der Fiktion nach aus einem Archiv hervor und kennt daher keinen geselligen Erzähler mehr, sondern nur noch einen Redakteur, der in gattungsmäßiger Hinsicht aus „Tagebücher[n], mehr oder weniger ausführlich", „Heften der wirklichen Welt gewidmet" und „kleinen Anekdoten ohne Zusammenhang" mitteilt (Goethe 1985ff., Bd. 17, S. 116f.).

Märchen

5.2 Romantische Gattungsmischung

Orientierte der klassizistische Gattungsdiskurs sich für seine dann viel grundsätzlicheren Gattungsüberlegungen vor allem an Epos und Drama, so interessierte den romantischen Diskurs zunächst der Roman: er galt als ein Integrationsmodell, das eine Mischung aller Gattungen erlaubt (vgl. Kapitza 1968). Allerdings: Schon Schiller hatte diese Tendenz zur Gattungsmischung kurz zuvor beobachtet, und es war Goethes Roman *Wilhelm Meisters Lehrjahre* mit seinen zahlreichen Liedeinlagen, an dem Novalis und Friedrich Schlegel den Erfolg dieser Tendenz ablasen.

Mischung der Gattungen im Roman

Ihre Erwartungen an eine Mischung der Gattungen poetischer Rede überhöhten sie dabei spekulativ: Für die Geschichtsphilosophie des Novalis ist die Welt, so wie wir sie vorfinden, noch nicht fertig, sie wartet noch auf ihre Vollendung. Faktisch vorzufinden sind stets nur einzelne Ideen (und: Gattungen), die sich auf Kosten der Vielfalt

Romantische Gattungstheorie

des Möglichen durchgesetzt haben. Um die nötige Dynamik freizusetzen, die eine Überschreitung des nur Gegebenen hin zu einer Idee vom ‚Paradies' möglich mache, müsse alles Vereinzelte aus seiner Vereinzelung erlöst werden, so Novalis (→ KAPITEL 7.3). Auch die einzelnen Gattungen gilt es dieser grundsätzlichen Erwägung zufolge aus ihrer Vereinzelung zu befreien. Hierzu müssen sie zunächst einmal vermischt werden – wie in einem chemischen oder alchemistischen Experiment (vgl. zur Alchemie → KAPITEL 8.1). Die damit freigesetzte Dynamik aber soll den Hoffnungen von Novalis zufolge einen in seiner Natürlichkeit gleichsam organischen Prozess der Verjüngung freisetzen, der über die engere Frage der Gattungen der Poesie hinaus zu einer „Regeneration des Paradieses" in allen Bereichen des menschlichen Wissens und deren Ordnungen in Systemen führt (Novalis 1960ff., Bd. 3, S. 447). In genau dieser Hinsicht wollte Novalis mit seinem eigenen Roman *Heinrich von Ofterdingen* (1802) das zwar bewunderte, doch wegen der sich dort im Hintergrund durchsetzenden Ökonomie der Verhältnisse eben auch kritisierte Vorbild *Wilhelm Meisters Lehrjahre* übertreffen. Während Goethe seinen Wilhelm zwar gleichfalls ein erträumtes Ideal anstreben, doch dieses Ideal nach und nach aufgeben lässt (→ KAPITEL 10), traut Novalis einer chemisch oder alchemistisch verfahrenden Poesie zu, künstlich jene Ideen herzustellen, die die Strebekraft des Wissbegierigen ständig reizen und damit der Faktizität des bloß Gegebenen widerstreben oder auch gegenexperimentieren kann (vgl. Liedtke 1993, S. 282). Nicht das ökonomische Denken der Turmgesellschaft aus den *Lehrjahren*, sondern die frühromantische Enzyklopädistik, die sich selbst als ein Ideenparadies versteht, soll sich demzufolge durchsetzen, da sie den verstummten Dingen die Anrührungsfähigkeit wiedererstatten zu können hofft – eine Hoffnung auf die Wirkkraft der Sprache, die allerdings noch innerhalb der klassizistisch-romantischen Moderne revidiert und differenziert wird (→ KAPITEL 9).

Wie der hierüber sich entspinnende Briefdialog zwischen Novalis und Friedrich Schlegel zeigt, liegen dem Postulat der Gattungsmischung divergierende naturphilosophische und naturwissenschaftliche Vorstellungen zugrunde, die unmittelbare Konsequenzen für die Praxis des Schreibens und Deutens romantischer Texte hatten. Während Friedrich Schlegel nämlich programmatisch forderte, „in der ächt romantischen Prosa müssen alle Bestandtheile bis zur Wechselsättigung verschmolzen sein" (Schlegel 1980, S. 76), rief der als Bergbauingenieur fachkundige Novalis angesichts der von ihm auch als „Krisis" beschriebenen „Mischungen" die Notwendigkeit eines als strukturellen Gerüst geeigneten „Kerns" in Erinnerung: „damit ein Stock übrig bleibe, ein Kern, an den die neue Masse anschieße, und in neuen schönen Formen sich um ihn her bilde" (Novalis 1960ff., Bd. 2, S. 490). Diese gegensätzliche Auffassung des chemischen Denkbildes (Mischen oder Verschmelzen?) ist im berühmtesten der 1798 im *Athenäum* abgedruckten Fragmente, nämlich dem Friedrich Schlegel zugeschriebenen 116. Fragment, in dem er seine progressive Universalpoesie skizziert, bewusst nicht harmonisiert, sondern wird in ihrem Oszillieren zwischen zwei Polen (benannt durch: „bald [...] bald") zu einem Reizmittel oder Inzitament für eine Dynamisierung der Poesie (zur „progressive[n] Universalpoesie"), die über die engere Gattungsdiskussion hinaus auf „das Leben und die Gesellschaft" ausstrahlen soll:

> „Die romantische Poesie ist eine progressive Universalpoesie. Ihre Bestimmung ist nicht bloß, alle getrennte Gattungen der Poesie wieder zu vereinigen, und die Poesie mit der Philosophie und Rhetorik in Berührung zu setzen. Sie will, und soll auch Poesie und Prosa, Genialität und Kritik, Kunstpoesie und Naturpoesie bald mischen, bald verschmelzen, die Poesie lebendig und gesellig, und das Leben und die Gesellschaft poetisch machen, den Witz poetisieren, und die Formen der Kunst mit gediegnem Bildungsstoff jeder Art anfüllen und sättigen, und durch die Schwingungen des Humors beseelen. [...]". (Schlegel 1967a, S. 182)

Progressive Universalpoesie

5.3 Gattung als Reflexionsfigur in Tiecks *Der blonde Eckbert*

Welcher Gattung *Der blonde Eckbert* – erschienen zuerst 1797, in überarbeiteter Form wiederaufgenommen in *Phantasus* (1812) – des zeitweilig eng mit Novalis befreundeten Ludwig Tieck zuzurechnen ist, ist in der Forschung ebenso umstritten wie sein Bezug zur zeitgenössischen Psychologie (→ KAPITEL 11.3). Der Text beginnt mit den Worten „In einer Gegend des Harzes wohnte ein Ritter [...]" (Tieck 1985, S. 126). Während manche Interpreten ihn als Kunstmärchen einschätzen (vgl. problematisierend Münz 1988, S. 7), hat der Germanist Heinz Schlaffer darauf aufmerksam gemacht, dass Erzählhorizont und Perspektive des Textes letztlich nur von der beginnenden Novellistik her verständlich werden, die der zeitgleich sich entfaltenden Romankunst mehr als nur formale Aspekte – nämlich die Weite des Horizontes – verdankt. Schlaffer erkennt, dass Tieck das eigentliche Formgesetz seines Textes aus der Entgegensetzung zweier Gat-

Mischen oder Verschmelzen?

tungen gewinnt. Die eine wird der anderen eingelagert, um diese durch reflexive Spiegelungen infrage zu stellen. Genauer gesagt: Tieck lagert einem novellistischen Text eine mündliche Erzählung ein, in welcher Züge des Volksmärchens mit der Form des autobiografischen Berichts verschmelzen. Diesen Sachverhalt hat der Literaturwissenschaftler Andreas Böhn als „Formzitat" beschrieben und als Form von Intertextualität untersucht (vgl. Böhn 2001).

Die Ausgangssituation

Eckbert, ein blasser und unscheinbarer Ritter von ungefähr 40 Jahren, lebt verschlossen und melancholisch in der Abgeschiedenheit des Harzes. Zwar lebt er dort gemeinsam mit Bertha – „sein Weib" (Tieck 1985, S. 126) –, doch spart der Text nicht mit Hinweisen auf eine fundamentale Entfremdung zwischen beiden. Als ein weit entfernt in Franken lebender Bekannter namens Philipp Walther in der Gegend ist, zeigt sich, wie einsam Eckbert sich fühlt: Am Abend zu dritt um das Kaminfeuer sitzend, fordert er Walther auf, sich Berthas Geschichte erzählen zu lassen. Eckbert erhofft sich offenbar, wie der Erzähler andeutet, Walther als „Freund" enger an sich zu binden, wenn Bertha ihm ihr Geheimnis mitgeteilt hat. Symptomatisch für die Ratlosigkeit und Isolation der Figuren ist, dass Eckbert bis dahin nie im Gespräch mit Bertha gezeigt wird, sondern allein Walther anspricht.

Impliziter Gattungshinweis auf das Märchen

Bertha leitet ihre Erzählung ein, indem sie vorab auf das Sonderbare ihrer Geschichte hinweist und nachdrücklich darum bittet, sie *nicht* für ein *Märchen* zu halten. Gleichwohl sind die Motive dessen, was sie am Kaminfeuer erzählt, in vielerlei Hinsicht aus Volksmärchen bekannt: Ihre frühe Kindheit sei ausgesprochen ärmlich gewesen, ihre Eltern hätten wegen dieser Armut stets gestritten; ihr Vater habe ihr vorgeworfen, der Familie eine Last zu sein und ihr angedroht, jeden Tag eine Strafe zu wiederholen; daraufhin sei sie ausgerissen. Nur: In Märchen wird dergleichen nicht in der ersten Person als Erlebnisbericht erzählt.

Das Märchen als Gattung der Romantik

Schon vor dem Auftreten der Brüder Grimm sind auch in Deutschland Volksmärchen unter dem Aspekt regionaler Überlieferung gesammelt worden (z. B. von Friedrich Wilhelm Möller: *Volksmährchen aus Thüringen*, 1794). An der für die Romantik so zentralen Gattung des Kinder- und Hausmärchens, der Wilhelm Grimm den spezifischen Ton verleihen sollte, konnte Tieck sich jedoch nicht orientieren, denn literaturgeschichtlich betrachtet verläuft die Einflussnahme umgekehrt: Es war Tieck, der u. a. mit seinen Minnesangbearbeitungen aus dem Jahr 1803 auf die damals noch in Marburg studierenden Brüder Jacob und Wilhelm Grimm anregend wirkte (vgl. Hölter 2010, S. 133). Wie der Germanist Heinz Rölleke erforscht hat, waren es zudem nicht etwa alte Frauen aus dem einfachen Volk, sondern „gebildete junge Damen aus gutbürgerlichen Kreisen" (Rölleke 2008, S. 78), die den seit 1806 in Kassel tätigen Brüdern Grimm die Stoffe zutragen sollten. Auch dokumentierten die Grimms mit ihren erstmals 1812 publizierten *Kinder- und Hausmärchen* nicht einfach Erzählungen aus dem Volk, um sie vor dem Vergessen zu retten (wie sie das programmatisch für ‚ihre' Gattung darstellten). Vielmehr griffen sie auf Philipp Otto Runges Märchen vom *Machandelboom*, das Achim von Arnim 1808 in der Zeitung für Einsiedler veröffentlicht hatte, sowie auf das ebenfalls durch Runge überlieferte Märchen *Von dem Fischer un syner Fru* zurück, um schon den Zuträgern ein Muster der Gattung in die Hand geben zu können, das dann auch für die Überarbeitungen im Druck stilprägend wurde.

Mit Berthas Erzählung am Kaminfeuer beginnt Tiecks Text nunmehr, die beiden Gattungen Märchen und Autobiografie ineinander zu blenden (→ KAPITEL 11.3). Die Alte, die die kleine Bertha aufnimmt, teilt ihre Hütte mit märchenhaften Tieren: ihr Vogel wiederholt immerfort einen Gesang „Waldeinsamkeit" (der im Text als Gedicht wiedergegeben ist), ihr kleiner Hund hat menschenähnliche Augen. Bertha verbringt ihrem mündlichen Bericht zufolge viele Jahre in diesem zeitlosen Märchenidyll, die ihr als Zeit gar nicht bewusst werden. An der Schwelle zur Pubertät bricht sie abermals aus. Sie betont Walther gegenüber, dass sie eigentlich beide Tiere habe mitnehmen wollen, das Hündchen dann aber doch zurückgelassen habe, obwohl dieses sie bittend ansah. Sein Gebell habe sie noch lange verfolgt. Nach längerem Wandern sei sie dann in eine Stadt gekommen. Weil der Vogel sein Lied von der Waldeinsamkeit dort, außerhalb der Märchenwelt, lauter, schallender und zu einem veränderten Liedtext sang, habe sie ihn erdrosselt (vgl. Tieck 1985, S. 139).

Die Autobiografie als Märchen – das Märchen als Autobiografie

Strukturell entspricht die beständige Wiederholung des Liedes dem Umstand, dass Berthas Vater vor ihrem Eintritt in die Märchenwelt angedroht hatte, eine bestimmte Strafe beständig zu wiederholen; Tiecks Text lässt sogar offen, ob nicht in der Wiederholung als solcher die eigentliche Strafe liegt. Die Märchenwelt, in die Bertha eingetreten ist, kennt Zeit nur in der Form der Wiederholung immer gleicher Vorgänge. Erst als sie die Schwelle zur ‚realen' Welt abermals zu übertreten bereit ist, geraten die märchentypische Wiederholung und die modernetypische Verzeitlichung (→ KAPITEL 1.1) in Konflikt. Ihre Schuldgefühle wegen des zurückgelassenen Hündchens führen freilich dazu, dass der Gesang des mitgenommenen Vogels sie bald ängstigt, weil er ihr jetzt lauter in den Ohren gellt. Spiegelbildlich zum Alleinlassen des Hünd-

Das Motiv der Wiederholung

chens *vor* der Schwelle will sie *nach* dem Überschreiten der Schwelle in die realistische Stadt den Vogel getötet haben, um die Wiederholung des Gesanges nicht mehr hören zu müssen, der sie an die Wiederholungsstruktur des zurückgelassenen Märchenidylls erinnert habe.

Die Situation, in welcher Bertha diese Mischung aus Märchen und Autobiografie vorträgt, entspricht jedoch keiner Märchen-, sondern einer modernen Kommunikationssituation. Wie zwei Psychologen beugen Eckbert und Walther sich über den Bericht einer Patientin. Dabei ist auffällig, dass Eckbert, der ja vorab angekündigt hatte, Bertha habe ein Geheimnis, wieder ausschließlich Walther anspricht: Über Berthas Kopf hinweg versichert er seinem „Freund", welch „unbegreiflichen Reiz" die „einsame Erziehung" Bertha damals gegeben habe – „und ich liebte sie ganz unbeschreiblich", sagt Eckbert in einem Präteritum, das seine Entfremdung von ihr anzeigt (Tieck 1985, S. 140). Das Märchenhafte an Berthas Bericht deutet unter den realistischen Bedingungen der novellistischen Erzählung auf einen vorübergehenden Wahnsinn hin, der den Reiz des Unbegreiflichen in die Öde der Gegenwart hineinträgt. Die beiden männlichen Zuhörer – weniger verständnissuchend am Berichteten, als vielmehr ästhetisch am Bericht interessiert – genießen diesen Reiz zunächst gemeinsam in der ‚normalen' Gegenwart. Allerdings stellt Tieck den Realitätscharakter dieser Gegenwart durch ein rätselhaftes Detail unmittelbar darauf infrage. Als Walther sich von Bertha verabschiedet, sagt er zu ihr: „Edle Frau, ich danke Euch, ich kann mir Euch recht vorstellen, mit dem seltsamen Vogel, und wie Ihr den kleinen *Strohmian* füttert." (Tieck 1985, S. 140). Diesen Namen des kleinen Hündchens hatte Bertha indes gar nicht erwähnt. Die Kenntnis eines solchen Details aus der märchenhaften Welt ihres Berichtes durch einen Dritten ist schlechterdings nicht zu erklären. Bertha selbst scheint ihrer eigenen Versicherung, dass ihre Geschichte gerade *kein* Märchen sei, nicht so weit zu glauben, dass sie die Zeugenschaft eines Dritten für möglich hielte; offenbar hält sie selbst – mittlerweile? – ihren Bericht überwiegend für den Bericht über etwas rein Innerseelisches. Gleichwohl enthält der ihr von außen zugetragene Name „Strohmian" einen Schlüssel zu ihrem Inneren. Über die Frage, wie der ihr fremde Walther mit ihrem Schicksal zusammenhänge, kann Bertha sich nicht mehr beruhigen, sie erkrankt schwer. Auch Eckbert (dem wieder einmal der direkte Kontakt zu Bertha fehlt: er war nicht dabei, als Walther den Namen des Hündchens sagte, und ist wieder auf Berthas Bericht angewiesen) kann oder will sie nicht beruhigen, obgleich Bertha ihn ausdrücklich darum bittet. Bertha

Versteckte Modernität

Rätselhaftes Detail

stirb daraufhin bald. Wie Tieck im zweiten Teil des Textes den ersten strukturell wiederholt, wird im Kontext seiner psychologischen Interessen näher betrachtet (→ KAPITEL 11.3).

Tieck nimmt eine Verschachtelung von Gattungen vor. Er fügt die Märchenform, die er einer vor Zuhörern berichtenden Figur in den Mund legt und die er auf diese Weise als eine an die mündliche Rede gebundene Gattung ausweist, in eine schriftgebundene Erzählform ein, in der erkennbar ein Erzähler agiert, der sich zunächst einmal des psychologischen Realismus und Perspektivismus in sich stimmiger Figuren bedient. Das märchenhafte Moment der Wiederholung wird mit dem modernen Zwang zum linearen Erzählen verbunden: nicht so, dass das eine über das andere dominieren würde, sondern so, dass gerade aus der Unentscheidbarkeit, welches Modell eigentlich gilt und welches als spiegelbildliches Gegenmodell zu begreifen ist, das poetologisch Neue resultiert. Es ist ein rätselhaftes Detail, das plötzlich das plausible Modell der Einbettung eines Märchens in eine realistische Erzählsituation kippen lässt: kein Requisit, sondern eine erklärungsbedürftige Äußerung eines außenstehenden Beobachters, die ihn in einer von den Annahmen der Wahrscheinlichkeit her nicht gedeckten Weise als Teil der diegetisch, also innerhalb der Handlung aufgezeigten Märchenwelt ausweist. Unabhängig vom Fortgang des Textes stellt schon diese Verschachtelung die Gesetze jener Realität infrage, die Eckbert und Walther anfangs als ‚normal' für sich in Anspruch nahmen. Wollte man die von Novalis und Friedrich Schlegel diskutierte Unterscheidung zwischen Mischung und Verschmelzung von Gattungen hinzuziehen, wie sie 1798 im 116. Athenäums-Fragment bündig formuliert wurde, so könnte man sagen: Gerade der Umstand, dass die Gattung des Märchens wie ein kristalliner Stock als Fremdkörper in die novellistische Erzählung eingeführt wird – dass also eine Gattung in die andere hineingenommen wird, ohne dass beide verschmelzen –, führt dazu, dass die um das Märchen aufgebaute, nur scheinbar stabile Experimentalsituation sich als instabil erweist und letztlich eine gänzlich neue Qualität annimmt. Sie transformiert sich wie bei einem chemischen Experiment, das auf das Labor übergreift.

Das Märchen als Reflexionsfigur

Gattungstransformation

Fragen und Anregungen

- Erklären Sie, was Goethe meint, wenn er von „Naturformen der Dichtung" spricht. Ist das Märchen eine solche? Ist sein *Märchen* (1795) eine solche?

- Warum sucht Schiller eine Vermischung der Gattungen zu vermeiden, obwohl er ein wechselseitiges Hinstreben zueinander beobachtet? Lesen Sie ergänzend Schillers Brief an Goethe vom 26. Dezember 1797 (Goethe 1985ff., Bd. 8.1, S. 473–475).

- Informieren Sie sich in einschlägigen Lexika (v. a. *Reallexikon der deutschen Literaturwissenschaft*) über Merkmale der Gattungen Märchen und Novelle. Wann und vom wem wurden die jeweiligen Bestimmungen vorgenommen?

- Diskutieren Sie, wieso der Umgang mit der Gattung Märchen in Ludwig Tiecks *Der blonde Eckbert* ein Formzitat darstellt. Inwiefern kann man das 116. Athenäums-Fragment als dessen zeitgenössische Theorie heranziehen?

Lektüreempfehlungen

Quellen
- **Johann Wolfgang Goethe: Unterhaltungen deutscher Ausgewanderten**, in: Goethe 1985ff., Bd. 4.1, S. 436–550 [hier auch das *Märchen*, S. 519–550].

- **Ludwig Tieck: Der blonde Eckbert.** In: ders., Phantasus (= Schriften in zwölf Bänden, Bd. 6), hg. von Manfred Frank, Frankfurt a. M. 1985, S. 126–148.

Forschung
- **Remo Cesarini: Theorie und Subversion der Gattungen**, in: Horst Albert Glaser (Hg.), Die Wende von der Aufklärung zur Romantik, Amsterdam 2001, S. 461–473. *Handbuchartikel zum europäischen Kontext der deutschsprachigen Gattungsdiskussionen.*

- **Heinz Schlaffer: Roman und Märchen. Ein formtheoretischer Versuch über Tiecks „Blonden Eckbert"**, in: Klaus Peter (Hg.), Romantikforschung seit 1945, Königstein/Ts. 1980, S. 251–264. *Paradigmatische Untersuchung (zuerst 1969) zur Gattung als Reflexionsfigur im Sinne Walter Benjamins.*

- **Stefan Trappen: Gattungspoetik. Studien zur Poetik des 16. bis 19. Jahrhunderts und zur Geschichte der triadischen Gattungslehre**, Heidelberg 2001. *Neueres Standardwerk zur Historizität der Gattungstrias hinsichtlich der Durchsetzung ihrer überlieferten Gestalt.*

6 Ästhetische Theorie und Geschichtsphilosophie

Abbildung 6: Carlo Blasis: *The Code of Terpsichore* (London, 1828)

In dem choreographischen Schulwerk „The Code of Terpsichore" (1828) des Tänzers und Choreographen Carlo Blasis wird eine Figurenlehre der Bewegung vorgelegt, die in ihrem Abbildungsteil zeigt, wie ein Tänzer Schritt für Schritt Bewegungsfolgen umsetzen kann. Von Schiller stammte die Ansicht, Anmut sei Schönheit in der Bewegung. Der Leser des Werks von Blasis, der Tanzschüler, soll Anmut erwerben, indem er die vorgegebenen Figuren imaginär auf die eigenen Bewegungen überträgt. Blasis vermittelt damit zwischen der Diskussion der Anmut in der philosophischen Ästhetik um 1800 und der Ästhetik des 19. Jahrhunderts. Letztere überblendet die Faszination an der Arabeske bereits mit derjenigen an der Mechanik der Maschine.

Das 18. Jahrhundert, insbesondere die Spätaufklärung, war die hohe Zeit der ästhetischen Theorien (→ ASB D'APRILE/SIEBERS). In der Vorrede zur ersten Ausgabe seiner *Vorschule der Ästhetik* (1804) sollte der vielgelesene Schriftsteller Jean Paul bereits selbstironisch klagen: „Von nichts wimmelt unsere Zeit so sehr als von Ästhetikern." (Jean Paul 1963, S. 22). Eine solche Klage verwundert, schließlich handelten diese Bücher von der Kunst und der Literatur im Allgemeinen oder, wie Jean Pauls eigene *Vorschule der Ästhetik*, bereits vom Lächerlichen, Humoristischen und dem ‚umgekehrt Erhabenen' des niederen Stils im Besonderen. Insbesondere Schiller hatte zuvor ausführliche Abhandlungen vorgelegt, die durchaus den Anspruch erheben durften, als ästhetische Theorie auch von der Philosophie ernst genommen zu werden. Neben dem Schönen und dem Erhabenen war es die Anmut, die Schiller beschäftigte, da die Anmut etwas war, was sich zugleich philosophisch reflektieren als auch sinnlich anschauen ließ – im Schauspiel beispielsweise. Warum also klagen? In dem ebenso kurzen wie schwierigen Text *Über das Marionettentheater* (1810) suchte auch Heinrich von Kleist die Auseinandersetzung mit der ästhetischen Theorie. Schillers Ansichten über Anmut sind hier ein Thema, das derart perspektivenreich behandelt wird, dass Faszination am und Abstand zum ästhetischen Diskurs gleichermaßen greifbar werden.

6.1 **Zur historischen Positionierung der Ästhetik**
6.2 **Selbstvergewisserung und Diskursstiftung. Anmut bei Schiller**
6.3 **Faszination und Distanz. Anmut bei Kleist**

6.1 Zur historischen Positionierung der Ästhetik

Wenngleich bereits Autoren der Antike sich Gedanken über das Schöne machten, taten sie dies doch nie im Rahmen von Abhandlungen, die den Titel einer Ästhetik trugen oder ausschließlich Probleme einer solchen verhandelten. Daher haben ideen- und begriffsgeschichtlich orientierte Philosophen wie Joachim Ritter, Ernst Cassirer und Hans Blumenberg herausgearbeitet, dass eine eigenständige Disziplin der Ästhetik im engeren Sinne erst damit begann, dass Alexander Gottlieb Baumgarten 1750/58 ein Buch namens *Aesthetica* herausbrachte. Dessen aufklärerischer Ehrgeiz war, in Analogie zur rationalen Logik eine eigenständige, eine empirienahe Wissenschaft für das zu bieten, was sich der Benennung fast entzieht. Die Ästhetik sollte sich der ‚niederen' Sinne annehmen und für deren spezifische Erkenntnisart eine Systematik erarbeiten. ‚Aisthesis' im Sinne von sinnlicher Wahrnehmung war ihr Gegenstandsbereich. Obwohl sie auch aus der rationalistischen Schulphilosophie kam und deren Begrifflichkeiten nutzte, war doch eine Annäherung an das bis dahin als dunkel und unzugänglich Beargwöhnte innerhalb der menschlichen Seele ihr Ziel. Von daher öffnete sie sich v. a. für Fragestellungen der frühen empirischen Psychologie (→ KAPITEL 11).

> Baumgartens Ästhetik als Ausgangspunkt

Es ist hier nicht zu klären, wann genau aus dieser philosophisch-psychologischen Fragestellung eine wurde, in deren Gesichtsfeld andere, beispielsweise die literarischen oder die Kunstgattungen betreffende Fragen zu treten begannen, die bis dahin entweder so noch nicht oder nur in anderen Diskursen behandelt worden waren. Meist wird in diesem Zusammenhang auf das Erscheinen von Immanuel Kants *Kritik der Urteilskraft* (1790) als Wende verwiesen, da hier „ästhetisches Objekt und ästhetische Wahrnehmung [...] als interdependente Begriffe erkannt" (Seel 2000, S. 18f.) wurden. Es verblüfft, in welchem Maße die Künste um 1800 zum fast alleinigen Gegenstandsbereich der nachkantianischen Ästhetik wurden. Der Gedanke der Selbstzwecklichkeit der Kunst begann hier bald zu dominieren. Nicht nur zählte die Frage nach der sinnlichen Wahrnehmung kaum mehr, auch andere, begleitende Fragestellungen (z. B. nach der Assoziation, oder, wie noch in Kants *Kritik der Urteilskraft*, nach dem Lachen) wurden nun nicht mehr oder allenfalls innerhalb der an den Rand gedrängten psychologischen Ästhetik (z. B. Heinrich Zschokke, *Ideen zur psychologischen Aesthetik*, 1793) abgehandelt, zwischen welcher und der ästhetischen Theorie des Idealismus sich erhebliche Spannungen ergaben. Idealistische Philosophen wie Georg Wilhelm

> Um 1800: Künste als einziger Ästhetik-Gegenstand

Friedrich Hegel oder Friedrich Wilhelm Joseph Schelling nahmen sich der Ästhetik nämlich nunmehr im Rahmen von großen Systementwürfen an, die immer auch – wenngleich im einzelnen sehr unterschiedlich – geschichtsphilosophisch argumentierten, indem sie bestimmten Phasen der Entwicklung des menschlichen Geistes und der Philosophie bestimmte Leitkünste zuordneten, sodass die eigene Gegenwart klar zwischen einem ‚Woher' und einem ‚Wohin' eingespannt wurde (z. B. entwarf Hegel im Unterschied zu Kant eine geschichtsphilosophische Ästhetik, die einen einsinnigen Weg von der plastischen Wahrheit der antiken Kunst über das romantische Prinzip des Ausdrucks der mittelalterlich-frühneuzeitlichen Malerei hin zur reinen Geistigkeit der Philosophie wies).

Ästhetische Systementwürfe

In gewisser Weise wurden so ganz alte Fragestellungen – wie die nach dem Schönen, die natürlich bereits bei Platon gestellt worden war, oder die nach der Anmut (bzw. Grazie), die schon für frühneuzeitliche Verhaltenslehren Bedeutung hatte – in eine neue Disziplin integriert. Diese Disziplin konnte ihrerseits eine große Nähe zur überlieferten und zur zeitgenössisch hervorgebrachten Kunst reklamieren. Sie gab im weiteren Verlauf des 19. Jahrhunderts entscheidende, in ihrer Griffigkeit indes auch problematische Konzepte für die Entstehung der akademischen Fächer der Kunstgeschichte, der Nationalphilologien und anderer Kulturwissenschaften vor.

Ästhetik als Stichwortlieferant für akademische Disziplinen

Eines dieser Konzepte ist das Postulat der Autonomie (→ KAPITEL 1). Zahlreichen Streitpunkten der ästhetischen Diskussion um 1800 liegt die Frage zugrunde, ob die Werke der Kunst und Literatur sich autonom ihre Gesetze selbst geben – und was das, wenn ja, genau heißt. Diese Diskussion wurde im Verlauf des 19. Jahrhunderts dann verkürzt, indem Autonomie allein als Kunstautonomie, als l'art pour l'art, verstanden und die ‚Realität' polemisch als das Andere betrachtet wurde, mit dem Kunst nichts mehr zu tun haben sollte. Dabei ist eine solch radikale Abkehr vom aufklärerischen Prinzip einer mimetischen Nachahmung der Natur (eine solche Nachahmung war für die Aufklärung wichtig, weil sie auf die Gefühlsbildung des ‚mitleidigen' Menschen einwirkte) nur ein Punkt unter vielen, die um 1800 erwogen wurden. Man setzte sie wechselnd in Beziehung entweder zu einem Verständnis von ‚Kunst als Spiel' (so bei Friedrich Schiller) oder zu anderen Positionen, die Mimesis komplexer, weil ihrerseits als kreativ und kommunikationsstiftend, auffassten und eine Abkehr von ihr nicht für nötig hielten (so bei Friedrich Hölderlin → KAPITEL 3.3). Wer, wie Friedrich Schlegel oder auch schon ansatzweise Karl Philipp Moritz, Autonomie radikal als Freiheit der Kunst zur

Zentralkonzept: Autonomie

Überbietung allen nur diskursiv verfassten Wissens verstand, konnte die Kunst den Diskursen der Zeit aber auch weit öffnen – gewissermaßen im Bewusstsein, dass Kunst und Literatur die besseren Antworten auf dieselben Probleme anzubieten hätten, die sich auch lebensweltlich stellten. Für Karl Philipp Moritz z. B., der als einer der ersten in programmatischen Entwürfen für die Berliner Akademie und in altertumskundlichen Vorlesungen über die Feste der alten Römer (*Antusa oder Roms Alterthümer,* 1791) den Autonomiegedanken aufgriff, stehen Kunst und Leben nicht in einem Ausschließungsverhältnis. Vielmehr wird die Aufgabe gerade autonomer Kunst (d. h. bei Moritz v. a.: eines nicht mehr durch einen Auftraggeber fremdbestimmten Kunstwerks der bildenden Kunst) dahingehend begriffen, auf dem Wege neu zu gründender Institutionen (wie z. B. Akademien) geschmackvoll im Sinne des neuen Klassizismus in das Leben gestaltend einzugreifen, wie Moritz in *Vorbegriffe zu einer Theorie der Ornamente* (1793) erläuterte (→ KAPITEL 4). Kunst erhebt hier einen emanzipatorischen Anspruch, indem im Sinne einer „Realästhetik" (D'Aprile 2006, S. 61) jeder Gegenstand potenziell schönheitsfähig wird, ja, ansatzweise es sogar die Kunst ist, die das Leben auf ihre Seite ziehen will.

Kunst und Leben

Nicht alle Autonomietheoretiker um 1800 haben eine solche bereits genieästhetisch unterfütterte, in metaphysischen Kategorien denkende Autonomieästhetik geteilt, die aus dem aufklärerischen Verständnis von ‚Verschönerung' zwar hervorging, sich von diesem aber auch abgrenzte. Diese konzipiert den Bildungstrieb im Künstler als eine quasi autonome Kraft, die adäquat wahrzunehmen auch der Betrachter sich selbst höchste Anstrengungen abfordern muss (siehe den Schluss von Moritz' *Über die bildende Nachahmung des Schönen*, 1788). Moritz verstand Kunst nämlich nicht als Spiel (ebensowenig: Herder, Hölderlin, Kleist, Goethe), sondern setzte sie in Beziehung zu einem Bildungstrieb, dem er dynamisierende Wirkungen auf Geschmack, Wollen und Wissen seiner Zeit zutraute.

Kann Kunst als Spiel verstanden werden?

Wer hingegen, wie später Friedrich Schiller, die Kunst als höchst anspruchsvolles, doch von lebensweltlichen Belangen gänzlich freigesetztes Spiel ansah, das auf nur mittelbare Weise eine Rückwirkung auf das Leben ausübe (weil das als Freiheit zu erlebende Zusammenspiel der Gemütskräfte noch nach dem Ende des Spiels weiterwirke; vgl. Matuschek 1998, S. 183), für den konnte die philosophische Besinnung, wie die Vermittlung zwischen Kunst und Leben genau zu denken sei und welche Folgeprobleme dies sodann für die eigene schriftstellerische Praxis mit sich bringen würde, von eminenter Bedeutung werden. Zusammen mit dem Problem des Schönen begann

Schiller sich beispielsweise für das Problem der Anmut zu interessieren: einem ans Anthropologische rührenden ästhetischen Theorem, das im täglichen Leben, in der Theorie und vor allem auf der Bühne von Interesse war. Es war zuerst Schillers Aufenthalt in Weimar Ende 1788, als er insbesondere mit Moritz über Probleme der Ästhetik diskutierte und dessen Schrift *Über die bildende Nachahmung des Schönen* las (vgl. Alt 2000, Bd. 1, S. 566), der ihn zum Nachdenken über diese Fragen brachte. Eine erste Auswirkung „der durchaus störenden Wirkung" (Hamburger 1956, S. 374) des klassizistischen Begriffs des Schönen kann man darin erkennen, dass Schiller sein 1786 noch nach Sturm- und Drang-Ideen begonnenes Stück *Der Menschenfeind* (1790) nicht mehr vollenden konnte, sodass diesem dramatischen Fragment „eine Schlüsselstellung in der Entwicklung Schillers" (Hamburger 1956, S. 365) insbesondere auf dem Weg zur Abhandlung *Über Anmuth und Würde* (1793) zukommt.

<small>Das Problem der Anmut</small>

Die deutschsprachige Ästhetik, deren Aufstieg als unmittelbares Vorfeld und als eine Art Begleitdiskurs zur klassizistisch-romantischen Moderne angesehen werden kann, bietet somit einerseits Erkenntnischancen besonderer Art mit Blick auf diese Entwicklungen (z. B. weil die Begegnung zwischen Moritz und Schiller 1788 bereits vor Ausbruch der Französischen Revolution stattfand, es also falsch wäre, deren damals bereits vertretene ästhetische Positionen lediglich als Abwehr revolutionärer Ideen zu verstehen, wie das immer wieder von der Forschung behauptet wird). Andererseits stellt sie ein Hindernis besonderer Art auf dem Weg zur Erkenntnis des je Besonderen eines Werks dar (z. B. wenn Alternativen, die in diesem Diskurs gerade nicht formuliert wurden, nicht zur Deutung herangezogen werden). Freilich ist dieser letztgenannte Einwand wiederum ein Resultat des Denkens der Zeit um 1800: Denn auch das Postulat, dass jedes Werk auf seine immanente Poetik hin zu befragen sei, entstammt dieser Zeit, wenn auch eher der Hermeneutik (→ KAPITEL 9) als der Ästhetik. Wendet man dieses Postulat seinerseits auf die ästhetische Theorie an und versteht etwa Schillers Abhandlung *Über Anmuth und Würde* (1793) in diesem Sinn als ein seinen Dramen gleichrangiges Werk, dann wird zusätzlich klar, wie problematisch es wäre, aus dem einen die entscheidenden Aufschlüsse über das andere zu erwarten.

<small>Erkenntnischance ...</small>

<small>... und -hindernis</small>

<small>Ästhetik oder Hermeneutik?</small>

Diese Grundsatzüberlegungen sollen davor warnen, offene Fragen der Interpretation einzelner Werke durch den unmittelbaren Bezug auf Aussagen der Ästhetiken lösen zu wollen (vgl. Adorno 1970, S. 507), wie dies in Schillers Fall seit dem frühen 19. Jahrhundert praktiziert wurde (vgl. Unfer 2004, S. 139). Diese Gefahr ist besonders groß, da die germanistische Forschung auf diesem Feld besonders intensiv geforscht hat und es ihr gelungen ist, die einschlägigen Texte in übersichtlichen Quellensammlungen zusammenzustellen (vgl. zum klassizistischen Diskurs: Pfotenhauer 1995a sowie Voßkamp 2009; zum romantischen: Apel 1992 sowie Uerlings 2000). Betrachtet man die Argumente der Forschung zum Stellenwert der Ästhetik hingegen als ein Ganzes in ihrem Verhältnis zur literarischen Produktion (vgl. Binder 1976, S. 227), so muss man bemerken, dass das Spektrum extreme Positionen umgreift: von der Ansicht, dass der Einbezug der Ästhetik für die Interpretation der Werke überflüssig sei, weil diese am Gehalt der Werke vorbeigehe (so z. B. Bennett 2005), bis hin zur gegenteiligen Ansicht, dass vor allem aus der ästhetischen Theorie zu erfahren sei, was das seit 1800 sich als „zwecklosen Selbstzweck", genauer noch als „Autopoiesis" (so z. B. Luhmann 1995, S. 42, S. 87) verstehende und organisierende System der ‚Literatur' über den eigenen Gegenstandsbereich wusste. Im Gegensatz hierzu wird Ästhetik im vorliegenden Rahmen als ein Diskurs eigenen Rechts aufgefasst. Er ist von literaturhistorischer Bedeutung speziell dort, wo Autoren um 1800 an ihm teilnahmen, wo er im Rahmen von Werken thematisch wurde oder wo er sogar formkonstitutive Folgen hatte (wie z. B. bei Heinrich von Kleist, → KAPITEL 6.3). Dennoch bietet er keinen Königsweg zum Verständnis der Werke.

Quellenlage

6.2 Selbstvergewisserung und Diskursstiftung. Anmut bei Schiller

In seinen jüngeren Jahren, die meist der Zeit des Sturm- und Drang zugeordnet werden, hat Friedrich Schiller in eher rascher Folge drei Schauspiele (*Die Räuber*, 1781; *Die Verschwörung des Fiesko zu Genua*, 1783; *Kabale und Liebe*, 1784), nicht aber eine ästhetische Theorie vorgelegt. Mehr als Ästhetik im engeren Sinn interessierten ihn seine Studienfächer Recht und Medizin, weil hier anthropologische Fragen gestellt wurden, die er zugleich in seinen medizinischen Probschriften und in seinen Stücken verfolgte: Wie bereits 1810 bemerkt wurde, hat er in seiner zweiten medizinischen Abschlussarbeit *Versuch über den Zusammenhang der thierischen Natur des Menschen mit seiner geistigen* (1780) „Stellen aus seinem noch ungedruckten Trauerspiele, *die Räuber*, angeführt" (Schreyvogel 1810, S. 37; → KAPITEL 13). Diesbezüglich offene Streitfragen diskutierte er zudem in Dialogform, wie in *Der Spaziergang unter den Linden*

Ästhetikferne des jungen Schiller

(1782). Die Frage z. B. nach der Anmut spielte hier jedoch noch keine Rolle. Das nächste große Stück *Don Karlos. Infant von Spanien* (1787) konnte er indessen nur mühsam und vorläufig abschließen, *Der Menschenfeind* (1790) blieb Fragment.

Schaffenskrise

Die Schaffenskrise wurde verstärkt dadurch, dass Schiller 1789 in Jena eine außerordentliche Professur annahm, die seine Beschäftigung mit dem Feld der Geschichte – angelegt bereits in *Don Karlos*, weitergeführt in der *Geschichte des Abfalls der vereinigten Niederlande von der spanischen Regierung* (1788) – verstetigte. Zwar begriff er diese – wie seine spektakuläre Antrittsrede zeigte – als eine Universalgeschichte, die nach Möglichkeit von Fragestellungen der Gegenwart aus die an sich tote Vergangenheit zum Sprechen bringen wollte; sie wurde von Schiller also fast wie ein literarisch-philosophisches Unternehmen betrachtet, das von ihm denn auch polemisch gegen das tote Wissen einer nur antiquarischen Gelehrsamkeit abgegrenzt wurde. Auch auf dem empirienahen Feld der Geschichte wollte Schiller als Philosoph gelten. Es war daher nur konsequent, dass er sich für jene neue kritische Philosophie interessierte, die in Jena in Karl Leonhard Reinhold einen frühen Vertreter hatte. Der bedeutende Kantianer und Illuminat Reinhold, bei dem u. a. auch Novalis studierte, wies Schiller auf Kant hin und teilte in der Folge manche seiner philosophisch-ästhetischen Interessen.

Selbstvergewisserung durch das Studium Kants

Im Zusammenhang mit einer intensiven Beschäftigung zunächst mit Moritz im Winter 1788/89 (→ KAPITEL 6.1), dann mit Kant, die von Schiller als Selbstvergewisserung verstanden wurde, entstanden ab 1791/92 in rascher Folge seine ästhetischen Schriften, unter denen *Über naive und sentimentalische Dichtung* (1795/96) die bekannteste wurde. Schiller diskutierte seine Ideen nach wie vor brieflich mit seinem Freund Christian Gottfried Körner. Doch ab 1794 geriet der Briefdialog mit Goethe, in dessen persönliches Umfeld Schiller von Jena aus getreten war, zum wichtigeren Ideenlabor für die Schriften – und für die allmählich wieder auflebende theatralische und lyrische Produktion. Ab 1796 nahm Schiller die Arbeit am Wallenstein-Stoff auf, die sich bis 1799 hinziehen sollte. 1797 wurde zum sogenannten Balladenjahr mit Goethe. Nach 1800 erschienen keine ästhetischen Schriften mehr, dafür aber in dichter Folge die großen Schauspiele, für die der ‚klassische' oder ‚klassizistische' Schiller bekannt ist (→ KAPITEL 13). Wie intensiv auch immer Schiller sich auf Kant, die an ihn anschließende Philosophie und auf den Diskurs der Ästhetik einließ, festzuhalten bleibt: „ein förmliches System der Ästhetik hat Schiller nicht geschrieben" (Binder 1976, S. 222).

Einer weit verbreiteten Lesart zufolge besteht das Neue an Schillers ästhetischen Schriften darin, die illusionslose Diagnose der eigenen Gegenwart als einer von Entfremdung, Zerrissenheit und Partialisierung gekennzeichneten Moderne mit einem Therapiemodell verknüpft zu haben, das der Kunst die Aufgabe aufbürdet, zumindest im ästhetischen Als-ob die Versöhnung der Gegensätze denkbar werden zu lassen, und zwar so, dass auf eine nicht genauer erklärte, sehr vermittelte Weise letztlich doch Ausstrahlungen dieses ästhetischen Versöhnungsversuches auf die versöhnungsbedürftige Gegenwart ausgehen. Eine berühmte Formulierung aus *Über die ästhetische Erziehung des Menschen in einer Reihe von Briefen* (1795) lautet in diesem Sinn: „der Mensch spielt nur, wo er in voller Bedeutung des Worts Mensch ist, und er ist nur da ganz Mensch, wo er spielt" (Schiller 1943ff., Bd. 20, S. 359).

Gegenwartsdiagnose und Spieltheorie

Über Anmuth und Würde (1793) ist ein erster Schritt Schillers, in dieser Richtung über Kant hinaus zu kommen. Für Kant war es nicht denkbar, dass Anmut und Würde versöhnbar sein könnten, die Frage nach der Anmut selbst interessierte ihn nicht. Würde kommt ihm zufolge der Erfüllung von Pflichten zu, die mit einem unbedingten, also keine Wahlfreiheit lassenden Anspruch an das Subjekt herantreten. Würde ist bei Kant und bei dem ihm hier folgenden Schiller insofern tendenziell erhaben. Doch entbehrt sie des Moments der Freiheit, das z. B. für die Anmut konstitutiv ist. Anmut, so Schillers neuer Gedanke, beruht nämlich auf der Freiheit der Seele, einen Körper auch dann als schön erscheinen lassen zu können, wenn er von Natur aus nicht schön ist. Die Freiheit der Seele über den Körper beweise sich darin, den gegebenen Körper auf schöne Weise zu bewegen. Daher Schillers bündige Definition, dass Anmut Schönheit der Bewegung sei. Die schöne Seele, die sich hier frei über die bloße Körperlichkeit und die durch sie gegebenen Zwänge, also ihr Unfreies, hinwegsetzt, ist jedoch nicht einfach nur autonom. Ihre im Grunde ‚willkürliche' Freiheit, durch Bewegung Schönheit hervorzubringen, darf nämlich andererseits nicht als bloße ‚Willkür' erscheinen: Sie muss vielmehr wie eine zweite Natur wirken, „d. i. unwillkührlich seyn (wenigstens so scheinen), und das Subjekt selbst darf nie so aussehen, als wenn es um seine Anmuth wüßte." (Schiller 1943ff., Bd. 20, S. 269). Die Problematik, die hier aufscheint, ist einer der Anknüpfungspunkte für Kleist (→ KAPITEL 6.3).

Über Anmuth und Würde

Anmut als Schönheit der Bewegung

Obwohl Schiller in diesem Zusammenhang nicht auf die Bühne oder auf einzelne Werke der Kunst eingeht, kann man ein produktionsorientiertes Interesse doch zumindest dort vermuten, wo er sich über diese an sich schon ziemlich prekäre Seelenlage der Anmut hinaus über die Frage der Möglichkeit einer sichtbaren Vereinigung einer Anmut, die letztlich auch vom Hässlichen geleistet werden können soll, und einer Würde, deren Erhabenheit vor allem im Sich-Erheben des Willens über die sinnlichen Triebe liegt, Gedanken macht. Da eine solche Vereinigung der Gegensätze schwer vorstellbar ist, appelliert Schiller in seiner Abhandlung an die Evidenz, mit der eine solche Vereinigung in der antiken Plastik verkörpert sei – eine Ausflucht der Argumentation, die zu erkennen gibt, wie schwierig das, was Schiller in seiner Auseinandersetzung mit Kant umtreibt, zu denken ist. Doch weniger als die logische Auflösung des Problems (wie ein Drittes zwischen den Gegensätzen frei – unfrei vermitteln kann) interessiert ihn im Folgenden die Wirkung, die eine solche paradoxe Vereinigung auf den Betrachter ausüben müsste: „Wo sich Grazie und Würde vereinigen, da werden wir abwechselnd angezogen und zurückgestoßen; angezogen als Geister, zurückgestoßen als sinnliche Naturen" (Schiller 1943ff., Bd. 20, S. 302).

Probleme und Konsequenzen

Genau dies ist, was man als das Experiment betrachten kann, welches Schiller in *Die Jungfrau von Orleans. Eine romantische Tragödie* (1801) auf der Bühne durchführte. Denn in dieser „romantischen" Tragödie ist das Erhabene zwar Ausgangs- und Fluchtpunkt des Stückes, dazwischen aber liegt die Gestaltung eines seelisch-anthropologisch-ästhetischen Konfliktes zwischen Würde und Anmut.

Die Jungfrau von Orleans

Johanna, die als Schäferin in einer arkadisch mit sich einigen Welt aufwuchs, wird nämlich schon bald nach Beginn des Stückes zur erhabenen Kämpferin für das Vaterland, die ihre Pflicht würdig erfüllt, indem sie die Waffen nimmt und ihr Kindheitsarkadien verlässt. Um Selbstbestimmung geht es ihr und jenen, deren Hoffnungsträgerin sie ist, in einem Ausmaß, das den namhaften Klassizismus-Forscher Walter Müller-Seidel dazu brachte, den umfassenden Charakter des ihr aufgebürdeten Autonomiekonzeptes zu erläutern, das in dieser von den Revolutionskriegen erfüllten Zeit neben den Aspekten der Kunst gerade auch politische Aspekte aufwies (weswegen das Stück von den Zeitgenossen begeistert begrüßt wurde, heute indessen eher verstört; vgl. Müller-Seidel 2009, S. 166). Schillers Begriff des Vaterlandes, der national gedacht ist, geht gleichwohl nicht im späteren Nationalismus des 19. Jahrhunderts auf, sondern unterscheidet sich gerade in den einzelnen Bestimmungsmomenten von ‚Autonomie' von diesem: Schiller denkt Selbstbestimmung nämlich, ausgehend von der naturrechtlichen Annahme eines Widerstandsrechts, als legitime Abwehr von Übergriffen. Dieses im Kontext von ‚Pflicht', ‚Wür-

Streben nach Autonomie

de' und ‚Erhabenheit' angesiedelte Streben nach Autonomie wird von Schiller jedoch über weite Strecken des Stückes konterkariert, indem Johanna die eigene Sinnlichkeit als einen Widerpart erlebt, der sie mit sich und dem eigenen ‚Erhabenheits-Programm' in Widerstreit geraten lässt. Indem sie sich (noch dazu in einen rätselhaften feindlichen Ritter) verliebt, verstrickt sie sich in einen inneren Konflikt, der ihr die Selbstverständlichkeit des dramatischen Handelns, mit der sie der Nötigung der Pflicht gehorchte, auf eine auch äußerlich erkennbare Weise nimmt. Sie verliert tendenziell ihre Würde, indem sie eine dunkle Seite der eigenen Seele entdeckt, die sie in Zweifel über ihre Identität, ihre Intentionen und ihre Zukunft verstrickt. Erhaben ist sie nun nicht mehr, dafür blitzt augenblickshaft die Chance zu einer Anmut in ihr auf, die in Verbindung damit steht, dass sie, die bis dahin eine Männerrolle auszufüllen hatte, sich erstmals selbst als Frau wahrnimmt. Paradoxerweise ist es im Sinne von *Über Anmuth und Würde* gerade die Lähmung ihres selbstverständlichen Handelns, die ihr die Möglichkeit eröffnet, erstmals frei über ihr Handeln zu entscheiden. Allerdings bleibt es ihr aufgrund der einmal in Gang gesetzten Dynamik der geschichtlichen Bewegung verwehrt, die in ihr angelegte Möglichkeit einer Vereinigung von Anmut und Würde ins Leben zu überführen und eine solch schwierige Vereinigung auf Dauer zu stellen. Dass sie Mensch im vollen Sinne werden könnte, wollen ihr unter den Bedingungen des Krieges gerade die Menschen, die genau dies von ihr forderten, nicht verzeihen. Der plötzliche Umschlag des Kriegsglücks zugunsten der feindlichen Partei erzwingt zudem ihre Rückkehr zur Erhabenheit der Hoffnungsträgerin – zumindest als Simulation für die Augen ihrer Gefolgsleute. So sehr das Stück zunächst auf eine Versöhnung der Gegensätze hin angelegt scheint, so sehr entbehrt Johannas Tod am Ende des Stückes angesichts der seelischen Dissoziation der Hauptfigur dieser Versöhnung: Auf dem Totenbett hat Johanna eine Vision, wie „der schwere Panzer wird zum Flügelkleide" (Schiller 1943ff., Bd. 9, S. 315) – doch ist es die phantasmatische Vision einer Sterbenden.

So sehr auch Schillers ästhetische Schriften versuchen, Modelle für eine Versöhnung der modernekonstitutiven Gegensätze zu ersinnen, so sehr weisen die zirkulären Argumentationen, in die Schiller darüber freiwillig-unfreiwillig gerät, auf den Befund des Gegenteils hin. Anmut – als Zentralkonzept der Verkörperbarkeit der Einheit der Gegensätze im Individuum – ist unter den gegebenen Bedingungen der Moderne letztlich eine Denkunmöglichkeit; um wie viel mehr die Idee eines Elysium, das den Notwendigkeiten der Geschichte (siehe

Sinnlichkeit als Widerpart

Tendenzieller Würdeverlust

Aufblitzende Anmut

Versöhnung oder Zerrissenheit?

den Schluss der *Jungfrau von Orleans*) enthoben wäre. Zwar kreist Schillers Denken um die Frage, wie Anmut oder das ‚Naive' unter den Bedingungen der sentimentalischen Empfindungsweise der Moderne zu ermöglichen sei, doch seine Antworten weichen immer wieder aus der allgemeinen Argumentation in das glückliche besondere Beispiel aus (z. B.: Goethe sei ein solches Beispiel in Person). Eine Anmut, die Körper und Geist glücklich in der schönen und bedeutenden Gestalt versöhnen würde, wird in seinen Schriften jedoch immer dann, wenn Schiller über die sentimentalische Empfindungsweise der Moderne und damit über sich spricht, von anderen Denkfiguren her, gleichsam von innen heraus, unterminiert. Wie Carsten Zelle nachgewiesen hat, ist gerade das Erhabene bei Schiller im Letzten ein Konzept des ‚Unklassischen' und der ‚Nichtklassik', insofern es dort angesiedelt ist, „wo die Grenze zwischen Leib und Seele verläuft, die uns schon im Leben zerreisst" (Zelle 2001b, S. 381). Aus dieser Perspektive betrachtet, rückt Schiller in engere Nachbarschaft zu Heinrich von Kleist als ihm vermutlich lieb gewesen wäre.

6.3 Faszination und Distanz. Anmut bei Kleist

Heinrich von Kleists kleine Schrift *Über das Marionettentheater*, die in drei Nummern der von ihm herausgegebenen Zeitschrift *Berliner Abendblätter* zwischen dem 12. und dem 15. Dezember 1810 erschien, gilt seit geraumer Zeit als wichtigster theoretischer Beitrag Kleists zu Problemen der Ästhetik. Anders als Schiller wählte Kleist jedoch nicht die monologische Form des Essays, sondern eine Zwischengattung aus Abhandlung und Dialog. Solche Zwischengattungen waren dem 18. Jahrhundert durchaus vertraut und verdankten einiges der Eigenart auch des Essays, in sogenannten Digressionen (also Abschweifungen, Exkursen) vom geraden Weg des Argumentationsgangs abweichen und doch immer wieder zu einem Hauptgedanken zurückkehren zu können, der am Ende durch die unternommenen Exkursionen auf Nebenpfaden nur bereichert erscheint.

Ein Beitrag Kleists zur Ästhetik?

Kleists Text *Über das Marionettentheater* stellt sich dem Thema der Anmut jedoch auf andere Weise, so viel er auch gedanklich der Form des Essays verdankt. Der Text wird nämlich von einem Ich-Erzähler wie eine Erzählung eröffnet, sodann aber perspektivisch aufgefächert, indem nicht nur die zwei Perspektiven zweier Dialogpartner gegeneinander aufgeboten werden, sondern diese beiden Perspektiven darüber hinaus als in sich selbst inkohärent dargestellt werden. Dies ge-

Perspektivistische Infragestellungen

schieht unter anderem dadurch, dass jeder der beiden Dialogpartner zur scheinbaren Stützung einer These veranschaulichende Exempel vorträgt, die bei näherer Betrachtung die jeweilige Ausgangsthese eher widerlegen als stützen. Zumindest trägt jede der Exempelgeschichten eine weitere Perspektive in den zudem erzählerisch vergegenwärtigten Raum des Textes hinein, indem sie fast wie in einer essaytypischen Digression ins nur scheinbar Anschauliche abschweift, den Weg zum Hauptweg des Gedankens zurück hingegen nicht mehr findet – schon, weil der jeweils zuhörende Dialogpartner dem erzählenden meist an solch einer Stelle ins Wort fällt, indem er vorgibt, schon verstanden zu haben, und auf genau das Verstandene eine abweichende Antwort bieten zu wollen, die dann doch nicht erfolgt.

Wie der Literaturwissenschaftler Kurt Wölfel zeigen konnte, liegen bei Kleist somit Gegenstand und Form des Textes im Widerstreit, indem sie eine Art „produktive Selbstsabotage" (Wölfel 1998, S. 24) betreiben: Kleists Text teilt mit Schillers großer Abhandlung *Über Anmuth und Würde* zwar das Thema einer Anmut, die Schiller wie andere Autoren seit der Spätaufklärung und dem beginnenden philosophischen Idealismus als Aufhebung des Widerstreits zwischen Leib und Seele, zwischen Materie und Geist, zwischen Natur und Kultur verstanden haben: Die Anmut beweist nämlich aus deren idealistischer Perspektive, dass z. B. eine Bewegung schön nicht an sich, sondern deswegen sei, weil der immaterielle Grund der Seele in ihr wirksam und sichtbar werde. Kleists „Perspektivenkunst" (Wölfel 1998, S. 23) hingegen lässt durch Fiktionalisierung dieses Themas im Dialog sichtbar werden, welche Selbstwidersprüche in der hohen Erwartung der Philosophie an die Anmut greifbar werden, dass sie die erwähnten Widersprüche harmonisieren könne. Kleist bietet mit literarischen Verfahren Perspektiven gegen Perspektiven auf, die nicht mehr harmonisiert werden.

> Ironisierung des Idealismus

Diese Interpretation verdankt wesentliche Einsichten einem der bekanntesten Essays von Paul de Man (*Ästhetische Formalisierung. Kleists* „Über das Marionettentheater", zuerst 1979). Der Literaturtheoretiker de Man versuchte in seiner dekonstruktiven Lektüre Kleists nachzuweisen, dass Kleist in *Über das Marionettentheater* die kritische Auseinandersetzung mit Schiller suche, ja, dass Kleist Schiller fast schon in de Mans eigenem Sinn ‚dekonstruiere'. Dieser Annahme zufolge wird in der Argumentation des Tänzers C., des einen der beiden Dialogpartner in Kleists Text, der Gang von Schillers Abhandlung greifbar. Allerdings – so de Man – lasse Kleist den Tänzer C. die Schillerschen Ausführungen zur Anmut nur zu dem Zweck vortragen, um sie im Spiegel der gänzlich unpassenden Beispiele, die

C. vorträgt, eines Unrechts zu überführen, das bei de Man ethisch konnotiert ist: Während C. im hohen Ton und im Allgemeinen von Anmut spreche und eine mögliche Versöhnung in Aussicht stelle, wiesen die von ihm herangezogenen Exempel darauf hin, welche Kosten ethischer Art sich hinter diesen Konzepten im Besonderen, im Einzelfall, im Beispiel verbergen würden. Auf diese Weise, so de Man weiter, konterkariere Kleist das, was der Idealist Schiller am Zentralkonzept Anmut dogmatisch vortrage, indem er letztlich vom sperrigen Beispiel her, gleichsam ‚von unten' her denke (indem etwa das vorgetragene Beispiel eines jungen Mannes, der eine zunächst zufällig eingenommene anmutige Haltung mit Blick auf den Spiegel wieder hervorzubringen suche und daran mit existenziell bedrohlichen Folgen scheitere, nicht etwa die behauptete Möglichkeit von Anmut, sondern die lebensweltliche Problematik der Annahme, dass Anmut wünschbar sei, ins Bild setze: der junge Mann bleibe „in tödlicher Selbstentfremdung erstarrt") (de Man 1988, S. 219).

Exempel versus These

De Mans Interpretation hat maßgeblich daran mitgewirkt, dass Kleists Text heute nicht mehr, wie lange üblich, als eine philosophische Abhandlung zur ästhetischen Theorie gelesen wird, sondern dass die spezifisch literarischen Verfahren der Perspektivierung von Theoremen herausgearbeitet werden. Allerdings kann de Man Widersprüche in den Argumentationen von Kleists einem fiktiven Sprecher, dem Tänzer C., und den Gedankengängen von Schiller nicht erklären (z. B. geht es Schiller gerade nicht darum, in puncto Anmut der Bewegung die Überlegenheit der toten Materie, einer Marionette, über einen menschlichen Tänzer zu behaupten). Kurt Wölfel hat die These vertreten, dass Kleists fiktiver Sprecher C. Argumente nicht nur von Schiller, sondern auch von Friedrich Wilhelm Joseph Schelling aufgreife (aus dessen früher Abhandlung *Über Mythen*, 1793, in der es allerdings nicht um Probleme der Anmut geht, sondern um den Mythos des Paradiesverlusts); deswegen entspreche seine Position eher im Allgemeinen der des philosophischen Idealismus als im Besonderen derjenigen Schillers. Wie bereits der Züricher Germanist Wolfgang Binder erkannte, spricht aus C.'s Gedanken somit zwar „die philosophische Anthropologie des Idealismus oder einfacher: die Hoffnung auf den vergöttlichten Menschen" (Binder 1976, S. 318), doch liege dem Text als Ganzem ein „antiidealistisches Seinsverständnis" zugrunde, das insbesondere in den Exempeln greifbar werde, da diese von der „Kontingenz der Realität", also von deren bloßer, von keinem Sinn eingehegten Zufälligkeit Zeugnis ablegten (Binder 1976, S. 317). Akzentuiert man jedoch, dass auch Schiller

Ferne oder Nähe zu Schiller?

Kontingenz der Realität

solche Widersprüchlichkeiten kannte und sie letztlich nicht wegargumentierte, sondern nur essayistisch (also auch: in einer anderen Gattung) umkreiste, dann kann man konstatieren, dass Kleist Schiller doch nicht ganz so fern stand, wie insbesondere de Man meinte.

Festhalten lässt sich abschließend, dass Kleists *Marionettentheater*-Text sich nur mittelbar am ästhetischen Diskurs der Zeit um 1800 beteiligte (ein Grund auch dafür, dass sein Text vor 1900 kaum wahrgenommen wurde). Die dialogischen Partien seines Textes, in denen bestimmte Widersprüche der Diskussion der Zeit um 1800 sichtbar werden, dienen eher dazu, auf perspektivierende Weise über den Stellenwert der Ästhetik als Ganzer im Verhältnis zu einem Dritten nachzudenken, als sich mit einer eigenen Position in den Diskurs der Ästhetiker einzuschalten. Dieses Dritte trägt Züge des von Zufällen geprägten Lebens, das zu führen für viele Autoren um 1800, ganz besonders jedoch im Falle Kleists, ein stets vom Scheitern bedrohtes Kunstwerk war – es weist Züge jedoch auch jener avantgardistischen Literatur auf, wie Kleist sie in seinen Dramen und Erzählungen erprobte, die allesamt ohne eine explizite Ästhetik auskommen. Bezeichnend ist, wo Kleist den Text *Über das Marionettentheater* erscheinen ließ: Zum Ort der Beobachtung der ästhetischen Beobachter seiner Zeit wählte Kleist – nachdem das anspruchsvolle Projekt der Kunstzeitschrift *Phöbus* gescheitert war – die von ihm herausgegebenen *Berliner Abendblätter*, in denen neben Anekdoten und höchst kunstvoll bearbeiteten Briefen, Ausstellungsberichten und Rezensionen vor allem auch Polizeinachrichten erschienen. In diesem Sinne sind die sich der „Kontingenz der Realität" (Binder 1976, S. 317), stellenden Zeitschriften vielleicht das zentrale Medium, in dem sich darüber nachdenken ließ, dass die Zeit, in der man mit zeitlosem Anspruch über Anmut und Würde oder über das Schöne und Erhabene nachdenken und philosophieren konnte, vorüber war.

Über das Marionettentheater im ästhetischen Diskurs der Zeit

Aufscheinende Avantgarde

Fragen und Anregungen

- Welche Autoren der klassizistisch-romantischen Moderne haben überhaupt „ästhetische Schriften" veröffentlicht?

- Erläutern Sie, inwiefern sich bei Schiller in der Anmut die abstraktere Schönheit, inwiefern sich in der Würde das Erhabene wiederfindet.

- Erklären Sie, worin sich Kleists *Über das Marionettentheater* von einer Abhandlung zur Ästhetik unterscheidet.

- Wie differenziert sich das klassizistisch-romantische Epochenkonzept ‚Autonomie' im Kontext der ästhetischen Theorieansätze im Einzelnen aus?

Lektüreempfehlungen

Quellen
- Heinrich von Kleist: Über das Marionettentheater, in: ders., Sämtliche Werke und Briefe, hg. v. Roland Reuß und Peter Staengle, Bd. 2, München/Frankfurt a. M. 2010, S. 425–433.
- Friedrich Schiller: Ueber Anmuth und Würde, in: ders., Werke. Nationalausgabe, Bd. 20, hg. v. Benno von Wiese, Weimar 1962, S. 251–308.

Forschung
- Gabriele Brandstetter: The Code of Terpsichore. Carlo Blasis' Tanztheorie zwischen Arabeske und Mechanik, in: dies./Gerhard Neumann (Hg.), Romantische Wissenspoetik. Die Künste und die Wissenschaften um 1800, Würzburg 2004, S. 49–71. *Ein Ausblick auf die Problematik der Anmut um 1830.*
- Werner Frick: Spiel, Versöhnung, ästhetischer Staat: Reflexe Schillers im kunstphilosophischen Diskurs der Spät- und Postmoderne, in: Walter Hinderer (Hg.), Friedrich Schiller und der Weg in die Moderne, Würzburg 2006, S. 119–141. *Ein erhellender Versuch über Erkenntnischancen und Grenzen aktueller philosophischer Bezugnahmen auf Schiller.*
- Sabine M. Schneider: Die schwierige Sprache des Schönen. Moritz' und Schillers Semiotik der Sinnlichkeit, Würzburg 1998. *Diskursanalytische Untersuchung innerer Widersprüche zweier konträrer Entwürfe der Autonomieästhetik.*
- Kurt Wölfel: Über das Marionettentheater, in: Walter Hinderer (Hg.), Kleists Erzählungen, Stuttgart 1998, S. 17–42. *Scharfsinnige, klare, sensible Interpretation mit weiterführenden Literaturangaben.*
- Carsten Zelle: Von der Ästhetik des Geschmacks zur Ästhetik des Schönen, in: Horst Albert Glaser/György M. Vajda (Hg.), Die Wende von der Aufklärung zur Romantik 1760–1820, Amsterdam/Philadelphia 2001, S. 371–397. *Als Einstieg besonders geeignete Überblicksdarstellung, in die Zelles eigene Vorarbeiten eingegangen sind.*

7 Wissensordnungen

Abbildung 7: Karl Friedrich Schinkel nach Friedrich Gilly: *Entwurf zu einer Bibliothek.* Radierung (undatiert)

Der Entwurf des kleinen Bibliotheksgebäudes in Gestalt eines klassizistischen Tempelchens stammt von dem Berliner Architekten Friedrich Gilly. Das Gebäude sollte von einem ummauerten Garten umgeben sein und von einem pergolaartigen Wandelgang betreten werden können. Um dem klassizistischen Architekturgedanken einen institutionellen Rahmen zu verschaffen, hatte Gilly um 1799 eine kleine Privatgesellschaft junger Architekten gegründet, die sich gegenseitig über neueste Tendenzen der Architektur unterrichteten. Wahrscheinlich ist sein nicht ausgeführter Bibliotheksenwurf als Begegnungsort für diese Sozietät gedacht. Er wollte damit offenbar nicht für möglichst viele, sondern für besonders wichtige Bücher einen klosterartig abgeschlossenen, intimen Studienort schaffen, an dem sich ein kleiner Kreis von Intellektuellen über das konzentriert Erarbeitete austauschen können sollte.

Wissen zu sammeln und zweckmäßig zu ordnen war schon für die Aufklärer von großer Wichtigkeit. Eine Enzyklopädie herauszugeben, also ein alphabetisches Nachschlagewerk, in dem die Gesamtheit des Wissens zu finden sein würde, gilt als ein zentrales Unternehmen der französischen Aufklärung. Die frühromantische Enzyklopädistik des Novalis setzt den Wunsch nach einer Sammlung von Wissen fort, allerdings benötigte Novalis schon nicht mehr ganze Bibliotheken, sondern letztlich nur noch ein Konzeptheft als Träger. Goethes gleichfalls ganzheitliches, doch stärker auf Anschaulichkeit insistierendes Wissensverständnis wurde für Novalis zum Ausgangspunkt für sein „Project", das Unsichtbare sichtbar zu machen. Zu einer humoristischen literarischen Auseinandersetzung mit dem Problem, wie Wissensordnung und Bibliothek in Beziehung zu setzen sind, fand schließlich Jean Paul: Sein Schulmeisterlein Wutz erschreibt sich seine schmale Bibliothek selbst. Alles, was er dazu braucht, sind die Titel im Messekatalog.

7.1 **Aufklärerische und romantische Enzyklopädistik**
7.2 **Wissensordnungen bei Goethe**
7.3 **Die frühromantische Enzyklopädistik**
7.4 **Erfundene Enzyklopädie: Jean Pauls** *Schulmeisterlein Wutz*

7.1 Aufklärerische und romantische Enzyklopädistik

Folgt man dem Hauptwerk des Philosophen Michel Foucault, *Les Mots et les choses* (1966; *Die Ordnung der Dinge*, 1971), ging es in der Aufklärung darum, Wissen neu zu ordnen. Nicht eine Neugier auf die Dinge selbst (z. B. auf exotische Pflanzen, wie in der Frühen Neuzeit), sei das spezifisch Neue im frühen 18. Jahrhundert gewesen, sondern zunächst einmal ein Wille zur Ordnung der Dinge in einem „Raum, in dem man sie sehen kann oder von wo aus man sie beschreiben kann" (Foucault 1974, S. 172): wie einem botanischen Garten, einem Herbarium oder einer zoologischen Sammlung. Foucault zufolge funktioniert ein botanischer Garten dieser Zeit somit wie ein Katalog:

Wissensordnungen der Aufklärung

„[...] ein zeitloses Rechteck, in dem die Wesen, jeden Kommentars und jeder sie umgebenden Sprache bar, sich nebeneinander mit ihren sichtbaren Oberflächen darstellen, gemäß ihren gemeinsamen Zügen aneinandergerückt, und dadurch bereits visuell analysiert und Träger allein ihres Namens." (Foucault 1974, S. 172)

Durch genaue Beobachtung und Beschreibung der auf diese Weise geordneten Dinge wollte man sodann, im Verlauf des 18. Jahrhunderts, die Dinge und ihre Namen zur Deckung bringen; es sollten Begriffe gefunden und in alphabetische Ordnung gebracht werden, um die Gesamtheit der beschreibbaren Welt abzudecken. Die Begriffe und ihre Beziehungen untereinander sollten sogar auf Tafeln dargestellt werden können. So ergab sich das Bild eines Wissensbaums: ein Begriffsschema, das mit seinen abstrakten Verzweigungen von fern an einen Baum erinnerte und das die Ordnung des Wissens durch ein verräumlichendes Neben- und Untereinander einsichtig werden ließ.

Ein Kernprojekt der europäischen Aufklärungsbewegung war die von dem französischen Aufklärer Denis Diderot herausgegebene *Encyclopédie* (1751–80) (→ ASB D'APRILE/SIEBERS). Auch ihr wurde so ein Wissensbaum vorangestellt. Jean le Rond d'Alembert, der zweite Herausgeber dieses vielbändigen Werks, entwickelte jedoch zusätzlich ein anderes denkbares Leitbild dafür: die topografische Landkarte. Wie über einer solchen Karte sollte der Betrachter von einem idealen Oben aus die Ordnung der Dinge übersehen können, ohne sich in der Beobachtung von Details zu verlieren.

Diderots Encyclopédie

Soweit die Programmatik des enzyklopädischen Unternehmens – die Praxis sah ein wenig anders aus. Offiziell wurde dieses Projekt nämlich nach 1759 durch König und Kirche verboten, und es kostete die vielen Beiträger einige Anstrengungen, über all die Jahre hinweg

Probleme bei der Umsetzung

an der Ordnung des Wissens zu arbeiten. Darüber hinaus stellte sich allmählich eine Einsicht in die unvermeidliche Perspektivität der Blickpunkte der einzelnen Autoren ein, was die Zielsetzungen des gesamten Unternehmens – Objektivität – verschob. Man wurde sich auch der geschichtlichen Bedingtheit der eigenen Denkimpulse und damit letztlich der Uneinlösbarkeit des ursprünglichen Programms bewusst. Für Diderot resultierte aus dieser historisch und anthropologisch begründeten Perspektivität mehrerer möglicher, einander selbst durch Widersprüche ergänzenden Sehweisen indes gerade der Vorzug dieser Enzyklopädie. Die neuen Ideale der bildlichen Darstellungsformen des Wissens, wie der Wissensbaum oder die Karte, waren zwar beide auf eine a-perspektivische Form der Übersicht hin orientiert. Trotz der aufgetretenen Schwierigkeiten wollte man sie indessen nicht aufgeben, sie sollten nämlich wie eine anreizende Zielvorstellung die Bewegung des stets gefährdeten Unternehmens aufrechterhalten. Genau genommen entsprach daher auch die von d'Alembert vorgeschlagene Karte, die für relationale Beziehungen zwischen nicht festgelegten Punkten und somit für die ergänzende Leistungsfähigkeit der Einbildungskraft weitaus offener war, dem aufklärerischen Ordnungsprinzip des Wissens mehr als der hierarchisierende, auf das Skelett der Verzweigungen reduzierte Baum.

Man erkannte also schon in der Aufklärung, dass die zeichenhaften Systeme, mit deren Hilfe die Dinge geordnet werden sollten, etwas an die Natur Herangetragenes waren, das diese nicht oder nicht unbedingt erreichte: Der Versuch, die Natur in ‚Rechtecken' räumlich anzuordnen und in „Katalogen, Repertoiren und Inventaren" (Foucault 1974, S. 173) zu beschreiben, erwies sich als illusorisch angesichts der sich allmählich einstellenden Erkenntnis, dass die Natur in einer zeitlichen Entwicklung begriffen sei, deren Dynamik mit Begriffen nicht abzubilden wäre. Der Philosoph Hans Blumenberg hat in einem seiner ideengeschichtlichen Hauptwerke, *Die Lesbarkeit der Welt* (1981), beobachtet, dass nicht erst romantische, sondern schon spätaufklärerische Texte z. B. des Göttinger Experimentalphysikers und Schriftstellers Georg Christoph Lichtenberg aus der Skepsis an den eigenen Ordnungskalkülen heraus im Gegenzug das „Sinnverlangen" (Blumenberg 1986, S. 199) entwickelten, die Natur möge als Gestalt, als Ganzes lesbar bleiben und sich einer ‚physiognomischen' Erkenntnis erschließen. Die romantische Enzyklopädistik von Novalis und die poesienahe Form einer intuitiven Naturwissenschaft von Goethe setzten Blumenberg zufolge den aufklärerischen Traum, dass die sich vergeschichtlichende und damit der Erkennbarkeit sich entziehende Natur am Ende doch als geordnet erweisen möge, lediglich fort.

Dieses Sinnverlangen ist auch insofern genuin aufklärerisch, als es sich bevorzugt auf nach und nach zu erwerbende Erfahrungen durch die fünf Sinne des Menschen stützt – wenngleich es am Ende die Folge dessen, was die Sinne einzeln bieten, gleichsam überspringen muss, um ein Ganzes als Einheit wahrzunehmen. Man nimmt hier etwas und dort etwas wahr, man addiert die Details in der Wahrnehmung – und doch braucht es z. B für den Totaleindruck einer Landschaft ein Überspringen des Einzelnen, das nicht ohne Imagination zu haben ist.

Sinnverlangen

7.2 Wissensordnungen bei Goethe

Vergleicht man die Wissensordnungen der Aufklärung mit denen der Zeit um 1800, so ergibt sich laut Blumenberg, dass es dabei mehr Übergänge als Brüche und Unterschiede gibt: Hier wie dort gibt es ein Ineinander von Sinnentzug und Sinnverlangen, das sich bis in die grundlegenden Konzepte zur Ordnung des Wissens hinein nachweisen lässt. Einen Unterschied zur szientistischen Strömung der Aufklärung markiert aber doch, dass sich Goethe noch weit nach 1800 der Vorstellung überließ, die Natur werde sich dem ohne Instrumente sehenden Auge des Menschen zu erkennen geben, weil der Mensch selbst Natur sei. Die Natur wies für Goethe eine Kraft zur Selbstenthüllung ihrer gesetzmäßigen Verfassung auf, die nach seinem Dafürhalten der ganz ähnlich gearteten Anschauung des Menschen zugänglich sei – weswegen die Wissenschaft Anlass habe, leeren Begriffen zu misstrauen und bei der Beobachtung von Übergängen in der Natur der Intuition zu vertrauen.

Goethes Kritik an begrifflich geleiteter Erkenntnis

Goethe, dessen Naturverständnis u. a. durch die Lektüre des im späten 18. Jahrhunderts erneut rezipierten, überwiegend als Initiator eines monistischen (Gott und Natur gleichsetzenden) Weltverständnisses verstandenen Philosophen Baruch de Spinoza geprägt war, nahm insofern auch eine Sonderstellung in der Zeit um 1800 ein. Einerseits gibt es kaum einen Schriftsteller um 1800, dem die Naturwissenschaften so wichtig gewesen wären wie Goethe (z. B. schätzte Goethe seine 1810 publizierte *Farbenlehre* höher ein als manche seiner Dichtungen), andererseits führte ihn sein Weg teils fort vom Hauptweg der Wissenschaftsentwicklung (insbesondere, was die Optik betrifft, da die akademische Wissenschaft überwiegend dem von Goethe befehdeten Isaac Newton und seinem Werk *Opticks*, 1704, folgte). Die heutige Beurtei-

Goethes Sonderstellung

Widersprüchliche Wertungen von Goethes Ansatz

lung des Naturwissenschaftlers und -philosophen Goethe schwankt freilich zwischen derjenigen, Goethe habe „an der archaischen Bedeutsamkeit eines Daseins festhalten" wollen, „das mythische Wiederholungen, einlösbaren Sinn und individuelle Erwählung kennt" (Schlaffer 1987, S. 13), und derjenigen, Goethes Aufwertung der Intuition – als einem nicht-diskursiven, also ohne Begriffe auskommenden Erkenntnisprinzip – habe letztlich den einzigen neuen Weg dargestellt, der auch der Philosophie nach Immanuel Kant noch offengestanden habe (vgl. Förster 2011, S. 256). Ein Beleg für zweitere Annahme ist, dass Goethe unmittelbar nach der Übersendung der genau in dieser Hinsicht neue Wege einschlagenden *Wissenschaftslehre* (1794) von Johann Gottlieb Fichte schrieb, diese enthalte „nichts das sich nicht an meine gewohnte Denkart willig anschlösse" (Goethe 1985ff., Bd. 4.2, S. 854) – eine erstaunliche, von Fichte zudem bestätigte Nähe Goethes zu jener wenig später von konservativen Kantianern als atheistisch und spinozistisch verketzerten Lehre, die wie keine andere als Gründungsurkunde eines neuen Idealismus wahrgenommen wurde, u. a. weil sie das Gefühl als „Anstoß" (Förster 2011, S. 200) jedweden, so auch wissenschaftlichen Denkens aufwertete.

Goethes Projekte zur Ordnung des Wissens ...

Es ist schwierig, Goethes sich wandelndes Wissenschaftsverständnis an nur einem Text beispielhaft zu erläutern. Goethe hat sich im Lauf seines Lebens immer wieder und vielfach widersprüchlich zu Fragen der Wissenschaften (z. B. zum Nutzen von Hypothesen oder von Experimenten für die Wissenschaft) geäußert. Mindestens so interessant wie die von ihm selbst so hoch eingeschätzte *Farbenlehre* sind etwa seine frühen, in die Jahre 1783 und 1784 fallenden Forschungen über den Zwischenkieferknochen, den entdeckt zu haben er sich zuschrieb (wiewohl das nicht stimmte), da hier ein handgreiflicher Beweis für die Richtigkeit des spinozistischen Naturverständnisses gegeben schien. Oder auch seine zuerst 1792 begleitend zu den optischen Studien entstandene methodologische Grundsatzstudie *Der Versuch als Vermittler von Objekt und Subjekt* (1823), in welcher er eine „Vermannigfaltigung eines jeden einzelnen Versuches" als „Pflicht eines Naturforschers" forderte (Goethe 1985ff., Bd. 4.2, S. 329), da es bei jedem ergebnisoffenen, ohne vorgefassten Begriff eines Ganzen angelegten Versuch auf die Bildung von Reihen, dann aber vor allem auf das Studium der Übergänge zwischen den Teilen einer Reihe ankomme (vgl. Förster 2011, S. 260). Für die Zeit der beginnenden Freundschaft mit Schiller besonders interessant ist ein *Schema der hiesigen Tätigkeit, in Künsten, Wissenschaften und andern Anstalten*, das Goethe 1795 zur Vorbereitung einer Rede vor

... in den Naturwissenschaften

dem Weimarer Gelehrtenverein der Freitagsgesellschaft entwarf. Hier gab er in knappem Umfang einen fast enzyklopädischen Überblick über die im Herzogtum Sachsen-Weimar-Eisenach besonders geförderten Bestrebungen, den Nutzen ihrer theoretischen Betrachtung und die zu erwartende Rückwirkung dieser Betrachtung auf die kulturelle Entwicklung jenes regional begrenzten Raumes um Weimar und Jena. In diesem Raum wirkte er selbst als Minister, es hielten sich darin aber z. B. auch Fichte als Jenaer Professor und Novalis als Student auf. Der Prospekt erstreckte sich auf eine solche Vielzahl von Wissenschaften und Künsten, dass schon die auf der Basis des Schemas ausgearbeitete Rede Goethes *Über die verschiednen Zweige der hiesigen Tätigkeit* in gewissen Punkten hinter dem intendierten Programm zurück blieb (z. B. ging er nicht mehr, wie geplant, auf das Irrenhaus ein). Goethe sah die Gefahr der Überforderung wohl selbst, da er sich späterhin innerhalb der Naturwissenschaften auf bestimmte Bereiche (wie eben die Optik, die Farbenlehre, aber auch den Bergbau, die Meteorologie und die Astronomie) spezialisierte, die noch immer weit genug gespannt waren.

Ein Neuansatz zur Ordnung des Wissens über die Künste hingegen war, dass Goethe ab Mai 1799 gemeinsam mit Friedrich Schiller und seinem engsten Berater in Angelegenheiten der Künste, Johann Heinrich Meyer, grundsätzliche Überlegungen anstellte, was eigentlich Dilettantismus sei – ob noch immer, wie das höfische Modell aussah, die allseits begrüßte Liebhaberei adliger Auftraggeber, oder aber, wie sich allmählich angesichts des sich ausdifferenzierenden Spezialwissens abzeichnete, unverantwortliche „Pfuscherei" (Goethe 1985ff., Bd. 6.2, S. 153). Die gemeinsamen Überlegungen, wie man den Dilettantismus zunächst in den Künsten klassifizieren, geschichtlich einordnen und auf diese Weise systematisch erfassen und bekämpfen könne, fanden ihren Niederschlag in einer stattlichen Reihe von tabellarischen Schemata. Doch blieben diese dann unveröffentlicht, und auch ein für die Zeitschrift *Propyläen* projektierter Essay zum Thema wurde nicht verfasst. Schon Goethes kleiner Kunstroman in Briefform *Der Sammler und die Seinigen* – begonnen im Vorjahr 1798, beendet just während der Arbeiten an den Schemata zum Dilettantismus im Mai 1799 – kann als Vorlauf und perspektivisch verfremdeter Begleitkommentar zu diesen Versuchen zu einer Ordnung des Wissens angesehen werden (→ KAPITEL 4.3). Der Versuch, dem Dilettantismus zumindest in den Künsten den Krieg zu erklären, versandete also in einigen steckenbleibenden Bemühungen zu seiner Einordnung, doch sollte gerade dieses Scheitern für bestimmte poeti-

... und in den Künsten

Das Dilettantismus-Projekt

sche Experimente Goethes die Initialzündung liefern: insbesondere für den spezifischen Perspektivismus des Kunstromans *Der Sammler und die Seinigen*, doch auch – nimmt man Goethes sich wandelnde Ideen zum Experiment und zur Notwendigkeit von Reihenbildung naturwissenschaftlicher Experimente im Bereich der Wissenschaften hinzu (→ KAPITEL 8.4) – für die Umgestaltung des Faust-Stoffs im Vorfeld der Veröffentlichung von *Faust I* (1808).

Zusammenhang mit dem literarischen Werk

7.3 Die frühromantische Enzyklopädistik

Die meisten frühromantischen Texte belegen, dass ihre Verfasser an der Einheit von Natur und Denken prinzipiell festhielten. Das zeigt sich z. B. daran, dass eines der zentralen Projekte von Novalis darin bestand, das aufklärerische Zentralunternehmen, eine Neuordnung des Wissens, wiederaufzunehmen und zu überbieten. Novalis entwarf 1798/99 das Projekt einer romantischen Enzyklopädistik. Diese sollte – im Unterschied zur Diderotschen *Encyclopédie* – nicht etwa ein als nützlich angesehenes Wissen allgemeinverständlich aufbereiten und alphabetisch ordnen, sondern eher eine Art Metawissenschaft darstellen, eine Wissenschaft von der produktiven Verknüpfung der Wissenschaften und der dynamisierenden Kombination ihrer Erkenntnismethoden. Novalis zielte darauf ab, dass eine Ablösung konventioneller oder mechanisch-starrer Ordnungsprinzipien (wie insbesondere des Alphabets) etwas eminent Neues herbeiführen werde. Dies zeigt, dass seine Wissenschaftswissenschaft ein sehr optimistisches und darin an die Spätaufklärung anknüpfendes Unternehmen war – auch, wenn er letztlich nur „Theoriebausteine" (Kilcher 2003, S. 404) zu diesem notwendig Fragment bleibenden Unternehmen sammelte. Wie im Fall seiner Sprachphilosophie ist das hohe Maß an Selbstreflexivität, das seine „bruchstückartigen Reflexionen über unterschiedliche Wissenschaften und ihre enzyklopädische Vernetzung" (Kilcher 2003, S. 404) auszeichnet, dabei kein Hindernis, im Gegenteil: Novalis erhoffte sich vielmehr eine potenzierte, also sprunghaft erhöhte Wirkung gerade durch diesen selbstreflexiven, alle scheinbaren Gewissheiten infrage stellenden Rückbezug des Denkens auf sich selbst (→ KAPITEL 9.2).

Das Projekt: eine Wissenschaftswissenschaft

Aspekt der Wirkung

In diesem Punkt Goethe durchaus vergleichbar, wollte auch Novalis die sinnlich-geistige „Anrührungsfähigkeit" (Blumenberg 1986, S. 251) durch die von sich aus sprechende Natur nicht verlieren beziehungsweise wiedergewinnen. Für ihn verlief der Weg dahin jedoch vorrangig über das hypothetische Gedankenspiel, weniger über die sinnliche Anschauung. Entsprechend lehnte er Instrumente zur Erkenntnis der Natur nicht so vehement ab wie Goethe; mehr noch: Er integrierte sie in seinen Begriff des Experimentes, der den Anteil des Subjekts im Erkenntnisprozess weitaus höher veranschlagte: „wir *wissen nur*, insoweit *wir machen*" (Novalis 1960ff., Bd. 2, S. 378).

Damit ist gerade nicht ‚Machbarkeit' im Sinne technischer Herstellung gemeint, sondern das naturwissenschaftliche Experiment, das auf das Sichtbarmachen des bis dahin Unsichtbaren zielt. Deswegen kann auch jedes Mittel integriert werden, das die Welt des nur mit dem Auge Erfahrbaren experimentell in den Bereich des bis dahin Nicht-Sichtbaren erweitert (vgl. Daiber 2001). Andererseits wäre es falsch, hieraus zu schließen, dass Novalis das Sichtbare abgelehnt hätte, um sich ausschließlich Unsichtbarem (im Sinne eines mystischen Jenseits des Erfahrbaren) zuzuwenden.

> Sichtbarmachen des Unsichtbaren

Materieller Träger dieses Projekts einer Neuordnung des Wissens ist das *Allgemeine Brouillon* von Novalis: ein für die Aufzeichnung von Einfällen insbesondere zur Enzyklopädistik angelegtes, immer wieder erweitertes, zu Lebzeiten aber nicht publiziertes Konzeptheft aus den Jahren 1798/99. In einer aufschlussreichen Aufzeichnung in diesem Konzeptheft hat Novalis den Wissensbaum als die paradigmatische Anschauungsform des alten enzyklopädischen Wissens durch das Bild des botanisch-englischen Gartens zu ersetzen versucht:

> Allgemeines Brouillon

„Merckwürdige Frage v[om] Sitz des Paradieses – (Sitz der Seele) (Eine Kunstkammer soll in Beziehung auf die Naturkräfte etc. das seyn – was ein botanischer und *englischer Garten* (Nachahmung d[es] Paradieses) in Beziehung auf den Erdboden und seine Produkte ist – ein verjüngter, concentrirter – potenzirter Erdboden) Das Paradies ist gleichsam üb[er] d[ie] ganze Erde *verstreut* und daher so unkenntlich etc. geworden – Seine zerstreuten Züge sollen vereinigt – sein Skelett soll ausgefüllt werden. Regeneration des Paradieses." (Novalis 1960ff., Bd. 3, S. 447)

> Bild des botanisch-englischen Gartens

Schon die vorgängigen Klassifikationsschemata der Wissenschaften sind mit botanischen Gärten in Verbindung gebracht worden, die Verbindung zwischen der Ordnung des Wissens als solcher und den in Gärten verwirklichten Prinzipien war also bereits bekannt. Das Neue an Novalis' Modell-Garten ist, dass er in einem Gedankenspiel mit dem Paradies in Verbindung gebracht wird, und zwar sowohl mit dem anhaltenden Verlust des Paradieses, insofern aus diesem eine Verstreuung (z. B. von Blütenstaub) und ein Unkenntlichwerden des Ganzen resultiert, als auch mit der Möglichkeit und Wünschbarkeit einer „Regeneration des Paradieses" durch Vereinigung, durch ein

Ausfüllen des „Skelett" (man denke an den Wissensbaum), durch eine Wiedergeburt. Was letztere betrifft, so wird zwischen dem aktiveren Vorgang des Ausfüllens und dem organisch-passiveren Vorgang der von sich aus erfolgenden Regeneration bewusst nicht unterschieden. Der botanische Modell-Garten von Novalis vermittelt zudem auf assoziative Weise zwischen dieser Paradies-Idee und dem betretbaren Erdboden, der als Bild für das Sein einsteht.

Nähe zu Goethe ...

Nähe und Distanz zu Goethe sind mit diesem Projekt gleichzeitig benannt: „Göthische Behandlung der Wissenschaften – mein Project" (Novalis 1960ff., Bd. 3, S. 452), notierte Novalis sich in einer anderen Aufzeichnung im *Allgemeinen Brouillon*, wobei er bemerkenswerterweise weniger den Dichter als vielmehr den Wissenschaftler Goethe hervorhob. Novalis, 1795 in Jena, könnte bei dem Stichwort ‚botanischer' Garten durchaus an den neuen Garten in Jena gedacht haben, der 1794 auf Betreiben Goethes durch den Botaniker August Batsch gegründet und so gestaltet wurde, dass „man seine Natürlichen Familien sukzessiv vom Vollkommensten zum Einfachsten (vom Zentrum zur Peripherie) abwandern konnte" (Polianski 2004, S. 272). 1795, in seiner Rede *Über die verschiednen Zweige der hiesigen Tätigkeit*, nahm Goethe auch am „neuen Botanischen Institut zu Jena" lebhaften Anteil, da dieses „unter Aufsicht des Herrn Professor Batsch das beste hoffen" lasse (Goethe 1985ff., Bd. 4.2, S. 877).

... und Distanz zu Goethe

Allerdings spricht Novalis in durchaus ungoethescher Weise davon, dass ein solcher botanischer Garten die Produkte einer ersten Natur ‚verjünge', ‚konzentriere', ja sogar – unter Zuhilfenahme einer Metapher, die auf ein mathematisches Verfahren deutet – ‚potenzire'. Erst recht die Ineinssetzung mit der geschichtsphilosophischen Denkfigur, dieser Vorgang könne in Analogie zu einer „Regeneration des Paradieses" gesetzt werden, deutet auf Abstand zu dem Weimarer Minister Goethe, der in solchen Zusammenhängen nur von „bedeutender Fördernis" zu sprechen pflegte (Goethe 1985ff., Bd. 12, S. 306) und dem ein solch utopisches Denken fremd war.

Philosophische Fundierung zwischen Spätaufklärung ...

Das alphabetische Ordnungsprinzip der französischen Enzyklopädie wurde von Novalis insgesamt als zu starr beklagt, ebenso wie die Orientierung des Wissens an Begriffsbäumen und Landkarten als Ordnungsmodellen. Trotzdem beruhte sein Projekt einer Revolutionierung der Wissensordnungen in ganz erheblichem Maß auf Impulsen der Aufklärung (vgl. Schanze 1976). Wie der Germanist Manfred Frank gezeigt hat, wurde die Experimentierfreudigkeit frühromantischer Texte letztlich von der auch von der Aufklärung geteilten Überzeugung getragen, dass es ein vom Bewusstsein unabhängiges

Sein gibt, welches das Bewusstsein begründet und trägt (vgl. Frank 1998, S. 689). In der bereits analysierten Aufzeichnung aus dem *Allgemeinen Brouillon* von Novalis z. B. stellt dieses Sein sich unter dem Bild des Erdbodens dar. Allerdings ist dieses Sein unvollständig ohne die Ideen, in denen es sich verjüngt, erneuert, regeneriert. Aus der Sicht von Novalis bedarf es daher der Ideen und einer neuen Enzyklopädistik, die das überlieferte Wissen assoziativ rekombiniert oder es sich selbst regenieren lässt.

Mit dem frühen Idealismus, wie er ab 1794 in Jena von Johann Gottlieb Fichte vertreten wurde, berührt Novalis sich somit in bestimmten Punkten, doch überwiegen die Differenzen. Novalis hat sich intensiv mit Fichte auseinandergesetzt. Seine Fichte-Studien allein aus den Jahren 1795/96 füllen ca. 500 Manuskriptseiten seines philosophischen Werks (Novalis 1960ff., Bd. 2, S. 29–296). Die von Fichte ausgeübte Faszination auf die Jenaer Studenten ging vor allem von der Wissenschaftslehre aus, die er in Vorlesungen vortrug und deren Text er anfangs bogenweise an die Studenten ausgab. 1798/99 notierte Novalis jedoch, diese Lehre sei „noch *dogmaticistisch*" (Novalis 1960ff., Bd. 3, S. 249).

... und frühem Idealismus

Novalis' Fichte-Studien

Wie Novalis suchte auch Fichte eine Wissenschaftswissenschaft zu begründen. Fichte beanspruchte für sich, mit einer im eigentlichen Sinn kritischen Philosophie zu beginnen, die allein das philosophische Denken kritisieren und in diesem Sinn eine Wissenschaft von der Wissenschaft der Philosophie sein würde. Soweit war dies eine Polemik vor allem gegen Kant, der Fichte zufolge „bald das philosophische, bald das natürliche Denken" (Fichte 1972, S. 78) kritisiert habe. Zu diesem Zweck suchte Fichte mit einem bis dahin nicht gekannten Rigorismus den einen „Grundsatz" („jede Wissenschaft muß einen Grundsatz haben", Fichte 1972, S. 34), der weiter nicht mehr infrage gestellt werden könnte und von dem aus, als einer nicht bezweifelbaren Gewissheit, weitere Sätze ableitbar seien. Ähnlich wie schon sein Jenaer Vorgänger Karl Leonhard Reinhold, der Schiller auf Kant aufmerksam gemacht hatte und bei dem u. a. auch Novalis studierte, suchte Fichte also eine Philosophie aus einem einzigen Grundsatz zu begründen. Da er – anders als Reinhold – den psychologisierenden Begriff der „Vorstellung" jedoch ablehnte und es außerdem ablehnte, lediglich empirische Bewusstseinsinhalte als Basis für seine Bestimmungsversuche zu akzeptieren, stützte er sich zunächst auf die klassische Logik: insbesondere auf den Identitätssatz „A = A", wiewohl dieser Satz von jedem Gehalt absehe. Anders Fichtes Satz „Ich = Ich", in dem das Ergebnis des als Handlung be-

Fichtes Wissenschaftswissenschaft

griffenen Denkprozesses mit dessen Vollzug als Tat zusammenfalle (vgl. Förster 2011, S. 188). Fichtes Grundsatz war gefunden, doch die Ausarbeitung der eigentlich intendierten Wissenschaftswissenschaft bereitete weiterhin Schwierigkeiten. Fichte selbst deutete 1794 in der Einladungsschrift an, es handle sich um ein Zukunftsprojekt.

Dieser Projektcharakter stand in Einklang mit Fichtes idealistischer Überzeugung, es müsse die höchste Maxime des Philosophen sein, die Wahrheit zu suchen, „wie sie auch ausfalle". Fichte setzt in der Einladungsschrift auf die unbedingte „Wahrheitsliebe" des Philosophen, gerade auch desjenigen, der ahnt, „daß es überall keine Wahrheit gebe" (Fichte 1972, S. 68). Ihm verbleibe das Streben nach Wahrheit als Erkenntnisweg. In Fichtes Philosophie ist eine Tendenz zur Verabsolutierung eines solchen Ich angelegt, das von sich behaupten kann, diese Wahrheitsliebe zu besitzen. Wissen (z. B. dasjenige, auf das die Idee der Enzyklopädie abzielte) spielt für eine auf diese Weise zur Wissenschaft erhobene Philosophie letztlich keine Rolle mehr. Es ist ein nicht psychologisch verstandenes, sondern als solches sich verabsolutierendes Bewusstsein, das gleichursprünglich mit sich selbst alles ihm Entgegenstehende als sein Anderes konstruieren – oder „setzen" muss, wie Fichte stets sagt.

Idealistisches Streben nach der Wahrheit

Es unterscheidet Fichte von Novalis, dass er alles Sein vom Bewusstsein aus zu denken sucht. Für Novalis hingegen gibt es dieses ‚Sein' auch an sich, doch wäre es ohne das Bewusstsein, ohne Geistesexperimente, ohne Hypothesen unfruchtbar – wie ein Garten ohne „Blüthenstaub" (so der Titel der philosophischen Fragmentsammlung von Novalis, die August Wilhelm und Friedrich Schlegel 1798 in bearbeiteter Form in der Zeitschrift *Athenäum* veröffentlichten).

Unterschied zwischen Novalis und Fichte

7.4 Erfundene Enzyklopädie: Jean Pauls *Schulmeisterlein Wutz*

Die Ordnung der Dinge in den Büchern und die Ordnung der Bücher in den Bibliotheken waren im 18. Jahrhundert nicht nur Gegenstand programmatischer Äußerungen, sondern auch Gegenstand von literarischen Experimenten (vgl. Neumann 1995, S. 14f.). Die Erzählung *Leben des vergnügten Schulmeisterlein Maria Wutz in Auenthal* (1793) von Jean Paul ist dafür ein passendes Beispiel, das zudem Züge sowohl eines klassizistischen als auch eines romantischen Texts aufweist: Im Jahr 1793 war Vieles noch so offen, dass es noch gar kein Bewusstsein für diese literaturhistorischen Einordnungsversuche gab.

Jean Pauls Zwischenstellung

Der Schulmeister Maria Wutz ist einer der typischen Sonderlinge Jean Pauls. Fernab vom Getriebe der Welt lebt beziehungsweise lebte er in einem einsamen Winkel, wo er ein von Armut und Mühen beschwertes Leben führte, mit Anstand zwar, doch psychisch nicht ungefährdet. Ein Ich-Erzähler, der die dunklen Seiten des Lebens gut zu kennen scheint, erinnert sich des Schulmeisters, als dieser bereits verstorben ist: Er gibt vor, Aufzeichnungen von Wutz vor sich liegen zu haben, die Ausgangspunkt seiner sentimental gestimmten Rückschau sind: „So beschreibt er wenigstens selber diese Erinnerung-*hohen-Opern* in seinen *Rousseauischen Spaziergängen*, die ich da vor mich lege, um nicht zu lügen ..." (Jean Paul 1960, S. 425). – Persönliche Erinnerungen des Schulmeisterleins unter dem Titel der *Rêveries du promeneur solitaire* (1782) des berühmten Jean-Jacques Rousseau? Man könnte meinen, Wutz habe das Vorbild des Philosophen in der Enge seiner idyllischen Existenz nachzuahmen versucht. Doch der Schein, Wutz sei lediglich einer der zahlreichen Nachahmer der Mode empfindsamen Schreibens, trügt. Wutz kannte das Buch von Rousseau nämlich gar nicht. Genauso wenig wie die Bücher des berühmten Zürichers Physiognomikers Johann Kaspar Lavater oder des noch berühmteren Königsberger Philosophen Immanuel Kant – er erschrieb sich seine Bibliothek vielmehr selbst! Nur ein einziges gedrucktes Buch (und zwar nicht die Bibel) durfte in sein Haus: der jährliche Messekatalog der Neuerscheinungen. Kaum waren darin beispielsweise Lavaters *Physiognomische Fragmente zur Beförderung der Menschenkenntnis und Menschenliebe* (1775–78) inseriert, saß Wutz so lange am Schreibtisch, „bis er den physiognomischen Fötus herausgebracht" (Jean Paul 1960, S. 426). Offenbar genügte ihm schon der bloße Titel eines Buchs – wie beispielsweise Kants *Kritik der reinen Vernunft* (1781) –, und seine ungemein produktive Einbildungskraft ergänzte a priori, wie Kant gesagt hätte (weil vor der ‚Erfahrung' des Lesens), den fehlenden, gewissermaßen nur empirischen Rest zur physiognomischen Ganzheit des Werks.

Wissensordnung als Thema

Bei allen berechtigten Zweifeln an der Durchführbarkeit eines solchen Unternehmens mag dieses Verfahren bei rein philosophischen Werken vielleicht noch angehen, also bei Werken die sich – wie Wutz sozusagen in unmittelbarer Anknüpfung an Kant – mit der Frage des Ermöglichungsgrundes von Erfahrung vor jeder einzelnen, konkreten Erfahrung befassen. Auch das weitere Projekt von Wutz, die von manchen Aufklärern als unverständlich kritisierte, weil allein auf die Stärke der Wirkung auf eine Lesergemeinde zielende, ‚heilige Poesie' Friedrich Gottlieb Klopstocks (z. B. *Der Messias*, 1748–98), in

Die selbst geschriebene Bibliothek

schlicht unleserlicher Schrift nachzuerschaffen, mag für Leser mit Humor noch nachvollziehbar sein. Wie aber ist es um jene Werke bestellt, die sich um die Beschreibung ferner Länder und fremder Sitten bemühen, die also empirische Daten mühsam zu ordnen und zu klassifizieren suchen oder die gar enzyklopädische Ansprüche erheben? Für das Schulmeisterlein war auch das offensichtlich kein Problem:

Wutz als Enzyklopädist

„Denn da unser Enzyklopädist nie das innere Afrika oder nur einen spanischen Maulesel-Stall betreten, oder die Einwohner von beiden gesprochen hatte: so hatt' er desto mehr Zeit und Fähigkeit, von beiden und allen Ländern reichhaltige Reisebeschreibungen zu liefern – ich meine solche, worauf der Statistiker, der Menschheit-Geschichtschreiber und ich selber fußen können – erstlich deswegen, weil auch andre Reisejournalisten häufig ihre Beschreibungen ohne die Reise machen – zweitens auch, weil Reisebeschreibungen überhaupt unmöglich auf eine andre Art zu machen sind, angesehen noch kein Reisebeschreiber wirklich vor oder in dem Lande stand, das er silhouettierte: denn so viel hat auch der Dümmste noch aus Leibnizens vorherbestimmten Harmonie im Kopfe, daß die Seele, z. B. die Seelen eines Forsters, Brydone, Björnstähls – insgesamt seßhaft auf dem Isolierschemel der versteinerten Zirbeldrüse – ja nichts anders von Südindien oder Europa beschreiben können, als was jede sich davon selber erdenkt und was sie, beim gänzlichen Mangel äußerer Eindrücke, aus ihren *fünf Kanker-Spinnwarzen* vorspinnt und abzwirnt. Wutz zerrete sein Reisejournal auch aus niemand anders als aus sich."
(Jean Paul 1960, S. 427)

Ironisierung des Selbstdenkens und Selbstreisens

Es scheint, als brauchte es 1793 gar nicht mehr die Auseinandersetzung mit der idealistischen Philosophie, um den aufklärerischen Anspruch auf Selbstdenken durch eine Umkehrung der Perspektive ad absurdum zu führen. Diese Perspektivenumkehr führt bei Wutz zu einer Selbstbeschränkung, die einerseits gefährlich selbstbezüglich erscheint, andererseits zu weisen Einsichten führt. Aus der Sicht von Wutz bleiben nämlich auch die Reisebeschreiber, die doch so viel Wissenswertes über das ganz Andere der außereuropäischen Räume mitzuteilen beanspruchen, letztlich stets in ihren mitgebrachten Klassifikationsschemata stecken. Sie überspielen nach Wutz' Auffassung lediglich, wie wenig ihre vorgeblichen ‚Silhouetten' mit den unvertrauten Gegebenheiten und wie viel sie hingegen mit der Einbildungskraft der jeweiligen Schreiber zu tun haben. Statt das „innere Afrika" mit dem mitgebrachten, doch immer schon eingefärbten und viel zu schwachen Licht der Aufklärung erhellen zu wollen, wendete

Wutz sich konsequenterweise dem wahren inneren Afrika in sich selbst zu, nämlich dem dunklen Kontinent der eigenen Kindheit. Auch diese Rückwendung aus dem nur äußerlich Gewussten in das innerlich Einverleibte bedurfte allerdings der äußeren Anlässe: es sind hier die dinglichen Andenken in Gestalt von Kinderspielzeugen, die Wutz seit jeher sammelte. Er wollte die in ihnen aufbewahrte, einst lebendige, nun aber tote Zeit zumindest in der Imagination wieder zum Leben erwecken. Diese Andenken oder „Urnenkrüge eines schon gestorbenen Lebens" verwahrte er nämlich in der „Kunstkammer dieser seiner *griechischen Altertümer*" unter der finsteren Treppe seines engen Hauses (Jean Paul 1960, S. 455). Wie sich zeigt, sind just diese fremd gewordenen und doch noch immer vertrauten Dinge die Anlässe, die eine solch sentimentalisch gestimmte Rückschau auslösen.

Jean Pauls Erzählung vom Schulmeisterlein Wutz verdeutlicht die Übergänge zwischen den literarischen Epochen und Strömungen, denn diesem Text sind sowohl klassizistische als auch romantische Züge eigen. Romantisch ist die Überzeugung von der ergänzenden Kraft der Imagination, die des Äußeren nur als Anlass bedarf, um das Ganze aus sich selbst heraus hervorzubringen: Alle möglichen Titel des Messekatalogs dienen Wutz als bloßes Reizmittel, um sich eine ganze Bibliothek zu erschreiben. Romantisch?

Als klassizistisch wiederum kann das Konzept der Beschränkung oder sogar Entsagung gelten. Hinsichtlich des Ortsprinzips sind damit auch der Verzicht auf umfangreiche Reisen und die Selbstbeschränkung auf den kleinen Wirkungskreis gemeint. Allerdings gibt Jean Paul zu erkennen, dass das Produktivwerden von Wutzens Einbildungskraft eine eindeutige Triebfeder hat: die bittere Armut einer Schulmeisterexistenz auf dem Lande, die sich klassizistische „Urnenkrüge" – wie sie in Gillys Bibliothek den Wandelgang zieren (→ ABBILDUNG 7) – nicht leisten, wohl aber das billige Holzspielzeug der Kindertage aufbewahren kann. Wutzens Bibliothek – als symbolischer Ort der Ordnung des Wissens betrachtet – fällt schmal aus: schmaler noch als Gillys Bibliothek, in der es immerhin großformatige Folianten und kleinere Bände gibt. Sie entspricht damit eher der klassizistischen Vorstellung eines beschränkten Kanons beachtenswerter Bücher als der romantischen Vorstellung einer unendlichen Vernetzbarkeit der wichtigen Werke aller Zeiten. Doch wie gesagt: Jean Paul macht keinen Hehl daraus, dass diese Spielart der Beschränkung schlicht der materiellen Mittellosigkeit geschuldet ist – und dass das Selbstgeschriebene an den Rand des Spleens führt. Klassizistisch?

Fragen und Anregungen

- Diskutieren Sie, wie sich die beiden aufklärerischen Zielvorstellungen für die Ordnung des Wissens, der Baum und die Karte, voneinander unterscheiden.
- Warum ist es schwierig, Goethes Projekte zur Ordnung des Wissens historisch einzuordnen?
- Inwiefern hebt sich die frühromantische Enzyklopädistik als Metawissenschaft von den Ordnungsprinzipien der *Encyclopédie* ab?
- Überlegen Sie, wieso die Bibliothek (gerade auch die erfundene Bibliothek) ein Ort für die Ordnung des Wissens ist.

Lektüreempfehlungen

Quellen
- **Johann Wolfgang Goethe: Der Versuch als Vermittler von Objekt und Subjekt,** in: Goethe 1985ff., Bd. 4.2, S. 321–332.
- **Jean Paul: Leben des vergnügten Schulmeisterlein Maria Wutz in Auenthal. Eine Art Idylle.** Mit Anmerkungen und einem Nachwort von Jörg Drews, Stuttgart 2007.
- **Novalis: Das Allgemeine Brouillon. Materialien zur Enzyklopädistik 1798/99,** in: Novalis 1960ff., Bd. 3, S. 205–478 (insbesondere Nr. 929, S. 446–447).

Forschung
- **Hartmut Böhme (Hg.): Topographien der Literatur. Deutsche Literatur im transnationalen Kontext,** Stuttgart 2005. *Innovativer Sammelband zu räumlichen Aspekten von Wissensordnungen.*
- **Hans Blumenberg: Die Lesbarkeit der Welt,** Frankfurt a. M. 1986. *Eines der wichtigsten Werke der Ideengeschichte. Zur Vertiefung besonders empfohlen seien Kapitel 15 und 16.*
- **Gerhard Neumann: Die frühromantische Enzyklopädie. Novalis und sein Konzept des Wissenstheaters,** in: Theo Stammen u. a. (Hg.), Wissenssicherung, Wissensordnung und Wissensverarbeitung. Das europäische Modell der Enzyklopädien, Berlin 2004, S. 119–142. *Wichtigste literaturwissenschaftliche Untersuchung zum Thema.*

8 Naturwissenschaft und Magie in Goethes *Faust*

Abbildung 8: Michael Maier: *Atalanta fugiens, hoc est Emblemata nova de secretis naturae chymica* (Oppenheim 1617) Emblem IX

Michael Maier war einer der bedeutendsten Alchemisten der Frühen Neuzeit. In seinem Traktat „Atalanta fugiens" (1617) versuchte er, die Rahmenbedingungen alchemistischen Wissens so darzustellen, dass auch der Uneingeweihte sie ansatzweise verstehen würde. Das Geheime daran sollte aber dennoch vor Scharlatanen geschützt bleiben, die lediglich aufs Goldmachen aus waren. Das neunte Emblem seines Traktats zeigt einen alten Mann, der im Garten der Weisheit einen Baum mit goldenen Früchten gefunden hat und nun von diesem Gold isst. Wie Maier erläutert, steht der Gartenpavillon symbolisch für das alchemistische Laborgefäß. In dieses „Hauß von Glase mit Thaw vmbgeben" soll der experimentierende Alchemist den Mann und die goldene Frucht geben und beide dort „viel Tag also verschlossen leben" lassen (Maier 1617, S. 44). Eine so verstandene Alchemie ist nichts anderes als eine Naturbeobachtung, die zwischen Magie und Wissenschaft noch nicht klar unterscheidet. Und das Ergebnis? – „So wirt der Mann (wunderlich) essen deß Baums Früchte gantz bald / / Vnd werden jung / der war zuvor von Jahren sehr alt." (Maier 1617, S. 44)

Goethes *Faust* lebt von der Symbolik der Alchemie. Goethe selbst hat sich in jungen Jahren intensiv mit Alchemie beschäftigt, allerdings interessierte ihn weniger die Herstellung von Gold als die pharmazeutische Produktion von Medikamenten. Später distanzierte er sich von den mit der Alchemie verbundenen Hoffnungen – was spürbar die Darstellung der Faustfigur (den Wissenschaftler) prägt –, nutzte indessen weiterhin deren Symbolik (z. B. das Gold) für entscheidende Szenen seines auseinanderstrebenden Stücks. Schiller hat Goethes *Faust* mangelnde Einheit vorgeworfen (wobei er nur *Faust. Ein Fragment* (1790) sowie die anschließenden Entwürfe kannte, das Erscheinen von *Faust I* (1808) und *Faust II* (1833) indessen nicht mehr erlebte). Eine Einheit weniger formalästhetischer als vielmehr naturwissenschaftlich begründeter Art suchte Goethe, wenn er sein Stück ausdrücklich als Rhizom verstand: eine Pilzfamilie, die ohne ein Zentrum auskommt und doch eine organische Einheit ist. Diese damals neuen naturwissenschaftlichen Theorien, die Goethe für eine Episierung, eine Reihenbildung und eine Polarisierung der Szenen seines Stücks nutzte, spiegelt das Stück in die alchemistischen Bildwelten der Frühen Neuzeit hinein.

8.1 **Bildwelt der historischen Alchemie**
8.2 **Die Tragödie Margarethes**
8.3 **Die Tragödie Fausts**
8.4 **Naturwissenschaftliche Verfahrensweise**

8.1 Bildwelt der historischen Alchemie

Dem Bedeutungsreichtum der Faustdichtung als Ganzer oder auch nur dem 1808 veröffentlichten Stück *Faust I* (eigentlich: *Faust. Eine Tragödie von Goethe*, 1808) lässt sich im vorliegenden Rahmen nicht gerecht werden. Goethes Faust-Dichtung, an der er zwischen 1773 und seinem Tod 1832 immer wieder arbeitete, entzieht sich nicht nur epochalen Zuordnungsversuchen weitgehend, sondern sie entspricht ebenso wenig den Anforderungen, die Goethe und Schiller für die Gattung der Tragödie formuliert haben. Mit einem Lieblingswort Goethes kann man sie schlicht als inkommensurabel – unvergleichbar – bezeichnen.

Sonderstellung des Stücks

Will man sich der Dichtung von einem einzelnen Thema her nähern, so bietet es sich an, dies über den Aspekt der Wissenschaften zu tun. Faust, die Hauptfigur, ist nämlich nicht nur ein Gelehrter, sondern auch ein Wissenschaftler, der sich aus Ungenügen am Wissen der Wissenschaft der Magie zuwendet. Die Polarität von Wissenschaft und Magie durchdringt die Figurenkonstellationen des gesamten Stücks – insbesondere diejenige zwischen Faust und Mephisto, aber auch diejenige zwischen Faust und Wagner (seinem Famulus), schließlich sogar diejenige zwischen Mephisto und diversen Repräsentanten des Universitätsbetriebes in der sogenannten Schülerszene (Studierzimmer II) und in der Szene Auerbachs Keller.

Auffällig ist, dass die Bildwelt der Faustdichtung sich vielfach auf die alte Wissenschaft der Alchemie bezieht, die schon zu Goethes Zeiten längst nicht mehr den akademischen Standards genügte. Die Wissenschaftsentwicklung hatte die Alchemie bereits im späten 17. Jahrhundert überholt. Gleichwohl haben gerade diejenigen Wissenschaftler, deren Namen sich mit den Wissenschaftsrevolutionen des 17. und 18. Jahrhunderts verbindet (wie Isaac Newton), oft nebenher alchemische Studien betrieben und verdankten diesen wichtige Erkenntnisse (z. B. hinsichtlich des Verständnisses von ‚Kraft', ‚Anziehungskraft' und dergleichen). Goethe situierte seinen Faust somit in einem wissenschaftlichen Feld, das – wie er aus seiner jugendlichen Beschäftigung mit der Alchemie wusste – von produktiven Widersprüchen geprägt war (vgl. Zimmermann 2002). So entstammt die Bildwelt des „hochgewölbten, engen, gotischen Zimmer[s]", in dem Faust eine mit giftigem braunen Saft angefüllte Phiole aufbewahrt, der alchemistischen Emblematik (V. 690); so verachtet Faust zwar die auf alchemistischem Weg gewonnene Pestmedizin, die sein Vater hergestellt hat (und die mehr Menschen das Leben kostete als die Pest selbst), doch versucht auch er sich an den „Instrumente[n]" (V. 668) (und bereitet das Gift in

Alchemie in *Faust*

der Phiole, mit dem er sich töten will, selbst zu; V. 734). Zwar belächelt Faust das esoterische Getue der vielen, aus alchemistischen Traktaten bekannten symbolträchtigen Tiere in der Hexenküche, aber gleichwohl trinkt er das Aurum potabile (vgl. Gaier 1999, S. 756), das flüssige Gold, auf dessen verjüngende Wirkung er angewiesen ist.

Wagner hingegen, der schon in *Faust I* dem Meister seine Künste ablauschen will, erweist sich vor allem in *Faust* II (eigentlich: *Faust. Der Tragödie zweiter Teil*, erschienen postum im Frühjahr 1833) als Wissenschaftler, der sich mit neuesten Verfahren der Chemie vertraut gemacht hat. Dennoch hält er am alten Traum der Alchemisten fest, einen Homunculus, also ein Retortenmenschlein herstellen zu wollen.

Welchem Zweck dient der Rückgriff auf Alchemie?

Es stellt sich die Frage, wie dieser Einbezug der Naturwissenschaft zu erklären ist: Wollte Goethe an das alte Wissen der unterdessen allgemein belächelten Alchemie erinnern? Ging es ihm um eine ästhetische Rettung des alten Denkens in Ähnlichkeiten? Wollte er möglicherweise das Alte gegen das Neue ausspielen, indem er in einer von extremer Verwissenschaftlichung gekennzeichneten Zeit auf Vor- oder Frühformen der betreffenden Wissenschaft zurückgriff? Oder spiegelt er andere, höchst aktuelle Fragestellungen der Wissenschaft im nur geliehenen Gewand des 16. Jahrhunderts?

8.2 Die Tragödie Margarethes

Faust I besteht im Kern nicht nur aus der Gelehrten- oder Wissenschaftlertragödie, sondern auch aus der Tragödie Margarethes, die von Faust unter tätiger Hilfe Mephistos verführt und dann im Stich gelassen wird und daraufhin ihr Kind tötet, nachdem sie zuvor schon am Tod der eigenen Mutter durch die Überdosierung eines Schlafmittels schuldig wurde. Die Tragödie der Kindsmörderin Margarethe, in die Erfahrungen Goethes aus dem Prozess gegen die Frankfurterin Susanna Margaretha Brandt eingegangen sind, ist in diesen groben Zügen bereits im sogenannten *Urfaust* ausgeführt, der etwa zwischen 1773 und 1777 entstand und in einer Abschrift der Weimarer Hofdame Louise von Göchhausen überliefert ist, die erst 1887 ediert wurde. Das Motiv der von der Gesellschaft zur Tötung des eigenen Kindes getriebenen Frau eher niederer sozialer Herkunft, das beispielsweise auch Heinrich Leopold Wagner in dem Trauerspiel *Die Kindermörderinn* (1776) behandelt hatte, ist eigentlich typisch für den Sturm und Drang. Goethe hat es ansatzweise schon in *Faust. Ein Fragment* (1790), noch stärker jedoch in der 1808 erfolgenden

Publikation von *Faust I* zu einem Psychogramm von der Entstehung des Wahnsinns bei Margarethe entwickelt, zu dem wesentlich beiträgt, dass Margarethe an ihrem eigenen sexuellen Begehren irre wird. Die Tötung des Kindes und der Mutter wird in *Faust I* nämlich erst nachträglich, als Margarethe bereits wahnsinnig im Kerker einsitzt, aus ihren Angstvisionen ersichtlich, die das doch ununterdrückbare eigene Begehren als Ursache von Schuld ausfantasieren; als beobachtbare Ereignisse blendet das Stück diese Taten aus. Was das Stück hingegen auf eine für jeden Zuschauer kontrollierbare Weise verfolgt, sind Kommunikationssituationen zwischen Faust und Margarethe, die die „Bedeutung beschämender Ereignisse für die Auslösung einer wahnhaften Persönlichkeitsspaltung" (Matussek 1996, S. 378) beleuchten: Vom ersten Anblick an sind die Stationen der Verführung Margarethes durch Faust nämlich durchsetzt von Doppeldeutigkeiten in seiner Rede, die implizit auf eine Beschämung der ihm sozial Unterlegenen abzielen. Schon die unstandesgemäße, weil nur Adligen zukommende Anrede als „mein schönes Fräulein" (V. 2605), die Margarethe beschämt zurückweisen muss, deutet an, wie Faust vordergründig scheinbare Komplimente zu verteilen weiß, die hintergründig immer auch demütigen, indem sie auf ironische Weise das Gegenteil des ausdrücklich Gesagten mit-sagen. Dass Margarethe diese Anrede ausdrücklich zurückzuweisen gezwungen wird, soll ihr zu spüren geben, wie wenig begründet ihre zu vermutende Hoffnung ist, zumindest doch ein wenig „schön" und also einem „Fräulein" in diesem Punkt vielleicht doch ein wenig ähnlich zu sein. Indem Faust sich als souverän-distanzierter Ironiker gibt, der zugleich auf eine Intimität dringt, die wirklich zu erwidern er aus bestimmten Gründen – Mephistos Nähe steht für diese Gespaltenheit der Seele Fausts ein – nicht in der Lage ist, bringt Faust Margarethe immer wieder in double-bind-Situationen, wie der Psychotherapeut Gregory Bateson sie beschrieb: als „Folge und Ausdruck einer zwischenmenschlichen Verstrickung, die durch eine widersprüchliche – aber in ihrer Widersprüchlichkeit schwer durchschaubare – Kommunikation ermöglicht wird" (Bateson 1983, S. 7; vgl. dazu auch *Torquato Tasso* → KAPITEL 12.2). Während Margarethe ihm tatsächlich bietet, was er sucht, weicht Faust stets in solche Doppeldeutigkeiten aus. Diese belassen ihm die Freiheit zu agieren und setzen ihn hierdurch in den Stand, sich selbst als souveräner Spieler alle Optionen – und zwar gerade auch die von Mephisto eröffneten und verkörperten – offenzuhalten. Paradoxerweise bindet er Margarethe dadurch erst recht an sich. Margarethe, die aus einem Leben, das zuvor von im-

Psychogramm Margarethes

Beschämung durch Doppeldeutigkeiten

mer gleichen Verrichtungen bestimmt war, einmal herausgerissen ist, richtet all ihre Hoffnungen auf Faust – und dies umso mehr, je mehr er sich ihr entzieht.

Dass Margarethe gerade durch die von Mephisto teils zynisch kommentierte und jedenfalls zweckrational instrumentierte Serie von demütigenden Doppeldeutigkeiten auf dem Weg in den Kerker wahnsinnig wird, ist also anfänglich in den Widersprüchlichkeiten einer Kommunikationsstruktur begründet, die jenen in Goethes Schauspiel *Torquato Tasso* (1790) ähneln. Allerdings gerät das Mädchen aus dem Volk, als das Margarethe sich täglich im Umgang mit ihresgleichen zu verhalten und zu vergleichen gezwungen ist, durch die einmal geschaffenen Tatsachen und ihre Konsequenzen in eine Situation, die faktisch ausweglos ist. Anders als Tasso verfügt Margarethe nicht einmal über die Möglichkeit zu sagen, was sie leidet – statt gerade diesem Leid eine Dichtung abgewinnen zu können, bleiben ihr nur (wie Mignon in *Wilhelm Meisters Lehrjahre* → KAPITEL 10) die Lieder, die andere vor ihr dichteten und die daher nie ganz ihre Situation erfassen. Im Unterschied zu Faust, dessen mephistophelische Seite ihm stets eine Hintertür offen hält, und im Unterschied zu Tasso, dem die Sprache bleibt, ist Margarethe durch die Ausweglosigkeit ihres Weges eine wahrhaft tragische Figur.

Schon dieser Aspekt von *Faust I* verdeutlicht, dass das Wort, „es irrt der Mensch so lang er strebt" (V. 317), nicht harmonistisch missverstanden werden darf, so, als ob Gott vorab dafür gesorgt habe, dass alles Irren seinen Sinn und ein Ziel habe (vgl. das Streben nach Wahrheit – ohne von einer Existenz von Wahrheit auszugehen – als idealistischem Motiv bei Fichte, → KAPITEL 7.3). Der Wissenschaftler Faust ist schon in *Faust I* keine ungebrochene Identifikationsfigur mehr, wie es etwa der Held in Goethes Sturm und Drang-Schauspiel *Götz von Berlichingen mit der eisernen Hand* (1773) war, und Mephistopheles ist nicht etwa sein nur äußerlicher Gegenspieler. Vielmehr gilt das Wort, dass in Fausts Brust zwei Seelen wohnen, auch mit Blick auf den Antagonismus dieser beiden Figuren. Wie gerade die Tragödie Margarethes in der zweiten Hälfte des Stückes vor Augen führt, verkörpert Mephisto mit seinem zweckrationalen Zynismus nur eine bereits in Fausts Seele angelegte und dort sich sogar verstärkende Seite, die besonders gegen Ende des *Faust II* (postum 1833) hervortritt; umgekehrt gilt, dass der Teufel Mephisto teils liebenswürdiger auftritt, jedenfalls witziger ist, bisweilen sogar weiser und humaner agiert als der Wissenschaftler, der dem Stück den Namen gibt.

8.3 Die Tragödie Fausts

Wenn Faust in *Faust I* eingangs bei Nacht in einem gotischen Zimmer gezeigt wird, lauschen wir einem Selbstgespräch, das von wirklicher „Verzweiflung" (V. 610) Zeugnis ablegt. Die Erkenntnis, dass wir nichts wissen können, jedenfalls nicht, wenn wir das Wissen der einzelnen Disziplinen unverbunden nacheinander studieren und also Wissen rein additiv akkumulieren, will Faust schier das Herz verbrennen. So begründet er jedenfalls, warum er sich im Gegenzug der Magie ergeben hat; von ihr verspreche er sich: „Daß ich erkenne, was die Welt/Im Innersten zusammenhält" (V. 382f.). Indes: Die Art, wie von den vielen Mitternächten die Rede ist, welche er in Pein verbracht hat, deutet an, dass diese Hinwendung zu einem Wissen, das von den offiziellen Wissenschaften (Faust nennt Philosophie, Medizin, Juristerei und Theologie) nicht anerkannt, sondern geradezu verketzert ist, nicht gerade eben erst erfolgt. Faust weiß letztlich schon, was sich im Verlauf dieser ersten Szene ereignen wird: eine rauschhafte Steigerung des Gefühls, dem Ziel näherzukommen, und eine umso schmerzhaftere Enttäuschung danach, wenn sich wieder einmal zeigen wird, dass die Anstrengung vergebens war. Inmitten seines hohen gotischen Zimmers, dessen Enge eher die Imagination beflügelt, als dass es den Überblick oder die Ausschau befördern würde, fällt sein Blick zwischen Gläsern, Büchsen und Instrumenten auf das „geheimnisvolle Buch/Von Nostradamus eigner Hand" (V. 419f.). Er schlägt es auf und erblickt ein Piktogramm mit dem Zeichen des Makrokosmos (also des Weltganzen), dessen erster Anblick seiner Seele Aufschwung gibt. Doch die genauere Betrachtung, anfangs von überschießendem Hochgefühl getragen („bin ich ein Gott?" V. 439), führt nicht weiter; lediglich sein Gefühl benennt Faust, eine eigentliche Erkenntnis stellt sich beim Betrachten des rätselhaften Zeichens nicht ein. Als er darauf das Zeichen des Erdgeistes im Buch erblickt, vermag er zwar, diesen Geist zu beschwören, doch der folgende kurze Dialog endet in der vernichtenden Selbsterkenntnis, schlicht nichts zu begreifen und ein Nichts zu sein („ein furchtsam weggekrümmter Wurm!" V. 498). All dies lässt Faust in noch tieferer Verzweiflung zurück, denn nun muss seine Skepsis sich nicht nur gegen die als leere Wortspielerei beklagte Begriffsscholastik der anerkannten Wissenschaften, sondern auch gegen die Unmächtigkeit der zu Rate gezogenen, verrätselten Bilddarstellungen des magischen Wissens richten. Die Zeichen, die der Mensch hier wie dort hervorgebracht hat, um die offenbaren wie die okkulten Kräfte der Natur

Szene „Nacht": Fausts Eingangsmonolog

Hybris und Depression

zu beherrschen, erweisen sich angesichts der Komplexität, der Dynamik, der Unerkennbarkeit des zu Bezeichnenden als leer – eine Einsicht, die in historischer Hinsicht auf die Skepsis der Spätaufklärung gegenüber den eigenen Zeichenkalkülen zur Ordnung der Natur verweist (→ KAPITEL 7). In diesem Sinn ist die hier von Faust vorgetragene Skepsis eigentlich ein Problem des späten 18. Jahrhunderts, die einem Wissenschaftler des 16. Jahrhunderts lediglich in den Mund gelegt wird.

Aktualität des Problems

Der Zusammenhang zwischen der Hybris des „Übermenschen" (V. 490), dessen Anmaßung der Erdgeist verspottet, und der Depression des in seinem Erkenntnisstreben Ernüchterten ist Goethes Sicht zufolge also ein aktuelles Problem, das sich aber in historischer Hinsicht besonders gut in die Alchemie der Frühen Neuzeit zurückprojizieren lässt. Schon die alchemistischen Traktate der Frühen Neuzeit lehnten nämlich die bloße Tradition und Akkumulation von Wissen ab und zielten auf die Erkenntnis, wie der Stein der Weisen und mit ihm Weisheit und magische Macht durch experimentierendes Handeln im Labor zu gewinnen wäre. Sowohl das überlieferte Wissen der Antike – allen voran die aristotelische Naturphilosophie – als auch die vermeintlichen Gewissheiten der Theologen standen in der Kritik der Alchemisten, die sich vor allem auf sich selbst, auf ihre Erfahrungen und auf ein nur in ihren Kreisen weitergereichtes esoterisches Wissen verlassen wollten – weswegen sie oft genug unter den Verdacht der Ketzerei gerieten. Ernüchternde Enttäuschungen kannten sie zur Genüge, wie die Traktate zeigen. Doch wie die obigen Zitate aus Michael Maiers *Atlanta fugiens* (1617) belegen, findet sich im Alchemieschrifttum auch das Motiv der Verjüngung eines ‚alten Mannes', wobei offen bleiben muss, ob mit diesem Decknamen lediglich eine alchemische Substanz oder vielleicht doch auch der experimentierende und probierende Alchemist gemeint ist, der sich über den von ihm beobachteten Prozessen selbst verjüngt.

Alchemie zwischen Magie und Wissenschaft

Die Hoffnung auf eine Verjüngung im Sinne eines Abstreifens von totem Wissen prägt jedenfalls Fausts Versuch, den Erdgeist zu beschwören. Allerdings erweist dieser Erdgeist sich als widerständig gegen Fausts Intentionen. Wie in Goethes Ballade *Der Zauberlehrling* (1797) vermag Faust das von ihm anfangs mit Erfolg Heraufbeschworene nicht über die Dauer der Zeit hinweg zu kontrollieren. Die Verzweiflung, die Faust nach einem Intermezzo mit seinem Famulus Wagner dazu bringt, zu einer Phiole mit Gift zu greifen, um wenigstens die Selbstauslöschung in der eigenen Hand zu behalten, ist nur noch partiell in der Verzweiflung bestimmter alchemistischer Traktate vorgeformt, die vor dem nutzlosen Vertun des eigenen Lebens in ergebnislosen Versuchen warnten; sie wurzelt daneben im neuen Autonomieideal der Spätaufklärung, das den Freitod legitimierte oder zumindest nicht mehr verdammte.

Allerdings sieht Goethes Faust von den Stoffen, die vom Alchemieschrifttum stets unter Decknamen aufgeführt werden, fast völlig ab. Im Gegenteil: beim auf die verzweifelte Nacht erfolgenden Osterspaziergang erwähnt Faust seinen Vater, „der in Gesellschaft von Adepten / Sich in die schwarze Küche schloß" (V. 1038f.), die Alchemie praktiziert und mit dem sogenannten roten Löwen, also rötlichem Quecksilberoxyd, experimentiert habe (vgl. V. 1042f.): „Da ward ein roter Leu, ein kühner Freier, / Im lauen Bad, der Lilie vermählt". Faust benutzt also solche alchemistischen Decknamen, und stellt dabei die Kritik an der Unverantwortlichkeit eines alchemistischen Dilettanten in den Vordergrund: Der Vater habe nämlich mit seiner Pestmedizin mehr Menschen getötet als die Pest selbst. Was Faust interessiert, ist offenbar weder die vulgäre Herstellung von Gold (welche tatsächlich schon von vielen Alchemisten lediglich als das Versprechen von Scharlatanen angesehen wurde), noch die Herstellung von alchemistischen Pharmazeutika, die gegen typisch neuzeitliche Krankheiten wie Pest oder Syphilis eingesetzt werden könnten. Ihn interessiert vielmehr das Versprechen einer umfassenden Verjüngung, die Äußeres wie Inneres erfassen und ihn zum ganzen Menschen werden oder ihn dieses Ideal zumindest anstreben lassen könnte.

Szene „Osterspaziergang"

Verjüngung oder Selbsttäuschung?

Wenn wir bisher zwischen der Tragödie der Kindsmörderin und der Gelehrten- bzw. Wissenschaftlertragödie klar unterschieden haben, so haben wir zugleich ein strukturelles Problem des Stücks benannt. Goethe, der im Lauf der Jahre immer neue Probleme in seine Faustfigur hinein trug, sah sich vor Schwierigkeiten gestellt, wie diese beiden auseinander strebenden Welten vereint werden konnten. Er bedurfte daher einer ‚Klammer'. Als eine solche schrieb er um 1787–90 die Szene „Hexenküche". Gerade diese während und nach der Italien-Reise entstandene Szene verweist am stärksten auf die Alchemie, indem sie zugleich Distanz zur Figur Fausts aufbaut. Im frühen, etwa zwischen 1773 und 1777 entstandenen *Urfaust* entzündete Fausts Begehren sich noch spontan am Anblick Margarethes. Die Einfügung der Szene „Hexenküche" (erstmals in *Faust. Ein Fragment*, 1790, dann in *Faust I*, 1808) schaltet der ersten Begegnung zwischen Faust und Margarethe dagegen eine vermittelnde Instanz vor, insofern es nun Mephisto ist, der Faust durch ein seltsames Gebräu aus einer Hexenküche dazu bringen will, „bald Helenen in jedem Weibe" (V. 2604) zu sehen. Die Unfähigkeit Fausts, Margarethe

Klammerfunktion der Szene „Hexenküche"

als Person wahrzunehmen, die so weit führt, dass er sie nie bei ihrem Namen nennt, wird also durch die entindividualisierende Wirkung eines Aphrodisiakums mitbegründet, das zugleich auf die geplante spätere Begegnung Fausts mit Helena (in *Faust II*) vorausweist. Das Gebräu, das eine Hexe auf Mephistos Geheiß anfertigt, ist Aurum potabile, trinkbares Gold. Die Absicht einer distanzierenden Wirkung, die Goethe mit dieser vermittelnden Szene verfolgt, wird wesentlich über die Symbolik des Goldes dargestellt: Faust hatte sich eigentlich ausbedungen, durch das Eingehen des Paktes mit dem Teufel verjüngt zu werden. Nun, nach dem Einnehmen des Aurum potabile, ist er in der Tat verwandelt; doch hat sich lediglich sein Äußeres in dasjenige eines attraktiven jungen Mannes verwandelt, während er als Person durchaus der Alte geblieben ist. Nicht ein alchemistischer Transmutationsvorgang, sondern eine Vertauschung hat stattgefunden, die bedingt, dass Faust von nun an als eine Art Monster (vgl. Gaier 1999, S. 251) den Weg durch die Welt gehen wird: eine monströs gespaltene Persönlichkeit.

 Hatte die Alchemie sich immer gegen den Vorwurf verwahrt, auf die Herstellung von Gold zum Zweck der persönlichen Bereicherung abzuzielen, so ist Faust jetzt selbst so weit Gefangener des von ihm Begonnenen, dass ihm der Kontrast zwischen dem einst Gewollten und dem nunmehr Erzielten nicht einmal mehr auffällt. Doch damit nicht genug: Das flüssige Gold, das Faust trinkt, verbindet und trennt ihn zugleich von Margarethe, insofern es alsbald festes Gold sein wird, das er ihr als Geschenk anträgt, um sie wiederum auf eine Weise ihm zu verpflichten, die eine Demütigung für die so reich Beschenkte beinhaltet. Da sie nämlich den ihr nicht zustehenden Goldschmuck in der Öffentlichkeit nicht tragen kann, wird sie durch das Geschenk nicht nur beständig auf die Diskrepanz zwischen ihrer niederen Stellung im sozialen Sinn und ihrer Rolle als Geliebte hingewiesen, sondern durch die goldene Kette buchstäblich als Ding, das sie immer wieder in die Hand nimmt und heimlich trägt, permanent an die implizite Demütigung durch das überreiche Geschenk erinnert.

 Die Szene „Hexenküche" verklammert also die Gelehrten- mit der Gretchentragödie, indem ein Dingsymbol im klassizistischen Sinn eine tiefere Wahrheit ausspricht, die ihrerseits in der Tat an die seelischen Grundmuster der dargestellten Konflikte rührt. Zunächst steht das Gold im Kontext von Wissenshorizonten, die es tiefere Bedeutungen (das Allgemeine) symbolisieren lassen, sodann wird es ein anfassbares Ding (ein Besonderes), das diese Bedeutungen verkörpert.

8.4 Naturwissenschaftliche Verfahrensweise

Als Goethe im März und April 1806 an der Schlussredaktion von *Faust I* arbeitete, war ihm bewusst, der Öffentlichkeit abermals ein Fragment zu übergeben: ein klassizistisches Fragment, dessen Gestalt den Diskussionen mit dem im Vorjahr verstorbenen Freund Schiller Wesentliches verdankte (→ KAPITEL 5.1).

<small>Faust als Fragment</small>

Bereits 1790 hatte er einen *Faust* veröffentlicht und diese Publikation im Untertitel als „Ein Fragment" gekennzeichnet – im vorromantischen Sinn des Wortes, womit etwas noch Unfertiges oder lediglich bruchstückartig Überliefertes gemeint ist (wohingegen das Fragment für die romantische Geschichtsphilosophie auf ein Ganzes hindeutet, das notwendig verborgen ist und sich der Darstellbarkeit entzieht). Damals, also vor dem Bund mit Schiller, trugen die der Öffentlichkeit übergebenen Szenen noch sehr viel deutlicher die Handschrift des Sturm- und Drang-Autors, der Goethe einmal war und von dem er sich seit einiger Zeit entschieden distanzierte. Auch andere Autoren des 18. Jahrhunderts wie Paul Weidmann, der ein Drama *Johann Faust* (1775) schuf, interessierten sich für den historischen Doktor Faust sowie für die frühneuzeitlichen Volksbücher und dramatischen Bearbeitungen des Faust-Stoffs. Diese Überlieferungen, die der junge Goethe durch das Puppentheater kennenlernte, schimmerten in *Faust. Ein Fragment* (1790) noch weitaus stärker durch. Gleichwohl ließ sich auch schon in diesem Text Goethes Absicht erkennen, die Tragödie des Wissenschaftlers Faust und die Tragödie der Kindsmörderin Margarethe in das Zentrum seines Stücks zu stellen, das andere Bereiche der Faust-Überlieferung – wie etwa die Begegnung mit der Herzogin von Parma – hintanstellte. Wie der Literaturwissenschaftler Peter Matussek beobachtet hat, wirkte die Veröffentlichung dieses Fragments mit seinen inneren Widersprüchen und offenen Brüchen wie ein Signal insbesondere auf Friedrich und August Wilhelm Schlegel, über die Form des Fragments nachzudenken und sie zunehmend als notwendige Ausdrucksform der Moderne zu erkennen. Goethes Faust aus dem Jahr 1790 ist ein entscheidender Anstoß zu einer Ästhetik des Fragments (vgl. Matussek 1996, S. 357).

<small>Der Faust-Stoff im 18. Jahrhundert</small>

Nach Schillers Tod indes, während der Überarbeitung im Jahr 1806 (die zunächst zur Publikation von *Faust I* im Jahr 1808 führte), gab Goethe seiner Faustdichtung eine neue Gestalt. Nachdem Schiller ihn seit 1797 immer wieder auf das Problem hingewiesen hatte, dass der Faustdichtung eine Einheit im Sinne einer philosophischen Konzeption fehle und die vorliegenden Szenen eines „poetischen Reif[es]" (Goethe 1985ff., Bd. 8.1, S. 363) bedürften, hatte Goethe über die Jahre hinweg begonnen, die bis dahin ausgearbeiteten sowie die seit 1790 entstandenen Szenen durch drei Prologe zu rahmen oder doch zumindest vom Anfang her mit einem noch halb geöffneten Rahmen zu versehen: „Zueignung", „Vorspiel auf dem Theater" und „Prolog im Himmel". Diese rahmende Prologisierung sollte aber nicht etwa einer Vereindeutigung der Aussage dienen, sondern sie sollte eine „Mehrfachlesbarkeit" (Gaier 1999, S. 758) eröffnen: Anders als im Falle anderer Jugenddichtungen, wie z. B. *Die Leiden des jungen Werthers* (1774), wurden die alten Faustszenen nämlich nicht oder kaum überarbeitet, sie wurden lediglich durch die neuen Aspekte, die die Prologe auf das Geschehen eröffneten, ergänzt. Faust wurde somit von einer Identifikationsfigur des Sturm und Drang-Autors zu einer „Experimentalfigur" (Gaier 1999, S. 308), die immer schon im Rahmen bestimmter Determinanten und Rahmenbedingungen agiert. Auch die Einfügung der Szene „Hexenküche", die zwischen 1786 und 1788 in Rom entstand, trägt dazu bei, dass Faust schon im ersten Teil der Tragödie zu einer solchen Experimentalfigur wird; eine Tendenz, die sich dann in *Faust II* verstärkt.

> Rahmung des Fragments

> Faust als Experimentalfigur

Wie insbesondere die amerikanische Germanistin Jane Brown erkannt hat, fällt der Dramaturgie des „Prolog im Himmel" auch die Funktion zu, etwaigen Erwartungen des Publikums auf den illusionistischen Genuss einer naturalistisch dargestellten Handlung vorzubeugen. Ähnlich hatte Schiller in der Vorrede zur *Braut von Messina* die Legitimität eines pseudo-antiken Chors auf der modernen Bühne begründet, indem er die Notwendigkeit einer distanzierenden Künstlichkeit gegen das verbreitete Bedürfnis nach „Illusion" (Schiller 1943ff., Bd. 10, S. 10) ins Feld führte (vgl. zu Schillers Begriff „Einführung symbolischer Behelfe" → KAPITEL 5.1). Der Rückgriff auf ein pseudo-barockes Welttheater nach der Art des Calderón im „Prolog im Himmel" ist ähnlich motiviert und entwirft zugleich eine distanzierende Perspektive auf die vergleichsweise dominante Hauptfigur Faust (vgl. Brown 1986).

> Antiillusionistische Ästhetik

In Vorwegnahme eines Bauprinzips von *Faust II* kann man in *Faust I* zugleich einen Zug zur Episierung darin erkennen, dass das Stück durch Zueignung, Vorspiel und Prolog gleichsam wie durch mehrere Erzählerstimmen eröffnet wird. Eine solche Episierung wird man allerdings kaum als Einlösung von Schillers Postulat einer einheitlichen philosophischen Konzeption für das Stück betrachten können. Einer Einheitlichkeit der Idee, wie Schiller sie wünscht, widerspricht schon, dass manche der von Goethe früh ausgearbeiteten Szenen eben doch

> Episierung

fast in ihrer überlieferten Gestalt in *Faust I* integriert wurden. Einer These von Matussek nach kann man gerade in diesem Verfahren einen Reflex von Goethes Beschäftigung mit den Naturwissenschaften sehen: Goethe versuche, Schillers Forderungen durch eine Szenenreihung zu unterlaufen, die auf naturwissenschaftlichen Überlegungen beruhe (vgl. Matussek 1996, S. 358). Goethe verglich nämlich in einem Brief an Schiller seinen Faust mit dem Flechtwerk der Wurzeln einer großen „Schwammfamilie" (Brief an Schiller, 1. 7. 1797), einem Rhizom, insofern in seinem Faust-Stück wie bei dem Verbund von Pilzen alles mit allem untergründig durch ein polyzentrisches Fadengeflecht verbunden sei. Das Ganze würde demzufolge auch ohne Zentrum, ohne einen begrifflichen Einheitspunkt, auskommen, und wäre eben doch ein organisches Ganzes. Um solche Phänomene zu verstehen, reichten indessen statische naturwissenschaftliche Klassifikationssysteme ebenso wenig hin wie philosophische Einheitsforderungen. Vielmehr bedürfe es mit Blick auf die Polarität von Wirkung und Gegenwirkung in der Natur einer „Vermannigfaltigung eines jeden einzelnen Versuches" (Goethe 1985ff., Bd. 4.2, S. 329) – zunächst einmal in der Naturwissenschaft (→ KAPITEL 7.2), dann aber ebenso in der Poesie! Hinsichtlich ersterer plädierte Goethe für ein ‚natürliches' Ordnungssystem, wie es seit 1794 durch den Botaniker August Batsch dem neuen botanischen Garten zu Jena zugrunde gelegt wurde; die Botanik der Pilze im Besonderen sollte, allerdings erst später, durch den mit Goethe in Verbindung stehenden Botaniker Christian Gottfried Daniel Nees von Esenbeck in diesem Sinn erforscht werden.

    Folgt man dieser Argumentation, könnte *Faust I* als der Versuch interpretiert werden, an Stelle eines von einem organisierenden Zentrums her entfalteten, geschlossenen Dramas eine Form zu setzen, die sich durch „Reihenbildung, Polarisierung, Episierung" (Matussek 1996, S. 361) bestimmten neuen Ordnungsprinzipien der Naturwissenschaften annähern würde (und auch die anfängliche Wissenschaftsschelte Fausts wäre ein Ausdruck dieser Annäherung, da sie auf die leeren Begriffe einer veralteten Wissenschaft zielen würde). Lässt man sich auf diese These ein, so würden sich die poetologischen Prinzipien des Faust letztlich der neuesten Naturwissenschaft um 1800 verdanken – und die aufgebotenen Bildfelder der Alchemie wären der ferne Spiegel, in dem sich deren Probleme reflektieren lassen. Ein Fragment wäre *Faust I* (1808) somit eher im romantischen als in jenem Sinn, in dem Goethe selbst das Wort noch 1790 gebrauchte, doch wäre der Text besser noch als avantgardistisch zu bezeichnen. Denn das Prinzip der Serialisierung würde das romantische

Fragmentverständnis, das das Fragment stets in untergründiger Beziehung zu einem sich entziehenden Ganzen sieht, schon in Richtung einer avantgardistischen Ästhetik überschreiten, die ohne einen solch indirekt bestätigten Begriff eines Ganzen auskommt.

Fragen und Anregungen

- Skizzieren Sie die Bedeutung der Szene „Hexenküche" für *Faust I*.
- Legen Sie dar, worin der Einfluss Schillers auf Goethes Faust greifbar wird.
- Inwiefern bezieht Goethe sich in *Faust I* auf alte Lehren der Alchemie, inwiefern bezieht er sich jedoch auch auf neueste Erkenntnisse der Naturwissenschaft?
- Erläutern sie, warum Goethe von den Szenen des *Faust* als einer „Schwammfamilie" spricht?

Lektüreempfehlungen

Quellen
- **Johann Wolfgang Goethe: Faust-Dichtungen,** 3 Bde., hg. von Ulrich Gaier [Texte, Kommentar I, Kommentar II], Stuttgart 1999.

Forschung
- **Maximilian Bergengruen: Der Sündenfall im Zeitalter seiner technischen Reproduzierbarkeit. Zum Teufel mit dem hermetischen Wissen in Goethes *Faust I*,** in: Hans-Jürgen Schrader/Katharine Weder (Hg.), Von der Pansophie zur Weltweisheit. Goethes analogisch-philosophische Konzepte, Tübingen 2004, S. 85–112. *Provokanter und pointierter neuerer Forschungsbeitrag.*
- **Hans Christoph Binswanger: Der Mensch als Herr der Zeit. Eine Deutung von Goethes Faust II unter dem Aspekt von Wirtschaft und Alchemie,** in: Der Deutschunterricht 39 (1987), Heft 4, S. 25–37. *Knappe Interpretation von Faust II unter dem Aspekt Alchemie.*
- **Karl Eibl: Das monumentale Ich. Wege zu Goethes *Faust*,** Frankfurt a. M. 2000. *Ein neueres Standardwerk der Faust-Forschung.*
- **Zweder van Martels (Hg.): Alchemy revisited,** Leiden u. a. 1990. *Ein Meilenstein in der Erforschung der Alchemiegeschichte, der als problemorientierte Einführung in diesen Kontext gut geeignet ist.*
- **Peter Matussek (Hg.): Goethe und die Verzeitlichung der Natur,** München 1998. *Innovativer Sammelband zu Goethes Natur- und Wissenschaftsverständnis.*

9 Sprachdiskurs und Hermeneutik

Abbildung 9: Bertel Thorvaldsen nach Asmus Jakob Carstens: *Das goldene Zeitalter* (um 1800)

Bei seiner undatierten Zeichnung „Das goldene Zeitalter" hielt sich der dänische Bildhauer Bertel Thorvaldsen treu an eine Entwurfsskizze des Künstlers Asmus Jakob Carstens. Dieser wiederum hatte sich bei der Entstehung seines Werks von der Lektüre des antiken Dichters Hesiod anregen lassen, eine heitere Vision „des durch das Dichterideal veredelten Naturzustandes der Menschen" (Fernow 1806, S. 231) zu entwerfen. Sein Entwurf zeigt glückliche Familien, sich küssende Paare und Hand in Hand tanzende Figuren aller Lebensalter, friedlich vereint wie in einem irdischen Paradies. Carstens und Thorvaldsen bilden mithin den Naturzustand ab, wie Rousseau und Herder ihn sich vorstellten und wie ihn die literarische Gattung der Idylle im 18. Jahrhundert vergegenwärtigte: als eine in die Urgeschichte zurückprojizierte Friedensutopie des Zusammenlebens freier und furchtloser Menschen, die weder der Wissenschaften noch der rechtlichen Vereinbarungen bedürfen, um glücklich zu leben. Als die Entwurfsskizze von Carstens „in den ersten Monaten des Jahres 1798" (Fernow 1806, S. 231) in Rom entstand, war soeben die Repubblica Romana ausgerufen worden, die die Ideale der französischen Revolution dort verwirklichen wollte, wo bisher der Papst unumschränkt geherrscht hatte.

Vorstellungen von einem goldenen Zeitalter liegen auch vielen Sprachursprungstheorien der Aufklärung zugrunde. Nicht erst Novalis, sondern schon der Geschichtsphilosoph Giambattista Vico im frühen und Johann Gottfried Herder im späteren 18. Jahrhundert glaubten, dass die Menschen zuerst sangen, bevor sie zu sprechen und rational zu denken lernten. Theorien des lyrischen Sprechens, also des Gedichts, weisen eine besondere Nähe zu den Theorien vom Ursprung der Sprache, vom entwicklungsgeschichtlich frühen Sprachsingen und von der teils als magisch angesehenen Kraft des Wortes auf. Während Novalis noch in seinen letzten Gedichten an die weltverändernde Kraft des Worts glaubte, zog sich Joseph von Eichendorff unter dem Einfluss des neueren hermeneutischen Denkens auf ein monologisches Verständnis des Gedichts als ein Selbstgespräch zurück, das sich der Magie des Zauberworts, das die Welt zum Singen bringen würde, zwar noch erinnert, die Hoffnung, es treffen zu können, aber aufgegeben hat.

9.1 **Die Theorie des Sprachsingens**
9.2 **Das Singen und das Zauberwort bei Novalis**
9.3 **Eichendorffs** *Wünschelruthe*

9.1 Die Theorie des Sprachsingens

Es ist ein unzutreffendes Klischee, dass die romantische Lyrik gegen das angeblich rationalistische Sprachverständnis der Aufklärung aufbegehrt und das ‚Zauberwort' zur Wiederverzauberung einer entgötterten Welt gesucht habe. Nicht erst romantische, sondern schon aufklärerische Texte haben die These vertreten, dass sich die Menschen in ihrer Entwicklungsgeschichte zuerst in einem poetischen Stadium befanden, in welchem ihre Sprache Gesang war (daher: Sprachsingen). Erst später, in einer prosaischeren und ärmeren Zeit, so glaubte man, lernten sie im heutigen Sinn sprechen, schreiben und kalkulieren. Bis zu einem bestimmten Punkt haben die Aufklärer diese Entwicklung sogar als eine rationalistische Vereinseitigung bedauert, gegen die sie die Sinnlichkeit aufwerten wollten.

In den um 1800 entstandenen Gedichten wird häufig die Frage nach der Macht des Wortes reflektiert. Um das Sprachverständnis, das dahinter steht, zu erfassen, muss man kurz die Geschichte des Nachdenkens über Sprache und diejenige über das Verstehen rekapitulieren.

Wie sah dieses rationalistische Sprachverständnis aus? In der Absicht, reinen Tisch mit der traditionshörigen Philosophie insbesondere des Aristotelismus zu machen, brach vor allem der rationalistische Philosoph René Descartes im 17. Jahrhundert mit allen nur scheinbaren Gewissheiten. Er wollte allein aus dem Zweifel heraus die Welt vom Ich aus neu denken. Die Sprache als solche spielte für seine Erwägungen keine Rolle; sein Erkenntnisideal war angelehnt an das der Mathematik. Die Vielfalt der menschlichen Sprachen sah Descartes zwar, doch bedauerte er sie ausschließlich als Quelle von Missverständnissen. Bereits 1629 wünschte er sich im Gegenzug dazu eine neue Grammatik, die so einfach wie eine Logik sein sollte. Die aus dieser Grammatik hervorgehende neue Universalsprache sollte ein für allemal Mehrfachbedeutungen ausschalten, das Problem der Übersetzung von Nationalsprachen ineinander und das der Übersetzung überhaupt erledigen – ein Projekt, dessen utopischen Charakter Descartes allerdings einsah. Seine rationalistische Sprachauffassung wirkte im 18. Jahrhundert über die akademische Schulphilosophie lange weiter (vgl. Gaier 1988, S. 16–18).

Das rationalistische Sprachverständnis

Descartes

Zahlreiche Aufklärer des 18. Jahrhunderts revidierten Descartes' Ansatz im Rahmen ihres Anliegens einer „Rehabilitation der Sinnlichkeit" (Kondylis 1986, S. 21). Für Descartes war die Sprache ein reines Kommunikationsmittel gewesen, dem an sich „kein besonderer

Sprache in der Aufklärung

kognitiver Wert" (Trabant 1994, S. 29) zukam. Bereits der neapolitanische Frühaufklärer Giambattista Vico entwarf dagegen in seiner Schrift *Scienza Nuova* (1725) ein Konzept, das Sprache und Denken eng koppelt. Vico ging davon aus, dass die Menschen am Anfang ihrer Geschichte in einem ‚wilden' Zustand lebten. Um sich vor der feindlichen äußeren Natur zu schützen, begannen sie zu singen und sich eine bildhafte Mythologie zu schaffen. Auf diese Weise bewältigten sie Vico zufolge nicht nur ihre Affekte, sondern leiteten auch eine Entwicklung ein, in der wir seiner Ansicht nach noch heute stehen, insofern unsere Sprache noch immer von diesen bildhaften Anfängen geprägt ist. Vico wollte eine neue, eminent historische Wissenschaft begründen, die erinnernd zurückschauen und verstehen soll, aus welchen Ursprüngen unsere „Welt aufgeklärter Rationalität und der zum Arbiträren [zur willkürlichen Übereinkunft] gewordenen Sprache" (Trabant 1994, S. 182), die stets durch die korrupte Natur des Menschen gefährdet sei, letztlich komme. Da es insbesondere die Bildlichkeit der Metaphern in überlieferten Dichtungen (wie von z. B. Homer) ist, in welcher das ‚wilde' Denken – Vico zufolge – abgemildert fortlebt, wurden ihm die Sprache und das Auslegen von Dichtung zum Königsweg der Erinnerung an den Ursprung der Menschheit.

All dies zeigt, dass schon innerhalb des aufgeklärten 18. Jahrhunderts zahlreiche Theorien entstanden, die dem transparenten Kommunikationsideal des Rationalismus ein sinnlicheres, sinnenoffeneres, dichtungsnäheres Sprachverständnis entgegenstellten, und dies nicht nur aus poetologischen, sondern auch aus anthropologischen Erwägungen heraus, da es – so etwa auch bei dem Sprachphilosophen Étienne Bonnot de Condillac und Jean-Jacques Rousseau – um die Frage nach dem Werden des Zeichen produzierenden Menschen und seiner Zeichensysteme ging (vgl. Proß 1987). Es entstand auf diese Weise eine sensualistische, vom Primat der Sinne ausgehende Lehre von den Zeichen, die nicht mehr schlicht an Grammatik und Rhetorik als Basis für das sprachliche Geschehen orientiert war, sondern die vielmehr das Werden und die Sinnesbezogenheit der Zeichen beachtete. Für Johann Gottfried Herder beispielsweise spielt die Theorie, dass „die besten Stücke der alten Poesie Reste dieser Sprachsingenden Zeiten sind" (Herder 1987, S. 295), eine zentrale Rolle im Kontext seiner Abhandlung *Über den Ursprung der Sprache* aus dem Jahr 1769.

Herders früher Sprachphilosophie zufolge war der Mensch im Naturzustand dem heutigen gerade in diesem Aspekt überlegen: man dachte weniger, fühlte aber umso mehr. Wie wichtig dem frühen Herder dies gewesen sein muss, wird schlaglichtartig klar, wenn man sich vergegenwärtigt, dass er den Basissatz des Descartesschen Rationalismus: „cogito ergo sum" (ich denke, also bin ich) umkehrte in ein „sentio ergo sum": „Ich fühle mich! Ich bin!" (vgl. zu diesem Zitat Irmscher 2001, S. 96). In *Über die neuere deutsche Literatur. Fragmente* (1766/67) führt Herder aus, warum die Annahme eines ursprünglichen Sprachsingens gleichwohl nicht als Plädoyer für eine Rückkehr zu den sprachlichen Anfängen missverstanden werden darf. Nicht die primitiven, kindlichen Ursprünge, als der Mensch seinen Affekten noch mit rohen Lauten Ausdruck verlieh, gelten Herder als der eigentlich ‚poetische Zustand' der Menschheit. Er ordnet diesen einer zweiten Entwicklungsstufe der Menschheit zu, als eine erste Aufklärung über die Schrecken der äußeren Natur bereits ein Stück weit fortgeschritten war. Zu diesem Zeitpunkt konnte sich die Sprache laut Herder aus einer gewissen reflexiven Distanz heraus der Hervorbringung schönerer Ausdrucksformen wie insbesondere dem Gesang widmen. Noch gegenwärtig finde sich eine Ahnung dieses poetischen Zustands in Volksliedern; Herder sammelte und edierte diese daher. Anders als Vico dachte der von einer optimistischen, also den Menschen trotz seiner Mangelausstattung als fast grenzenlos vervollkommnungsfähig begreifenden Anthropologie ausgehende Herder die äußere Natur somit nicht als furchteinflößend und erhaben, sondern als schön und menschengerecht. Doch: „der Faden ist einmal gerissen" (Herder 1984, S. 143). Herder plädierte nicht etwa für eine rückwärtsgewandte Sehnsucht. Der aufgeklärte Mensch soll lediglich lesend rekonstruieren, wie der poetische Urzustand, in dem sich z. B. „Klangworte" und „Tonfarben" fanden, beschaffen war. Der Leser muss somit jenen „einen Entwicklungsgang der Sprache" (Simon 1998, S. 209) befragen, in den er selbst noch immer eingebunden ist: weil Sprache und Denken für Herder mehr oder weniger eins sind. Es ist genau diese Überzeugung, die Novalis von Herder übernehmen konnte. Der Novalis-Forscher Heinrich Fauteck hat den entscheidenden Punkt des Denkens über Sprache bei Novalis wie folgt charakterisiert: „Sprachfähigkeit ist auf das innigste mit der Denkfähigkeit verknüpft, ja, identisch mit ihr" (Fauteck 1940, S. 17).

Nach 1805 begannen junge Gelehrte, an stärker historisch angelegten Projekten zu arbeiten, die die Etymologie auf neue Weise in den Dienst nahmen, um die Ursprünge, vor allem aber auch die Entwicklungswege der Sprachen und Literaturen zu verstehen: Zeitlich nahe zu seiner Konversion zum Katholizismus im Jahr 1808 wendete

Poetischer Zustand der Menschheit

Sprachdiskurs und Etymologie nach 1805

sich beispielsweise Friedrich Schlegel in Köln und Wien den orientalischen Sprachen wie dem Indischen, Persischen und Altägyptischen zu. Anstelle der nun als rein spekulativ verabschiedeten Frage nach einer Ursprache des Menschen zeichnete sich die neue Frage nach dem Ursprung der und des Deutschen ab. Schlegel wollte diese Frage nunmehr mit den Mitteln einer vergleichenden Sprachwissenschaft beantworten. In Konkurrenz zur revolutionären und napoleonischen Indienstnahme der griechisch-römischen Antike in und für Frankreich wollte er in *Ueber die Sprache und Weisheit der Indier* (1808) auf philologische Weise den Ursprung der Germanen in Indien nachweisen. Anders der damals im engeren Umkreis Goethes und Herzogin Anna Amalias in Weimar tätige Carl Ludwig Fernow: Er verfolgte seit 1805 den Plan, ein vergleichendes etymologisches Wörterbuch der romanischen Sprachen mit dem Englischen herauszugeben. Erst 1838 begannen die Brüder Grimm mit der Arbeit an ihrem großen *Deutschen Wörterbuch* (ab 1852), das viele dieser Impulse aus der klassizistisch-romantischen Moderne in einem monumental angelegten Nachschlagewerk aufnahm.

Deutsches Wörterbuch

9.2 Das Singen und das Zauberwort bei Novalis

Im Jahr 1847 veröffentlichte der „dezidiert christlich, aber nicht unbedingt konfessionell gebunden" (Moering 2010, S. 198) denkende Katholik Joseph von Eichendorff seine erste literarhistorische Arbeit in Buchform: *Über die ethische und religiöse Bedeutung der neueren romantischen Poesie in Deutschland*, nachdem er zuvor bereits mehrere einschlägige Artikel in Zeitschriften publiziert hatte. Ein knappes Jahrzehnt später, 1856 (datiert auf 1857), ließ er auf die Aufforderung des Paderborner Buchhändlers Ferdinand Schöningh, eine katholische Literaturgeschichte vorzulegen, seine geschichtlich weiter ausholende, zweibändige, für die Rezeptionsgeschichte der Romantik wichtige *Geschichte der poetischen Literatur Deutschlands* folgen. In deren zweiten Band nahm er seine frühere Darstellung der romantischen Poesie aus dem Jahr 1847 fast unverändert wieder auf. In beiden Werken beginnt Eichendorff sein Epochenporträt ‚der Romantik' mit Novalis, den er als einen monarchistisch eingestellten Sympathisanten des Katholizismus charakterisiert, der mit einer vermeintlich typisch romantischen Sehnsucht auf das von Reformation und Aufklärung beendete Mittelalter zurückgeblickt habe. Zudem erhebt er ein spätes Gedicht von Novalis zum Inbegriff von dessen

Eichendorffs literaturhistorische Arbeiten

Poesieverständnis und macht es damit implizit auch zur Grundlage seiner Epochendarstellung (vgl. Eichendorff 1990, S. 97). Es handelt sich um das Gedicht „Wenn nicht mehr Zahlen und Figuren ..." (so die erste Zeile), das Novalis für die geplante Fortsetzung seines Romans *Heinrich von Ofterdingen* (postum 1802) vorgesehen hatte, das zu seinen Lebzeiten jedoch nicht mehr publiziert wurde.

Rückblick auf Novalis

> Wenn nicht mehr Zahlen und Figuren
> Sind Schlüssel aller Kreaturen,
> Wenn die so singen, oder küssen
> Mehr als die Tiefgelehrten wissen
> Wenn sich die Welt ins freie Leben,
> Und in die ⟨freie⟩ Welt wird zurückgeben,
> Wenn dann sich wieder Licht und Schatten
> Zu echter Klarheit wieder gatten
> Und man in Märchen und Gedichten
> Erkennt die ⟨alten⟩ wahren Weltgeschichten,
> Dann fliegt von Einem geheimen Wort
> Das ganze verkehrte Wesen fort.
> (Novalis 1960ff., Bd. 1, S. 344f.)

Eichendorff verstand dieses Gedicht in dem Sinn, dass hier das antiaufklärerische Ziel der Frühromantik, dem Märchen, dem Volksliedton und dem Gesang zu neuer Geltung zu verhelfen, auf eine poetische Formel gebracht sei. Diese vermeintliche Abkehr vom Rationalismus der Aufklärung stellte Eichendorff in einen religiösen Zusammenhang: Es sei die Sehnsucht nach der Wiederbelebung des untergegangenen Mittelalters (→ KAPITEL 3.3), die Sehnsucht nach der hierarchischen Stufung des Seins im Rahmen einer stabilen Weltordnung, der Novalis gültigen Ausdruck verliehen habe. Die Romantik sei ihm darin dann nur noch epigonal gefolgt, da „in ihm Alles schon in nuce" (Eichendorff 1990, S. 1106) angelegt war, so Eichendorff in einer zu Lebzeiten nicht veröffentlichten, für seine leitenden Überlegungen jedoch höchst aufschlussreichen Aufzeichnung, die den vermeintlichen „Katholizismus" von Novalis entschlossen ins Zentrum von dessen „Bestrebungen" stellt. Aus diesem Grund habe Novalis Zahlen und Figuren abgelehnt und die wahren Weltgeschichten stattdessen in Märchen und Gedichten gesucht, wie Eichendorff 1847 dann breit ausführt (vgl. Eichendorff 1990, S. 97).

Sehnsucht nach dem Mittelalter

Eichendorff stützte sich in seiner Gedichtinterpretation auf die Ausgabe des *Heinrich von Ofterdingen* in den zweibändigen *Schrif-*

ten (1802) von Novalis, die Ludwig Tieck und Friedrich Schlegel herausgegeben hatten und die ihm vermutlich seit seinem Studium in Halle 1806 bekannt war; er benutzte sie in einem späteren Nachdruck (vgl. Eichendorff 1990, S. 1100). Tieck hatte in dieser Ausgabe angegeben, wie das Fragment *Heinrich von Ofterdingen* angeblich fortgesetzt werden sollte. In seinem Bericht hatte er auch das Gedicht „Wenn nicht mehr Zahlen und Figuren" publik gemacht. Allerdings hatte er nicht darauf hingewiesen, dass Novalis offen gelassen hatte, ob das Gedicht der Figur des Ofterdingen in den Mund gelegt werden sollte oder ob es als lyrische Einlage für eine andere Romanfigur gedacht und folglich ‚perspektivisch' auf deren Sicht zu beziehen war. Auch hatte er die Streichungen von Novalis (in ⟨...⟩) nicht als solche kenntlich gemacht und das Wort „wieder" (das im Gedicht kurz aufeinander wiederholt wird) an einer Stelle eigenmächtig in „werden" abgeändert (das zweite „wieder"). Überhaupt beruht Tiecks Bericht auf keiner soliden Materialbasis, da Tieck Novalis zuletzt im Juni 1800 gesehen hatte, Novalis jedoch noch bis zu seinem Tod am 25. März 1801 Änderungen vornahm.

Eichendorff bezieht sich also nicht etwa auf Novalis selbst, er berücksichtigt auch nicht die Figurenkonstellation im *Heinrich von Ofterdingen*, sondern er unterstützt eine tendenziöse Novalis-Interpretation, die dessen Werk postum überzeichnete: Novalis wurde so zum ätherischen, dem Katholizismus nahestehenden Dichter der blauen Blume (vgl. Sommerhage 1993, S. 216). Entscheidenden Anteil an dieser Überzeichnung hatte der „eleusische" Dichterbund um Otto Heinrich Graf von Loeben in Heidelberg, dem sich auch der junge Eichendorff während der Fortsetzung seines Studiums in Heidelberg 1807/08 anschloss. Loeben, der unter dem Namen Isidorus Orientalis veröffentlichte, trat hier wie der Hohepriester einer kirchlichen Sekte auf (vgl. Moering 2010, S. 185). Um die Gedichte des früh verstorbenen Novalis betrieb dieser Dichterbund einen gemeinsamen Kult. Noch in Eichendorffs frühem Gedicht *An die Dichter* (1815 im Roman *Ahnung und Gegenwart* gedruckt, entstanden um 1810) kann man die Spuren dieses Kults erkennen. Auch an dieser postumen Überzeichnung trug die von Schlegel und Tieck veranstaltete Ausgabe der *Schriften* von Novalis Mitschuld, z. B. weil sie das umfangreiche philosophische Nachlasswerk von Novalis mit den Fichte-Studien und den Aufzeichnungen zur Enzyklopädistik (→ KAPITEL 7.3) überhaupt nicht sichtbar werden ließ. Unbekannt waren und blieben jedoch auch Kontakte, die nicht ins Bild passten; so z. B. die Tatsache, dass Novalis im Sommer 1799 vor allem deswegen nach Weimar reiste, um mit Herder zu sprechen (vgl. Freund 2001, S. 105f.). Die Kontinuität zwischen einem protestantischen Spätaufklärer wie Herder und dem stärker vom protestantischen Pietismus beeinflussten Novalis hätte durch einen Hinweis auf dieses Treffen verdeutlicht werden können; seine Freunde wussten sicherlich, dass Novalis von kaum einem anderen Autor mehr Bücher als von Herder besaß, dessen Schrift *Über den Ursprung der Sprache* er schon 1790 mit zum Studium nach Jena nahm. Genau dieser Intellektualismus, die aufklärerische Herkunft und das reflexive Potenzial des Sprachdenkens von Novalis wurden von Eichendorff in seinen 1847 und 1856 publizierten, großen literarhistorischen Schriften jedoch weiterhin und auf eine für die Literaturgeschichtsschreibung bedeutsame Weise übersehen oder verleugnet (vgl. Hausdörfer 1989, S. 469).

Betrachtet man das fragliche Gedicht von Novalis einmal genauer, wird man feststellen, dass Fragen der Religion dezidiert ausgespart sind – anders, als Eichendorff suggerieren wollte. Richtig ist, dass die „Zahlen", die auf das mathematische Erkenntnisideal des rationalistischen Cartesianismus verweisen, eine Absage erhalten. Richtig ist auch, dass Novalis den „Zahlen" die „Figuren" beiordnet, womit vermutlich nicht geometrische Schemata, sondern vielmehr rhetorische Figuren gemeint sind, über die schon der antike Rhetoriker Quintilian sagte, dass diese „eine Veränderung der einfachen, spontanen Ausdrucksweise" darstellen, und zwar, indem sie die gewöhnliche Sprechweise „im Sinne des Poetischen oder Rhetorischen" verändern (Quintilianus 1995, S. 255). Soweit würde das Gedicht mithin eine rationalistische Mathematik und eine künstliche Rhetorik ablehnen, wie sie beide für die technisch-wissenschaftlich-ökonomische Moderne seit dem 17. Jahrhundert (→ KAPITEL 1.1) typisch sind. Zwar passt diese Absage nur halb zu Novalis' sonstiger Offenheit nicht nur für naturwissenschaftliche Experimente, sondern gerade auch für mathematische Problemstellungen, doch es stimmt, dass das Gedicht die cartesianischen Zahlen und die rhetorischen Figuren in ein Oppositionsverhältnis zum Singen und auch zum Küssen setzt (wobei die Konjunktion „oder" wichtig ist). Genau dies hatte jedoch Giambattista Vico erstmals getan, als er Anfang des 18. Jahrhunderts eine neue Wissenschaft forderte, die nicht mehr am mathematisch-ungeschichtlichen Erkenntnisideal des Cartesianismus orientiert sein, sondern vielmehr die poetische Frühgeschichte des Menschen in Erinnerung rufen sollte, als die Menschen noch sangen. Zwar ist richtig, dass die Oppositionshaltung des Gedichtes gegen die Tiefgelehrten insgesamt einen Schritt weiter geht, weil diejenigen, die singen

Analyse des Novalis-Gedichts

„oder" küssen, nicht anderes, sondern mehr wissen als diejenigen, die nur mit Zahlen und Figuren hantieren. Durch diese wird die Natur zur bloßen Materie herabgewürdigt, die des ‚rhetorischen Putzes' bedarf und über die sie sich als ‚erkennende Geister' erhaben wähnen. Allerdings kommt dieses Mehr-Wissen auch hier aus Märchen und Gedichten, wie ja schon Vico seine radikal neue Wissenschaft auf Dichtung gründete, nämlich auf die Lektüre der Epen Homers, dessen poetische Fantasie er wiederentdecken wollte.

Wenn Eichendorff die Rhetorikkritik dieses Gedichtes als Aufklärungskritik verstand, missachtete er also, in wie hohem Maß genau diese Polemik in einer Tradition der Aufklärung stand. Richtig ist jedoch seine Einschätzung, dass in diesem Gedicht eine aktive Erwartung an das Wort gerichtet wird, die sehr hoch ist: Ein Wort, ein geheimes Wort, sollte das verkehrte Wesen fort fliegen lassen können. Eine solche auf ein Wort gerichtete Hoffnung hätte Vico, hätte auch Herder nicht ausgesprochen. Allerdings beflügelte die futurische Hoffnung auf ein neues goldenes Zeitalter gerade die Spätaufklärer zunehmend (vgl. Bormann 1968, S. 56). Die Spätaufklärer gingen davon aus, dass es der dauernden leitenden Kontrolle durch Normen vielleicht nicht mehr bedürfte, wenn der sich selbst vervollkommnende Mensch sich selbst vertrauen und endlich ein „ganzer Mensch" werden würde (→ KAPITEL 11.1). Für die Utopiekonzeption romantischer Texte ist die Vorstellung vom goldenen Zeitalter zentral (vgl. Mähl 1994, S. 385). Sie projiziert in eine ‚ursprüngliche' Vergangenheit, was die „Macht der Ideen" (Bubner 2004, S. 16) in Zukunft bewirken soll. Damit steht sie der spätaufklärerischen Friedensutopie nahe, wie sie Thorvaldsen im Kapitelauftaktbild bildlich umgesetzt hat (→ ABBILDUNG 9).

Ein Vergleich des Ofterdingen-Gedichts mit Novalis' komplexeren *Hymnen an die Nacht* (Athenäum 1800) würde zeigen, wie Novalis auch in diesen stärker religiös getönten Prosagedichten (in denen die Religion allerdings als eine Angelegenheit der Fantasie betrachtet wird), die dynamisierende Erwartung artikuliert, dass der Mensch seine Welt verändern werde, indem er sich selbst verändert (vgl. Schulz 1984, S. 210). Jedoch spielt bei Novalis das Küssen hierfür – also nicht mehr nur für den Genuss des Augenblicks, wie in der literarischen Anakreontik der 1760er-Jahre (→ KAPITEL 14.3) – eine zentrale Rolle. Der Sprechakt, der das Gedicht ist, wird mit jener sexuellen Energie aufgeladen, die zeitgleich im Gefolge der Theorie der Epigenesis diskutiert wurde: als jene Theorie, die die Entstehung neuen Lebens aus der sexuellen Verschmelzung erklärt und nicht mehr, wie in der Präformationslehre, aus immer schon fertigen Embryonen (→ KAPITEL 8.1). Der Germanist Helmut Müller-Sievers hat in verschiedenen Diskursen der Zeit eine „Sexualisierung des Sprechens" festgestellt, die „idealerweise im Gedicht sublimiert werden kann" (Müller-Sievers 1997, S. 157f.).

Sexualisierung des Sprechens

9.3 Eichendorffs *Wünschelruthe*

Eichendorff ‚übersetzte' sich in der Mitte des 19. Jahrhunderts also die Tiecksche ‚Übersetzung' von Novalis' Gedicht in einer sehr zeitgebundenen Weise, die bestimmte literaturhistorische Klischees über die Romantik festschrieb. Er übersetzte Novalis jedoch nicht nur in seiner Literaturgeschichte, sondern er ‚übersetzte' dieses Bild von der Frühromantik auf produktive Weise zuvor schon in ein aufs äußerste verknapptes Gedicht, das man vielfach als eines seiner persönlichsten interpretiert hat:

Wünschelruthe als produktives Missverständnis

> *Wünschelruthe*
>
> Schläft ein Lied in allen Dingen,
> Die da träumen fort und fort,
> Und die Welt hebt an zu singen,
> Triffst du nur das Zauberwort.

Schon auf den ersten Blick trennt *Wünschelruthe* (zuerst im *Deutschen Musenalmanach für das Jahr 1838* erschienen, vermutlich 1835 entstanden) von dem Ofterdingen-Gedicht, dass es nicht nur sehr viel kürzer ist, sondern dass es in dieser Kürze auf die klare Gliederung des Satzbaus verzichtet. Während das Ofterdingen-Gedicht sich einer Wenn-Dann-Konstruktion bedient, die auf die letzten zwei Zeilen hin ausgerichtet ist, verunklart Eichendorff demgegenüber schon mit syntaktischen Mitteln die denkbaren Beziehungen, in denen die vier Zeilen seines Gedichtes zueinander stehen könnten. Die einfachere Lesart könnte lauten, dass die letzte Zeile die notwendige Bedingung bezeichnet, die Ursache dafür wäre, dass die Welt zu singen anheben könnte; es würde dann das in allen Dingen schlafende Lied ertönen. Zahlreiche Interpreten Eichendorffs haben diese Beziehung religiös gedeutet: Aufgrund der Vereinzelung und Entfremdung der Dinge in der Moderne befinde sich die Welt „in einer Art von somnambulen Halbschlaf"; erst die „christliche Kunst" (Hartwig Schultz in Eichendorff 1987, S. 1038) der romantischen Dichter würde sie erwecken und – wie auch im Gedicht *Abendröte* (1802) von

Satzbau von Wünschelruthe

Friedrich Schlegel (vgl. Schumann 1966, S. 373) – zu Gesang werden lassen.

Analyse von Wünschelruthe

Bei genauerem Hinsehen lassen die ambivalenten Bindewörter die Beziehungen zwischen den Zeilen allerdings ganz und gar in der Schwebe: insbesondere das „und" verunklart, ob die „Welt" tatsächlich der Inbegriff der vorgenannten „Dinge" ist, oder ob Welt und Dinge kategorial geschieden sind und die Dinge möglicherweise weiterhin fort und fort träumen würden, selbst wenn das Zauberwort getroffen wäre. Im ersten Fall hätte das „und" eine verbindende Funktion, im zweiten Fall würde es das Gedicht durch eine klare Zäsur in zwei antithetisch aufeinander bezogene Teile spalten. Vor allem aber wird durch das Wort „nur" in der letzten Zeile fraglich, ob ein solches Zauberwort überhaupt getroffen werden kann. Auf den ersten Blick scheint es die Leichtigkeit der Bedingung anzuzeigen; auf den zweiten indes ihre Unerfüllbarkeit. Für diese zweite Lektüremöglichkeit spricht, dass auch das „Du" es offen lässt, wer das Zauberwort denn überhaupt sprechen kann: vom romantischen Dichter als solchem ist jedenfalls nicht die Rede; das „Du" changiert zwischen einer Anrede an den Leser und – weitaus plausibler – der Selbstanrede in einem Selbstgespräch, in welchem der Dichter begriffen ist. Dieses Changieren, das die jeweils andere Verständnismöglichkeit zwischen den Zeilen mitschwingen lässt, verleiht dem gesamten Gedicht einen melancholischen Grundton, dem sogar die grammatische Gewissheit, in Wenn-Dann-Sätzen sprechen zu können, gänzlich abhanden gekommen ist. Wiewohl beide Gedichte kein lyrisches Ich aufweisen, wird durch das Wenn-Dann bei Novalis doch eine subjektgebundene Hoffnung spürbar, dass es dieses Wort tatsächlich gibt – eine Hoffnung, die sich bei Eichendorff in eine träumerische Assoziation beim Reden mit sich selbst auflöst, fast so, als seien es die Dinge selbst, die vom Zauberwort träumten. Tatsächlich könnte man mit Blick auf das lyrische Ich bei Eichendorff sagen, dass dieses Ich gänzlich zurücktritt, während es bei Novalis zwar nicht ausdrücklich auftritt, doch in der Sicherheit des prognostischen Sprechens als ein jederzeit mit sich einiges spürbar ist.

Gedichtvergleich

Deutungsaspekt: Sprachmagie?

Der Rückzug des lyrischen Ich bei Eichendorff wird von einem Teil der Forschung als Hinwendung zur Magie der Sprache selbst gedeutet (vgl. Kremer 2003, S. 300). Magie wird hier verstanden als die Hoffnung, dass die Sprache die Dinge selbst nicht nur bezeichnet, sondern dass ihr Nennen sie verlebendigen würde, kraft eines vom Menschen ausgehenden Sprechakts. In dieser starken Bedeutung indessen ist nicht einmal das Gedicht von Novalis von Sprachmagie erfüllt: Es lässt die künftigen Dinge nicht kraft der Sprache erscheinen, sondern gibt eine Prognose auf eine entschieden bessere Zukunft ab – eine Prognose, die durch ihre Sicherheit tatsächlich ein hohes Vertrauen in die Sprache und deren Macht an den Tag legt. Eichendorffs Absage an das Ich geht in diesem Punkt viel weiter. Die Dinge, die das Gedicht – wie oft bei Eichendorff – in äußerster stereotyper Reduktion anführt, haben sich so sehr in sich selbst versenkt, dass ihr Nennen im Einzelnen nicht mehr denkbar ist; vielmehr sind sie auf vergleichsweise abstrakte Weise nur noch ‚alle Dinge‘. Der Schluss des Gedichts, „triffst du nur das Zauberwort", wäre somit von einer Stimme gemurmelt, die eine gewisse Bitterkeit über die Resignation, dass es dieses Zauberwort nicht gibt, nicht verbergen kann. Hörbar wird diese Resignation dadurch, dass die Erstposition des Wortes „triffst" ihm eine Nebenbetonung zukommen lässt, die das „Zauberwort" überschattend überwiegt. Es ist der kurze Vokal „i" in „triffst", der diesem Wort einen selbstironischen Ton gibt, indem er höher und schriller als das „nur" gesprochen werden will.

Wie der Germanist Alexander von Bormann erkannt hat, macht *Wünschelruthe* es „vom ‚Zauberwort‘ des Dichters abhängig, daß die Welt zu singen anhebt" (Bormann 1968, S. 237), – nur mit dem Unterschied, dass das Gedicht das Finden des Zauberworts nicht mehr in Aussicht stellt. Das lyrische Ich, das weiß, dass es das Zauberwort nicht treffen kann, weiß wohl auch, dass nur ihm dieses Zauberwort überhaupt noch in den Sinn kommt. Allenfalls der Leser findet sich einbezogen, der dem einsam sprechenden lyrischen Ich fast heimlich, jedenfalls ohne dessen erkennbares Wissen lauscht. Eichendorffs lyrisches Ich ist somit durch eine fundamentale Wende des Nachdenkens über Sprache und Verstehen hindurchgegangen, die ihn von Novalis scheidet. Diese Wende ist die des neueren hermeneutischen Denkens.

<small>Zauberwort und Hermeneutik</small>

Die Hermeneutik ist die Lehre vom Verstehen von Texten (→ ASB JOISTEN). In der Frühen Neuzeit bezog sie sich vor allem auf die Bibel, teils wurde sie auch im Bereich des juridischen Wissens benötigt, gar nicht aber bedurfte man ihrer, um literarische Texte im neueren Sinn zu verstehen. Dies änderte sich nach und nach. Noch im 18. Jahrhundert stand indessen ein Grundsatz der älteren, allgemeinen Hermeneutik fest: Das Textverstehen ist keine Angelegenheit zwischen einem ‚Sender‘ und einem ‚Empfänger‘ allein, sondern es bedarf darüber hinaus stets noch der referenziellen Beziehung

<small>Die literarische Hermeneutik</small>

des Textes auf ein Drittes (vgl. Arndt 1994, S. 23): auf den verhandelten Gegenstand (welcher nicht unbedingt in der sichtbaren Welt angesiedelt sein musste, sondern beispielsweise auch die Moralität einer Handlung betreffen konnte). Eine entscheidende Konsequenz der neueren Hermeneutik – die mit dem Namen des seit 1797 mit Friedrich Schlegel eng befreundeten Berliner Theologen Friedrich Schleiermacher verbunden wird, an der aber zuvor schon Friedrich Schlegel selbst sowie unbekanntere Autoren, insbesondere der Hermeneutiker Friedrich Ast, entscheidend beteiligt waren – war im Ergebnis, dass das Verstehen nunmehr als produktiver Akt eines Lesers in Auseinandersetzung mit einem Text verstanden wurde. Schlegel zog aus einer eher nebensächlichen Bemerkung in Immanuel Kants *Kritik der reinen Vernunft* (1781, hier S. 314) die Konsequenz, dass ein Interpret einen Text besser verstehen kann oder sogar muss als der Autor des Texts – vorausgesetzt, er ist nicht nur ebenso klug, sondern auch ebenso ‚dumm' wie dieser, um dessen literarische Umwege und Konfusionen lesend nachvollziehen zu können (vgl. Nüsse 1962, S. 93). Ob ein Text sich argumentativ auf die Welt bezog, interessierte jetzt nicht mehr so, wie es noch die Aufklärung interessiert hatte. Nicht die Argumente im Einzelnen, sondern das Textganze als entweder in sich stimmige oder gerade auch auf rätselhafte Weise dem Verstehen sich entziehende Einheit wurde nun zum Gegenstand der Verstehensanstrengung eines Lesers. Bildlich gesprochen wendet der Text sich aus Sicht der Hermeneutik vom Leser ab und provoziert damit, dass der Leser nur noch ihn, nicht mehr die von ihm vorgebrachten Argumente zu verstehen sucht (weswegen Friedrich Schlegel sich seit etwa 1808 unter den literarischen Gattungen vor allem für die monologischere Lyrik interessierte, und kaum mehr für den vielstimmigeren, argumentativeren Roman, vgl. Mennemeier 2007, S. 439). Der Theorie der Hermeneutik zufolge handelt es sich hierbei zwar, um eine zirkuläre Struktur – so gibt jedenfalls ausdrücklich Friedrich Ast im Jahr 1808 zu (vgl. Nüsse 1962, S. 95). Die Gefahr, dass ein solcher Zirkel sich als sinnfreie Tautologie erweise, sucht sie durch die Forderung abzuwehren, es komme eben darauf an, in einen ergebnisoffenen Prozess des Verstehens einzutreten, der genau genommen nicht mehr abschließbar sei.

Der hermeneutische Zirkel

Eichendorff stand schon zur Zeit seines Studiums in Heidelberg 1807/08 in Kontakt zu Friedrich Ast (vgl. Hölter 2005, S. 63) und er hörte bei Friedrich Schlegel in Wien gerade in jener Zeit Vorlesungen, als dieser „eine allgemeine Hermeneutik ins Auge fasst[e]"

Friedrich Schlegel

(Breuer 2010, S. 72), nämlich im Jahr 1812. Diese Hermeneutik fundierte Schlegels aus besagten Vorlesungen hervorgehende, zweibändige Darstellung *Geschichte der alten und neuen Literatur* (1815), die von Heinrich Heine mit der Begründung gelobt wurde, „hier werde Literaturgeschichte vom katholischen Glockenturm aus geschrieben, jedoch dabei immerhin so gut, daß ‚kein besseres Buch dieses Fachs‘ zu finden sei" (Matuschek 2001, S. 194). Auch Novalis wurde hier knapp behandelt (vgl. Schlegel 1961, S. 400).

Der Einfluss der von Ast und Schlegel vertretenen neuen Hermeneutik trennt Eichendorff von Novalis. Novalis traute sich noch die Prognose zu, dass eine Wiederbelebung des Sprachsingens durch die Menschen etwas an der Welt, in der sie leben, ändern würde, weil der Mensch Sprache sei und die Welt von ihm abhänge. Seine Prognose ist ein Argument, das zwar nicht ‚nachahmend‘ bestimmte Dinge oder Gegenstände bezeichnen, wohl aber referenziell etwas aussagen will, was sich auf die Welt des Menschen bezieht. Eichendorff hingegen liest und übersetzt sich die frühromantische Ausdrucksabsicht ins Eigene. Gerade weil er davon ausgeht, dass lyrisches Sprechen mit der Welt an sich nichts zu tun hat, kann er das Treffen-Wollen des Zauberworts als ein Motiv thematisieren, das nur noch das Selbstgespräch des lyrischen Ich motivieren oder es vom träumenden Verstummen – in das zumindest die Dinge ja weiterhin gebannt bleiben – abhalten wird. Konsequenterweise bleibt es dem Leser des Gedichtes überlassen, interpretierend zu erproben, wie dieses schriftlich fixierte Selbstgespräch lesend intoniert werden kann: ein Prozess, der den Leser in denselben hermeneutischen Zirkel verstrickt, in den schon das lyrische Ich im Gedicht sich begeben hat.

> Einfluss der neuen Hermeneutik auf das lyrische Sprechen

Bis zur radikalen Entmimetisierung der Natur durch symbolistische Dichter wie Charles Baudelaire ist es von hier aus nur noch ein kleiner Schritt. Auch die Idee der absoluten Musik, die ein freies Spiel von Zeichen sein will, ist nur die „radikale Konsequenz (und zugleich die Überwindung) [...] der These von der ursprünglichen paradiesischen Einheit von Musik und Sprache" (Lubkoll 1995, S. 11). Die „emblematische" (Bormann 1968 passim) oder allegorische Tendenz von Eichendorffs Dichten, das mit einem kleinen Inventar von immergleichen ‚Dingen‘ auskommt (z. B. Brunnen, Haus, Fenster, Seele), fügt sich insgesamt in diese Ausrichtung auf die antinaturalistische ästhetische Moderne ein (vgl. Sautermeister 2005, S. 7).

> Eichendorffs unfreiwillige Modernität

Fragen und Anregungen

- Informieren Sie sich über Herders Rolle in Weimar und skizzieren Sie sein Sprachverständnis.
- Diskutieren Sie die unterschiedlichen Bezugnahmen auf das Singen der Menschen bei Herder, Novalis und Eichendorff.
- Wie äußert sich das Vertrauen in die Wirkungskraft der Sprache in Novalis' Gedicht „Wenn nicht mehr Zahlen und Figuren ..."?
- Legen Sie dar, worin der Einfluss der neueren literarischen Hermeneutik bei Eichendorff greifbar wird.

Lektüreempfehlungen

Quellen
- Joseph von Eichendorff: Wünschelruthe, in: ders., Sämtliche Werke. Historisch-kritische Ausgabe, begründet v. Wilhelm Kosch u. a., Bd. 1.1, hg. v. Harry Fröhlich und Ursula Regener, Stuttgart 1993, S. 121.
- Johann Gottfried Herder: Über die neuere deutsche Literatur. Fragmente [I,3], in: ders., Werke, hg. v. Wolfgang Proß, Bd. 1, München, Wien 1984, S. 143–210, insbesondere S. 143–148.
- Novalis: Paralipomena zum *Heinrich von Ofterdingen*. 4. [Die Berliner Papiere], in: ders. 1960ff., Bd. 1, S. 340–348.

Forschung
- Helmut Müller-Sievers: Über Zeugungskraft. Biologische, philosophische und sprachliche Generativität, in: Hans-Jörg Rheinberger (Hg.), Räume des Wissens, Berlin 1997, S. 145–164. *Innovative Studie zu einem zentralen Paradigmenwechsel um 1800.*
- Peter Horst Neumann: Joseph von Eichendorff. Singen als symbolische Handlung, in: ders., Erschriebene Welt, Aachen 2004, S. 122–132. *Eine klassisch gewordene Interpretation.*
- Monika Schmitz-Emans: Sprachphilosophie / Romantische Sprachästhetik, in: Glaser 2001, S. 545–566 und S. 567–587. *Zwei fundierte Überblicksdarstellungen zu Aufklärung und Romantik mit guten Auswahlbibliografien.*
- Peter Szondi: Einführung in die literarische Hermeneutik, hg. v. Jean Bollack und Helen Stierlin, Frankfurt a. M. 1975. *Vorzügliche Einführung, die in Kapitel 8 Friedrich Ast im Kontext bedenkt.*

10 Der Diskurs der Bildung

Abbildung 10: Francisco de Goya: *El Pelele (Die Strohpuppe)* (1791/92)

Das großformatige Bild „El pelele" (Die Strohpuppe bzw. Der Hampelmann) entstand 1791/92 als einer der letzten der 60 Tapisseriekartons, die der spanische Künstler Francisco de Goya seit 1775 für die spanische königliche Teppichmanufaktur anfertigte. Der Tapisseriekarton zeigt auf den ersten Blick vier attraktive junge Frauen, die sich ein harmloses Vergnügen daraus zu machen scheinen, mit einem aufgespannten Tuch eine Strohpuppe wie einen Spielball in die Höhe zu prellen. Der Bildhintergrund lässt an einen Park als Ort dieses vermeintlichen Spiels denken. Betrachtet man die Gesichtszüge der lächerlich aufgeschminkten Puppe genauer, bemerkt man in ihren Augen eine Verzweiflung, die der dargestellten Szene jede Heiterkeit nimmt. Der Eindruck von Lebendigkeit, der entsteht, wenn man die Strohpuppe länger ansieht, weckt ein heimliches Grauen beim Betrachter. Das Spiel scheint sich als Folterungsszene, die geprellte Puppe mit ihren verrenkten Gliedern als misshandelter Mensch, die Heiterkeit der Frauen als abgefeimtes Grinsen zu erweisen. Diese zweite Ebene des Bildes wird indessen nirgends explizit markiert, sie bleibt auf die Einbildungskraft des Betrachters angewiesen. Die Ambivalenz der Darstellung macht es unentscheidbar, ob sich hinter der heiteren Oberfläche eine zweite, nur angedeutete Wirklichkeit verbirgt.

Für Ludwig Tieck und Novalis lief die Pädagogik der Aufklärung auf ein Spiel mit ungleicher Machtverteilung hinaus, in dem der Schüler stets der Gefoppte ist. Wie grausam dieses Spiel ausfallen kann, meinten sie auch Goethes Roman *Wilhelm Meisters Lehrjahre* (1795/96) entnehmen zu können. Wie in Goyas Bildern beginnt Wilhelms vermeintlich harmonischer Bildungsgang nämlich die Züge einer Zerstörung durch ein unsichtbares Kollektiv anzunehmen, sobald man sich in die Ambivalenzen des ausdrücklich Gesagten vertieft. Was sie Goethe vorwarfen war, dass er die prosaische Realität über die poetischen Wunschintentionen des ‚Helden' siegen ließ, welcher in ihren Augen eher einer Marionette gleicht. E. T. A. Hoffmanns *Kater Murr* (1819/21) kann als eine romantische Antwort auf Goethes Roman verstanden werden.

10.1 Bildung des Bürgers?
10.2 *Wilhelm Meisters Lehrjahre* als Bildungsroman?
10.3 Romantische Antworten auf *Wilhelm Meister*

10.1 Bildung des Bürgers?

Seit dem frühen 18. Jahrhundert legte die Aufklärung größten Wert auf Fragen der Erziehung, aber auch der Bildung. Der Philosoph Jürgen Habermas, der den Strukturwandel der Öffentlichkeit im 18. Jahrhundert nachzeichnete, hat einen wichtigen Grund hierfür mit dem Satz benannt: „Der Edelmann ist, was er repräsentiert, der Bürger, was er produziert." (Habermas 1971, S. 26f.). Dieser Unterschied wird im Bereich der Erziehung und Bildung und der hierfür erdachten Institutionen besonders augenfällig (vgl. Ziolkowski 1994, S. 277–390): Um repräsentieren zu können, bedarf es der Fertigkeiten des Reitens, Jagens, Fechtens und Tanzens ebenso wie einer Kennerschaft der Verhältnisse anderer Länder, die man auf ausgedehnten Reisen an die europäischen Höfe erwirbt; – um produzieren zu können, bedarf es hingegen spezialisierter Kenntnisse. Man könnte auch sagen: Es bedarf eher des distanzierten Schriftverkehrs als der unmittelbaren Körperströme (vgl. Koschorke 1999). Diesen sehr idealtypisch angesetzten Wandel von den Bildungszielen des Adligen zu denen des Bürgerlichen (der z. B. die Rolle der Höfe im späten 18. Jahrhundert auf unzulässige Weise auf die Aufgabe der Repräsentation reduziert), versuchte Habermas am Beispiel des Briefes zu illustrieren, in dem die Titelfigur Wilhelm in Goethes Roman *Wilhelm Meisters Lehrjahre* (1795/96) ihr Bildungsideal formuliert. Doch so einleuchtend die These von Habermas mit Blick auf die Selbstwahrnehmung des bürgerlichen 19. Jahrhunderts auch scheint, so problematisch ist sie im Hinblick auf Goethes Roman. Denn der bürgerliche Wilhelm gibt dort nicht nur ausdrücklich an, die Ganzheitlichkeit der Ausbildung ausgerechnet eines Adligen anzustreben, sondern es zeigt sich durch den Kontext, dass der Roman Wilhelms Anspruch zudem noch ironisiert. Goethes Roman weist nämlich mehrfach darauf hin, dass Wilhelm sich gern mit fremden Federn schmückt, da er es liebt, sich in Texte ihm wichtiger Autoren wie in eine zweite Wirklichkeit hineinzuleben. Auch das Ideal einer ganzheitlichen Bildung wird in einem Brief Wilhelms formuliert, der schlicht aus einer einschlägigen Abhandlung des populären Philosophen Christian Garve abschreibt: Wilhelm macht sich die Argumente Garves zueigen, um sein langes Ausbleiben von Hause zu rechtfertigen (vgl. Goethe 1985ff., Bd. 5, S. 767f.). Wie die Literaturhistorikerin Lieselotte Kurth zeigt, bemerkten schon zeitgenössische Kritiker, dass die „altklugen Sentenzen im Munde des unerfahrenen Kaufmannssohnes" (Kurth 1969, S. 216) nicht nur angelesen wirkten, sondern sogar bewusst angelesen wirken

Bildung zwischen Repräsentation und Produktion

Bildungsziele des Bürgertums

Bildungsideal im Wilhelm Meister

sollten, um den Leser zum Nachdenken über das Lesen anzuregen. Aus ähnlichen Gründen spricht der Germanist Manfred Engel von einem „Transzendentalroman", der eine Metaebene zum anthropologisch ausgerichteten Bildungsroman einnehme, indem weniger die Bildungsgeschichte des Helden als vielmehr die Frage nach den Bedingungen des Erzählens und somit die Reflexionsbereitschaft des Lesers entscheidend seien (Engel 1993, S. 317).

10.2 *Wilhelm Meisters Lehrjahre* als Bildungsroman?

Der Germanist Lothar Bluhm hat in einer wichtigen, die Forschungspositionen vorsichtig abwägenden Studie zu *Wilhelm Meisters Lehrjahren* zeigen können, dass die moderne Goethe-Forschung letztlich noch immer in der Tradition einer frühen Deutungsdifferenz steht, die sich zwischen zwei Parteien hier um Friedrich Schiller, dort um Friedrich Schlegel als Zentrum abzeichnete. Für die Partei um Friedrich Schiller, Schillers Freund Christian Gottfried Körner und den Dorpater Professor Karl Morgenstern, der den Begriff „Bildungsroman" 1820 erstmals ausdrücklich benutzte, stellt sich Goethes Roman als Inbegriff eines Bildungsromans dar (wobei Schiller und Körner diesen Begriff noch nicht verwenden, jedoch der Sache nach unterstellen, dass Goethe diese Idee bei seiner Darstellung verfolgt habe). Dieser Sicht sind heute Literaturwissenschaftler wie Jürgen Jacobs, Rolf Selbmann und insbesondere Hans-Jürgen Schings verpflichtet, wenn sie „in Goethes Roman eine teleologisch ausgerichtete, linear fortschreitende Entwicklungsgeschichte mit dem Zielpunkt eines glücklichen Hineinfindens des Protagonisten in Bindungen und Verantwortlichkeiten" (Bluhm 2001, S. 123) sehen. Wer sich dieser Einschätzung anschließt, wird demzufolge dazu neigen zu betonen, dass der Protagonist – der Kaufmannssohn Wilhelm Meister – dank seines unbedingten Wunsches nach Selbstverwirklichung zwar zeitweilig in gewisse Gefahren gerät (z. B. sich in seiner Liebe zu der Schauspielerin Mariane zu verirren, die von einem älteren Nebenbuhler Wilhelms ausgehalten wird, was Wilhelm zunächst nicht weiß), und er wird bis zu einem bestimmten Punkt zugeben, dass Wilhelm seelische Krisen durchleidet (z. B. im Umfeld einer reisenden Schauspielergesellschaft, der Wilhelm sich über weite Strecken des Romans anschließt). Doch insgesamt wird er davon ausgehen, dass Wilhelm am Ende des Romans zu seinem eigenen Besten von seinen schwärmerischen Ideen – dem Anspruch auf Selbstverwirklichung in der Liebe und auf dem Theater – abgebracht und in eine sich durch Tätigkeit, Nützlichkeit und Gemeinsinn auszeichnende Gesellschaft aufgenommen wird. Während Jacobs und Selbmann eher das teleologische Moment betonen, weist Schings auf das therapeutische Moment dieses für die Anthropologie des ‚ganzen Menschen' exemplarischen Romans hin: Wilhelm werde durch ein Programm der Entsagung von seinen vom Leben unerfüllbaren frühen Ansprüchen befreit und seelisch geheilt (vgl. Schings 1984, S. 55).

Auf der anderen Seite verortet Bluhm die romantische Lektüre des Romans durch Novalis: Wilhelm Meisters Hinwendung zu einem bestimmten tätigen Leben sei Novalis und Friedrich Schlegel deswegen ein Graus gewesen, weil sie hierin die Absicht erkannten, die Ökonomie über die Poesie siegen zu lassen. Während Wilhelm seine ursprüngliche Wunschintention auf ein Leben mit und in der Kunst aufgebe, um eine Wallfahrt zum Adelsdiplom anzutreten, hätten die symbolischen Stellvertreter von Wilhelms poetischem Leben – die androgyne Mignon und der Harfner, zwei seelisch beschädigte Figuren, die sich eng an Wilhelm anschließen –, als ‚unentwickelbar' zurückzustehen. Sie finden nämlich beide durch merkwürdige Umstände den Tod: Mignon stirbt beim Versuch der Gesellschaft, ihm oder ihr eine eindeutige Geschlechtsidentität zu verschaffen, die Mignon (eigentlich ‚der Liebling'/französisch: *le mignon*) nicht hat. Der für wahnsinnig angesehene Harfner stirbt, als er in den vom Abbé der Turmgesellschaft aufbewahrten Akten, die die Geschichte seines Inzests mit seiner Schwester beinhalten, die ‚Wahrheit' über die eigene Identität erfährt (vgl. Perels 2008, S. 393). Ausdruck dieses Siegs der prosaischen Verhältnisse der ökonomischen Moderne über die Poesie sei unter anderem das Verstummen der melancholischen Lieder, die Mignon und der Harfner singen und die als Gedichte innerhalb des Prosaromans abgedruckt werden. Dieser Sicht, die insbesondere durch Friedrich Schlegels bedeutende Charakteristik *Über Goethes Meister* (1798) früh eine gewichtige Stimme erhielt, hat sich nach 1945 zunächst der Philosoph Karl Schlechta angeschlossen (vgl. Schlechta 1953); ihm folgten mit unterschiedlichen Akzentuierungen die Literaturwissenschaftler Heinz Schlaffer, der den Zusammenhang der ‚exoterischen' (bzw. expliziten) mit einer ‚esoterischen' (bzw. versteckten, nur angedeuteten) Textebene betont (vgl. Schlaffer 1978), Hannelore Schlaffer, die diese esoterische Textebene in ihren intertextuellen Verweisen auf antike Mythen als entzifferbar aufschlüsselt (vgl. Schlaffer 1989), Günter Saße, der immanente Widersprüche und Brüche der Geschichte analysiert (vgl. Saße 1998), und Joseph

2. Die *Lehrjahre* als Roman einer Zerstörung

Sieg der prosaischen Verhältnisse

Vogl, der die diskursiven Bezugsfelder der Kameralistik, Ökonomie und Kybernetik im Sinne von Novalis als Herkunftsorte der unsichtbaren Hand liest, von welcher Wilhelm gesteuert wird (vgl. Vogl 2002). Wer sich dieser ‚romantischen' Lesart verpflichtet weiß, wird Wilhelms Glück misstrauen, seinen vermeintlich organischen Bildungsgang als brüchigen Weg einer Zerstörung ansehen und seine vermeintliche Heilung als eine von ökonomischen Zwängen diktierte Normalisierung oder Anpassung: Der „Menschenversuch" (Pethes 2007, S. 298–322), den man mit Wilhelm durchführt, wird in dieser Sicht als eine zynische Veranstaltung erscheinen, die als solche zu erkennen Goethe seinen Lesern gerade dadurch zumutet, dass er sich – wie schon im *Werther* (1774) – einer ethischen Wertung enthält.

Bedeutung der Turmgesellschaft

Für beide Interpretationsrichtungen ist die Frage entscheidend, wie die geheimnisvolle Turmgesellschaft jeweils verstanden wird, diese ästhetisch-strukturelle Besonderheit des Romans, die am Ende alle Fäden in der Hand hält, an denen Wilhelm ohne sein Wissen vorwärts gezogen wurde. Einigkeit besteht in der Forschung darin, dass die Turmgesellschaft tatsächlich von Anfang an sogenannte Emissäre (einen Arzt, einen Abbé, etc.) entsendet, die mit Wilhelm in Kontakt treten, ohne dass Wilhelm von deren hintergründigen Gemeinsamkeiten wüsste. Die Frage ist, was die Turmgesellschaft beabsichtigt – und als was sie ausweislich jener Absichten einzuschätzen ist, die sie im Lehrbrief und in weiteren Eröffnungen Wilhelm gegenüber als die ihren ausgibt: Will sie Wilhelm von einer Krankheit heilen, auf dass

Offene Fragen

er gesunde? Oder will sie einen Gesunden mit den Methoden psychischer Kurmethoden umziehen, auf dass dieser sich an ihre Normen anpasse? Verkörpert sie die alte Adelsgesellschaft, oder weisen ihre Methoden sie als Inbegriff moderner Rationalität aus? Diese Fragen sind schon deswegen schwer zu beantworten, weil die Auflösung aller Verwicklungen am Ende des Romans mehr als knapp, nämlich auf lediglich zwei Seiten, erzählt wird: Wird Wilhelm mit der ihm vom Turm versprochenen Nathalie tatsächlich verbunden? Was wird aus seinem Erbe? Was geschah mit seinen Begleitern und ‚Spiegelfiguren' (Mignon, dem Harfner) genau, seit die Turmgesellschaft auch auf diese ‚Kranken' Einfluss zu nehmen begann? Ist Wilhelm tatsächlich, wie die Turmgesellschaft ihm eröffnet, der biologische Vater des kleinen Felix? Hat Wilhelm, indem er diesen Eröffnungen glaubt, eine neue, eine stabile ‚Identität' im Sinne der Maximen des ihm ausgehändigten Lehrbriefes gefunden, die seinen Bildungsgang abschließt (vgl. Saße 1998, S. 78f.)?

Ein möglicher Lösungsweg besteht darin, die sogenannte Fortsetzung der *Lehrjahre*, *Wilhelm Meisters Wanderjahre*, auf diese Fragen hin zu untersuchen. Doch stellt sich sofort die Frage, ob es legitim ist, diesen neuen Roman (der noch dazu in zwei sehr unterschiedlichen Fassungen von 1821 und 1829 vorliegt, sodass es sich genau genommen um zwei neue Romane handelt) überhaupt als Fortsetzung anzusehen. Betrachtet man den Problemzusammenhang der Bildung, dann wird man diese Frage eher verneinen müssen: In den *Wanderjahren* sind Bildung und Pädagogik keine Angelegenheit mehr, die den Protagonisten noch essenziell beträfen, da der älter gewordene Wilhelm schon aufgrund der selbstauferlegten Regel seines Programms der Entsagung, maximal drei Tage an einem Ort zu verweilen, eher wie eine Schachfigur springt, indem er einem immer gleichen Bewegungsgesetz folgt, statt dass er sich innerlich entwickeln oder sich in Auseinandersetzung mit der durchwanderten Landschaft bilden würde (vgl. Schlechta 1953, S. 166). Zudem ist es nun sein Sohn Felix, der das Objekt der Erziehungsbemühungen der sogenannten Pädagogischen Provinz wird, deren Anstalten im 10., 11. und 13. Kapitel der Urfassung der *Wanderjahre* (1821) ausführlich gewürdigt werden.

Die *Wanderjahre* als Fortsetzung?

Auch hier stellt sich die Frage: Steht der Roman als Ganzes beispielsweise hinter der sogenannten Lehre von der „dreifache(n) Ehrfurcht" (Goethe 1985ff., Bd. 17, S. 83), dem weltanschaulichen Kernstück, aus dem heraus das pädagogische Programm der Provinz als eine „Anthropologie vom Leibe her" (vgl. Barkhoff 1992) entworfen wird? Oder soll diese Lehre umgekehrt in ihrem fehlgeleiteten Anspruch dadurch entlarvt werden, dass der Leser die damit verbundene Leibeserziehung, nämlich das kollektive Einnehmen von Stellungen und Gebärden noch vor jedem Begreifen des Sinns dieser Übungen, als eine Dressurmaßnahme durchschauen kann (vgl. Herwig 2002, S. 14)? Felix jedenfalls erweist sich in den *Wanderjahren* als ebenso ‚unerziehbar', wie er dies zu seinem Glück schon am Ende der *Lehrjahre* war, wo er seinem Widerspruchsgeist und Eigensinn sein physisches Überleben verdankte.

Die Pädagogische Provinz der *Wanderjahre*

Es ist von der Forschung herausgearbeitet worden, dass die Turmgesellschaft in den *Lehrjahren* strukturell gesehen eine metaphysische Instanz ‚beerbt', die in der Antike und dem christlichen Mittelalter für die Absicherung der Vorsehung (Providenz) gesorgt hatte. Der Literaturwissenschaftler Wilfried Barner hat ihr Wirken daher mit dem Wirken der Göttin Pallas Athene in den Homerischen Epen verglichen: Athene sorgt gleichsam jederzeit hinter dem Rücken von

Geheime Lenkung

Odysseus für die geheime Lenkung von dessen Irrwegen (vgl. Barner 1983, S. 90). Da Goethes Roman jedoch nach der Krise der Metaphysik im 18. Jahrhundert geschrieben ist und in vielen stofflichen Bereichen (der Ökonomie, der Medizin, der Pädagogik etc.; vgl. zu diesen Diskursen und Sachkontexten des Romans: Schößler 2002) erkennbar der Moderne angehört, wirkt der Anspruch der Turmgesellschaft auf eine gottgleich-vorhersehende Absicherung von Wilhelms Weg unheimlich: Handelt es sich um eine fast totale Überwachung bis in jede verborgenste Seelenregung des Protagonisten hinein, wie sie erstmals der Geheimbundroman der Spätaufklärung als möglich ausfantasierte? Führt man an Wilhelm eine Theatrotherapie durch, wie sie im Bereich des psychologischen Wissens bekannt war? Steht womöglich sogar der auktoriale Erzähler, der alles zu überschauen vermag, im Bunde mit dieser Gesellschaft? Für was also steht diese Gesellschaft, die doch so viel Sinn für kostbare Kunstwerke an den Tag legt (vgl. Engel 1993, S. 310f.)? Für die aufgeklärte, humane bürgerliche Gesellschaft (vgl. Schings 1984), für die rein zweckrational kalkulierende Ökonomie und ihre Regelmechanismen (vgl. Vogl 2002) oder für die totalitären Tendenzen der Moderne, die im Utilitarismus des späten 18. Jahrhunderts angelegt sind (vgl. Schlechta 1953; Schlaffer 1978)?

Auf einen Lösungsweg, der verschiedene Interpretationsmöglichkeiten zu integrieren beansprucht, weist Bluhm hin: Goethe habe keinen ‚monologischen' Roman schreiben wollen, sondern einen von Dialogizität und Vielstimmigkeit geprägten, multiperspektivischen Roman, der auf ein Miteinander „von auf den ersten Blick inkompatiblen Programm- und (literarischen) Lebensentwürfen" (Bluhm 2001, S. 138) abziele. Schon Goethe reagierte auf Schillers Irritation darüber, dass es zwischen der ihm unterstellten Idee der Bildung Wilhelms hin zur „Meisterschaft" und der erzählten Geschichte unauflösbare Differenzen gibt, mit einem Hinweis auf seinen „realistischen Tic" (Goethe 1985ff., Bd. 8.1, S. 208). Für diese Sicht spricht weiter, dass Goethe nach dem Abschluss der *Lehrjahre* auch formal den Multiperspektivismus favorisierte: Schon in der *Wanderjahre*-Fassung von 1821 ist Wilhelm nicht mehr das Zentrum der Handlung, sondern er findet sich in eine Art Rahmenhandlung verbannt, der gegenüber die Vielzahl heterogener novellistischer Erzähleinlagen an erheblichem Gewicht gewinnt. Man kann sogar davon ausgehen, dass das oft nur stillschweigend in den Novellen Angedeutete den expliziten Ordnungen der Diskurse in der ‚Rahmenhandlung' um Wilhelm auf eine Weise widerspricht, die es beispielsweise verbietet, die sentenziöse Erziehungslehre von der dreifachen Ehrfurcht als Botschaft des Romans zu verabsolutieren. Die Literaturwissenschaftlerin Henriette Herwig stellt fest: „Die Erzähleinlagen sind nicht das zu Überwindende, sondern der Sand im programmatischen Getriebe." (Herwig 2002, S. 17). Die in der zweiten Fassung der *Wanderjahre* (1829) noch verstärkte Fiktion, der Roman werde ohne einen die Werkeinheit garantierenden Autor aus einem Archiv heraus mitgeteilt, setzt diese Tendenz fort. Stärker noch als in Goyas Tapisseriekarton *El pelele* (→ ABBILDUNG 10) wird der Betrachter bzw. Leser angesichts eines Gesamtbildes, bei dem Figur und Grund beständig ‚kippen', mit sich und der eigenen Urteilsbildung allein gelassen.

10.3 Romantische Antworten auf *Wilhelm Meister*

Die Ambivalenzen in Goethes Behandlung des Bildungswegs von Wilhelm wurden früh gesehen. Wollte Goethe seinen Wilhelm in der Tradition der zahlreichen aufklärerischen Adaptionen des *Don Quijote* (1605–15) von Cervantes zunächst als Anhänger einer närrischen, zudem durch Lektüre und Theater verursachten Schwärmerei darstellen, die sich sodann jedoch als kurierbar erweisen sollte? Oder konzipierte er seinen Wilhelm in der Tradition des aufklärerischen Geheimbundromans als passiven Spielball der undurchschauten Machenschaften der alles überwachenden Turmgesellschaft? Entlang dieser Extrempositionen etwa könnten die Diskussionen verlaufen sein, die insbesondere Friedrich Schlegel dazu brachten, in einer kritischen Würdigung dieses von ihm verehrten Romans, der alle vermeintlichen Eindeutigkeiten in die Schwebe brachte, sein Verständnis von Ironie zu schulen (vgl. *Über Goethes Meister*, in: Goethe 1985ff., Bd. 5, S. 674–691). Ist historisch gesehen schon der *Don Quijote* des an der Schwelle zum Absolutismus schreibenden Spaniers Cervantes (für den Ludwig Tieck sich so sehr interessierte, dass er ihn übersetzte; dt. 1799–1801) oder ist erst der Wilhelm des Zeitgenossen Goethe ein Idealist, der vom Normalismus der Realität zuschanden kuriert wird? Oder steht der Roman eben doch auf der Seite der Realität? Welcher Art ist die Ironie eines Autors, der dies möglicherweise nicht entscheidet – oder sollte es gar nicht die Ironie des Autors sein, sondern eine, die der produktive mitlesende Kritiker im Dialog mit dem Text und seinen Szenen, deren Übergänge er scharf beobachten muss, erst erschafft (vgl. grundlegend hierzu: Behler 1981, S. 33f.; Behler 1989)? Angesichts solcher Kippfiguren der Unausdeutbarkeit, die den Inter-

Don Quijote als Vorbild?

Romantische Ironie

preten auf sich selbst zurückverwiesen, fand Friedrich Schlegel paradoxe Formulierungen für ein Phänomen, das unter dem Namen romantische Ironie bekannt wurde: „Ironie ist Pflicht" (Schlegel 1980, S. 66), verlautet eine dieser, sich selbst paradoxal aufhebenden Notizen aus den Jahren 1797/98, deren Selbstbezüglichkeit nur auf den ersten Blick gut geeignet scheint, das zentrale Anliegen romantischer Aphoristik zu kennzeichnen. Schlegel selbst sah 1801 ein, dass mit ihr auch ein „Schlusspunkt" (Breuer 2010, S. 69) erreicht war.

_{Ironie, Essay und Roman als erste Antwort}

Es mag an der Unentscheidbarkeit dieser Fragen und an der Komplexität des Phänomens der sogenannten romantischen Ironie liegen, dass Antworten auf sie nicht allein in der Gattung des literarischen Essays und des aphoristischen Fragments gegeben wurden, sondern vor allem auch in eigenen Romanen, die Antwortcharakter auf die Herausforderung *Wilhelm Meister* haben. Schon Novalis schrieb seinen *Heinrich von Ofterdingen* (postum 1802) als eine solche, den Dialog mit Friedrich Schlegels Wilhelm-Meister-Charakteristik suchende Antwort, die Goethes vermeintliche Darstellung eines Siegs der bürgerlichen Ökonomie zurücknehmen wollte. Diesen Dialog mit Schlegel darf man sich übrigens nicht nur harmonisch vorstellen. Novalis hat die 1798 im *Athenäum* veröffentlichten Fragmente seines Freundes auch scharf kritisiert, und zwar als „unverständlich" (Novalis 1960ff., Bd. 2, S. 623).

_{Parodie und Karikatur als zweite Antwort}

Angesichts der restaurativen Tendenzen nach 1815 griffen romantische Texte zu schärfer karikierenden Mitteln, die auch Goethe galten. Achim von Arnim parodierte in seiner späten Erzählung *Wunder über Wunder* (1826) die Kunstbemühungen der Pädagogischen Provinz in *Wilhelm Meisters Wanderjahre* als eine „Subordinationskunst" (Arnim 1992, S. 643) im doppelten Sinne, da sie gemäß der klassizistischen Kunstlehre bildlich dargestellte Nebengegenstände den Hauptgegenständen unterordne, zugleich freilich auch im politischen Sinne die Subordination unter das vermeintlich Höhere beibringe. Auch E. T. A. Hoffmanns Erzählung *Rat Krespel* (1818; verändert in *Die Serapions-Brüder* 1819) zeichnet eine Karikatur Goethes. Diese bedient sich des Bildfeldes des Bauens, um Goethes Weimarer Kunstprogramm (nicht ohne prinzipielle Sympathie für deren Autonomieanspruch) als einen Irrweg zu zeichnen, der die Kunst zu einer tödlichen musealen Erstarrung verurteilt. Die Phantasmen und Fieberträume des kleinen Nathanael, an die der erwachsene Nathanael sich in E. T. A. Hoffmanns *Der Sandmann* (1816) erinnert und deren Genese er klar aus den ihm erzählten Ammenmärchen herleitet, sind ein weiteres Beispiel dafür, dass romantische Texte oft keine gelingenden Bildungs-, sondern Zerstörungsgeschichten erzählen, an denen die gedankenlose Rede der sich selbst für ‚normal' Haltenden entscheidenden Anteil hat. Wie auch immer man Nathanaels Weg im *Sandmann* deutet (→ KAPITEL 12.3), es dürfte feststehen, dass Nathanael sich nicht kontinuierlich oder organisch entwickelt, sondern dass sein Weg von Brüchen gezeichnet ist und dass am Ende seines Weges der Sprung in den Tod steht. In diesem Sinne konzipiert Hoffmann in der Tat schon die Kindheit als „traumatischen Ort" (Kremer 1996, S. 144), wie vergleichsweise Goethe dies nie getan hat. Gleichwohl wirft diese Zerstörungsgeschichte eine entscheidende Frage auf: Ist es vielleicht so, dass gerade diejenigen romantischen Texte, die auf die Zerstörbarkeit des Subjekts unter der Gewalt der faktischen Geschichte und der geltenden Diskurse aufmerksam machen, letztlich an die Legitimität des Anspruchs auf Autonomie glauben, auch wenn sie – vorsichtig geworden – von Autonomie nicht reden würden?

Zerstörungsgeschichten

In bestimmten Aspekten lässt sich auch E. T. A. Hoffmanns letzter großer Roman *Lebens-Ansichten des Katers Murr* (1819/21) als eine Parodie auf den Bildungsroman lesen. Dieser „Doppelroman" (Liebrand 2004, S. 212) stellt sich nämlich als eine willkürliche Montage zweier Geschichten dar, deren eine – wie das Vorwort behauptet – auf den Kater Murr zurückgeht, der auf eitle Weise seinen Bildungsgang nachzuzeichnen bestrebt ist, deren andere hingegen in unzusammenhängenden Makulaturblättern besteht, die angeblich dadurch in das Buch gerieten, dass Murr einzelne Seiten aus einem bereits gedruckten Buch teils als Unterlage, teils zum Löschen der Tinte benutzt habe (deshalb: „Makulatur"). Die Geschichte vom genialen Kapellmeister Johannes Kreisler, die Murr da unter die Pfoten gekommen ist, wird daher intermittierend (mit Brüchen mitten in angefangenen Sätzen) und ohne strenge Befolgung der Chronologie mitgeteilt, anders als die Mitteilungen des liebenswerten Bildungsphilisters Murr, die immerhin eine gewisse Chronologie einhalten. Man könnte formal betrachtet von einem arabesken Erzählprinzip sprechen, wie es auch in Hoffmanns eigenen Illustrationen zum Roman zum Ausdruck kommt (vgl. Pfotenhauer 1995c).

Kater Murr als Parodie des Bildungsromans

Arabeskes Erzählprinzip

Unter dem Eindruck der zeitgenössischen Theoriebildungsversuche zum Bildungsroman scheint Hoffmann auf den ersten Blick die Bildungsphilister in Gestalt des eitel sich selbst belächelnden Murr zu karikieren, um demgegenüber die Figur des genialen Musikers zum romantischen Gegenbild des innerlich Zerrissenen aufzubauen. Auf den zweiten Blick zeigt sich hingegen, dass auch Kreislers geniales

Bildungsanspruch und Künstlertum im *Kater Murr*

Künstlertum teils aus Klischees gespeist ist, die weniger Hoffmanns eigenem Denken als vielmehr der allmählich akademisch etablierten Ästhetik entsprungen zu sein scheinen. Der anfangs nur auf die eigene Bildung bedachte Kater treibt sich dagegen zunehmend unter „Katzburschen" herum, die als Anspielung auf die politische Burschenschaftsbewegung zu verstehen sind, über die Hoffmann als hoher preußischer Jurist eine schützende Hand hielt. Mehr noch: Die Katzburschen werden von einem ebenso bösen wie dummen Hofhund verfolgt, dem Hoffmann die Züge eines Direktors im Berliner Polizeiministeriums verlieh (vgl. Steinecke 1997, S. 210). Der Bildungsanspruch Murrs wird von Hoffmann gleichzeitig ironisiert und ernst genommen. Kater Murr lernt nämlich nicht nur schreiben, er lernt auch, dass dieses Wissen gefährlich ist: „So wie Meister Abraham erfährt, daß Du schreiben kannst, lieber Murr! macht er dich zu seinem Kopisten, und als Schuldigkeit wird von dir gefordert, was du jetzt nur aus eigenem Antriebe zu deiner Lust tust", so wird Murr von der eigenen Mutter Mina belehrt, um fortzufahren: „Erst später habe ich eingesehen, daß das, was ich für Abscheu gegen die Wissenschaften hielt, wirkliche Lebensweisheit war, die die Gefleckte in sich trug." (Hoffmann 1985ff., Bd. 5, S. 56).

Aktuelle Interpretationsansätze

Auch die französische Philosophin Sarah Kofman hat im Gegenzug zu der Bevorzugung Kreislers seitens der Literaturwissenschaft des frühen 20. Jahrhunderts die Perspektive des Katers aufgewertet. Aus ihrer allerdings sehr stark von der Postmoderne geprägten Sicht sind es die offenkundigen Anleihen des Katers bei fremden Federn, die zur Montage von Unvereinbarem tendierende Ironie und die selbstreferenziell spielerischen Elemente, die Hoffmanns Text auszeichnen. Dieser Sicht widerspricht neuerdings die Literaturwissenschaftlerin und Medientheoretikerin Claudia Liebrand mit guten Gründen, wenn sie darauf hinweist, dass der Künstler Kreisler trotz oder gerade wegen seiner problematischen Züge Hoffmann doch näher stehe als der materialistischere, für einen Heringskopf sogar die eigene Mutter vergessende Kater. Liebrand zufolge ist der Clou von Hoffmanns Collageverfahren, das keineswegs willkürlich sei, sondern bewusst Perspektiven ineinanderblende, „dass sich keiner der beiden Teile auf Kosten des anderen bevorzugen" (Liebrand 2004, S. 214) lässt.

Wie fern standen sich Goethe und Hoffmann?

Die Frage ist also: Muss man sich zwischen der ‚hohen' künstlerischen und der ‚niederen' kätzischen Perspektive entscheiden? Berücksichtigt man das oben Ausgeführte zu *Wilhelm Meisters Lehrjahre*, so könnte man überlegen, ob nicht eine prinzipielle Gemeinsamkeit zwischen Goethe und Hoffmann darin liegt, dass sie beide Romane vorlegten, die so sehr von Dialogizität und Multiperspektivität geprägt sind, dass es sich verbietet, sie gegeneinander auszuspielen, wie dies oft mit Blick auf die angeblich sehr negativen Urteile Goethes über Hoffmann geschieht. Nicht der Bildungsbegriff Goethes, sondern der Diskurs der im Schreiben über Literatur sich institutionalisierenden Wissenschaften und ihr Missbrauch durch die politischen Mächte stände dann im Fokus der indirekt über mehrere gleich gültige Perspektiven vorgetragenen Kritik Hoffmanns an seiner Zeit. Die Verfahren, mit denen Hoffmann bestimmte Diskurse der Moderne kritisch perspektivierend aufgriff, stehen denjenigen, die Goethe seinerseits erprobte, überaus nahe – Grund genug für Hoffmann, bestimmte Züge aus Goethes Roman zwar ironisch zu parodieren, doch in dieser ironischen Parodie Goethes ‚esoterischen' Absichten insgeheim sehr nahe zu kommen. Die Offenheit der Form von Hoffmanns Roman (es ist unklar, ob Hoffmann einen dritten Band schreiben wollte oder nicht, da dies in einer *Nachschrift des Herausgebers* zwar angekündigt, doch zugleich vom Tod des Katers berichtet wird, der lediglich „Reflexionen und Bemerkungen" [Hoffmann 1985ff., Bd. 5, S. 457] hinterlassen habe) ist der Sache nach in dem von Schiller bemängelten Fehlen klassizistischer Geschlossenheit von Goethes ‚Bildungsroman' angelegt. „(M. f. f.)" heißt es bei Hoffmann am Beginn jedes Abschnittes für ‚Murr fährt fort' – „(Ist fortzusetzen.)" steht am Ende von *Wilhelm Meisters Wanderjahre* in der Fassung von 1829. Diese Offenheit ist bezeichnend für die Gattungsinnovationen, die der Roman um 1800 möglich werden ließ.

Kritik des wissenschaftlichen Diskurses

Fragen und Anregungen

- Welche Argumente sprechen dafür, *Wilhelm Meisters Lehrjahre* als einen Bildungsroman einzuschätzen, welche dagegen?

- Analysieren Sie das erste Kapitel von *Wilhelm Meisters Lehrjahre* narratologisch. Wie kommt die ironische Perspektive auf Wilhelm zustande? Welche Rolle spielt die Fokalisierung hierbei? Bleibt es bei dieser ironischen Perspektive? Vergleichen Sie das erste Kapitel des ersten Buches mit dem ersten Kapitel des zweiten Buches.

- An welchen Stellen von Goethes Roman fällt der Begriff „Plan"? Sind diese Stellen Wilhelms Bildungsplan kongruent? An welchen Stellen ist demgegenüber der Sache nach von Irren, Irrtum oder Irrweg die Rede?

- Legen sie dar, ob und inwiefern E. T. A. Hoffmanns Roman *Lebens-Ansichten des Katers Murr* als Parodie eines Bildungsromans aufgefasst werden kann.

Lektüreempfehlungen

Quellen
- Johann Wolfgang Goethe: Wilhelm Meisters Lehrjahre, hg. v. Ehrhard Bahr, Stuttgart 1982 (RUB 7826).

- E. T. A. Hoffmann: Lebens-Ansichten des Katers Murr nebst fragmentarischer Biographie des Kapellmeisters Johannes Kreisler in zufälligen Makulaturblättern, hg. v. Hartmut Steinecke, Stuttgart 1972 (RUB 153).

Forschung
- Lothar Bluhm: „Du kommst mir vor wie Saul, der Sohn Kis'". *Wilhelm Meisters Lehrjahre* zwischen ‚Heilung' und ‚Zerstörung', in: Lothar Bluhm / Achim Hölter (Hg.), „daß gepfleget werde der feste Buchstab". Festschrift für Heinz Rölleke zum 65. Geburtstag am 6. November 2001, Trier 2001, S. 122–140. *Als Einstieg in das Thema geeignete Studie, da die wichtigsten literaturwissenschaftlichen Forschungsrichtungen klar kontrastiert werden.*

- Günter Saße: Vom „heimlichen Geist des Widerspruchs". Der Bildungsroman im 18. Jahrhundert. Goethes *Wilhelm Meisters Lehrjahre* im Spannungsfeld von Subjektivität und Intersubjektivität, in: Monika Fludernik / Ruth Nestvold (Hg.), Das 18. Jahrhundert, Trier 1998, S. 69–89. *Eine der wichtigsten, die Brüche in der Darstellung des Bildungsideals Wilhelm Meisters herausarbeitenden Studien.*

- Hans-Jürgen Schings: Agathon – Anton Reiser – Wilhelm Meister. Zur Pathogenese des modernen Subjekts im Bildungsroman, in: Wolfgang Wittkowski (Hg.), Goethe im Kontext. Kunst und Humanität, Naturwissenschaft und Politik von der Aufklärung bis zur Restauration, Tübingen 1984, S. 42–86. *Eine der wichtigsten Studien zum Bildungsroman.*

- Wilhelm Voßkamp: Der Roman des Lebens. Die Aktualität der Bildung und ihre Geschichte im Bildungsroman, Berlin 2009. *Eine Evaluation des Bildungskonzepts für die Wissensgesellschaft, die die Aktualität von Goethes „Wilhelm Meisters Lehrjahre" betont.*

11 Anthropologie und Psychologie

Abbildung 11: Titelvignette von Carl Alexander Ferdinand Kluges *Versuch einer Darstellung des animalischen Magnetismus als Heilmittel* (2. Auflage 1815)

Die Titelvignette zum „Versuch einer Darstellung des animalischen Magnetismus als Heilmittel" des Arztes Carl Alexander Ferdinand Kluge (2. Auflage 1815) soll zeigen, wie die Wissenschaft den Schlaf entdeckt. Die Figur in der linken Bildhälfte ist eine allegorische Verkörperung der Nacht. Sie breitet ein schützendes Gewand über die beiden Kinder zu ihren Füßen, die durch ihre Attribute als Schlaf und Tod kenntlich sind. Das Kind links symbolisiert den Tod, es hält die Fackel gesenkt. Der todähnliche Schlaf hingegen, der zwei Mohnkapseln in der einen Hand hat, reicht willenlos seine andere Hand einem Mann, der durch den Äskulapstab als Medicus ausgewiesen ist. Der Arzt beugt sich aufmerksam betrachtend und zupackend zugleich über den Schlaf. Der Zeichner dieser Vignette hat eine Illustration aus Karl Philipp Moritz' „Götterlehre" (1791) als Vorlage benutzt: eine Darstellung der Nacht mit Schlaf, Tod und Träumen von Asmus Jakob Carstens. Allerdings hat er diese Illustration um die Figur in der rechten Bildhälfte erweitert. Er hat somit die Berührung zwischen Arzt und Schlaf in das Zentrum seiner Darstellung gerückt.

Für die Aufklärung des 18. Jahrhunderts war die Frage nach der Natur des Menschen zentral. Insbesondere seine ‚innere Natur' war es, die sich vervollkommnen sollte. Im Rahmen der allgemeinen Anthropologie als Wissenschaft vom Menschen nahm daher die Psychologie einen besonderen Aufschwung. Die Aufklärung suchte Licht dorthin zu tragen, wo sich ihr der Grund der Seele als dunkel darstellte. Phänomene wie der Somnambulismus (Nachtwandeln) oder der animalische Magnetismus (Hypnose) faszinierten schon die spätaufklärerische Popularphilosophie. Die alte literarische Gattung der Autobiografie konnte zu diesem psychologischen Interesse beitragen, indem sie im Sinn der neuen Erfahrungsseelenkunde verschriftlichte, was die Erinnerung an Ersteindrücken, Assoziationen und exzentrischen Seelenzuständen zu Tage förderte. Goethes Autobiografie steht in dieser Tradition, überschreitet sie jedoch ästhetisierend und monumentalisierend. In romantischen Texten überwiegt hingegen die Skepsis an der Zuständigkeit der Autobiografie für das, was nun als anthropologisch relevant angesehen wurde.

11.1 Empirische Beobachtung in Anthropologie und Psychologie
11.2 Anfänge romantischen Schreibens
11.3 Noch einmal: Ludwig Tieck, *Der blonde Eckbert*

11.1 Empirische Beobachtung in Anthropologie und Psychologie

Die Konjunktur, die die Gattung der Autobiografie seit der Mitte des 18. Jahrhunderts erfuhr, hat Gründe, die mit dem anthropologischen und psychologischen Interesse der Aufklärung zusammenhängen (→ ASB KOŠENINA). Wenngleich die aufklärerische Anthropologie ein deutlich weiteres Spektrum hatte, das z. B. auch Themen der Ethik, der Erkennntnislehre, der Vorurteilskritik, der Physiognomik, aber auch der menschlichen Rasse, des Klimas etc. umfasste, war doch ein wesentlicher Teilbereich das, was bereits in der Frühaufklärung bei dem Philosophen Christian Wolff *Psychologia empirica* (1732) hieß, ohne bereits eine eigene akademische Disziplin zu sein. Die psychologisch motivierte Introspektion, die assoziationspsychologisch motivierte Frage nach dem Zusammenhalt von Erinnerungen und die Frage, was die Einheit des Menschen als Person ausmache ('personale Identität') standen im Zentrum auch der aufklärerischen Autobiografie. Die ersten großen Beispiele autobiografischen Schreibens in deutscher Sprache folgten dem Vorbild bestimmter Aufklärer, insbesondere Jean-Jacques Rousseau. Dem Schriftsteller Karl Philipp Moritz und den Autoren aus seinem Umkreis kommt hier eine Schlüsselstellung zwischen Aufklärung und der Zeit um 1800 zu.

<small>Autobiografie als anthropologienahe Gattung</small>

Die romantische Anthropologie setzte diese umfassend auf den Menschen gerichtete Fragestellung fort und öffnete sich zudem stärker der Naturphilosophie, der Kosmogonie und der spekulativen Medizin (→ KAPITEL 12). Die Themen reichten nun

<small>Anthropologie und Autobiografie um 1800</small>

„[...] von Anatomie, Physiologie, Neurologie, Krankheitslehre über Grundthemen der Psychologie im weitesten Sinne – Seelen- und Vermögenslehre, Theorie des Traums, des Unbewußten (die wohl wichtigste Neuerung der Romantischen Anthropologie), des Wahnsinns, des Doppelgängersyndroms, des Somnambulismus und Magnetismus, der Liebe und Sexualität – bis hin zur Bestimmung des Verhältnisses der Geschlechter, der Lebensalterlehre, Menschheitsgeschichte, Rassentheorie und der Stellung des Menschen im Kosmos." (Engel 2000, S. 267f.)

Zudem differenzierte sich die Psychologie im außerakademischen Feld aus, indem sich neue Journale ihrer annahmen, die Medizin sich für sie öffnete und erste systematisierende Übersichten erschienen: z. B. die ausdrücklich als Beitrag zur Geschichte der Menschenkunde veröffentlichte *Geschichte der Psychologie* (1808, Nachdruck 1990) des Leipziger Philosophen Friedrich August Carus. Neben Karl Alex-

<small>Erste systematische Übersichten der Psychologie</small>

ander Ferdinand Kluge sind hier etwa Michael Wagner, Gotthilf Heinrich Schubert, Lorenz Oken und Carl Gustav Carus als wichtige Autoren zu nennen.

Auffällig ist, dass zwar zahlreiche Wissenschaftler der klassizistisch-romantischen Moderne Autobiografien verfasst haben, kaum aber die Literaten im engeren Sinne: Novalis, die Brüder Schlegel, Heinrich von Kleist, Ludwig Tieck, Achim von Arnim und E. T. A. Hoffmann haben keine Autobiografie geschrieben, Joseph von Eichendorff nahm immer wieder Anlauf zu einer solchen, kam indessen über faszinierende Skizzen und Fragmente nicht hinaus (vgl. Moering 2010, S. 198).

<small>Goethes autobiografische Schriften</small>

Goethe hingegen hat sich seit 1809 immer stärker damit beschäftigt, das eigene Werk in Ausgaben zu sichern und das eigene Leben literarisch zu rekonstruieren: Das bekannte Erinnerungsbuch *Italienische Reise* (1816/17; 1829) erschien zunächst als Teil der umfassend angelegten Autobiografie *Aus meinem Leben*, von der *Dichtung und Wahrheit* (1811–14) lediglich der erste Teil sein sollte. Der Fragmentcharakter des Unternehmens ist jedoch deutlich: Weder das voritalienische Jahrzehnt, noch die Zeit nach der Rückkehr aus Italien hat Goethe autobiografisch darstellen können, und doch machen seine autobiografischen Schriften einen der größten Komplexe innerhalb seiner Werkausgabe letzter Hand aus. Texte wie die *Campagne in Frankreich 1792* (1822) erinnern zwar bedeutsame Lebensabschnitte, doch tun sie dies auf eine um ironische Distanzierung bemühte Weise. Goethe stilisierte das eigene Leben zunehmend zu einer Ganzheit, indem er den Akzent von der ‚Wahrheit' auf die ‚Dichtung' verschob.

Die klassizistisch-romantische Moderne reagierte also unterschiedlich auf dieselben Probleme, die in bestimmten Tendenzen der Aufklärung begründet waren. Während Goethe die Gattung der Autobiografie im klassizistischen Diskurs ‚exoterisch' aufgriff und sie ästhetisierend fortschrieb, setzte Ludwig Tieck sich im romantischen Diskurs auf esoterische Weise mit ihr auseinander, indem er deren Problematik nur noch auf verdeckte Weise im literarischen Medium reflektierte (→ KAPITEL 11.3).

<small>Sinne und Erfahrung in der Erkenntnislehre</small>

Das Problem des ganzen Menschen, der sich allein aus Erfahrung abzuleiten und seine eigene Identität in der Erinnerung an die eigene Erfahrung zu definieren sucht, stellte sich der Aufklärung schon seit dem frühen 18. Jahrhundert. Für den Aufklärer John Locke galt, dass der Mensch keine angeborenen Ideen hat, die ihn unabhängig von Erfahrung konstituieren würden. Vielmehr betritt der Mensch Locke zufolge die Welt als Tabula rasa, die sich erst auf dem Weg sinnlicher Erfahrung nach und nach füllt. Locke versuchte unter anderem durch den beobachtenden Blick auf Kinder nachzuweisen, dass nichts in den Geist gelangt, was nicht zuvor in den Sinnen war. Den allerersten Sinneseindrücken eines Menschen kommt somit ungemeine Bedeutung für alle späteren Eindrücke zu.

Die von jeder Autobiografie gestellte Frage nach der ersten Erinnerung – dem sogenannten Ersteindruck – wurde von hier aus eine der zentralen Fragen jener Aufklärer, die sich in der zweiten Jahrhunderthälfte dem Lockeschen Empirismus öffneten. Sich dieses Ersteindrucks erinnernd zu versichern um zu verstehen, wurde daher für die Frage nach der Bestimmung des Menschen eminent wichtig.

Der Ersteindruck als Problem

Bereits die Aufklärung begann, auf die durchaus alte Gattung der Autobiografie, die bereits der Kirchenlehrer Augustinus in seinen *Confessiones* (um 400) zu einer ersten Blüte geführt hatte, zurückzugreifen. Dies lag an dem anthropologischen Interesse am Werden des Menschen, das sowohl retrospektiv nachzuzeichnen versucht, wie einer wurde, was er ist, als auch prospektiv darüber nachdenkt, wie alle werden könnten, was sie werden sollten. Die Fragen, die sich an Lockes Bestimmung der menschlichen Erkenntnis anschließen – wieso wurde ich, wie ich bin? bin ich, was ich erinnere? wie, wenn ich mich nicht erinnere? – führten unmittelbar in ein autobiografisches Erzählen hinein, das aus der Erinnerungsperspektive des Im-Nachhinein in möglichst großer Dichte der frühen Eindrücke und alles Weiteren, was aus ihnen wurde, habhaft zu werden versuchte. Dabei interessierten gerade auch die dunklen Seiten der Seele und dasjenige, was als Traum oder als bloße Einbildung im sogenannten *fundus animae*, dem Seelengrund, verborgen liegt und nicht ohne Weiteres auf einen Begriff gebracht werden kann.

Die Autobiografie in der Aufklärung

Jean-Jacques Rousseaus auf dem Lockeschen Empirismus aufruhende Autobiografie *Confessions* (postum 1782) zeigt, dass die Hoffnung der Aufklärer gerade auch diese dunklen Seiten in die Tätigkeit der Erinnerung einbeziehen wollte, um aus dem Einbezug dieses Anderen der Vernunft eine dynamisierende Kraft für den Prozess der Vervollkommnung des Menschen zu gewinnen. Anders als die ältere Vermögenspsychologie, die von einer klaren Hierarchisierung oberer, rationaler, und niederer, sinnlicher Seelenvermögen ausging, widmete die neue empirische Psychologie ihr Erkenntnisinteresse auch diesen dunklen Seiten der Seele, weil von diesem „unten" her auch die vermeintlich selbstgewisse Vernunft als abgeleitet, oder zumindest nur graduell, nicht essenziell von diesem dunklen Grund geschieden erschien.

Die dunklen Seiten der Seele

In Deutschland war es insbesondere Karl Philipp Moritz, der an der Schnittstelle dieses genuin anthropologischen Interesses und der erzäh-

Karl Philipp Moritz

lenden Literatur im engeren Sinne arbeitete. Einerseits gründete er gemeinsam mit Karl Friedrich Pockels das *Magazin zur Erfahrungsseelenkunde* (1783–93), das empirische Fallerzählungen von unerklärlichen oder exzentrischen Seelenzuständen möglichst aus der Feder der Betroffenen selbst aufnehmen sollte. Die ehemals rationalistisch argumentierende Vermögenspsychologie sollte so durch eine empirische Einzelfälle beobachtende Erfahrungs-Seelenkunde ersetzt werden. Andererseits erarbeitete Moritz den ersten deutschsprachigen psychologischen Roman, der gleichsam eine Autobiografie in der Form der Er-Erzählung darstellt: *Anton Reiser. Ein psychologischer Roman* (1785–90).

Zeitschriften als Kontext des frühen psychologischen Romans

In einem der ersten Beiträge des *Magazins zur Erfahrungsseelenkunde* aus dem Jahr 1783 hat Moritz sich unter der Rubrik „Seelennaturkunde" dem Thema der „Erinnerungen aus den frühesten Jahren der Kindheit" gewidmet. In Übereinstimmung mit der empiristischen Philosophie lautet der erste Satz:

„Die allerersten Eindrücke, welche wir in unsrer frühesten Kindheit bekommen, sind gewiß nicht so unwichtig, daß sie nicht vorzüglich bemerkt zu werden verdienten. Diese Eindrücke machen doch gewissermaßen die Grundlage aller folgenden aus" (Moritz 1999, S. 821).

Moritz lehnt also die metaphysische Vorstellung, dass wir mit angeborenen Ideen zur Welt kommen, klar ab, und er schließt sich dem aufklärerischen Gedanken an, dass es Beobachtung und Erfahrung seien, die das weiße Blatt der Seele mit Schrift füllen. Doch schon der nächste Satz verschiebt die Argumentationsrichtung, insofern Moritz die Bedeutung des Ersteindrucks nicht etwa in der Offenheit der Sinne für Neues sieht. Die Bedeutung dieser frühesten Eindrücke liege vielmehr darin, dass sie sich „oft unmerklich unter unsre übrigen Ideen" mischten und denselben eine „Richtung" gäben, „die sie sonst vielleicht nicht würden genommen haben". Es ist die Unwillkürlichkeit der Assoziationstätigkeit, die jedwede Gegenwart immer schon auf ein Früheres bezieht, es mit diesem Früheren verquickt,

Problematik des Erinnerns

jede Gegenwart also mit Erinnerung durchtränkt, die Moritz beunruhigt: „Freilich merke ich es deutlich, daß dieses oft nur Erinnerungen von Erinnerungen sind", fügt er hinzu (Moritz 1999, S. 821). Die Gefahr, dass Erinnerungen sich gänzlich von jeder Referenz auf Wirkliches lösen können, liegt hierin beschlossen: Wenn sich in jedes gegenwärtige Erleben und Beobachten eine Erinnerung mischt, die ihrerseits nur eine referenzlose Erinnerung einer Erinnerung ist, was verbürgt dann noch, dass Gegenwärtiges überhaupt erkannt werden kann? Eine stabile personale Identität, ein austariert dynamisches

Sich-Gleich-Bleiben über die Zeit hinweg, sind so gesehen nicht möglich: Was man zu sein glaubt, kann ein Effekt des Erinnerns sein oder geht womöglich ganz im Aufschreiben von Erinnerungen auf. Die Autoren von Autobiografien entwickelten daher schon früh ein Problembewusstsein dafür, ein Leben beobachten zu wollen, doch immer auch konstruieren zu müssen. Denkt man die Idee von Moritz weiter, gelangt man jedoch schnell zu Themen, die von romantischen Texten unter den Stichworten des Doppelgängertums, des Déjà-vus und der Nicht-Identität verhandelt wurden. So beispielsweise in den anonym erschienenen *Nachtwachen. Von Bonaventura* (1804/05), deren achte Nachtwache dem Thema ‚Der Mensch' gewidmet ist: „Der Mensch taugt nichts, darum streiche ich ihn aus." (Nachtwachen 2003, S. 70). Das Wissen vom Selbst wird hier als „gefährlicher psychologischer Schlüssel" eingeschätzt, da es in diesem Selbst aussehen könne „wie in Blaubarts Kammer", insbesondere, wenn ihm soeben seine traumatisierende „Familiengeschichte" eröffnet wurde (Nachtwachten 2003, S. 136). Den grotesk überzeichneten Figuren, die dieser gattungsoffene Text in sechzehn holzschnittartigen Tableaux auftreten lässt, fehlt denn auch „jegliche Möglichkeit zu psychologischer Entwicklung" (Hoffmeister 1981, S. 201).

Doppelgängertum, Déjà-vu, Nicht-Identität

Nachtwachen

11.2 Anfänge romantischen Schreibens

Die Anfänge romantischen Schreibens lassen sich im Bereich anthropologisch relevanten Wissens und Erzählens vom Menschen besonders gut am Beispiel Ludwig Tiecks studieren, da dieser sich mit der „Tradition des anthropologischen Romans", wie ihn die späte Aufklärung verstand, mehrfach auseinandersetzte (Engel 1993, S. 161). Schon die biografische Konstellation ist bezeichnend. Tieck und sein Freund Wilhelm Heinrich Wackenroder hörten nämlich fasziniert die Vorlesungen von Moritz über Ästhetik und Mythologie, die dieser zwischen 1789 und 1793 in Berlin hielt. In einem Brief an Wackenroder schrieb Tieck 1792 über Moritz:

Tieck als Beispiel

„Daß Moritz schmeicheln kann ist sehr natürlich, ein Mensch, der beständig über sich selbst brütet und nachdenckt, der immer tiefer in das verworrene Gewebe seines Herzens schaut, der muß dort auf so wundervolle so seltsame Erscheinungen treffen, daß er nach und nach ganz an sich verzweifelt, bei jeder Handlung, die die Welt gut nennt, wird er mißtrauisch werden, in seinem Herzen nachschlagen und finden, daß sie vielleicht aus dem jammervoll-

Tieck über Moritz

sten Eigennutz, aus der lumpigsten, verächtlichsten Leidenschaft entsteht, so gewöhnt sich ein solcher Mensch Tugend für ein Hirngespinnst zu halten, er folgt seinen Launen, seinen augenblicklichen Stimmungen, ohne zu untersuchen, ob sie zu tadeln oder zu loben sind, weil bei ihm beides zusammenfällt. – Dies ist ein grosser Schade, das Studium der Psychologie, wenn es zu weit getrieben wird, der Mensch verliehrt alle Kraft zu handeln, aller Enthusiasmus wird in ihm erstickt, er verliehrt sich in trägen Speculationen. Ich habe es daher schon seit langer Zeit aufgegeben. Wir werden nie das Räthsel von uns selbst auflösen, und es ist gut, daß wir es nicht können, sich unnöthig verstricken, in eine finstre Nacht mit gespanntem Auge hineinsehn, tausend Sachen in dunkeln Gestalten vorüberschweben sehn, ohne sie zu durchschauen, – ist *Thorheit*; – Menschenkenntniß, Kenntniß des Herzens, wird immer unser *höchstes* Studium bleiben, nur nicht auf diese Art getrieben." (Wackenroder 1991, Bd. 2, S. 114f.)

Erstaunlich ist, wie genau Tieck an dieser Stelle den Zusammenhang zwischen dem aufklärerischen Imperativ „erkenne dich selbst!", und dem historischen Problem der Empfindsamkeit erkennt. Moritz steht ihm beispielhaft für das Problem der Empfindsamkeit ein: Ein Übermaß an Sensibilität und Fantasie, ein Vorwalten der Empfindung über die Gestaltungskraft, eine sich verselbständigende Faszination am Dunkeln und Triebhaften in der Seele, deren Selbstzweckhaftigkeit sich gegen das ursprüngliche Erkenntnisinteresse zu wenden beginnt. Es ist auch ein verstecktes Selbstporträt, das Tieck hier entwirft, indem er scheinbar allein über seinen Lehrer Moritz spricht.

Tieck hat insbesondere dem Titelhelden seines Romans *William Lovell* (1795/96) aufgebürdet, die radikalen Konsequenzen aus dieser Seite der aufklärerischen Anthropologie zu ziehen, die das Dunkle und in diesem Sinne ‚Wunderbare' in der menschlichen Seele aufdecken möchte. Lovell ist bezeichnenderweise der Sohn eines empfindsamen Vaters. Einmal durch eine fast billig zu nennende, doch undurchschaute Intrige aus der vorgezeichneten Bahn geworfen, reflektiert Lovell sich gleichsam Schritt für Schritt zu Tode, indem er die inneren Abgründe auszuloten versucht, sich in sich selbst verliert und einem hinter seinem Rücken wirkenden Geheimbund unfreiwillig in die Hände arbeitet, der sich die Psychotechniken des animalischen Magnetismus, also der Hypnose, zunutze macht (vgl. Bennholdt-Thomsen 1979, S. 208f.).

Ein entscheidender Kontext hierfür ist, dass zur Zeit der Spätaufklärung die Einsicht in die dunklen Seelenkräfte wunderliche Blüten trieb: Man begann an magnetische Kraftfelder zu glauben, durch die

die Seelen aufeinander einwirken könnten. Der Arzt Franz Anton Mesmer machte seit 1774 die Lehre vom animalischen Magnetismus populär, indem er mit Vorführungen von Hypnosen ganz Europa bereiste. Mesmer wollte mit Magneten Stockungen des Lebensflusses im Körper auflösen. Auch Nervenkrankheiten meinte er heilen zu können. Es ist dieser populäre Wissenschaftsglaube an natürliche, doch schwer erklärbare ‚Kräfte', gestützt auf das neue Wissen von der Irritabilität der menschlichen Nerven und bestimmter Interferenzphänomene zwischen Elektrizität und Muskelbewegungen, der das Vorfeld der literarischen Auseinandersetzung mit dem Magnetismus z. B. in Goethes Roman *Die Wahlverwandtschaften* (1809), E. T. A. Hoffmanns Erzählung *Der Magnetiseur* (1814), Achim von Arnims Erzählung *Die Majorats-Herren* (1819) und in besonders anschaulicher Weise in Heinrich von Kleists Schauspielen *Das Käthchen von Heilbronn* (1810) (→ KAPITEL 13) und *Prinz Friedrich von Homburg* (postum 1821) darstellt. Doch wie stellte Tieck sich eine Menschenkenntnis vor, die das Rätsel in uns respektiert, aber nicht aufzulösen trachtet?

Animalischer Magnetismus

Eine erste Antwort auf diese Frage gibt die kurze, nicht sehr anspruchsvolle, aber aufschlussreiche Erzählung *Der Psycholog* (1797), die in der von Friedrich Nicolai in Berlin herausgegebenen Reihe *Straußfedern* (Bd. 6, 1797, S. 229–236) erschien.

Tiecks *Der Psycholog* handelt von zwei reisenden Freunden, die eines Tages in eine Stadt kommen, in welcher ihnen ein von allen für wahnsinnig gehaltener Mensch seine Geschichte erzählt. Eingeführt werden die beiden Reisenden als Aufklärer. Insbesondere der eine der beiden, der alsbald als Psycholog bezeichnet wird, reise schon länger, so heißt es, um statistische, philosophische, besonders aber psychologische Beobachtungen zu machen. Systematisch suche er daher jeweils Irrenanstalten und ähnliche Orte auf. Als beide nun die Stadt erreichen, in der das Folgende spielt, sucht der Psychologe daher sofort einen „andern" Psychologen namens Winkler auf, der ihm denn auch das Gesuchte zu bieten verspricht: einen Menschen, der in gewisser Weise als „toll" zu betrachten sei, wiewohl er in vieler Hinsicht doch auch vernünftig scheine. Niemand lasse ihn daher bemerken, dass man ihn allgemein für toll ansehe. – Man tritt bei dem Mann ein, der im übrigen ein tüchtiger Geschäftsmann ist, und der Führer Winkler versteht es geschickt, den ‚Tollen' „auf den Punkt zu bringen, auf dem er wirklich toll erschien" (Tieck 1966, S. 248).

Interpretation: Der Psycholog

Der Tolle kleidet seine Fallerzählung nun in eine Form des autobiografischen Berichtes, wie wir sie aus dem *Magazin zur Erfahrungsseelenkunde* kennen. Es sei vor zehn Jahren gewesen, dass er

Fallerzählung als autobiografischer Bericht

um einen kranken Freund in einer anderen Stadt zutiefst besorgt gewesen sei. Plötzlich aber sei unerwartet just dieser Freund frisch und gesund hereingetreten und habe ihm einen Brief übergeben. Merkwürdigerweise sei der Freund gleich darauf wieder verschwunden, ohne seine herzliche Umarmung zu erwidern. Er habe den Brief darauf geöffnet und zu seinem Entsetzen die Nachricht vom Tod genau jenes Freundes in Händen gehalten, der soeben durch die Tür gegangen sei. Weitere Zeugen gab es nicht. Gerne hätte der Verwirrte einem fremden Zeugnis mehr vertraut als den eigenen Sinnen. So aber habe er nur die Erinnerung. Allein die Materialität des Briefs und der auf auffällige Weise vom Tisch verrückte Stuhl, auf dem der Freund gesessen habe, seien außerpsychische Indizien, dass die Geschichte sich wirklich so ereignet haben könnte, wie er sie erinnere.

Mit anderen Worten benennt der für wahnsinnig gehaltene Ich-Erzähler selbst, dass er gegen den von ihm selbst gehegten Verdacht, alles Erzählte habe sich vielleicht nur in seiner Imagination abgespielt, Dingen und Indizien von außen mehr vertraut habe als der eigenen Erinnerung. Die Wahrnehmung aus den Sinnen, das in der Erinnerung Aufbewahrte und das äußerliche Indiz sind nicht mehr in Übereinstimmung zu bringen, ohne das Wunderbare im Sinne eines echten Wunders zu bemühen (ein Gespenst) oder aber von einem vorübergehenden Anfall von Tollheit zu sprechen. Letzteres ist natürlich die Lösung, die, als man sich trennt, von dem verwirrt zuhörenden Psychologen auf dem Weg nach Hause in einem Selbstgespräch erwogen wird; verwirrt ist er insbesondere, weil ein offenkundig Wahnsinniger „über seinen Zustand so billig gedacht" (Tieck 1966, S. 250) und so klar erzählt hätte.

Führt die Erzählung eingangs die zwei Reisenden als aufklärerische Beobachter ein, um sodann im mittleren Teil dem autobiografischen Bericht eines von allen für wahnsinnig gehaltenen Menschen das Wort zu erteilen, so endet sie wiederum mit einem Gespräch zwischen den beiden Reisenden: eine schlichte A–B–A-Struktur. Als der Psycholog wieder im Gasthaus ankommt, erzählt er den ganzen Vorfall samt der Geschichte seinem Mitreisenden, der „darüber etwas nachdenklich wurde" (Tieck 1966, S. 250f.). Auf diesen Bericht hin fällt jenem nämlich wieder ein, wie er vor zehn Jahren schon einmal in der besagten Stadt war und hier das sonderbare Erlebnis hatte, einem fremden Menschen einen Brief von einem weiteren ihm Fremden zu übergeben; der Empfänger sei ihm deswegen für toll vorgekommen, weil dieser ihm gänzlich Unbekannte ihn daraufhin herzlich umarmt und sich verhalten habe, als seien sie beste Freunde. Die Erzählung endet wie folgt:

„Wenn Sie dem Gestorbenen ähnlich sehn, rief der Psycholog, so ist Niemand anders, als Sie das Gespenst! Allerdings, sagte jener. Eine Auflösung, die die Psychologie niemals zu Stande bringen könnte, merkte der Psycholog an." (Tieck 1966, S. 251).

Im Vergleich zum *Magazin zur Erfahrungsseelenkunde* revidiert Tieck somit das Erkenntnisinteresse auf eminente Weise, indem er einen Rahmen in seine Erzählung einführt, der es ihm erlaubt, nicht nur die Beobachtung des Wunderbaren, sondern mindestens ebenso sehr den Beobachter beim Beobachten zu thematisieren. Letztlich kehrt er das Verhältnis von Rahmen und Binnengeschichte um. Tieck geht es nicht um den Einzelfall, dass ein Betroffener autobiografisch herleitet, wie ein unerklärliches Phänomen in seinem Leben ihn der Normalität entfremdet hat, sondern er beobachtet die sich selbst zu Psychologen erklärenden Beobachter dabei, wie sie einen Kunstfehler machen, indem sie nicht bedenken, dass sie selbst als Beobachtende einen Part in der psychologischen Versuchsanordnung spielen. Hier ist dieser Kunstfehler noch auf relativ schlichte Weise in der Vorgeschichte verortet: Der eine der beiden Beobachter hat in der Vorgeschichte des Falles ursächlich dazu beigetragen, dass der Beobachtete zum psychologisch interessanten Fall überhaupt erst wird.

Vom beobachteten Fall zum Fall des Beobachters

In *Der blonde Eckbert* (1797) wird Tieck diese Vorverlegung einer kausalen Ursache seitens des einen von zwei Beobachtern weitaus komplizierter gestalten, indem er die für jedes autobiografische Erzählen fundamentale Differenz von einer erzählbaren Vergangenheit und einer Erzählgegenwart paradox zusammenfallen lässt.

11.3 Noch einmal: Ludwig Tieck, *Der blonde Eckbert*

Diese zweiteilige Erzählung, die zahlreiche Motive des ersten Teiles (→ KAPITEL 5.3) im zweiten spiegelt und potenziert, enthält genau genommen nicht nur einen, sondern zwei autobiografische Berichte, wie sie cum grano salis auch im *Magazin zur Erfahrungsseelenkunde* von Moritz hätten publiziert werden können. Im ersten Teil ist dies der Bericht, den Bertha über ihre Kindheit und Jugend gibt. Freilich tut sie dies nicht so unvermittelt, wie es in diesem aufklärerischen Journal ein ums andere Mal geschieht. Vielmehr konzentrieren sich die Passagen vor und nach Berthas Erzählung darauf, die Kommunikationssituation, in der Bertha erzählt, genau zu vergegenwärtigen. Wie in *Der Psycholog* handelt es sich um eine A–B–A-Struktur: Ge-

Autobiografische Berichte in der Erzählung

radezu zielstrebig steuert die Erzählung Tiecks – die mit wenigen Strichen das nichtssagende Äußere des irgendwo im Harz lebenden Ritters Eckbert zeichnet, die Kinderlosigkeit Eckberts und Berthas erwähnt und schließlich jenen botanisierenden Freund Eckberts namens Philipp Walther einführt – auf die Situation zu, in der Bertha dazu gebracht wird, zwei Zuhörern ihre Autobiografie zu erzählen. Erstaunlicherweise wird sie dazu nicht etwa direkt von Eckbert aufgefordert, sondern indirekt dadurch, dass Eckbert sich an seinen Freund Walther wendet und diesen gleichsam hinter Berthas Rücken auf die Existenz einer geheimnisvollen Geschichte aufmerksam macht, die dieser sich einmal erzählen lassen sollte. Dem Erzähler zufolge handelt es sich nämlich um ein Geheimnis, das Eckbert seinem Freund eröffnen möchte, um diesen enger an sich zu binden. Freilich handelt es sich nicht um sein eigenes Geheimnis – und der Erzähler fügt mit spürbar anderem Ton hinzu, es geschehe wohl auch, dass ein Freund vor dem anderen zurückschrecke, sobald ein solches Geheimnis erst am Tageslicht sei.

Der erste Bericht

Berthas autobiografischer Bericht über ihre frühe Kindheit und Jugend enthält viele der unerfreulichen Armseligkeiten: sie war armer Leute Kind, sie riss aus, als ihr eine Strafe angedroht wurde, die sich jeden Tag wiederholen sollte, sie flüchtete sich in ein fantasiertes Idyll, das zunehmend unwahrscheinlicher oder wunderbarer wird und in dem das Moment der Wiederholung, das bei der Androhung wiederholter Bestrafung durch den Vater erstmals anklang, eine Wendung ins Märchenhafte nimmt. Überhaupt lässt Tieck Berthas Erzählung ab einem bestimmten Punkt gewissermaßen kippen, indem er den grundsätzlich als Autobiografie angelegten Bericht mit Zügen aus dem Märchen durchsetzt (→ KAPITEL 5.3).

Die Struktur des ersten Erzählungsteiles besteht darin, dass eine Autobiografie, deren Wahrheitsanspruch sich durch ein Kippen ins Märchen als fragwürdig erweist, nur auf jene Weise psychologisch aufgeschlüsselt werden kann, zu der die zeitgenössische Erfahrungsseelenkunde anleiten wollte. Eingebettet ist das Erzählen dieser Auto-

Die Kommunikationssituation

biografie indes in eine mündliche Situation, in der letztlich nur die Zuhörer, denen es just um ein solches Aufschlüsseln geht, miteinander kommunizieren. Unmittelbar nachdem Bertha geendet hat, spricht Eckbert wie schon zuvor ausschließlich Walther an, indem er unfreiwillig zu erkennen gibt, wie tiefgreifend die Beziehung zwischen ihm und Bertha gegenwärtig gestört ist: er spricht nämlich nur in Vergangenheitsformen davon, wie sehr er sie damals, als er sie kennenlernte, liebte und wie reizend und unschuldig sie damals gewesen sei (wohlgemerkt: er bekennt dies kurz nachdem Bertha vom Mord an ihrem Vogel und den damit verbundenen Schuldgefühlen berichtet hat). Auch der Umstand, dass Walther sich von Bertha mit einem galant gemeinten Wort und einem Handkuss verabschiedet, während Eckbert sich bereits verabschiedet hat (er hört Walthers letztes Wort vor der Schlafkammer Berthas nicht), spricht hinsichtlich der Beziehung zwischen Eckbert und Bertha für sich.

Mit diesem letzten Wort Walthers aber kippt auch die bis dahin so genau vorstellbare Kommunikationssituation ins Unerhörte. Walther sagt, er könne sich Bertha gut vorstellen, wie sie den kleinen Hund Strohmian füttert. Eckbert wohnt dieser Szene nicht bei. Erst Tage oder Wochen später eröffnet die seither kranke Bertha Eckbert, wie tief es sie getroffen habe, dass ein ihr Fremder den von ihr nicht erwähnten Namen des Hundes gewusst und ihr damit zu ihren Erinnerungen verholfen habe. Dieses rational unerklärliche und insofern ‚wunderbare' Moment ließe sich mit dem Wissen der Erfahrungsseelenkunde allenfalls so rationalisieren, dass der lediglich als Wunschfantasie verständliche, eben deswegen auch mit einem menschlichen Gesicht begabte Hund an sich gar keinen Namen haben konnte; deswegen hätte die Zuschreibung jedes beliebigen Namens für den Hund dem „Vergessen" der fantasierenden Bertha im Nachhinein aufhelfen können. Eine solche Erklärung verdeckt jedoch das wahrhaft unerhörte Moment, dass Eckbert unmittelbar darauf Bertha verlässt, seinen Freund Walther tötet und erst nach dem Tod der vor sich hin kümmernden Bertha wieder zurückkehrt.

Umschwung ins Wunderbare

Nach diesen sehr gerafft und unter Auslassung von kausalen Verknüpfungen erzählten Ereignissen wiederholt sich erstaunlicherweise der erste Teil von Tiecks Erzählung im zweiten insofern, als der nun, nach dem Übertreten einer Schwellensituation, in fremder Gegend lebende Eckbert wieder einen vermeintlichen Freund näher an sich binden, wieder diesem ihm fremden Menschen (namens Hugo) ein Geheimnis anvertrauen will und es wieder eine Autobiografie ist, die dieses Geheimnis darstellt – nur mit dem Unterschied, dass Eckbert diesmal selbst seine eigene Autobiografie erzählt: nennen wir diese Struktur C–D–C. Tiecks Text wiederholt daher nicht mehr den Inhalt im einzelnen, sondern nur das Faktum als solches, dass Eckbert „seine ganze Geschichte" (Tieck 1985, S. 143) diesem Hugo anvertraut. Alles, was anfangs in den Teilen A–B–A gesagt wurde, ist also Gegenstand von Eckberts Autobiografie D. Es wiederholt sich jedoch strukturell nicht nur der autobiografische Bericht (D) als solcher (der unterdessen neben Berthas Geheimnis auch einen vermeintlich ver-

Der zweite autobiografische Bericht

C–D–C-Struktur

Strukturelle Analogien zwischen beiden Erzählungsteilen

übten Mord, nämlich denjenigen Eckberts an Walther, umfasst), sondern vor allem auch die Kommunikationssituation (C), in welcher ein Leben erzählt wird. Nachdem Eckbert sein Geheimnis in einem autobiografischen Bericht gestanden hat, beginnt er jenem zu misstrauen, dem er sich offenbart hat – schließlich verfügt sein Zuhörer nun über ein Wissen, das er jederzeit gegen ihn wenden könnte. Kehrt der Binnenteil (Berthas märchenartige Autobiografie: B) aus dem ersten Teil des Gesamttexts also insofern im zweiten Teil wieder, als er notwendig ein wesentlicher Bestandteil von Eckberts autobiografischer Binnenerzählung (D) wird, so kehrt der Rahmenteil (A) aus dem ersten Teil der Erzählung darin wieder, dass abermals die Zuhörer mehr interessieren als die erzählte Geschichte. Allerdings mit einem wesentlichen Unterschied, der zugleich die Pointe von Tiecks Text ist: Da sich am Ende alle potenziellen Zuhörer von Eckberts Autobiografie als eine einzige identische Figur erklären (Hugo = Walther = Hexe), alle Differenzen innerhalb der Rahmengeschichte (C) am Ende also eingezogen werden, bleibt nur noch ein einziger Zuhörer übrig, der den Kopf voyeuristisch über Eckberts im Phantasma befangene Stimme beugt: der Leser von Tiecks Text.

<small>Konsequenzen für die Interpretation</small>

Rückblickend erschließt sich dem anthropologisch interessierten Leser mithin, dass auch der gesamte erste Teil von Eckberts „ganzer Geschichte" inklusive der erträumten Figur Berthas als Teil jenes Wahnsinns betrachtet werden muss, der aus Eckberts autobiografischem Bericht spricht. Dass etwa auch die Wiederholungsstrukturen aus Berthas Lebensmärchen nur vorverlegte Reflexe der späteren Reprisen sind (sie setzen nämlich die spätere Wiederholung des ersten Textteils im zweiten voraus und spiegeln diese eigenwillige Gesamtstruktur des Texts gegen alle Ansprüche auf eine chronologisch folgerichtige Darstellung gleich anfangs in die Märchenwelt hinein), geht aus dieser Rückschau deutlich hervor. Ebenso plausibel wird der Umstand, dass Eckberts vermeintlicher Mord an seinem Freund Walther, begleitet vom zeitgleichen Vor-Sich-Hin-Sterben Berthas, rückblickend seine Spiegelung in dem vermeintlich von Bertha stammenden Bericht findet, wie sie ihren Vogel getötet habe, während der Hund kümmerlich verhungerte.

Doch erklären solche Rationalisierungen letztlich nichts, sondern verweisen den mit der Erkenntnis seines psychologischen Erkenntnisinteresses am Ende alleingelassenen Leser nur wieder auf sich selbst zurück. Indem Tieck den Leser am Ende der Erzählung damit konfrontiert, dass es letztlich sein eigener Voyeurismus ist, der ihn sich über fremde Autobiografien beugen lässt, verschiebt er das anthropologische Interesse seines eigenen Textes weg von einer Beobachtung erster Ordnung (wie sie im *Magazin zur Erfahrungsseelenkunde* vorliegt: wenn Menschen sich selbst beobachten und von diesen Beobachtungen zu berichten angeleitet werden) hin zu einer Beobachtung zweiter Ordnung, in der die selbsternannten psychologischen Beobachter beobachtet werden bei ihrem selbstvergessenen Beobachten, das den eigenen Einfluss auf das Beobachtete vergisst. Handelt es sich hierbei allein um eine aus dem logischen Paradox gewonnene, ‚romantische' Ironie? Oder möchte diese Verschiebung der Experimentieranordnung, die Tieck zeitgleich auch in der schlichteren Erzählung *Der Psycholog* erprobte, vor dem vorschnellen Aufdecken eines Wissens ohne Rücksicht auf den Kontext warnen, insofern das Wissen vom dunklen Grund der menschlichen Seele immer auch die Gefahr birgt, zweckrational instrumentiert und gegen den angeblich nur zu seinem Besten beobachteten Menschen verwendet zu werden? Tiecks Interesse zielt offenbar auf eine Aufklärung der Aufklärung über sich selbst.

Beobachten zweiter Ordnung

Radikalisierung von Aufklärung

Während Goethe nach 1809 eine Monumentalisierung des eigenen Selbst betrieb, zeigte sich der romantische Diskurs skeptisch gegenüber einer Gattung, die das Selbst bis in seine verborgensten Windungen und Ecken hinein beleuchten wollte, eine Skepsis, die u. a. darauf beruht, dass Autoren wie Tieck bestimmte letzte Geheimnisse der Seele bewahrt wissen wollten. Wie *Der blonde Eckbert* zeigt, kann die Autobiografie daher geradezu als Reflexionsfigur innerhalb eines literarischen Textes benutzt werden. Jede Autobiografie ist ein Märchen – so lautet, auf die gattungstheoretische Diskussion bezogen, Tiecks Pointe.

Zusammenfassung

Fragen und Anregungen

- Aus welchen Gründen ist die Autobiografie eine Gattung, die für die Aufklärung von besonderem, für den romantischen Diskurs hingegen nur von begrenztem Interesse?

- Legen Sie dar, was der ‚Romantiker' Ludwig Tieck an dem ‚Aufklärer' Karl Philipp Moritz kritisiert. Richtet sich Tiecks Skepsis gegen die Aufklärung als solche?

- Informieren Sie sich über den Begriff der ‚personalen Identität' und seine Geschichte. Welche Rolle spielt ‚Zeit' für diesen Begriff?

- Interpretieren Sie Ludwig Tiecks *Der blonde Eckbert* unter dem Aspekt, was als Erinnerung, was als Einbildung und was als Mitteilung gelten kann.

Lektüreempfehlungen

Quellen
- Karl Philipp Moritz: **Erinnerungen aus den frühesten Jahren der Kindheit,** in: Magazin zur Erfahrungsseelenkunde, Berlin 1783, 1. Bd., 1. Stück, S. 65–70 [auch in: Moritz 1999, S. 821–824].

- Ludwig Tieck: **Der Psycholog,** in: ders., Schriften. Bd. 15, Berlin 1829 [Nd. 1966], S. 245–252.

- Ludwig Tieck: **Der blonde Eckbert,** in: ders., Phantasus (= Schriften in zwölf Bänden, Bd. 6), hg. von Manfred Frank, Frankfurt a. M. 1985, S. 126–148.

Forschung
- Thomas Bach / Olaf Breidbach (Hg.): **Naturphilosophie nach Schelling,** Stuttgart 2005. *Eine weiterführende Sammlung von biobibliografischen Essays über die wichtigsten Naturphilosophen um 1800.*

- Jürgen Barkhoff: **Magnetische Fiktionen. Literarisierung des Mesmerismus in der Romantik,** Stuttgart 1995. *Standardwerk mit Interpretationen zu Jean Paul, Achim von Arnim, E. T. A. Hoffmann, Heinrich von Kleist.*

- Ernst Fischer: **Psychologisch-anthropologische Zeitschriften,** in: ders. (Hg.), Von Almanach bis Zeitung. Ein Handbuch der Medien in Deutschland 1700–1800, München 1999, S. 316–330. *Problemorientierte Einführung ins Thema mit Auswahlbibliografie und Aufweis von Forschungsdesideraten.*

- Roland Galle: **Entstehung der Psychologie,** in: Horst Albert Glaser / György M. Vajda (Hg.), Die Wende von der Aufklärung zur Romantik 1760–1820, Amsterdam, Philadelphia 2001, S. 313–335. *Einführende Darstellung des Diskurses von Locke bis Kant mit guter Auswahlbibliografie.*

- Günter Niggl (Hg.): **Die Autobiographie. Zu Form und Geschichte einer literarischen Gattung,** 2. Auflage Darmstadt 1998. *Durch mehrere Register erschlossene Aufsatzsammlung mit Forschungsgeschichte und gegliederter Bibliografie.*

- Helmut Pfotenhauer: **Literarische Anthropologie. Selbstbiographien und ihre Geschichte – am Leitfaden des Leibes,** Stuttgart 1987. *Eine Literaturgeschichte der Autobiografie, die deren Nähe zur zeitgenössischen Anthropologie herausarbeitet.*

12 Das medizinische Wissen: Wahnsinn

Abbildung 12: Eugène Delacroix: *Tasso im Irrenhaus* (Bleistift, 1825)

Die Zeichnung des französischen Malers Eugène Delacroix widmet sich der Nähe zwischen Kunst und Wahnsinn. Sie zeigt den berühmten Dichter Torquato Tasso im Ospedale di Sant'Anna zu Ferrara, das ein institutioneller Vorläufer jener Irrenhäuser war, die es zu Tassos Zeiten noch nicht, wohl aber zu Zeiten Delacroix' gab. Am Beispiel eines italienischen Dichters des 16. Jahrhunderts verhandelt Delacroix somit ein Thema seiner eigenen Zeit. Seine Zeichnung entstand 1825. Ein Jahr zuvor hatte er den unglücklichen Dichter im Irrenhaus schon einmal dargestellt: damals allerdings, indem er ihn zum Inbild eines sinnenden Melancholikers stilisierte, der vom Schrecken des Ortes (verkörpert durch missgestaltete Wärter) letztlich nicht beeinflusst wird. Jetzt zeigt Delacroix einen anderen Tasso: der Kopf bedarf des stützenden Arms körperlich (nicht mehr als bloße Geste), das zuvor geschlossene, reiche Gewand löst sich, die Gestalt ist dezentriert. Neu ist auch, dass eine vornehm frisierte und erschreckt mitfühlende, doch zugleich ihre Neugier nicht verbergende Frau (die Herzogin von Ferrara?) den Dichter von außen durch ein Fenster beobachtet. Dieses neue Motiv weist auf Delacroix' letztes Gemälde zum Thema aus dem Jahr 1839 voraus, das Tassos Zerrüttung zusätzlich durch einen Stoffstreifen im Bildzentrum andeutet, der den Riss zwischen Innen und Außen auch farblich signalisiert.

In Goethes Werk spielt der Wahnsinn eine zentrale Rolle. Seine frühen Künstlerfiguren rühren nahe an ihn. In *Lila* (vier Fassungen zwischen 1777 und 1790) und *Torquato Tasso* (1790) hat er das zeitgenössische Wissen darüber verarbeitet, wie man den Wahnsinn heilen könne: durch Psychokuren und Theatrotherapie. Wie Delacroix, der 1828 den *Faust* illustrierte, treibt Goethe die auflösende Tendenz extremer Seelenzustände bis an die Grenze dessen, was sich im Sinne klassizistischer Vorstellungen im Werk noch darstellen lässt. Ähnlich und doch anders bei E. T. A. Hoffmann: In *Der Sandmann* (als erstes der insgesamt acht *Nachtstücke* [1816/17] erschienen) gelingt diese Einhegung des Wahnsinns durch eine ästhetisierende Stilisierung nicht mehr. Bei Goethe rettet sich die gefährdete Imagination noch ins schmerzliche, doch schöne Wort, bei Hoffmann springt sie gleichsam unmittelbar aus dem Irrenhaus in den Tod.

12.1 **Geschichte des Wahnsinns**
12.2 **Der Wahnsinn in Goethes Werk**
12.3 **E. T. A. Hoffmann:** *Der Sandmann*

12.1 Geschichte des Wahnsinns

Angeblich war Goethe der Ansicht: „Classisch ist das Gesunde, romantisch das Kranke." (nach Voßkamp 2009, S. 358). Neuere Forschungen zeigen dagegen, dass kaum ein Autor sich derart einfühlsam mit dem Phänomen des Wahnsinns auseinandergesetzt hat wie Goethe (vgl. Flaherty 1986). Ebenso wenig trifft es zu, dass der romantische Diskurs die Aufklärung pauschal abgelehnt und stattdessen Wahnsinn und Krankheit als Inspirationsquellen für die Kunst aufgewertet hätte (vgl. Schmidt 1966, S. 199). Um das Gemeinsame beispielsweise an Goethes und E. T. A. Hoffmanns Zugang zu erkennen, muss man geschichtlich etwas ausholen. Es zeigt sich dann, dass es sich nur um unterschiedlich akzentuierte literarische Antworten auf dasselbe Problem handelt.

Krank? Gesund?

In der Frühen Neuzeit waren ‚Irre' oder ‚Narren' zusammen mit Vagabunden und Verbrechern weggesperrt worden. Hierfür dienten oft die Räume über den Stadttoren, bisweilen sogar Käfige.

Ausschließung des Wahns

Schon manche Frühaufklärer hatten sich um eine Humanisierung der Praxis des Ausschließens bemüht. Der Philosoph John Locke, der zugleich Arzt war, studierte den Wahnsinn am Krankenbett als etwas, was jederzeit jedermann treffen kann. Die Frühaufklärer versuchten nämlich, die neue bürgerliche Identitätsvorstellung als das Ergebnis von Bildungsprozessen zu denken, die je eigen und daher natürlich auch ‚falsch' verlaufen oder durch psychische Krankheiten jäh unterbrochen werden konnten. Die Vorstellung personaler Identität und das Phänomen des Wahnsinns waren in ihren Augen daher zwei Seiten einer Medaille.

Identitätsbildung und Wahnsinn

Der Reformbewegung am Ende des aufgeklärten Jahrhunderts, die sich eine Befreiung der nunmehr nicht nur als krank, sondern vor allem auch als entweder heil- oder unheilbar angesehenen Wahnsinnigen auf die Fahnen schrieb, ging eine längere Diskussion über das Wissen vom Wahnsinn voraus. Man wollte nicht nur ordnen und klassifizieren. Daher etablierte sich die Disziplin der Psychomedizin, die den Wahnsinn unter Rekurs auf Einsichten der Ästhetik und der Erkenntnistheorie darüber hinaus mithilfe der Sprache, das heißt mit einer Frühform der Gesprächstherapie, zu heilen hoffte (vgl. Zelle 2001a).

Aufgeklärte Psychomedizin

Frühform der Gesprächstherapie

Für die Literaten um 1800 stellte die Situation sich so dar, dass die aufklärerische Medizin und Psychomedizin herausgearbeitet hatten, wie nahe Vernunft und Wahnsinn aneinander liegen. Und: Sie hatten herausgefunden, dass man den Wahnsinn auch mit Theatrotherapien heilen kann, das heißt mit der szenischen Aufführung dessen, was in Beziehung zu einem bestimmten Wahnsinn steht: sei es um durch die

Theatrotherapie

Wirkung des Schocks zu heilen, sei es, um dem Wahnsinnigen vorzuspielen, seine Wahnvorstellungen würden von allen anderen geteilt. Wichtig hierfür war, dass man es nicht bei einer standardisierten Diagnose beließ. Weil man den Wahn von innen heraus therapieren wollte, musste man sich auf jeden Einzelfall einlassen. Schon in Johann Christian Boltens *Gedancken von psychologischen Curen* (1751) wurden Wege aufgezeigt, wie der Arzt das Vertrauen eines Erkrankten erwerben kann, um sich sodann innerhalb jener zweiten Wirklichkeit zu bewegen, als welche Bolten die gleichsam verselbständigten Assoziationen eines Kranken verstand. Um den Wahnsinn systemimmanent heilen zu können, muss man den Patienten laut Bolten allerdings täuschen. Man tut z. B. so, als ob in einem Nachttopf eine vermeintlich verschluckte Schere ausgeschieden worden wäre, und schon kann der Patient von seiner diesbezüglichen Zwangsvorstellung genesen (vgl. Zelle 2001a, S. 5–34). Das Beispiel zeigt, dass die Übergänge von der Gesprächs- zur Theatrotherapie fließend sind. Bereits früh wurden die Grundlagen erarbeitet, die dazu führten, dass z. B. in der Irrenanstalt von Charenton vor Paris Irre für Irre Stücke aufführten, die sie teils selbst verfasst hatten. In dieser Tradition standen um 1800 vor allem der sowohl Goethe wohlbekannte als auch von vielen Romantikern konsultierte, gelesene und in Texten zitierte Arzt Johann Christian Reil aus Halle sowie Johann Gottfried Langermann, der ab 1803 eine seit 1784 bestehende psychische Heilanstalt in Bayreuth-St. Georgen leitete, bis er 1810 nach Berlin ging (vgl. Flaherty 1986). Aus Reils bekanntestem Werk *Rhapsodieen über die Anwendung der psychischen Curmethode auf Geisteszerrüttungen* (1803) geht hervor, dass Reil den Wahnsinn als ein modernebedingtes Phänomen verstand: je größer die Notwendigkeit zum seelischen Ausbalancieren von Differenzen und Ungewissheiten durch jeden Einzelnen, je mehr zivilisatorisches Raffinement also, desto mehr Wahnsinn. Die Affinität solcher Thesen zur literarischen Gestaltung liegt auf der Hand.

12.2 Der Wahnsinn in Goethes Werk

Goethes intensivste Auseinandersetzung mit dem Wahnsinn fand in jenen Werken statt, die vor und nach seiner Reise nach Italien 1786–88 entstanden sind, insbesondere in *Wilhelm Meisters Lehrjahre* 1795/96 (→ KAPITEL 10.2). In Rom schrieb er die Versfassung von *Iphigenie auf Tauris* (1786), er arbeitete das Feenspiel *Lila* radikal um und er bereitete die Ausarbeitung von *Torquato Tasso* vor. Schon da *Lila* und *Torquato Tasso* zusammen einen Band der Werkausgabe von 1787–90 füllen, liegt es nahe, diese beiden Stücke, in denen jeweils ein für wahnsinnig Gehaltener die Hauptrolle spielt, zusammen zu sehen.

Der Stoff zu *Lila* begleitete Goethe seit 1777, als die Publikation von *Die Leiden des jungen Werthers* drei Jahre zurücklag. Der Selbstmörder Werther stand ihm zu diesem Zeitpunkt für die Erinnerung daran ein, wie nahe die Zeichenbesessenheit empfindsamer Schwärmerei an den Wahnsinn rühren und in den Selbstmord führen kann. Die Empfindsamkeit stellte sich Goethe zunehmend als ein Sich-Verirren in eine zweite Wirklichkeit dar, deren Grenzen zur ersten auf identitätsbedrohliche Weise fließend werden können (vgl. Frantzke 1998, S. 142). In der Singspiel-Fassung von 1790 verbirgt Lila sich in einer Ecke des Parks vor allen Menschen. Ein Brief mit der (falschen!) Mitteilung, ihr geliebter Mann sei tot, hat sie so sehr traumatisiert, dass sie sich als Abgeschiedene unter Schatten empfindet und alle Lebenden für Geister hält. Goethes Singspiel, dessen erste Hälfte auf alle Musik verzichtet, zeigt zu Beginn, wie Lilas Freunde untereinander verabreden, die Seelenkranke mit einer der neuen Psychokuren heilen zu wollen (vgl. Valk 2002, S. 152). Sie teilen unter sich die Rollen eines abgesprochenen Stückes auf, in dem Lila die Hauptrolle spielen soll (Goethe 1985ff., Bd. 2.1, S. 140) – allerdings: ohne dass Lila von dieser Verabredung wüsste.

Lila

Theatrotherapie auf offener Bühne

Lilas Wahnsinn und die an ihr versuchte Kur lassen sich zur Interpretation von *Torquato Tasso* heranziehen. Allerdings liegt der Fall hier komplizierter. In den zu Rate gezogenen Quellen über das Leben des zu Zeiten der Gegenreformation schreibenden Dichters fand Goethe widersprüchliche Ansichten über Tassos ‚Wahnsinn' vor (vgl. Aurnhammer 1992). Wie, wenn man mit diesem Dichter einen Exzentriker zu kurieren suchte, der möglicherweise gar nicht wahnsinnig war?

Lila als Intertext für *Torquato Tasso*

Der nur auf den ersten Blick für die Zeit der Renaissance typische Hof zu Belriguardo, Schauplatz von *Torquato Tasso*, an dem die höfischen Klugheitsregeln (Zurückhaltung, Verstellung, maskenhaftes Lächeln) zwar befolgt, jedoch von fast allen Beteiligten als veraltete Last empfunden werden, weist vom Beginn des Stückes an Ähnlichkeiten mit dem aufgeklärten Absolutismus des späten 18. Jahrhunderts auf, der das Zeremoniell absenken und damit eine Intimisierung des Umgangs ermöglichen wollte. Der Fürst Alphons, vor allem aber die Prinzessin, seine Schwester, sucht diesen neuen, fast empfindsamen Ton zu treffen, zieht sich jedoch immer wieder auch in fast floskelhaften Sentenzen auf Normen ihres Standes zurück („erlaubt ist was sich ziemt",

Torquato Tassos versteckte Zeitgemäßheit

V. 1006). Das Problem des Vertrauens in eine Gesellschaft, die höfische Konventionen tendenziell zu verabschieden scheint, in Wahrheit aber lediglich eigennützig verfolgte Interessen verschleiert, stellt sich vor allem für den Dichter Tasso, der das lange gehegte Manuskript seiner Dichtung endlich abgeben soll; doch genau genommen stellt es sich auch für seinen Widersacher, den Höfling Antonio.

Die Exposition   Die Exposition des Stücks verdeckt, wie sehr man von Anfang an dazu bereit ist, an Tasso eine Psychokur zu erproben. Im Unterschied zu *Lila*, wo die ‚Gesunden' anfangs unter sich jene Theaterrollen aufteilen, mit deren Hilfe die ‚Kranke' geheilt werden soll, erlebt der Zuschauer im Fall von *Torquato Tasso* das Aufteilen der Rollen nicht mit. Stattdessen beobachtet er die Prinzessin, die in vielem eine Tasso ähnliche Figur ist, bei einem Spiel im Spiel. Auch sie schlägt den Werther-Ton an (d. h. sie spricht in Wenn-Dann-Sätzen, die äußerer Ausdruck ihres aufgestauten seelischen Leidensdruckes sind), auch sie scheint niemandem recht zu vertrauen, nicht einmal ihrer namensgleichen Freundin Leonore, weil sie in den lächelnd vorgetragenen Schmeichelreden dieser lebensklugen Frau mit dem sprechenden Namen „Leonore Sanvitale" die Absicht erspürt, den Dichter Tasso an sich binden zu wollen. Da die Prinzessin sich nach langer Krankheit ohne Aussicht auf Gesundung seelisch wie erstorben fühlt, flieht sie ähnlich wie Tasso in eine zweite Wirklichkeit, indem sie ihr Sein mit einem erträumten „Schein" als Schäferin in einer verlorenen goldenen Zeit vertauschen möchte. Anders als Tasso bleiben ihr die Grenzen ihrer Fluchtwelt, einem künstlichen Garten, jedoch stets bewusst. Als ihr rationaler Bruder, der Herzog, auftritt, zeigt sich, dass sie vom Spiel auf den konventionalisierten Hof-Ton umschalten kann, wenn es geboten ist.

Der Herzog ist vor allem daran interessiert, dass Tasso endlich sein Werk abschließt: auf dass der Dichter und vor allem auch er selbst als Mäzen den Ruhm davontrage. Um ein mögliches Scheitern des Projektes abzuwenden, denkt Alphons ausdrücklich an „eine Kur" (V. 330), die Tasso „heilen" (V. 329) soll; sich selbst vergleicht er mit *Der Fürst als Arzt* einem vorsichtigen „Arzt", der sein möglichstes tut, um „Zutraun seinem Busen einzuprägen" (V. 336); er ist also mit den Lehren der Psychomedizin des späteren 18. Jahrhunderts vertraut. Dramaturgisch bemerkenswert ist, dass dieses psychomedizinische Vokabular die Rede des Fürsten durchzieht, bevor Tasso erstmals die Bühne betritt – und dass dieses Vokabular gemieden wird, wenn Tasso zugegen ist.

Als sich Tasso nun nähert, um Alphons nicht nur sein fast vollendetes Werk zu übergeben, sondern dem von ihm als Freund ersehnten Gönner immer schwärmerischer zu offenbaren, dass er ihn für jenen „Genius" halte, der ihm das Gedicht „eingeflößt" (V. 436) habe wie eine inwendige fremde Stimme, da konkretisiert Alphons seinen Plan, den aufgeregten Dichter mit einem Psychodrama nach Art von dessen Lieblingsfantasien zu kurieren. Ausgerechnet seine von Tasso schwärmerisch geliebte Schwester weist er an, den Dichter mit jenem Lorbeerkranz zu bekränzen, den sie zuvor mit eigener Hand geflochten hatte, ohne an Tasso zu denken. Nachdem Tasso seine verborgensten Fantasien nicht nur offengelegt, sondern von den beiden von ihm Geliebten auch gebilligt und geteilt sieht, ergreift ihn eine „Fieberhitze" (V. 493), die das zeittypische Anzeichen dafür ist, wie sehr die Psychokur wirkt: „Es ist zu viel!" (V. 493), weiß Tasso sogar, bevor sich zeigt, dass das gebrauchte Mittel nur zu intensiv anschlägt.

Doch anders als erwartet, kehrt der Diplomat Antonio nicht erst am Abend, sondern gerade jetzt zurück, als Tasso aufs Höchste „entzückt" ist. Anders als in *Lila* misslingt die versuchte „Cur" nunmehr aufgrund des Zufalls, dass dieser vom Fürsten sehr geschätzte, allerdings seinerseits auf auffällig unhöfische Weise emotional auf den Fürsten fixierte Politikus schlicht zu früh kommt, um noch in die Hintergründe der Dichterkrönung eingeweiht werden zu können. Gerade die klassizistisch enge Verklammerung der Auftritte, die dem Gebot der Einheit von Zeit und Ort folgt, lässt fühlbar werden, wie sehr das bisherige Figurenquartett durch die urplötzliche Erweiterung um einen Fünften aus dem Gleichgewicht gerät. Verständlicherweise reagiert Antonio, der einen beachtlichen außenpolitischen Erfolg zu verzeichnen hat, seinerseits empfindlich, ausgerechnet einen Dichter einen Erfolg feiern zu sehen, den er selbst sich erhofft hatte. Antonio stellt dem exzentrischen Reden und Tun seines Rivalen daher die maßlos überzogene Diagnose, dass es sich um „Wahnsinn" (V. 732) handle. Er stellt diese Diagnose noch dazu diplomatisch geschickt, indem er die bekränzte Herme des verstorbenen Dichters Ariost für all das lobt, was dem anwesenden Tasso nicht eigne: Maß, Takt, Übereinstimmung mit sich selbst: Vernunft also (womit er Ariosto, dem historischen Dichter des *Orlando furioso* (1516, 1521), prompt nicht gerecht wird; vgl. Vaget 1980, S. 248).

<small>Die Diagnose ‚Wahnsinn'</small>

Goethes Schauspiel entwickelt daraufhin die Problematik des Vertrauens unter den historischen Bedingungen einer Moderne, die höfische Verstellung durch aufrichtige Mitteilung zu ersetzen sucht. Es erstellt ein Psychogramm des modernen Dichters, indem es dessen absolut gesetzten Anspruch auf ein konventionsfreies Verstehen an jenen Selbstwidersprüchen scheitern lässt, zu denen eine nur scheinbar zum Bruch mit der Konvention bereite Gesellschaft ihn ver-

<small>Vertrauen als historische Kategorie</small>

anlasst. Das exzentrische Überschreiten von Verboten, zu dem es auf dramenuntypische Weise plötzlich schon im zweiten Aufzug kommt, darf also nicht ohne Weiteres als Indiz eines sich ankündigenden Wahnsinns Tassos gewertet werden. Vielmehr geht es Goethe um die Zuspitzung der Problematik einer spezifisch modernen Seelenlage, die am Beispiel eines Künstlers dargestellt werden kann. Daher geht Goethe im Weiteren auch recht frei mit den historischen Quellen um.

Fortgang des Stücks — Von der Prinzessin auf die Möglichkeit hingewiesen, Antonio nicht anders als dem Herzog vertrauen zu dürfen, öffnet Tasso sein Herz auf unbedingte Weise ausgerechnet demjenigen, der ihm auf konventionelle Weise misstraut. Das Gespräch kann nur scheitern. Die verborgenen Spitzen von Antonios Rhetorik spürend, reagiert Tasso exzentrisch überzogen, indem er ein erstes Verbot überschreitet und die Waffe zieht. Ein drohendes Duell kann von der hinzueilenden Gesellschaft zwar abgewendet werden, doch muss Tasso deren wohlmeinend verhängten Hausarrest notwendig als Vertrauensmissbrauch deuten; hat man doch nun, was man von ihm wollte: seine Dichtung.

Dritter Aufzug — (Was der Arrest und der Entzug seiner Dichtung für Tassos Hang zur Grübelei bedeuten muss, deutet das Stück dadurch an, dass der Protagonist Tasso im normalerweise dem Höhepunkt vorbehaltenen dritten Aufzug nicht auftreten darf.)

Vierter Aufzug — Ähnlich verhält er sich gegenüber Leonore Sanvitale, die Tasso mit sich nach Florenz nehmen will; Tasso erspürt durch deren Intrigenspiel eine verborgene Absicht und missdeutet sie, doch die (den gesamten vierten Aufzug dominierende) Verstimmung und die Assoziationsflut, in die er darüber gerät, lassen ihn nur noch mehr zum Exzentriker werden, der das Zentrum einer ‚normalen' Identität schwerlich mehr finden wird. Oder: jedenfalls nicht in diesem Wirkungskreis.

Fünfter Aufzug — Nach dem von Monologen bestimmten vierten Aufzug lässt der letzte offen, ob Tasso wirklich nach Rom gehen wird. Er gibt vor, dort Freunde zu haben, mit denen gemeinsam er – so redet er sich selbst und allen anderen ein – sein spezifisch modernes dichterisches Problem, seinem Werk keine vollendete Gestalt geben zu können, wider Erwarten noch wird lösen können. Nicht auf dieser Ebene liegt Goethes Lösung für den Konflikt (etwa durch eine Anspielung auf die weiteren Schicksale des historischen Dichters Tasso). Vielmehr führt das Stück systematisch in die nicht mehr zu lösende Problematik hinein, indem es eine Bannung der innerseelischen Abgründe nur noch auf der Ebene der sprachlichen Gestalt vorzuführen vermag. Das bittere Wort Tassos, „Die Menschen kennen sich einander nicht;/Nur die Galeerensklaven kennen sich,/Die eng' an Eine Bank geschmiedet keuchen" (V. 3338–3340), bleibt nämlich unwidersprochen stehen. Statt einer Gegenrede inhaltlicher Art findet diese gewichtige Bilanz von Tassos Monologen lediglich eine Selbstkorrektur formalästhetischer Natur: die Übersetzung in die Schönheit einer dem extremsten „Schrei des Schmerzens" (V. 3428) abgerungenen Sprache: „Und wenn der Mensch in seiner Qual verstummt,/Gab mir ein Gott, zu sagen wie ich leide." (V. 3432f.).

Der Weg in den Weimarer Klassizismus war mit diesem Wort eingeschlagen: Nur in der Kunst ließ sich noch versöhnen („Gab mir ein Gott, zu sagen"), was im Leben nicht mehr versöhnbar war („Schrei des Schmerzens") und worauf sich – wie im Falle des Schmerzensschreies Laokoons (→ KAPITEL 4.2), der aus der Sicht der Kunsttheorie nicht hörbar, sondern nur sichtbar sein durfte – nur durch einen Wechsel des Mediums verweisen ließ. Nicht den vom Sturm und Drang ins Extrem getriebenen unmittelbaren Gefühlsausdruck, sondern die distanzierende Stilisierung der Seelendynamik ins Symbolische und Zeichenhafte kultivierte Goethe von nun an zunehmend. Eben deswegen versuchte er in dieser Zeit, den überbordenden Monologismus Werthers, der nur einem Tagebuchroman anvertraut werden konnte, in eine Form ästhetischer Distanzierung zu übersetzen, die einen Weg aus dem ausweglos anmutenden Problem wies, auf geradezu ‚schöne' Weise sagen zu wollen, was sich nicht mitteilen ließ: in das die Musik einbeziehende Singspiel (im Falle *Lila*) oder in das den Wohlklang des Verses suchende Bühnenschauspiel (im Falle *Tasso*), das sich eine eigene Form des beredten Verstummens ersinnt. Es ist die Idee einer dem Leid abzuringenden Schönheit des Entsagens, die Goethe dazu brachte, zugleich mit einer auf autonome Weise um ihrer selbst willen kultivierten Sprache auch den sprachlosen Grund allen Sprechens sichtbar werden zu lassen. Es liegt fast etwas wie klassizistische Ironie darin, dass somit die Autonomie (→ KAPITEL 6) sprachlicher Schönheit, die von der ersten Szene an allen Figuren – außer Tasso! – das Wichtigste ist, zum letzten Wort dieses Stückes wird.

Klassizismus als Bannen des Schmerzes

12.3 E. T. A. Hoffmann: *Der Sandmann*

In E. T. A. Hoffmanns *Der Sandmann* (als erstes der insgesamt acht *Nachtstücke* [1816/17] erschienen) wird die Hauptfigur Nathanael im Verlauf der Erzählung „nach dem Tollhause" (Hoffmann 1985ff., Bd. 3, S. 45) gebracht. Man erfährt nicht, wann (und: ob) er von dort wieder entlassen wurde, wohl aber erfährt man gegen Ende, dass er, wie nach schwerem Traum erwacht, von all seinen (ver-

Der Sandmann als „Nachtstück"

Das Motiv Wahnsinn

meintlichen) Freunden wie in einer Krankenhausszene umstanden ist. Es heißt von ihm: „Jede Spur des Wahnsinns war verschwunden" (Hoffmann 1985ff., Bd. 3, S. 47). Dieser Diagnose, nach der Nathanaels Wahnsinn heilbar und geheilt sei, widerspricht indes die unmittelbar darauf erfolgende Katastrophe: Nathanael springt von einem Turm in den Tod, nachdem er, von seiner Verlobten Clara auf einen sonderbaren grauen Busch aufmerksam gemacht, ein Taschenfernrohr zückt und in der unten stehenden Menge jenes Schreckbild zu sehen meint, das ihn seit seiner Kindheit verfolgt: ein mit buschigen grauen Augenbrauen bewehrter Advokat namens Coppelius, dem Nathanael die Schuld am frühen und geheimnisvollen Tod des Vaters zuschreibt.

Perspektivismus

Viele Fragen wirft Hoffmanns Erzählung auf: Ist Nathanael von Anfang an wahnsinnig, wird er es im Verlauf der Erzählung, als er einen Automaten namens Olimpia seiner lebenden Braut vorzieht? – Oder hält man ihn nur dafür, nachdem er (wie Goethes Tasso) eine dunkle, aufwühlende, von der geliebten Adressatin mit scharfen Worten zurückgewiesene Dichtung vorträgt und daraufhin (wie Goethes Tasso) die Absicht zu erkennen gibt, sich mit seinem realistischer denkenden Freund Lothar zu duellieren, der letztlich nur sein Bestes will? Springt Nathanael am Ende in den Tod (anders als Goethes Tasso, der den ‚Sprung' lediglich im endgültigen Abschied von den Freunden sucht), weil er den gefürchteten Coppelius nur zu sehen meint – oder steht da wirklich einer in der Menge, der jedenfalls die schrecklichen grauen Augenbrauen des Coppelius hat und mit dem Recht des Zynikers laut und vernehmlich in die Menge sagt: der wird schon runterkommen? Ist es ein Zufall, dass Clara ihren Nathanael auf einen Turm führt und auf einen grauen Busch hinweist – oder fällt Clara gerade nichts Besseres ein, um den Farbwert grau ins Spiel zu bringen und darauf hinzuweisen, dass da etwas Grauenhaftes auf Nathanael zukommt?

Die Perspektive des Erzählers

Diese Fragen sind schon deswegen schwer zu beantworten, weil Hoffmanns Erzählung einen Erzähler aufweist, der nur so tut, als ob er über den Dingen stünde, in Wahrheit aber in der von ihm erzählten Geschichte eine aktive Rolle spielt. Die kommentarlose Eröffnung der Erzählung durch die Mitteilung von drei Briefen täuscht zunächst eine überparteiliche Dokumentation vor – die sich aber als Finte herausstellt, da der Erzähler alsbald zugibt, alle möglichen Varianten des Erzähleinganges, darunter sogar diejenige des Märchens („Es war einmal"; Hoffmann 1985ff., Bd. 3, S. 26), erwogen zu haben. Über diesen selbstreflexiven Gattungserwägungen gerät beinahe aus dem Blick, dass der Erzähler die von ihm an den Anfang des Textes gestellten drei Briefe von seinem Freund Lothar, dem Bruder Claras, erhalten hat. Von Clara sagt der Erzähler, ihr Bild stehe ihm jetzt in diesem Augenblick des Erzählens „so lebendig mir vor Augen, daß ich nicht wegschauen kann" (Hoffmann 1985ff., Bd. 3, S. 27). Kein Wunder, dass er beim Erzählen einer so dramatischen Begebenheit wie dem eskalierenden Duell zwischen Nathanael und Lothar allein Claras Nöte würdigt, Bruder und Geliebten sich befehden zu sehen. Der Erzähler ist also Partei: er schildert das Geschehen so, als habe Clara ihm die Geschichte erzählt.

Die Sicht Claras auf Nathanael entspricht derjenigen einer sich selbst für normkonform haltenden Vernunft auf etwas, was auf bedrohliche Weise als ihr Anderes erscheint: die Stimme eines Wahnsinns, der aus dieser Perspektive betrachtet sogar aus den Dichtungen Nathanaels spricht. Clara, deren „lebenslustigen Sinn" (Hoffmann 1985ff., Bd. 3, S. 49) der sie verehrende Erzähler am Ende betont, ist freilich nicht die Vernunft in Person (sogar eine „geistige Schläfrigkeit" muss der Erzähler ihr attestieren, und man rühmt mit ihrem „Magdalenenhaar" dasjenige einer biblischen Sünderin; Hoffmann 1985ff., Bd. 3, S. 30, S. 28). Dass sie sich ihrem Verlobten von Anfang an überlegen glaubt, geht schon aus ihrem Brief hervor, in dem sie Nathanael versichert, hinter seinem Rücken als „Schutzgeist" für ihn tätig werden zu wollen; indirekt gibt sie zu erkennen, dass dieses Vorgehen mit Lothar abgesprochen sei, der sich mit der „Materie von dunklen Mächten und Gewalten" auskenne, an deren Existenz Clara offenbar – anders als Nathanael – glaubt. Mit diesem Brief reagiert sie auf den ersten Brief, den Nathanael in einem folgenreichen Versehen nicht an den Freund, sondern an die Geliebte adressiert hatte (Hoffmann 1985ff., Bd. 3, S. 23).

<small>Dunkle Seiten in Clara</small>

In diesem ersten Brief schildert Nathanael mit der kausalanalytischen Nachvollziehbarkeit einer psychologischen Diagnose, wie sich ein bloßes Ammenmärchen vom Sandmann ihm in der Kindheit zuerst in sinnliche Bilder übersetzt habe, bis er einen konkreten Besucher des Vaterhauses mit diesem Sandmann identifizieren konnte. Über die Genese der eigenen Ängste ist Nathanael sich mithin völlig im Klaren. Weniger bewusst ist ihm, dass er mit der brieflichen Eröffnung des Geheimnisses seiner Ängste die Distanz zu seinem Freund Lothar zu überwinden und diesen an sich zu binden sucht. Er täuscht sich also eher über die Kommunikationsstrukturen seiner Gegenwart als über Art und Wirkung seiner Erinnerungen. Da Nathanael den Brief dann ‚versehentlich' an Clara sendet, diese aber mit dem Mitgeteilten nicht umzugehen weiß, sondern sich hilfesuchend umsieht, kann sich der Leser indirekt erschließen, dass nicht nur ihm selbst,

<small>Nathanaels Brief</small>

sondern auch innerhalb der dargestellten Welt einem größeren Kreis von Personen bekannt wird, was Nathanael am meisten befürchtet: Dessen traumatische Kindheitsgeschichte steht allen anderen Figuren auf eine Weise vor Augen, als sei sie veröffentlicht worden.

Das erste eigentliche Ereignis, von dem der Erzähler in eigener Person berichtet, ist ein Duell, das zwischen Nathanael und Lothar droht. Obwohl Lothar Nathanael für krank hält, ist er bereit, mit ihm auf Leben und Tod zu kämpfen, letztlich nur, weil Nathanael mit dem Vorlesen einer Dichtung die Gefühle seiner Schwester Clara verletzt habe, so Lothar, dessen Sicht der Dinge der Erzähler folgt. Der Erzähler zögert nicht, dieses dramatische Geschehen (bei dessen Schilderung der Erzähler Lothar fast auf Schritt und Tritt folgt) mit ebenso eindeutigen wie fragwürdigen Wertungen zu kommentieren: „der Zweikampf war unvermeidlich" (Hoffmann 1985ff., Bd. 3, S. 33). Überhaupt bedient der Erzähler sich zu Anfang der Erzählung ausführlich kausaler Verknüpfungen und wertender Sätze, vernachlässigt ab dem Duell diese Aufgabe als Geschichtsschreiber jedoch zunehmend, sodass der Schluss weitaus weniger genau nachvollziehbar ist als etwa die Genese von Nathanaels Ängsten, die wir von ihm selbst erfahren. Welche Rolle spielt das Duell für den Ausbruch von Nathanaels ‚Wahn'?

Die meisten Interpretationen des Textes konzentrieren sich, wie schon der Begründer der Psychoanalyse, Sigmund Freud, auf die Sequenz, in der Nathanael sich in die vermeintliche Tochter seines Professors Spalanzani namens Olimpia verliebt, obwohl Olimpia lediglich ein Automat ist. Dass Nathanael Olimpia anfangs heimlich beobachtet und ihr dann gerade aufgrund ihrer Fast-Stummheit („ach, ach") verfällt, gibt Anlass genug, ihn zu pathologisieren. Aus Sicht Freuds deutet beispielsweise die Fantasie der blutig herausgerissenen Augäpfel Olimpias, die Nathanael wahrzunehmen meint, auf Kastrationsängste. Übersehen wird in dieser Lesart ein wichtiges Detail, das der Jurist Hoffmann wie ein Indiz versteckt hat: Die gesamte Sequenz muss sich in Nathanaels Studienort G. ereignen, denn Nathanael erwähnt, dass er Olimpia dort zufällig flüchtig erspäht habe. In G. also bringt man ihn – dem Erzähler zufolge – wenig später ins Tollhaus. Nathanael erwacht jedoch nicht in G., sondern in seiner weit entfernten Heimatstadt, von seinen Freunden in einem Zimmer seines Vaterhauses umstanden. Der Erzähler geht auffälligerweise nicht auf die Frage ein, wie es zu erklären ist, dass nunmehr die Heimatstadt Schauplatz jener Krankenhausszene ist, in der man Nathanael auffällig schont, nicht an seine Erinnerungen rühren will, ihn aber sofort nach dem Aufwachen mit der Hoffnung auf eine Reise in Sicherheit und Vertrauen in seine Gesundung wiegt. Obwohl explizite Erklärungen fehlen, deutet ein formales Element an, wie dieser nur scheinbare Ortswechsel zu erklären ist. Ein (in modernen Ausgaben oft weggelassener) Zierstrich, der unmittelbar vor dem Aufwachen des Patienten gesetzt ist, bezeichnet nämlich das Ende des Phantasmas. Ein weiterer Zierstrich, der im Text die Duell-Erzählung und die Olimpia-Erzählung trennt, würde dementsprechend den Anfang des Phantasmas bezeichnen. Demzufolge wäre schon das aufwühlende Fast-Duell mit dem Freund, und nicht erst die graduell ins Wunderbare hinüberspielende Olimpia-Handlung der Auslöser für Nathanaels psychotischen Schub. Anfang und Ende des Phantasmas

Die Olimpia-Handlung gibt also die Innensicht einer Psychose wieder. Nathanaels Wahrnehmungen liegen ins Phantasma ‚übersetzt' vor (z. B. wird der Tod, den Nathanaels besonnen angefertigte Dichtung aus Claras Augen noch freundlich blicken sieht, innerhalb der Psychose in die toten Augen Olimpias, die schließlich blutend herausgerissen daliegen, ‚übersetzt'; vgl. Hoffmann 1985ff., Bd. 3, S. 31, S. 45). Was Nathanael wahrnimmt, ist durch eine Inszenierung vorgegeben, die Johann Christian Reils zeitgenössische Vorschläge zur Kur Wahnsinniger aufgreift. Die Möglichkeit, aus Nathanaels Zimmer unmittelbar in das von Olimpia zu sehen, kann man als das Arrangement einer Guckkasten-Anordnung innerhalb eines Tollhauses interpretieren, die den Patienten durch die Konfrontation mit dem von ihm zugleich Begehrten und Befürchteten zu heilen suchen würde.

Wie aber wäre der Schluss demgegenüber zu verstehen? – Überaus unmotiviert bringt Clara, kaum ist man in Richtung eines von Nathanael kürzlich ererbten Landhauses aufgebrochen, den Vorschlag vor, gemeinsam auf den Ratsturm zu steigen; ebenso wenig nachvollziehbar ist ihre Aufforderung oben, von hier aus einen grauen Busch zu beachten, der „auf uns los zu schreiten scheint" (Hoffmann 1985ff., Bd. 3, S. 48). Zufällig wendet Nathanael das Fernrohr jedoch nicht nach unten in die Menge, wo alsbald eine Verkörperung seines Schreckbildes Coppelius mit seinen grauen Augenbrauen auftauchen wird, sondern zur Seite, wodurch er Clara ‚klar' erkennt. Der nun erfolgende Ausbruch von Wahnsinn zeigt, dass Nathanael noch immer nicht geheilt ist, doch entzündet er sich nicht am Reizanlass des grauen Busch, auf den Clara verweist, sondern er entzündet sich beim Blick in die Augen Claras, der bis in ihre Seele führt. Wie es dort aussieht, entzieht sich zwar der Kenntnis des Lesers, nicht aber derjenigen des Erzählers, welchem Clara eben jetzt, nach so vielen Jahren, in denen sie angeblich doch noch ihr Glück gefunden habe, vor Augen steht. Bleibt zu fragen, Der rätselhafte Schluss mit wem sie dieses Glück auf einem Landgut gefunden hat, wie es kurz vor seinem Tod Nathanael erbte: es liebt und entschuldet sie im Rahmen dieses Textes vor allem einer: der Erzähler.

Zusammenfassung	Für die Darstellung des Wahnsinns sowohl in Goethes (sich fast episch langsam entfaltenden) Schauspiel als auch in E. T. A. Hoffmanns (mit dramatischen Elementen, wie z. B. dem Duell, versetzten) Nachtstück gilt, dass Sprache an sich heilend wirken könnte, verliefe das Gespräch zwischen den jeweils dargestellten Menschen nur so, wie es idealerweise – wenn man einander nur bis ins letzte vertrauen dürfte – verlaufen könnte; doch wirkt sie faktisch in beiden Texten mit gegenteiliger Wirkung, weil aus den eigennützigen Motiven Einzelner halb bewusst, halb unbewusst Missbrauch mit ihr und – unmittelbar verbunden damit – mit jenen Außenseitern getrieben wird, die besonders sensibel für Sprache sind: die Dichter. Doch während Goethe ‚seinem' Dichter – Tasso also – die Freiheit zugesteht, wegzugehen und sein Leid darzustellen, wird Hoffmanns ‚Dichter' – ein solcher ist Nathanael nämlich auch – genau diese Freiheit genommen, indem an seiner Stelle ein (parteiisch gegen den ‚Dichter' eingestellter) Erzähler das Wort ergreift und bis zum letzten Wort behält, während Nathanael verstummt.

Fragen und Anregungen

- Erklären Sie, was eine Theatrotherapie ist (vgl. Foucault 1996, S. 335–339).
- Wie wird der Wahnsinn in Goethes *Torquato Tasso* dargestellt? Ist Tasso wahnsinnig – gemessen am zeitgenössischen Wissen über Wahnsinn?
- Inwiefern kann man sagen, dass das Schauspiel *Torquato Tasso* zum Erzählerischen tendiere?
- Führen Sie aus, auf welche Weise in E. T. A Hofmanns *Der Sandmann* das Duell dargestellt wird.

Lektüreempfehlungen

Quellen	• **Johann Wolfgang Goethe: Torquato Tasso. Ein Schauspiel**, in: Goethe 1985ff., Bd. 3.1, S. 426–520.

- E. T. A. Hoffmann: Der Sandmann, in: Hoffmann 1985ff., Bd. 3, S. 11–49.

- Andrew Cunningham / Nicholas Jardine (Hg.): Romanticism and the Sciences, Cambridge 1990. *Innovativer Sammelband, der die interdiskursive Vernetzung der romantischen Medizin mit naturphilosophischen und anderen Diskursen (insbesondere über das Organische) verdeutlicht.*

Forschung

- Gottfried Diener: Goethes *Lila*. Heilung eines „Wahnsinns" durch „psychische Kur", Frankfurt a. M. 1971. *Eine für das vorliegende Kapitel besonders aufschlussreiche Studie.*

- Martin Huber: Inszenierte Körper. Theater als Kulturmodell in Goethes Festspiel *Lila*, in: Erika Fischer-Lichte / Jörg Schönert (Hg.), Theater und Öffentlichkeit im 18. Jahrhundert, Göttingen 1999, S. 133–150. *Wichtige Studie zu Goethes „Lila" mit Akzent auf semiotischen Aspekten des ‚Spiel im Spiel'-Modells und der Theatrotherapie.*

- Karlheinz Stierle: Riskanter Klassizismus. Eugène Delacroix und Torquato Tasso, in: Mariantonia Reinhard Felice (Hg.), Eugène Delacroix. Spiegelungen. Tasso im Irrenhaus, München 2008, S. 93–99. *Brillante Studie über das Verhältnis von Klassizismus und Romantik am Beispiel künstlerischer Bezugnahmen auf „Torquato Tasso".*

13 Der juridische Diskurs: Recht – Verbrechen – Opfer

Abbildung 13: David Gilly (gezeichnet von Bocksfeld d. J.): *Entwurf zum Neubau des Zuchthauses in Spandau. Ansicht und Querschnitt des Haupttraktes* (um 1804)

Der Entwurf des Architekten David Gilly zu einem Zuchthausneubau in Spandau entstand zwar schon um 1804, wurde aus Kostengründen aber erst 1822–25 realisiert. Die Fassade des Baus sollte seinen Zweck klar erkennen lassen. Gilly wollte die Forderungen der Reformer nach einer Humanisierung des Strafvollzugs einlösen. Im Jahr 1800 war nämlich für einen Umbau der alten Zuchthäuser und neuen Gefängnisse plädiert worden im Sinne der naturrechtlichen Vorstellung, dass die Würde des Menschen zu respektieren sei. Zur Zeit, als der Bau ausgeführt wurde, polarisierte sich der Diskurs über die Gefängnisse dann auf eine für die Spätromantik bezeichnende Weise: Während der Berliner Polizeidirektor Karl Albert von Kamptz liberale Oppositionelle allein aufgrund ihrer politischen Gesinnung anklagen und in Haft nehmen ließ, karikierte der Dichter und Jurist E. T. A. Hoffmann diesen für die Zeit nach 1817 repräsentativen Vertreter der Polizei in der Figur Knarrpanti (in „Meister Floh", 1822) und spielte in seinen letzten Erzählungen auf Spandau an – wofür er prompt selbst ins Visier der Behörden geriet.

Schon in der Antike war die Gerichtsverhandlung ein Vorbild für die Tragödie. Daher hatten die sich wandelnden Vorstellungen über das, was Recht sei, im Verlauf der Geschichte großen Einfluss auf die ästhetische Praxis des Theaters. In der Aufklärung wurden kontroverse Vorstellungen über ein natürliches Recht diskutiert, die zum geltenden Recht in mancher Hinsicht in Widerspruch standen. Die sich daraus ergebenden Konflikte nutzte Schiller in seinen Dramen, um in wechselnden Konstellationen anthropologische Grundfragen nach der Natur des Menschen durchzuspielen. Er verstand das Gefängnis als Gegenpol zum Erhabenen seiner Figuren. Auch Heinrich von Kleist rekurriert in seinen Werken auf die Gerichtsverhandlung, um in ihr spezifisch moderne Konflikte auszutragen. Besonders die Verhöre liebte er als ein Medium, das die Gewalt der Diskurse als solche sichtbar werden lässt.

13.1 **Naturrecht gegen positives Recht**
13.2 **Die Frage nach dem Recht in Schillers Dramen**
13.3 **Kleists Verhöre:** *Das Käthchen von Heilbronn*

13.1 Naturrecht gegen positives Recht

Fragen nach Recht und Verbrechen spielten für die Autoren um 1800 schon von Berufs wegen eine zentrale Rolle: Goethe und E. T A. Hoffmann beispielsweise waren ausgebildete Juristen, Schiller und Kleist hatten die Rechte zumindest kurzzeitig studiert (vgl. Ziolkowski 1994, S. 83–172). Wo Figuren wie der Richter Adam in Kleists *Der zerbrochne Krug* (1811) als Vertreter des geltenden Rechts oder wie Gretchen in Goethes *Faust* (1790/1808) als Angeklagte gezeichnet werden, gehen in die literarischen Darstellungen oftmals Rechtsfragen von großer Reichweite ein. Der juridische Diskurs wurde um 1800 mit anderen, den Menschen essenziell betreffenden Fragen verflochten: mit der Architekturtheorie im Diskurs der Gefängnisreformer, die eine Humanisierung der Strafpraxis u. a. durch den Einbezug von Gefängnisgärten forderten (vgl. den 3. Akt von Schillers *Maria Stuart*, 1801); mit der Medizin in der Disziplin der Gerichtsmedizin, in der die Frage nach der Zurechnungsfähigkeit von Personen wichtig wurde (vgl. Hoffmann: *Der Sandmann*, 1816; Georg Büchner: *Woyzeck*, postum 1879) und mit der Psychologie in der Analyse des Strafrechts, wo an Stelle der abgeschafften Tortur neue Methoden des Verhörens ersonnen wurden (vgl. Kleist: *Das Käthchen von Heilbronn*, 1810). In all diesen Bereichen wirkte sich die Vorstellung aus, dass das positive, also das geltende Recht von einem anderen, einem mit der Rechtstradition brechenden, einem philosophisch-rational zu begründenden ‚Naturrecht' her zu reformieren sei. Was als Humanisierung intendiert war, erwies sich in den Augen sensibler Zeitgenossen jedoch oft als eine lediglich raffiniertere Form der Grausamkeit.

<small>Einfluss von Rechtsfragen</small>

Mit der Konsolidierung der frühmodernen Staatlichkeit seit dem 16. Jahrhundert war das mittelalterliche Gewohnheitsrecht zurückgedämmt worden und stattdessen fand eine Rezeption des schriftlich kodifizierten römischen Rechts statt. Dieses lateinisch abgefasste, fast nur Juristen verständliche und in vielerlei Hinsicht dem Absolutismus in die Hände arbeitende Recht war in der Frühen Neuzeit die Grundlage für das faktisch geltende, positive Reichsrecht. Goethe nahm es in seinem Schauspiel *Götz von Berlichingen mit der eisernen Hand* (1773) in der Figur des zwielichtigen Juristen Olearius aufs Korn.

<small>Das geltende römische Recht</small>

Das Reichsrecht stellte in seiner Definition des Staatszwecks den Fürsten ins Zentrum, weil allein dem von Gott eingesetzten Fürsten die Verantwortung und die Definitionshoheit über das Gemeinwohl zugesprochen wurde. Es bot jedoch auch dem Einzelnen eine relative

Rechtssicherheit, da dem Grundsatz nach nicht nur jeder Reichsstand, sondern auch jeder Untertan im Konfliktfall an eine übergeordnete Institution appellieren können sollte. Im Reichskammergericht zu Wetzlar, wo Goethe 1772 während der Niederschrift von *Die Leiden des jungen Werthers* (1774) arbeitete, bekam er allerdings die notorisch beklagte Verschleppung solcher Untertanenprozesse zu spüren (auch Werther ist Jurist).

Die politische Theorie der Aufklärung versuchte demgegenüber, die Glückseligkeit des Einzelnen zum Staatszweck zu erklären und sie rechtlich festzuschreiben. Die Philosophen der Aufklärung wollten ein natürliches (also nicht in Tradition, sondern in normativ verstandener Natur verankertes) Recht prinzipiell gleicher Menschen definieren und verhindern, dass das Naturrecht als Recht des Stärksten missverstanden und von den Fürsten beansprucht würde, wie es in der Praxis oft geschah (vgl. Stollberg-Rilinger 2000, S. 203). Deshalb entwarfen sie sehr unterschiedliche Fiktionen vom menschlichen Zusammenleben im Naturzustand – sei es, um den Krieg aller gegen alle zu verhindern (Thomas Hobbes: *Leviathan*, 1651), sei es, um die Notwendigkeit von Verträgen zur Teilung der Gewalten positiv zu begründen (John Locke: *Second Treatise*, 1690). Jean-Jacques Rousseau dachte über dieses Vertragsdenken hinaus darüber nach, wie das Befolgen des vom Naturrecht Gebotenen zu einer Angelegenheit der natürlichen inneren Stimme jedes Einzelnen werden könnte (*Du contrat social*, 1762). Eingeschlossen in die normative Naturrechtsvorstellung ist weiterhin auch der Gedanke eines Widerstandsrechts gegen den Missbrauch geltender Rechte. Die Unabhängigkeitserklärung Nordamerikas beispielsweise legitimierte den Widerstand gegen den Kolonialmachtanspruch Englands naturrechtlich. Sie machte auch politische Implikationen dieser neuen Rechtsphilosophie früh sichtbar, die in der Französischen Revolution dann voll zum Tragen kamen.

Die philosophischen und juristischen Vertreter des sogenannten jüngeren Naturrechts – etwa Paul Johann Anselm Feuerbach – vertraten die Auffassung, dass jeder Mensch selbst für sein Glück verantwortlich sei. Sie beriefen sich dabei auf Rousseau und später auch auf die (vielfach an Impulse und Probleme Immanuel Kants anknüpfenden) Naturrechtsschriften der Philosophen Johann Gottlieb Fichte und Karl Heinrich Heydenreich. Vor diesem Hintergrund tendierten sie auch zur Entkriminalisierung von bis dahin als strafwürdig betrachteten Taten wie der Selbsttötung (vgl. schon die Darstellung des Freitods in Goethes *Werther*). Ebenfalls verfochten wurde in diesem Zusammenhang die Idee der Freiheit des Einzelnen im ökonomischen

Bereich, sei es durch Aufhebung der Leibeigenschaft (vgl. die klassizistische Idylle *Die Leibeigenschaft* [1775] von Johann Heinrich Voß), sei es durch den Kampf um die Gewerbefreiheit, an dem sich z. B. auch die Verleger der klassizistisch-romantischen Moderne – wie Johann Friedrich Cotta, Friedrich Justin Bertuch, Johann Friedrich Unger, Georg Andreas Reimer – beteiligten.

Bis ins frühe 19. Jahrhundert wurde dieses Naturrecht an juristischen Fakultäten gelehrt; in der gerichtlichen Praxis wendete man es freilich nur ‚subsidiär' an, also nur dann, wenn das geltende Recht versagte. Wohl aber ließen sich auf seiner Basis erstmals Menschenrechtskataloge formulieren. Schiller beispielsweise lässt den Marquis von Posa in *Don Karlos* (1787) dem absolutistischen Überwachungsstaat gegenüber Gedankenfreiheit und implizit Redefreiheit einfordern. Der Gedanke naturgegebener Menschenrechte liegt selbstverständlich auch der Forderung nach der Abschaffung der Folter zugrunde, die im römischen Recht ein legitimes Mittel der Wahrheitsfindung war.

Menschenrechte

In Preußen zeigte sich das unter dem Eindruck der Französischen Revolution konzipierte Allgemeine Preußische Landrecht (1794) relativ offen für den Naturrechtsgedanken. Trotzdem, so sah man in der Praxis des aufgeklärten Absolutismus gerade unter Friedrich II. von Preußen, war es weiterhin faktisch der Herrscher, der – seinem Selbstverständnis nach wohlmeinend – definierte, worin die Glückseligkeit des einzelnen Untertanen bestehe. Wiewohl beispielsweise die Folter von Friedrich II. 1740 offiziell abgeschafft worden war, konnte sie in bestimmten Fällen zunächst nach wie vor angewendet werden. Die Verhörmethoden wandelten sich unter dem Einfluss der Naturrechtsdebatte zwar, indem seit den 1770er-Jahren in zahlreichen Territorien des Reichs der Verzicht auf physische Torturen postuliert wurde. Die neuen Formen von Gewalt, die durch endlose Verhöre geschaffen wurden, konnten jedoch auf ihre Weise genauso inhuman sein wie die alten. Sprachsensible Autoren wie Heinrich von Kleist beobachteten kritisch, wie die durch Psychologisierung verdeckte Gewalt auf neuartige Weise die Sprache durchdrang, ein humanes Zusammenleben im Sinne des von ihm verehrten Philosophen Rousseau verhinderte und neuartige Machtverhältnisse zwischen Tätern und Opfern schuf.

Probleme in der Praxis

Die Abstraktheit des Naturrechts und seiner Leitbegriffe konnte gravierende Selbstwidersprüche nicht verhindern (z. B. wie ist Freiheit, wie Gleichheit, wie beides zusammen zu denken?). Nach 1800 wurde es von einer neuen Rechtskonzeption verdrängt: der histori-

Die historische Rechtskonzeption der Romantik

schen Rechtsschule. Sie argumentierte auf der Basis der vermeintlich organischen Gewachsenheit der Rechtssysteme einzelner Völker und/ oder Nationen und historisierte das Recht ähnlich wie Sprache und Mythos als altehrwürdiges Erbe. Einer der Hauptvertreter der neuen historischen Rechtsschule war der Rechtsgelehrte Friedrich Karl von Savigny, dessen Dissertation über das *Recht des Besitzes* (1803) zu einiger Bekanntheit gelangte. Seit seiner Heirat mit Kunigunde Brentano im Jahr 1804 stand er dem Freundeskreis um Clemens Brentano und Achim von Arnim nahe (wobei Arnim sich weitaus liberaler zeigte als Savigny). In Marburg wurde er zum wichtigsten akademischen Lehrer Jacob Grimms, bevor er von Berlin aus seine Wirkung entfaltete (vgl. Frühwald 1991). Savignys intellektuelle Entwicklung führte ihn über verschiedene Institutionen hin zur Position eines Justizministers unter Friedrich Wilhelm IV. von Preußen.

13.2 Die Frage nach dem Recht in Schillers Dramen

Anthropologie des jungen Schiller ...

Schillers Interesse am Verbrechen war anthropologisch begründet. Sein Wunsch, das Räderwerk der menschlichen Seele bei den geheimsten Operationen zu beobachten, führte ihn – der auf der Karlsschule vor dem Medizinstudium Rechtsgeschichte, Naturrecht und römisches Recht gehört hatte (vgl. Alt 2000, Bd. 1, S. 91) – auch auf das Gebiet der juristischen Fallerzählungen. Es zog ihn dorthin, wo die menschliche Seele im Zusammenstoß von geltendem Recht und vielfältig motivierter Tat in Extremlagen gerät und ihre dunklen Seiten offenbart. Als Konsequenz daraus gibt es selbst formal Berührungspunkte zwischen Schillers Werk und den von Juristen gesammelten Fallerzählungen spektakulärer Gerichtsprozesse, die der aufklärerischen Forderung nach genauer Beobachtung der Umstände nachkamen. Seine frühe Erzählung *Verbrecher aus Infamie* (1786) (1792 veröffentlicht unter dem Titel *Der Verbrecher aus verlorener Ehre*), zeichnet nach, wie und unter welch bedrückenden Umständen einer zum Mörder hat werden müssen, der sich selbst als „Märtyrer des natürlichen Rechts" und als „ein Schlachtopfer der Gesetze" betrachtet (Schiller 1943ff., Bd. 16, S. 12). Es verwundert daher nicht, dass Schiller noch in seiner Jenaer Zeit, als er als Historiker an der Universität lehrte, eine von dem Philosophen Friedrich Immanuel Niethammer aus dem Französischen übersetzte Ausgabe *Merkwürdige Rechtsfälle* (1792–95) herausgab und mit einem Vorwort versah: Solche Gerichtsfälle würden es nämlich erlauben, „tiefere Blicke in

... und Interesse an Rechtsfällen

das Menschen-Herz zu thun" (Schiller zitiert nach Tekolf 2005, S. 77), als bloß fiktionale Literatur dies ermögliche. Über dieses anthropologisch begründete Interesse am empirischen Einzelfall hinaus (vgl. auch die Erzählung *Spiel des Schicksals*, 1789) ist der Gesetzesbruch für Schiller jedoch auch für die Frage nach der Möglichkeit des Erhabenen interessant, da der Verbrecher sich auf eine dem Idealisten durchaus verwandte Weise über die nur positiv geltenden Gesetze erheben kann, wenn er ein Recht dazu zu haben meint. Aufschlussreich ist in dieser Hinsicht, dass Schiller in *Merkwürdige Rechtsfälle* auf die *Geschichte der Johanne von Arc*, den Stoff der *Jungfrau von Orleans* (1801, → KAPITEL 6.2), stieß (vgl. Tekolf 2005, S. 331–374).

Schillers dramatischer Erstling, *Die Räuber* (1781), lässt sich als eine Parallelaktion zweier verfeindeter Brüder lesen, deren jeder für eine philosophische Konzeption einsteht (→ ASB KOŠENINA). Als Zweitgeborener von der Natur benachteiligt, erhebt Franz sich über diese, indem er seinen Bruder Karl für tot erklärt und den gemeinsamen Vater durch den psychischen Schrecken darüber physisch so zerrüttet, dass er in den Genuss der Herrschaft kommt. Sein Konzept ist das der materialistischen Anthropologie: Franz will Herr sein (vgl. Riedel 1993). Karl geht in die Wälder, um ausgerechnet unter Räubern eine bessere Gesellschaft in der Natur zu verwirklichen. Sein Gegenkonzept basiert auf naturrechtlichen Vorstellungen und einer Philosophie der Liebe. Schiller vermeidet es, die Brüder einander treffen zu lassen, um sie an sich selbst und ihren Taten zu messen. In Spannung zu dieser Ausgangskonzeption wird das Scheusal Franz allerdings zu einem tendenziell erhabenen Verbrecher, der so konsequent seinen Überzeugungen folgt, dass er insgeheim zum Motor des Stückes wird, ihm ein Antagonist also kaum mehr Paroli bieten kann. Auch erweist sich die Gegenpartei der anfangs durchaus ‚Gutes' bewirkenden Räuber um diesen Antagonisten Karl im Verlauf des Stückes als anarchische Bande, die zwar in der Natur lebt und die Natur zur Parole erwählt, jedoch bei erster Gelegenheit vergewaltigt, mordet und brandschatzt. Das Ende des Stückes lässt viele Fragen offen: Widerlegt der Umstand, dass Franz in Wahnvorstellungen Hand an sich legt, seine Überzeugungen? Reicht hingegen die Selbstüberstellung an die Justiz, mit welcher Karl sich am Ende nicht nur von der verübten Gewalt distanziert, sondern erneut Gutes bewirken will, um sein Konzept als solches zu retten? Die anfängliche Experimentalanordnung des Stücks und die Faszination am großen Einzelnen liegen im Widerstreit.

Die Räuber

> Seit *Don Karlos* (1787), vor allem aber seit dem dreiteiligen *Wallenstein* (1800) stellte Schiller dem großen Einzelnen auf neue Weise das Gesetz und das Problem seiner Begründbarkeit gegenüber. Seine späteren, klassizistischen Dramen verhandeln Konflikte, in denen die Tatmenschen ein radikal neues, erst noch zu begründendes Recht gegen das nicht mehr tragfähige, oft von einer fragwürdigen Macht okkupierte geltende Recht zu setzen suchen. Meist verkennen sie dabei jedoch, inwiefern dieser Versuch sie selbst – gemessen am eigenen Anspruch – in eine Schuld verstrickt, die nur noch individuell gesühnt und durch ein ethisches Sich-Erheben über die eigene, ‚niedere' Sinnlichkeit auch in ästhetischer Hinsicht als Lösung dargestellt werden kann. Der Anspruch des Naturrechts wird der dramaturgischen Belastungsprobe ausgesetzt, sich vor dem Gericht der Weltgeschichte bewähren zu müssen. In diesem Zusammenhang faszinieren Schiller auch die neuartigen Gefängnisse, die nicht mehr – wie die alten Zuchthäuser – Taten bestrafen, sondern im Sinne einer „moralischen Orthopädie" bessern sollen (Pevsner 1992, S. 738).
>
> *Don Karlos* ist ein Drama des Übergangs, dessen innere Brüche auf Schillers Schwierigkeiten bei seinem Versuch einer Neukonzeption seiner Dramaturgie hinweisen. Der als radikaler Aufklärer gezeichnete Marquis von Posa verirrt sich über dem Versuch, dem absolutistischen Herrscher Philipp gegenüber die neuen, auf dem Naturrecht beruhenden Menschenrechte einzufordern, in dunkle Intrigen. In selbstherrlich-idealistischer Überschätzung der eigenen Natur, die den Versuchungen der Macht nicht widerstehen kann, wird er blind gegenüber seinem Freund, dem Königssohn Carlos. Posa bedient sich der mit allem Recht brechenden, doch ‚natürlich' wirkenden Liebe von Carlos zu seiner jungen Stiefmutter in zweckrationaler Weise, um seine Ziele durchzusetzen. Wenngleich freilich allein die weiter bestehende Macht des positiv geltenden Rechtes (und zwar in Gestalt eines das Recht der römischen Kirche vertretenden Großinquisitors) die finale Katastrophe im Gefängnis zu verantworten hat, so hat Posas Verkennen der Dialektik, die aus seinem nicht nur idealistischen Wollen und seinem fast nur zweckrationalen Tun resultiert, diese Katastrophe doch beschleunigt. Weil der Mensch an sich noch nicht frei genug ist für die vom Naturrecht vorschnell postulierte Autonomie – so Schillers neuer Gedankengang –, führt der politische Versuch der Herbeiführung des revolutionären ‚Naturstaats' ins Chaos. Abwenden lässt sich das nur, wenn der Mensch zuvor zur Selbstbildung gebildet wird. Und dies wiederum kann nur eine Kunst, die der unmittelbar politischen Inanspruchnahme eines normativen ‚Na-

Schillers klassizistische Wende

Don Karlos

Bildung zur Selbstbildung

tur'-Rechts zur Veränderung des bestehenden Rechts eben nicht dienstbar ist.

In *Maria Stuart* (1801) und *Die Jungfrau von Orleans* (1801) versucht Schiller ein Moment der Freiheit eben dadurch wiederherzustellen, dass er Gefängnisse zwar zeigt oder sogar zum alleinigen Handlungsraum erhebt, gerade hier aber aufgrund seiner Überlegungen zur gefängnisartig ‚engen' Welt der Moderne (→ KAPITEL 5) jenen Ort findet, aus dem die schönen Seelen sich kraft eines nur noch inneren Entschlusses – einer Erhebung über das Unfreie in ihnen selbst – in einem höheren Sinne befreien. Das Selbstopfer ist in *Maria Stuart* der Preis dafür.

<small>Das Erhabene als Sich-Erheben</small>

Bis hin zu *Wilhelm Tell* (1804) steht hinter diesen Kollisionen von geltendem Recht und individuell in Anspruch genommenem Recht die zeitgenössische Debatte um das Naturrecht (vgl. Ebert 2005, S. 163; Lüderssen 2005). Durch die Ereignisse im Gefolge der Französischen Revolution und insbesondere durch die Frage, ob ein Widerstandsrecht des Einzelnen oder sogar von Kollektiven gegen den Staat theoretisch begründbar sei, hatte es eine eminente Aktualität in der politischen Diskussion gewonnen (vgl. Müller-Seidel 2009, S. 23). Dabei weicht Schillers frühe Parteinahme für das Naturrecht seit seiner klassizistischen Wende einer problemorientierten Konfrontation von natürlichem und positivem Recht.

<small>Debatte um Naturrecht</small>

In dem letzten noch zu Lebzeiten, nämlich im März 1804 in Weimar aufgeführten großen Schauspiel hat Schiller die Schweiz Wilhelm Tells auf experimentelle Weise zu einer rousseauistischen Naturidylle stilisiert. In dieser lernen biedere Hausväter und willensstarke Hausmütter ihre naturrechtlichen Errungenschaften der Volkssouveränität und einer weitgehenden Geltung der Menschenrechte (bis hin zur Aufhebung der Leibeigenschaft) gegen die Übergriffe einer von außen eindringenden, hierarchisch-feudal verfassten Staatsmacht – personifiziert im kaiserlich-habsburgischen Reichsvogt Geßler – zu verteidigen. Tell selbst, nachdem er auf unmenschliche Weise zu einem das Leben seines Kindes gefährdenden Schuss gezwungen wird, tötet Geßler. Lässt seine Tat sich als Notwehr interpretieren? Oder hat er als Einzelner ein über Notwehr hinausgehendes Recht, seinen Hausfrieden durch die Tötung eines Aggressors zu verteidigen, um zukünftigen Schaden von sich und seinesgleichen abzuwenden? Gibt es vielleicht sogar eine naturrechtliche Pflicht zu dieser an sich inhumanen und dem Naturrecht widersprechenden Tat, nachdem eine politische Versammlung aller Hausväter über ihr Widerstandsrecht befunden und den einzelnen Hausvater Tell zum Exekutivorgan ihrer

<small>Wilhelm Tell</small>

rechtlichen Beschlüsse bestimmt hat? Oder handelt es sich doch schlicht um einen persönlichen Racheakt, so, wie am Ende die Randfigur des Johannes Parricida eigennützig und hinterhältig den Kaiser ermordet? Diese seit der Französischen Revolution aktuellen Rechtsfragen werden in dem rigoros schematisierenden Schauspiel, das seinen charakteristisch gezeichneten Typen oft einprägsam stilisierte Phrasen in den Mund legt, zwar ausdrücklich gestellt und diskutiert, nicht aber zu einer psychologischen Differenzierung der Personen genutzt (vgl. Müller-Seidel 2009, S. 192–211).

Experimentelle Entwürfe

Schiller hat eine Reihe von Dramenentwürfen hinterlassen, in denen oft experimentell infrage gestellt wird, was die ausgeführten Dramen in eine klassizistisch geschlossene Gestalt zu bringen suchen. In *Warbeck* beispielsweise wird das Problem der persönlichen Identität eines die Macht usurpierenden Betrügers ins Zentrum gestellt. Warbeck, der Sohn eines einfachen Mannes, tritt auf, als ob er der Herzog von Yorck sei. Dies ist ihm deshalb möglich, weil die legitime Herzogin diesen Betrug – jedenfalls vor der großen Welt – vertuscht und den Betrüger als Spielball ihrer eigenen Zwecke instrumentalisiert. Er selbst weiß von Anfang an, dass sein Herrschaftsanspruch illegitim ist, doch gelingt es ihm, sich so weit in die angenommene Rolle einzufühlen, dass er sein früheres Ich immer wieder vergisst und zeitweilig zu der Person wird, die er doch nur spielt. Warbecks dissoziative Selbstgespräche sind fast nicht mehr in der Form des funktional in ein Drama zu integrierenden Monologs gestaltbar, sondern tendieren zur offeneren Erzählform. Dieser späte Entwurf, der wie andere Fragmente kühne Alternativen zu den tektonisch strengen, ausgeführten Schauspielen bietet, weist darauf hin, dass Schiller um 1804/05 anthropologische Fragestellungen wieder aufnahm, wie er sie vor seiner klassizistischen Wende in verschiedenen literarischen Gattungen experimentell verfolgt hatte – mit dem Unterschied, dass die anthropologische Faktorenanalyse in *Warbeck* und auch im Fragment *Demetrius* zur Aufdeckung der Psychopathologie nicht mehr des ‚Verbrechers‘, sondern des Herrschers eingesetzt wird (vgl. Mahlmann-Bauer 2005). Politisch war das brisant, da seit etwa 1802 abzusehen war, dass der ehemalige Revolutionsgeneral Napoléon Bonaparte das Kaisertum restituieren würde – ein Prozess, den er 1804 mit der Selbstkrönung abschloss.

Schiller verfasste eine ganze Reihe von Stücken, in der das Sich-Erheben über die natürliche Sinnlichkeit, die im Widerstreit mit der Vernunft liegt, zugleich eine Annahme der bestehenden Gesetzesnormen bedingt. Wie die Beispiele zeigen, erprobte er alternativ dazu neue Dramenkonzepte, die fast eine Abkehr von der normorientierten klassizistischen Gattungslehre anzeigen (so auch in dem Dramenfragment *Die Polizey*, in dem die unbeobachtet beobachtende Pariser Polizey organisatorisches Zentrum werden sollte; vgl. Vogl 2000, S. 621). Wo er das Streben der Vielen nach Freiheit und Gleichheit darstellt, tendiert er zur Ausarbeitung einer neuen Schauspielform, die zwischen Tragödie und Komödie ein Drittes versucht; wo er hingegen gleichsam negativ die verbrecherische Usurpation der Macht durch einen Einzelnen darstellen möchte, entwirft er kühne, von der Vorrangigkeit seiner psychologischen Interessen zeugende Szenarien, die eine mediale Offenheit und eine Nähe zum erzählerischen Experiment aufweisen. Beide Verfahrensweisen sind mit einer Sicht auf Schiller als Klassiker der streng geschlossenen Form kaum vereinbar.

Rechtsdiskurs und Gattungsinnovation

13.3 Kleists Verhöre: *Das Käthchen von Heilbronn*

War Heinrich von Kleist ein Antiklassizist? Oder sind es nur die bisweilen exaltierten Mittel seiner Dramaturgie, die diesen Anschein erwecken? Kleists schwieriges Verhältnis zu Goethe, der in seiner Position als Theaterdirektor das Lustspiel *Der zerbrochne Krug* (1811) in Weimar zwar aufführen, diese Aufführung vom 2. März 1808 aber möglicherweise bewusst scheitern ließ (vgl. Staengle 1998, S. 95), wirkte sich in der Weise aus, dass Kleist fortan Goethe zu überbieten suchte. Wie aber stellte Kleist sich zu Schiller (vgl. Schultz 1940, S. 137)?

Kleist ein Antiklassizist?

Der Literaturhistoriker Max Kommerell hat seinen großen Versuch über Kleist mit einer Betrachtung von Kleists historischem Ritterschauspiel *Das Käthchen von Heilbronn* (1810) eingeleitet: als demjenigen Werk, das Kleists Grundproblem in Reinform ausspreche (vgl. Kommerell 1991, S. 246–250). Obwohl es viel pseudoromantisches Ritterwesen, kolportagehafte Szenen und rätselhafte Requisiten in diesem Werk gibt, das im 19. Jahrhundert gerade deswegen das meistgespielte unter Kleists Dramen war (Erstaufführung Wien, 17. März 1810), stellt es nämlich das Verhör auf ganz andere Weise ins Zentrum als beispielsweise das leichtgewichtigere Lustspiel *Der zerbrochne Krug*. Im Lustspiel überführt der Dorfrichter Adam sich nach und nach selbst als Täter, indem er bewusst versucht, die Spuren seiner sexuellen Nötigung Eves durch weitere Rechtsbeugungen, ja sogar durch die Behauptung, es gebe zweierlei Recht (eins zu Utrecht und eins zu Huisum), zu verwischen. Zu diesem Zweck verhört

Der zerbrochne Krug

Adam Eve. Adams Fall, die unfreiwillige Aufdeckung seiner Schuld durch ihn selbst, steht dem antiken Modell von Sophokles *Oidipus Tyrannos* (ca. 429–425 v. Chr.) noch recht nahe, das analytisch rückschreitend den ‚Fall' aufklärt (wobei Ödipus seine Schuld – anders als Adam – erst am Ende erkennt). Anders das neuartige ästhetische Experiment, das Kleist in *Das Käthchen von Heilbronn* durchführt: im Verhör die Gewalt der Sprache als grausam darzustellen.

Käthchen und Penthesilea

Diese Kühnheit erlaubt es, das populäre Ritterschauspiel sogar an die Seite des schwierigsten Theaterstücks Kleists, *Penthesilea* (1808), zu stellen, das erst 1876 auf die Bühne kam. Äußerlich betrachtet ist dabei der Gegensatz dieser beiden Stücke größer nicht denkbar: Hier die in einem auf Gewalt basierenden Amazonenstaat aufgewachsene Penthesilea, die den von ihr geliebten Achill durch ihre Hunde in Stücke reißen lässt und ihn ohne Bewusstsein ihrer selbst aufzuessen beginnt; dort das ‚naive' Käthchen aus dem Volk, das dem Grafen vom Strahl, der zunächst nichts von ihr wissen will, scheinbar hündisch auf Schritt und Tritt nachfolgt, bis beide sich bei der Mitteilung einer übereinstimmenden Vision als Liebende erkennen. Doch diese skandalisierende Oberfläche, über die sich die Zeitgenossen

Innere Abgründe der Figuren

nicht nur in Weimar erregten, trügt über die inneren Abgründe von Kleists Figuren hinweg, die sie untergründig verbinden: Penthesilea weiß nicht, was sie tut, genauso wenig wie Käthchen weiß, warum sie dem Grafen folgen muss. Im juristischen Sinn handelt sie an der Grenze zur Unzurechnungsfähigkeit, doch gerade darin folgt sie ihrer Natur. Das Ungeheuerliche im ersten Akt des Stücks ist nun, dass Kleist ausgerechnet den, dem das Käthchen nachfolgt, zu jenem macht, der über sie das Verhör eröffnet. Nicht das große Femegericht, das den Grafen vom Strahl einbestellt, nachdem Käthchens Vater ihn der Magie bezichtigt hat, sondern der Graf selbst nimmt das ihm blindlings folgende Mädchen ins Verhör, indem er die Richter zum Zuschauerkollektiv eines spektakulären Prozesses macht. Auffällig ist dieser Gerichtsprozess zu Beginn des Stückes schon in formaler Hinsicht, da Kleist alle Beteiligten in gebundener Rede sprechen lässt, sobald das Käthchen die Bühne betreten hat – bis dahin bedienen sich alle der Prosa. Dieses Mittel bereitet jedoch nur das eigentlich spektakuläre Faktum vor, dass Kleist das Käthchen nach dem Muster neuester juristischer Verfahren in ein „psychologisch und szenisch improvisierte[s] Kreuzverhör" (Oesterle 2001, S. 321) nehmen lässt, das – wie in Kleists dramolettartiger Idylle *Der Schrecken im Bade* (1808) – auf die Selbstoffenbarung der Identität der Befragten abzielt. Verhört wird Käthchen nämlich nicht, weil es etwas getan hat, was gegen geltendes Recht verstoßen hätte, sondern weil es etwas ‚ist‘, was es nicht sein sollte. Es ist dieses skandalöse ‚Sein‘, diese verhaltensauffällig gewordene Identität, das sich selbst und anderen rätselhaft gewordene Ich, das der Graf vom Strahl in einem zunehmend grausamen Verhör zu erfragen sucht.

Das rätselhafte Ich

Anthony Stephens, ein ausgewiesener Kleist-Spezialist, hat dieses Verhör ins Zentrum seiner Interpretation gestellt (vgl. Stephens 1999, S. 51–83). Für ihn ist die scheinbare Humanisierung, die durch die Abschaffung der Folter zugunsten einer neuartigen Psychologisierung der Verhörmethoden erzielt wurde, nur die Raffinierung einer untergründig fortwirkenden, nunmehr die Opfer gänzlich anders, weil von innen heraus zerstörenden Gewalt. In Käthchens Verhör zeige sich, so Stephens, wie es das Opfer einer grausamen Sprache werde. Ihm zufolge unterscheidet der Kleistsche Opferdiskurs sich somit vom Schillerschen sehr wesentlich: Während Schiller das Selbstopfer im Zeichen des Sich-Erhebens über das Dunkle im eigenen Inneren letztlich gutheiße, lege Kleist den Akzent auf das *Geopfertwerden* Unschuldiger, um die Unnatur dieses gesellschaftlich bedingten Opferns bloßzustellen.

Interpretationen des Käthchen von Heilbronn

Der Literaturwissenschaftler Günter Oesterle widerspricht dem in einem entscheidenden Punkt, wiewohl auch seiner Ansicht nach Kleist die strukturelle Gewalt des modernen Verhörs problematisiert, indem er die Schamlosigkeit der neuen Verhörmethoden aufdeckt. Gerade hierdurch aber erweise Kleist sich, so Oesterle, nicht etwa als Gegenklassiker, sondern vielmehr – wie schon Kommerell andeutete (vgl. Kommerell 1991, S. 296) – als ein dem Sensualismus Rousseaus und Christoph Martin Wielands nahestehender Spätaufklärer. Kleist stelle das nur vorübergehend in eine Opferrolle gedrängte Käthchen als ‚schöne Seele‘ dar, wohl verstanden: als schöne Seele im fast schon ‚klassizistischen‘ Sinn einer Kynikerin (also einer Anhängerin der antiken Lehre, dass arm, bedürfnislos und sogar aus der Gesellschaft ausgestoßen zu leben notwendige Bedingung für Weisheit sei), die die Gewalt der über sie ergehenden Diskurse über sich ergehen lasse, um sie im Vertrauen auf eine unzerstörbare Natur in sich gleichwohl unbeschadet zu überstehen (vgl. Oesterle 2001, S. 326).

Die Fragen nach Recht und Verbrechen, wie sie zeitgenössisch auch von Juristen und Philosophen diskutiert wurden, hatten für die klassizistisch-romantische Moderne mithin eine so hohe Bedeutung, dass sie sowohl auf der Ebene des Motivischen als auch auf der Ebene des Formalen (z. B. das Verhör als Vorbild für die Gestaltung von Rede und Gegenrede im Schauspiel) rezipiert wurden – dies aller-

Zusammenfassung

dings stets im Bewusstsein der Autonomie literarischer Texte (→ KAPITEL 1.1), die Macht des bloß diskursiv verfassten Wissens reflexiv infrage stellen zu können.

Fragen und Anregungen

- Erörtern Sie, warum Schiller häufig Gefängnisse als Schauplätze zentraler Szenen seiner Stücke wählt. Inwiefern stellt der Einbezug des Rechts das dynamisierende Korrektiv zu seiner medizinischen Sicht auf den Menschen dar?
- Warum stellt Kleist häufig Verhöre dar? In welchen Formen tut er dies? Weshalb deutet sein Umgang mit dem Verhör auf eine Skepsis der Sprache gegenüber?
- Überlegen Sie, inwiefern sich der Opferbegriff Schillers (insbesondere in *Maria Stuart*) von demjenigen Kleists (insbesondere im *Käthchen von Heilbronn*) unterscheidet.

Lektüreempfehlungen

Quellen
- **Heinrich von Kleist: Das Käthchen von Heilbronn oder die Feuerprobe**, Stuttgart 1992 (RUB 40).
- **Friedrich Schiller: Wilhelm Tell**, Stuttgart 2000 (RUB 12).

Forschung
- **Peter André Bloch: Schillers Schauspiel „Wilhelm Tell" oder Die Begründung eines natürlichen Rechtsstaats als dramaturgisches Experiment**, in: Georg Braungart / Bernhard Greiner (Hg.), Schillers Natur. Leben, Denken und literarisches Schaffen. Sonderheft 6 der Zeitschrift für Ästhetik und Allgemeine Kunstwissenschaft, Hamburg 2005, S. 255–266. *Eine für den Einstieg in das Thema besonders geeignete Studie zu „Wilhelm Tell".*
- **Otto Dann / Diethelm Klippel (Hg:): Naturrecht – Spätaufklärung – Revolution**, Hamburg 1995. *Wichtige Aufsatzsammlung zum rechtshistorischen und politischen Kontext.*
- **Bernhard Greiner u. a. (Hg.): Recht und Literatur. Interdisziplinäre Bezüge**, Heidelberg 2010. *Wichtige aktuelle Aufsatzsammlung zu methodischen Aspekten, mit einleitendem Forschungsüberblick und Fallstudien u. a. zu Büchners „Woyzeck".*

14 Wirkungsgeschichte

Abbildung 14: Ludwig Emil Grimm: *Bettina von Arnim vor dem Entwurf ihres Goethe-Denkmals*, Radierung (1838)

Die Radierung von Ludwig Emil Grimm zeigt Bettina von Arnim vor einem von ihr entworfenen Denkmal für Goethe. Ludwig, jüngster Bruder von Jakob und Wilhelm Grimm, arbeitete in seiner 1838 entstandenen Radierung die Gesichtszüge Bettinas, die für Goethe schwärmte, plastisch heraus. Das Modell des Denkmals ist hingegen auffällig flächig in den Bildhintergrund versetzt. Zwar hält es sich genau an Bettinas um 1823 entstandene Entwürfe, die den Dichter mit nackter Brust auf einem Thron sitzend darstellten, während Psyche mit kindlicher Zutraulichkeit in seine Lyra greift. Dieser spielerische Griff in des Dichters Instrument wird in der Radierung indessen von dem Arm Bettinas verdeckt, der die Aufmerksamkeit des Betrachters auf den Blick der Schriftstellerin lenkt.

Drei Jahre nach Goethes Tod veröffentlichte Bettina ihr erstes Buch „Goethes Briefwechsel mit einem Kinde" (1835) – ein literarisches Denkmal ihres fiktional stark überformten Goethe-Kults in Briefen, Tagebüchern und Reflexionen, das dokumentarisches Material (z. B. Briefe Goethes) frei ergänzt, und das doch „seinem Denkmal" gewidmet ist (vgl. Becker-Cantarino 2000, S. 237f.). Auch ihrem 1842 verstorbenen Bruder Clemens widmete Bettina ein solches, Dokumente und Fiktionen vermischendes Erinnerungsbuch: „Clemens Brentano's Frühlingskranz" (1844).

Epochenkonzepte sind meistens eine Sache der Nachwelt. Denkmalstifter, Biografen und Künstler haben daran genauso Anteil wie die Versuche der Wissenschaft, das Gesamtbild einer Epoche zu erfassen. In bzw. nach der klassizistisch-romantischen Moderne waren jedoch auch die zeitgenössischen Schriftsteller selbst stark an ihrem Epochenbild beteiligt. Neben Goethes autobiografischen Rückblicken und werkpolitischen Maßnahmen (→ KAPITEL 11.1) sind vor allem Friedrich und August Wilhelm Schlegels Wiener Vorlesungen zur Literaturgeschichte, Joseph von Eichendorffs und Heinrich Heines Entwürfe von Geschichten der Romantik sowie Bettina von Arnims literarische Denkmäler Goethes und Clemens Brentanos zu nennen. Wiewohl also einerseits eine Sache der Nachwelt, begann die wissenschaftliche Wirkungsgeschichte der klassizistisch-romantischen Moderne andererseits noch innerhalb der zur Debatte stehenden Epoche.

14.1 Drei Punkte zur Problematik der Wirkung
14.2 Phasen der Wirkungsgeschichte
14.3 Eichendorff und Heine als Beispiel

14.1 Drei Punkte zur Problematik der Wirkung

Aus vielen Gründen ist es schwer, eine Wirkungsgeschichte und als Teil von ihr ein Epochenkonzept der klassizistisch-romantischen Moderne zu skizzieren. Gerade die Probleme sind indessen für die Spezifik der Epoche aufschlussreich. Folgende drei Punkte umreißen beispielhaft, warum sich dies so verhält:

1. Es ist erst eine neuere, wenngleich historisch sich schon länger ankündigende Entwicklung (→ KAPITEL 14.2), Klassizismus bzw. Klassik und Romantik gemeinsam zu betrachten. Eine Wirkungsgeschichte der klassizistisch-romantischen Moderne, verstanden als eine Doppelepoche, beginnt daher in einem gewissen Sinn erst jetzt, indem die Germanistik sich für Impulse aus anderen Disziplinen öffnet (vgl. zur Anglistik und Kunstgeschichte Busch / Borgmeier 2000; Beyer 2006). Wesentlichen Anteil daran, nicht mehr von zwei geschiedenen Epochen auszugehen, hatte die Arbeit des Gießener Graduiertenkollegs „Klassizismus und Romantik" (1997–2006), die in einer stattlichen Folge von Sammelbänden dokumentiert ist. Welche Konsequenzen diese Zusammenschau wirkungsgeschichtlich betrachtet haben wird, ist noch nicht abzusehen. Eine Langzeitwirkung der Romantik wird in Rüdiger Safranskis weit beachteter Darstellung der Romantik aus dem Jahr 2007 (*Romantik. Eine deutsche Affäre*) konstatiert, aus der heraus noch die problematischsten politischen Entwicklungen des 20. Jahrhunderts verstanden werden sollen. Allerdings favorisiert Safranski den philosophischen Idealismus und die aus ihm hervorgehenden Problematik der Subjektivität recht einseitig. Er lässt sich nicht darauf ein, dass es im Widerspruch zu den eher wenigen von ihm ausgemachten Programmpunkten bestimmter ‚Romantiker' um 1800 auch andere Stimmen, andere Diskurse, andere soziale Netzwerke gab (vgl. Safranski 2007). Auch das Gießener Graduiertenkolleg hat faktisch eher die Romantik als die klassizistisch-romantische Moderne in den Blick genommen. Sowohl klassizistische als auch romantische Texte und Kontexte untersuchte hingegen der Jenaer Sonderforschungsbereich „Ereignis Weimar – Jena. Kultur um 1800" (1998–2010), konzentrierte sich jedoch aufgrund der räumlich-geografischen Beschränkung seines Untersuchungsgegenstandes weitgehend auf die Verbindungslinien zwischen Klassizismus, Romantik und Idealismus im Umkreis Jenas und Weimars. Über die Höhenkammliteratur hinaus wurden von diesem Sonderforschungsbereich insbesondere auch historische, soziale und philosophische Kontexte einbezogen. Ähnliches leistet für Berlin die an der

1. Aktualität der Fragestellung

Akademie der Wissenschaften angesiedelte „AG Berliner Klassik" seit dem Jahr 2000.

2. Selbsthistorisierung als Problem

2. Epochenkonzepte sind generell Konstrukte der Nachlebenden. Gleichwohl gibt es um 1800 Ansätze dazu, in einer Dialektik aus Fremd- und Selbstwahrnehmung erste Konturen eines Epochenkonzepts zu entwerfen. Diese haben, wie die Geschichte der Forschung lehrt, den Blick für die Zusammenhänge zwar eher verstellt, als sie aufzuhellen, ihr Einfluss auf den historisch nachweisbaren Diskurs ist jedoch nicht zu leugnen. Anders als etwa in der Frühen Neuzeit erfolgten die Historisierung und Epochenkonstruktion in diesem Fall noch innerhalb der als Gegenstand der Erkenntnis zur Debatte stehenden Epoche, für die eine fundamentale Verzeitlichungserfahrung und Verzeitlichungstendenz allen Wissens typisch ist (→ KAPITEL 1.1). Einen Anfang machte Friedrich Schlegel mit seinen 1812 gehaltenen, 1815 publizierten Wiener Vorlesungen zur *Geschichte der alten und neuen Literatur*, in deren letzter er Kants Philosophie als Wegscheide zwischen Geschichte und Gegenwart, die Tendenz der meisten neueren Autoren seit Novalis jedoch in einer Überwindung Kants in Richtung einer erneuten Religiosität ansah (vgl. Schlegel 1961, S. 380–420): Schiller und Goethe standen somit als zwar bewunderte, doch von der Tendenz der Zeit abweichende Solitäre da – allerdings ohne dass Schlegel von „Klassizisten" und „Romantikern" gesprochen hätte, wie das vor ihm z. B. Heinrich Voß in privaten Briefen tat (→ KAPITEL 1.3). Spätestens mit Georg Gottfried Gervinus' *Geschichte der poetischen National-Literatur der Deutschen* (zuerst 1835–38) steht aus einer bestimmten politischen Sicht – nämlich der nationalliberalen – jedoch fest, dass Schiller der deutsche Klassiker war (Goethe schon weniger), wohingegen ‚die Romantik' politisch abseitige Interessen pflegte. Autoren wie Tieck, Eichendorff und Clemens Brentano haben Literaturgeschichten dieser Art noch lesen können, Eichendorff und Heine verfassten selbst ähnliche Studien von größter Reichweite (→ KAPITEL 14.3).

3. Das Problem des Kanons

3. Vielleicht haben nie zuvor und nie wieder danach derartig viele höchst begabte, als Individuen schlechterdings nicht auf einen Nenner zu bringende Autoren geschrieben wie um 1800. Keineswegs alle von ihnen wurden jedoch sofort kanonisch. Manche gerieten im Verlauf der Jahre aus dem Zentrum an den Rand des Kanons oder wurden gar vergessen. Eine Wirkungsgeschichte der Gesamtzeit um 1800 darf nicht übersehen, dass auch in dieser Hinsicht die geschichtliche Bedingtheit des Literaturkanons ein Problem darstellt: Man muss streng genommen auch heute stets dazusagen, über wen man eigent-

lich redet und über wen nicht. Viele Pauschalverurteilungen „der Romantik" orientierten sich an einem Romantikbild, das einer sehr kleinen Zahl von romantischen Texten und deren Verfassern abgewonnen war, möglicherweise sogar nur einem einzigen: Novalis (wobei es, wie die neuere Forschung zeigt, gerade zwischen Novalis und der Aufklärung klare Kontinuitätslinien gibt → KAPITEL 9). Das Problem des Kanons kann mit zwei Beispielen verdeutlicht werden: Georg Gottfried Gervinus' erweiterte *Neuere Geschichte der poetischen National-Literatur der Deutschen* zählte noch eine stattliche Zahl von heute teils weniger beachteten Autoren zur (im übrigen zwar als Verfallszeit betrachteten, doch im Einzelnen kenntnisreich dargestellten) „romantischen Dichtung" (Gervinus 1842, S. 569–735). Dabei setzt er mit Novalis, den Brüdern Schlegel und Zacharias Werner lediglich ein, charakterisiert aber darüber hinaus – neben Tieck, Kleist und Hoffmann – u. a. Ludwig Theobul Kosegarten, Jens Baggesen, Friedrich Matthisson, die Brüder Matthäus und Heinrich Joseph von Collin, Friedrich Heinrich Baron de la Motte Fouqué, Adam Oehlenschläger, Johannes Daniel Falk, Johann Gottfried Seume, Heinrich Zschokke, Theodor Körner, Ludwig Uhland, Franz Grillparzer und Friedrich Rückert. Rudolf Haym hingegen konzentriert sich in *Die romantische Schule* (1870) nur noch auf den Kreis um die Brüder Schlegel, Novalis, Tieck und Wackenroder, beachtet allerdings auch interessante Autoren aus deren engerem Umfeld, wie z. B. August Ludwig Hülsen (vgl. zu den literarischen Auswirkungen dieses Prozesses einer Verengung des Kanons → KAPITEL 9). Gemeinsam ist beiden, dass die Schriftstellerinnen der klassizistisch-romantischen Moderne (z. B. Bettina von Arnim, Karoline von Günderrode, Therese Huber, Johanna Schopenhauer, Rahel Varnhagen) nicht beachtet werden. In diesem Sinn müsste eine Wirkungsgeschichte der klassizistisch-romantischen Moderne sehr genau unterscheiden, wer wann bei wem im Zentrum stand, wer an die Peripherie geriet, wer gar nicht mitbedacht wurde, wenn von „Romantik" oder von „Klassizismus" oder von beidem die Rede war.

Das Kanonproblem wurde durch zwei philologische Tendenzen des 19. Jahrhunderts noch verstärkt: Ausgehend von Goethes beiden „Ausgaben letzter Hand" machte das Prinzip starker Überarbeitungen eigener Werke gerade für die klassizistisch-romantische Moderne Schule; die Aufwertung der Gattung Biografie leistete nicht selten interpretatorischen Stilisierungen Vorschub, die eine differenzierte Darstellung überlagerten (und denen wir beispielsweise das lange wirkungsmächtigen Bild eines am Rande des Wahnsinns stehenden E. T. A. Hoffmann ‚verdanken'; vgl. Hitzig 1823).

Ausgaben letzter Hand

Biografien

14.2 Phasen der Wirkungsgeschichte

Epochenbegriff als Konstruktion

Epochenbegriffe sind also stets Konstrukte der Nachwelt. Wenngleich es aus diesem Grund sowie aus den soeben ausgeführten schwierig ist, eine Wirkungsgeschichte der klassizistisch-romantischen Moderne zu skizzieren, ist es doch nicht unmöglich, zumindest eine grobe Phaseneinteilung vorzunehmen. Sehr überzeugend hat der Germanist Detlef Kremer (vgl. Kremer 1996, S. 175) neuere wissenschaftshistorische Forschungen vor allem von Jürgen Fohrmann und Wilhelm Voßkamp einer Einteilung der Romantik in vier Phasen zugrunde gelegt, die im Folgenden mit Blick auf die klassizistisch-romantische Moderne, verstanden als Doppelepoche, erweitert und zudem um zwei weitere Phasen (nämlich 3 und 6) ergänzt wird:

Phase 1: Bis zur Reichsgründung 1870

Im 19. Jahrhundert konzentrierte sich die Literaturgeschichte bis etwa 1870 überwiegend auf die Weimarer Klassik. Selbst das für die frühe Rezeption im Ausland so wichtige Werk der Mme de Staël *De L'Allemagne* (1813), das doch die gesamte deutsche Literatur als ‚romantisch' ansah, fügte sich in gewisser Weise in diese Tendenz ein, da es vor allem die Literatur der Weimarer mit Friedrich Schiller im Zentrum war, die ihr als Inbegriff von deutscher Romantik galt (vgl. Unfer 2004, S. 147). Differenzierter stellte sich der Rezeptionsprozess in Österreich dar (das seit 1804, als Kaiser Franz II. die Reichskrone niederlegte, und seit dem Ende des Alten Reiches 1806 eine ausländische Macht wurde; vgl Aretin 1980, S. 129). Doch auch hier stand etwa zwischen 1807 und 1830 das Theaterwerk von Schiller und Goethe im Zentrum der Aufmerksamkeit (vgl. Seidler 1982, S. 99–111). In Wien hielten sowohl August Wilhelm als auch Friedrich Schlegel Vorlesungen zur Literaturgeschichte, deren – von dem Wiener Aufklärer Joseph Schreyvogel scharfsinnig kritisierte (vgl. Körner 1929, S. 13f.) – programmatische Wertungen lange nachwirken sollten. Doch über einzelne neuere Texte neben denjenigen von Schiller und Goethe findet sich selbst bei Friedrich Schlegel (→ KAPITEL 14.1) nur wenig Substanzielles. August Wilhelm Schlegels für die ausländische Rezeption noch wirkungsmächtigere Wiener *Vorlesungen über dramatische Kunst und Literatur* (1809–11) gehen auf die Literatur nach Schiller und Goethe gar nicht erst ein; Schlegel entwickelt sein Verständnis vom „Wesen des Romantischen" (Schlegel 1967b, S. 111) nämlich lediglich im historischen Rückblick auf das dramatische Werk des von ihm auch ins Deutsche übersetzten Shakespeare. Wie sehr die Schlegels die Aufklärung auch abwerteten und wie kühl ihre Bewunderung Schillers auch ausfiel, so verfolgten ihre Äußerungen über ‚das Romantische' doch meist literaturpolitische Zwecke, die andere zeitgenössische Autoren als sie selbst kaum gelten ließen.

Insgesamt galten Goethe und Schiller im Jahrhundert der Dichterdenkmäler und der Schillerfeiern überwiegend als Vollender dessen, was die Aufklärung wollte – und wurden deswegen bei aller Bewunderung teils auch kritisiert: im Fall Schreyvogels, wenn sie sich zu weit von der Aufklärung entfernten (so auch in dessen früher *Biographie Schiller's*, 1810), im Fall der Schlegels, wenn sie ihr offenbar zu sehr verpflichtet waren. Im Vorfeld der Revolution von 1848 wurden sie zudem als Vorkämpfer der nationalliberalen Idee angesehen – so insbesondere bei Gervinus (→ KAPITEL 14.1). Romantische Texte im neueren Sinn galten im 19. Jahrhundert hingegen eher pauschal als antiaufklärerisch – selbst die wenigen Historiografen der Romantik, wie Heinrich Heine, sahen dies so (→ KAPITEL 14.3) – und wurden jedenfalls im nicht-deutschsprachigen Ausland bis zur Jahrhundertmitte nur spärlich, dann aber in Einzelfällen sehr intensiv wahrgenommen. Diese Opposition gilt grundsätzlich auch für das wichtigste literaturgeschichtliche Werk nach demjenigen von Gervinus: Hermann Hettners *Literaturgeschichte des 18. Jahrhunderts* (1856–70), deren dritter, Deutschland gewidmeter Teil am Ende knapp die Anfänge der Romantik einbezieht. Im Einzelnen zeigt sich, dass ein Mann wie Hettner jederzeit seine eigenen Ausgangspositionen zu überdenken bereit war, wenn er von literarisch Außerordentlichem zu berichten hatte. Über den Romantiker Ludwig Tieck fand er daher warme Worte, mehr noch über den schwer einzuordnenden Georg Forster (→ KAPITEL 3.5), auch fallen z. B. seine Urteile über Wilhelm Heinrich Wackenroder (→ KAPITEL 2.2) hellsichtiger als manches später Geschriebene aus. Allerdings bettet Hettner diese Ausführungen in ein Kapitel ein, das mit Goethe beginnt und mit Goethe endet.

Nach 1870 wurde ‚die Romantik' aufgewertet, ohne dass sich an ihrer sachlichen Einschätzung, insbesondere was ihr Verhältnis zur Aufklärung betrifft, viel geändert hätte. Insbesondere durch die aufkommende literarische Strömung der sogenannten Neuromantik seit den späten 1880er-Jahren – einer diffusen lebensreformerischen Bewegung, die im Jenaer Verleger Eugen Diederichs einen Promotor hatte (vgl. Kohlenbach 2009, S. 261) – wurde der vermeintliche Irrationalismus und das Antiaufklärerische an der Romantik mit der Absicht betont, diese gegen eine als seicht denunzierte Aufklärung wiederzuentdecken – man konnte hierfür bestimmte wertende Vorgaben aus Friedrich Schlegels Wiener Vorlesungen nutzen. Allerdings wurde die Verhältnisbestimmung zur ‚Klassik' hierdurch problematisch. Auf

Fokus auf Goethe und Schiller ...

... statt auf romantischen Texten

Phase 2: Im Kaiserreich

Wiederentdeckung der ‚Romantik' ...

diese wollte man weiterhin als Gipfelleistung deutscher Kultur zurückblicken. Eine zentrale Rolle für die frühen Weichenstellungen der Diskussionen im Kaiserreich spielte das kenntnis- und materialreiche Buch von Rudolf Haym, *Die romantische Schule* (1870), das die Romantik historisierend in Phasen einteilte und die Aufbruchsstimmung der von Haym fast ausschließlich untersuchten Frühromantik positiv sowohl gegen eine als nüchtern und rationalistisch ausgedeutete Aufklärung als auch gegen die spätere Romantik ausspielte, die unter dem Eindruck der Konflikte zwischen deutschem Kaiserreich und römischem Katholizismus als eine reaktionäre Verfallszeit angesehen wurde (so erwähnt Haym z. B. Clemens Brentano nur an einer einzigen Stelle; vgl. Haym 1870, S. 861). An diesen Versuch einer Gesamtdarstellung konnte der für die Begründung der Literaturwissenschaft als Geisteswissenschaft zentrale Berliner Philosoph Wilhelm Dilthey anknüpfen, wenn er sich in seinem bekanntesten Werk *Das Erlebnis und die Dichtung* (1906) Gotthold Ephraim Lessing, Goethe, Novalis und Friedrich Hölderlin zuwandte und diese lebensphilosophisch und nationalistisch ausdeutete. Indem Dilthey sich an der vermeintlichen Ausdrucksästhetik des „Sturm- und Drang" (insbesondere des jungen Goethe) auch für die Zeit um 1800 orientierte, färbte das Bild der Klassik sich gleichsam ‚romantisch' ein (im problematischen damaligen Sinn von Romantik): als ein Höhepunkt einer sogenannten deutschen Bewegung, die im späten 18. Jahrhundert begonnen habe (→ ASB D'APRILE/SIEBERS). Dichtung wurde von Dilthey generell als gestalteter Ausdruck von Leben verstanden, in das der Leser sich einzufühlen hatte, wenn er ein Werk verstehen wollte. Schon vor seinem epochemachenden Werk *Das Erlebnis und die Dichtung* veröffentlichte Dilthey zahlreiche andere Untersuchungen, darunter das umfangreiche *Leben Schleiermachers* (1870), ein zwar biografisches Werk, das aber Diltheys methodisches Interesse an der Genese der Hermeneutik und damit eine wissenschaftshistorisch weit ausgreifende Fragestellung verriet, die z. B. seinen Zeitgenossen Haym tief beeindruckte. Die Schriftstellerin Ricarda Huch veröffentlichte hingegen eine lesenswerte Gesamtdarstellung der Romantik in zwei Teilen (*Blütezeit der Romantik*, 1899; *Ausbreitung und Verfall der Romantik*, 1902; Nachdruck in einem Band: Huch 1951), die eine fortschrittlich-liberale Sicht vor allem auf die Lebenswelten und Wissenschaftskontexte der Romantiker und Romantikerinnen zeigte, ihre Grenze aber freilich darin hat, mit literarischen Mitteln ein Epochenpanorama malen zu wollen, in welchem Analysen einzelner Texte – wie z. B. schon bei Haym zu finden – nicht vorgesehen sind.

Marginalia: ... und Klassik als Gipfel der „deutschen Bewegung" · Ricarda Huch

Es fiel der Weimarer Republik nicht leicht, sich von dem schwierigen Erbe des wilheminischen Kaiserreichs zu distanzieren. Sehr dominant entwarf der Gießener und Leipziger Literaturhistoriker Hermann August Korff in *Geist der Goethezeit* (1923–54) eine Entwicklungs- und Ideengeschichte der Zeit um 1800 in vier Bänden, die einer vom Humanitätsgedanken geprägten Klassik eine stets am Abgrund des Nihilismus stehende Romantik gegenüberstellte (wobei die Darstellung der Romantik erst ab Band 3, 1940, erfolgte). Aus politisch weit rechts stehender Sicht kritisierte wiederum der einflussreiche Staatsrechtler und Philosoph Carl Schmitt in *Politische Romantik* (1919) die vermeintliche Weltabgewandtheit und Verantwortungslosigkeit ‚der Romantiker'. Nur wenigen, eher am Rande wirksamen Gelehrten gelang es, dieses polemisch pathologisierende Bild zu revidieren, indem bezeichnenderweise erstmals Klassizismus und Romantik zusammen gesehen wurden. Der Außenseiter Bernhard Knauss beispielsweise tat dies unter Rekurs auf psychologische Ansätze in seiner Untersuchung *Das Künstlerideal des Klassizismus und der Romantik* (1925). Stärker auf historisches Material gestützt, doch mit ähnlicher Tendenz verfuhr der einflussreiche Feuilletonist Ernst Heilborn in dem 1927 erschienenen Buch *Zwischen zwei Revolutionen. Der Geist der Schinkelzeit (1789–1848)*. Meist stellte man Klassizismus und Romantik einander jedoch idealtypisch vergleichend gegenüber, wie dies ältere Impulse aus der Kunstgeschichte nahegelegt hatten: nämlich die vergleichende Methode des Kunsthistorikers Heinrich Wölfflin, der in *Kunstgeschichtliche Grundbegriffe* (1915) vergleichend Oppositionsbegriffe, wie z. B. die offene und geschlossene Form, an Renaissance und Barock vorgeführt bzw. seine Begriffe aus diesem Vergleich gewonnen hatte. Von besonderer Breitenwirkung wurde in der Nachfolge der von Wölfflin angestoßenen Vorgehensweise das Buch von Fritz Strich, *Deutsche Klassik und Romantik oder Vollendung und Unendlichkeit* (1922; 3. Auflage 1928, 5. Auflage 1962). Strich typologisierte streng schematisch, daher mit großer Überzeugungskraft, die Klassik zur Hüterin geschlossener Formen um das Ideal der Menschengestalt, wohingegen er die Romantik als ekstatische Sucherin nach der Unendlichkeit einer immer sich entziehenden Idee interpretierte.

Sehr viel weniger idealtypisch verfuhr Walter Benjamin in seiner Dissertation *Der Begriff der Kunstkritik in der deutschen Romantik* (1920), indem er neben dem Reflexions- den Kritik-Begriff insbesondere von Friedrich Schlegel und Novalis ins Zentrum stellte und von Johann Gottlieb Fichtes idealistischer Philosophie absetzte. Benjamin sah als einer der ersten, dass der philosophische Idealismus für das

Verständnis der Literatur um 1800 eine nur äußerliche Rolle spielt. Allerdings entfaltete seine Dissertation zunächst keine Wirkung. Anders sein Essay *Goethes Wahlverwandtschaften* (1924/25), den Benjamin unmittelbar im Anschluss an die Dissertation erarbeitete. Er fand u. a. bei Hugo von Hofmannsthal große Aufmerksamkeit. In diesem Essay setzte sich Benjamin scharf polemisch von der damals viel Aufsehen erregenden Goethe-Biografie Friedrich Gundolfs ab, indem er dessen Heroisierung der Erscheinung Goethes (vgl. Kruckis 1995, S. 299–326) die Konzentration auf den Wahrheitsgehalt eines literarischen Texts entgegensetzte, die er als seine Methode der Kritik verstand. Benjamin hielt also methodisch an dem fest, was er in der Auseinandersetzung mit Theorien Friedrich Schlegels erkannt hatte, und er wandte es zunächst auf Goethe an. Wenn diese Impulse nur zögerlich wirkten, so lag dies nicht zuletzt daran, dass es Benjamin nicht gelang, an einer deutschen Universität Fuß zu fassen.

In der späten Weimarer Republik haben auch weitere Forscher neben Benjamin den Grund für einige der vielversprechendsten Forschungsprojekte zur klassizistisch-romantischen Moderne gelegt (z. B. Richard Alewyns Forschungsprojekt zur Empfindsamkeit, das das bisherige Bild der Aufklärung und damit des Vorläufers von Klassizismus und Romantik zu revidieren versprach), und es entstanden in kleiner Zahl einige der größten Forschungsleistungen zu einzelnen Autoren: insbesondere Max Kommerells *Jean Paul* (1933), ein Werk, das z. B. Benjamin trotz des Konservatismus seines Verfassers bewunderte.

Phase 4: Nach 1945

Nach dem zweiten Weltkrieg und dem Ende der nationalsozialistischen Diktatur (deren Ideologisierung und Gleichschaltung gerade auch der germanistischen Literaturwissenschaft hier aus der Betrachtung ausgeklammert werden), gingen die Germanistiken in West und Ost zunächst entschieden getrennte Wege. Während die Weimarer Klassik in der DDR letztlich kontinuierlich im Zentrum des Interesses stand, wechselnd ausgedeutet, teils hart umkämpft, immer aber unter Pflege der Klassikerstätten in Weimar, geriet Schiller in der Bundesrepublik nach dem Schillerjahr 1959 ein wenig aus dem Blick, weil sein teils nationales Pathos befremdete, wohingegen Goethe zunehmend als ein Dichter der Innerlichkeit entdeckt wurde. Weltanschauungsfragen dominierten, die Arbeit an Editionen, wie sie im Kaiserreich und in der Weimarer Republik teils großartig geleistet worden war, trat in den Hintergrund, wenngleich die Nationalausgabe der Werke Schillers in Ost und West zwar langsam, doch gemeinsam vorangetrieben wurde. Umso auffälliger, dass eine bestimmte Edition im Besonderen neue Maßstäbe setzte, und zwar in Ost wie

West: Friedrich Beißners Stuttgarter Hölderlin-Ausgabe. Wiewohl ihr später vorgeworfen wurde, gerade in diesem Punkt nicht weit genug gegangen zu sein, war es anfangs die Verflüssigung des Werkbegriffs durch den Einbezug möglichst aller Fassungen eines Gedichts, die Wirkung entfaltete (die spätere Kritik setzte hingegen an Beißners zu statischem Begriff von ‚Fassung' an, dachte also in seinem Sinn über ihn hinaus). Auch die zweibändige Kleist-Ausgabe von Helmut Sembdner tat dies auf ihre Weise, indem in ihr erstmals (allerdings erst seit 1961) Kleists sperrige Interpunktion beibehalten wurde: Eine Erweiterung des Kanons setzte schon deswegen ein, weil bisherige Außenseiter nunmehr teils besser ediert waren – und teilweise heute noch sind – als z. B. Goethe. Zudem begann ein langsames Umdenken hinsichtlich der Romantik, deren Zusammenhang mit der Aufklärung jetzt gesehen wurde. Allerdings um den Preis, dass aus dem großen Kreis von Autoren fast nur noch Novalis und Friedrich Schlegel als Stichwortgeber für Fragen der Ästhetik und Poetik herangezogen und literarische Texte primär von Hölderlin und Kleist interpretiert wurden.

Verflüssigung des Werkbegriffs

In den 1970er-Jahren begann in der sich an westeuropäischen Entwicklungen orientierenden Bundesrepublik ein Triumphzug verschiedener Literaturtheorien, die insgesamt dafür sorgten, dass zwar nicht die klassizistisch-romantische Moderne, wohl aber einzelne ‚Romantiker' und deren Wissenschaftsbezug entschieden aufgewertet wurden (vgl. Brinkmann 1978), ‚die Klassik' hingegen – als vermeintliche Statthalterin von Ganzheitlichkeit, Geschlossenheit, Werk – überwiegend ins Abseits geriet. Allerdings besann man sich auch erstmals wieder auf die Impulse der Weimarer Republik, die klassizistisch-romantische Moderne als Einheit zu betrachten (vgl. z. B. Žmegač 1978; Schlaffer 1986; Ueding 1987; Schulz 1983–89; am perspektivenreichsten Glaser 2001). Im Unterschied zu Psychoanalyse und Strukturalismus trat insbesondere die Dekonstruktion als eine Methode an, die programmatisch für eine Öffnung nicht nur der Texte, sondern auch des Textbegriffs als solchem sorgen wollte – mit hochinteressanten Ergebnissen dort, wo die Editionswissenschaft diese Überlegungen aufgriff, wie insbesondere in Dieter E. Sattlers Hölderlin-Edition und der Brandenburgischen Kleist-Ausgabe, die von Roland Reuß und Peter Staengle herausgegeben wird. Paradoxerweise waren es jedoch immer weniger Autoren oder nur noch die ambitioniertesten und schwierigsten Texte der bekanntesten Autoren (z. B. Goethe: *Die Wahlverwandtschaften*, 1809), die dem Methodenzwang in der akademischen Praxis standhielten. Insgesamt hat die Dekonstruktion merkwürdigerweise für eine Verengung des Kanons gesorgt. Gerade in dieser Zeit fand eine gegen-

Phase 5: Nach 1968

Dekonstruktion

sätzliche Entwicklung in der DDR statt: Aus den Rändern des Gesichtsfelds der Weimarer Klassik traten bis dahin fast unbekannte Autoren hervor (z. B. der von dem Aufklärer Christoph Martin Wieland scharf rezensierte und verdrängte Johann Karl Wezel, der als materialistischer Radikalaufklärer gedanklich zwar eher dem 18. Jahrhundert angehörte, jedoch mit interessanten Argumenten zeitweilig als Autor der anonymen *Nachtwachen. Von Bonaventura* [1804] ins Spiel gebracht wurde; → KAPITEL 11.1). Nur zögerlich öffneten sich die entscheidenden Lehrstühle in Ost und West den Ergebnissen der Forschung zu den sogenannten Jakobinern, also der demokratischen Bewegung in Mitteleuropa (vgl. Stephan 1980, S. 175). Diese Diskussionen wurden in der Bundesrepublik besonders scharf am Beispiel Hölderlins geführt – mit fatalen Folgen für das Ansehen der an Hölderlin vielleicht doch eher scheiternden, im Übrigen aber so findigen Jakobinerforschung, die eine Fülle bis dahin unbeachteter Zeitschriftenartikel, Pamphlete, Theatertexte ans Tageslicht gebracht hat.

Phase 6: Neuere Tendenzen

Die neuere kulturwissenschaftliche Öffnung der Germanistik hat insgesamt dafür gesorgt, dass neben der Diskursgeschichte im Allgemeinen auch die Wissenschaftsgeschichte im Besonderen erheblichen Aufschwung nahm. Bestimmte Vertreter der Diskursanalyse wollten – im Gegensatz zu Michel Foucault, der als Begründer dieser Theorie gilt – keinen Unterschied zwischen literarischen und nicht-literarischen Texten anerkennen. Es ist das Thema von Poesie und Wissen, das – selbstverständlich ungemein kontrovers – die Gemüter erhitzte und bis heute erhitzt. Es hat schon jetzt dafür gesorgt, dass der Kanon erheblich erweitert wurde. Eine erstmals in der Weimarer Republik greifbare Fragestellung, die damals hinter der theoretischen Grundlegung der Begriffsgeschichte als Methode zur Historisierung des Wissens über

Literaturgeschichte als Problemgeschichte

Philosophie stand, beginnt sich durchzusetzen: Literaturgeschichte als Problemgeschichte, als kontextbewusstes Nachzeichnen der Probleme, auf die Literatur je eigen mit ihren Mitteln Antworten formuliert.

14.3 Eichendorff und Heine als Beispiel

Die Wirkung der klassizistisch-romantischen Moderne auf Literatur, Musik, bildende Kunst und Kunst- bzw. Literaturtheorie hier nachzuzeichnen, ist unmöglich. In diesen Bereichen ist die Wirkung oft an einen einzelnen Autor oder sogar ein bestimmtes Werk gebunden. Es lässt sich zwar vielleicht erklären, nicht aber historisch-systematisch nachzeichnen, warum z. B. der lange Zeit nur noch als *Wunderhorn-*

Dichter bekannte Achim von Arnim vom Surrealismus des frühen 20. Jahrhunderts als Erzähler wiederentdeckt wurde, oder warum der Lyriker Clemens Brentano für Hans Magnus Enzensberger wichtig wurde.

Die klassizistisch-romantische Moderne erstreckte sich jedoch historisch so weit ins 19. Jahrhundert, dass zwei ungemein folgenreiche Versuche, ihre Geschichte zu schreiben, von Autoren stammen, die ihrerseits zu den bedeutendsten Lyrikern dieser Zeit zählen. Auf Joseph von Eichendorffs literaturgeschichtliche Arbeiten, insbesondere *Über die ethische und religiöse Bedeutung der neueren romantischen Poesie in Deutschland* (1847) und *Geschichte der poetischen Literatur Deutschlands* (1856), wurde bereits hingewiesen (→ KAPITEL 9.2). Auch wurde dort an einem Beispiel gezeigt, welche Wechselwirkungen sich zwischen Eichendorffs historischem Rückblick auf die Epoche und seiner eigenen lyrischen Produktion ergaben.

Eichendorffs Literaturgeschichte

Der zweite in diesem Kontext wichtige, deutlich jüngere Autor ist Heinrich Heine, der im Jahr nach Goethes Tod 1833 in dem französischen Periodikum *L'Europe littéraire* die ersten Teile von *Die romantische Schule* (1836) veröffentlichte. So gegensätzlich der liberale Heine und der konservative Eichendorff auch sind und so sehr sie als maßgebliche Vertreter des sogenannten „Jungen Deutschland" auf der einen und der späteren Romantik auf der anderen Seite auch als Konkurrenten betrachtet werden können (vgl. schon Eichendorffs Kritik an Heine: Eichendorff 1990, S. 270) – sie stimmen doch in gewissen Punkten überein: Beide bewerteten z. B. die literarische Anakreontik der Aufklärung, die unter Bezug auf den griechischen Dichter Anakreon auf witzig-selbstreferenzielle Weise die Liebe, den Wein und den Gesang (also: sich selbst!) feierte, als altmodischen Versuch einer Wiederbelebung, dem keine Zukunft beschieden war, und sie bedienten sich hierfür beide des damals als Epochenbegriff neuen Schlagworts „Rokoko" (vgl. Rehm 1964, S. 127). Bei Eichendorff wie bei Heine lässt sich beobachten, dass ein abgrenzender Rückbezug auf die Zeit vor Klassizismus und Romantik, der das Verständnis der eigentlich zu behandelnden Epoche schärfen soll, einhergeht mit der Ausbildung eines neuen Epochenbegriffs, eben des Rokoko.

Heines *Romantische Schule*

„Rokoko"-Begriff

Heines literarische Anfänge fallen in die frühen 1820er-Jahre, als er in Göttingen und Berlin studierte. Seine erste Prosaveröffentlichung *Briefe aus Berlin* (1822) gibt nicht nur ein eindrucksvolles Gesamtbild Berlins, sondern auch zahllose Details des damaligen Klatsches wieder, z. B., wie gehässig man sich in Berlin über das

Heines frühe Stellung zu Goethe

Frankfurter Projekt eines Denkmals für Goethe (→ ABBILDUNG 14) äußerte und wie begeistert man war, als Goethe in Folge des Streits darüber sein Frankfurter Bürgerrecht zurückgab.

Heine und die Romantik

Heines schwierige Beziehung zu seiner Zeit, die schon Eichendorff thematisierte, wurde in der Forschung detailliert untersucht. Heines (hier nicht zu behandelnde) Gedichte sind den ‚romantischen' Arnims und Brentanos, insbesondere deren als ‚volkstümlich' geltender Liedersammlung *Des Knaben Wunderhorn* vielfach verpflichtet. Andererseits polemisierte Heine scharf gegen ‚das Romantische'. So warf er dem Dichter August von Platen vor, dass er „trotz seinem Pochen auf Klassizität" „seinen Gegenstand vielmehr romantisch" behandele, und das heißt für Heine: „verschleiernd, sehnsüchtig, pfäffisch" (Heine 1997, S. 457). Verehrende Anlehnung und polemische Abgrenzung, oft verschmolzen in der Form der ‚romantischen' Parodie (vgl. Bersier 1997, S. 9), kennzeichnen also auch seine Einschätzung der Romantik, nicht nur der Klassik.

Heine: Die romantische Schule

In *Die romantische Schule* (1836) sind es ähnliche Bewertungskriterien, nach denen der durch und durch politisch denkende Polemiker Heine die Autoren der jüngstvergangenen Zeit sortiert: Gelobt wird, wer auf der Seite der Gegenwart steht, für liberale Ideen kämpft und Heines eigenem Sensualismus nahesteht; gescholten wird, wer reaktionäre, insbesondere katholische Tendenzen innerhalb der Literatur verfolgt. Aus ganz ähnlichen Gründen, aus denen Eichendorff Novalis im positiven Sinn zum Helden der Frühromantik stilisiert, stellt Heine ihn negativ als Stifter einer ultramontanen, also nach dem römischen Papst schielenden Sekte hin, deren spätere Rädelsführer aus seiner Sicht die Brüder Schlegel waren. Heines eigentlicher Kronzeuge heißt Jean Paul, da dieser die Revolutionsideale hoch gehalten habe (vgl. Kortländer 2003, S. 220). Die „Kunstperiode" Goethes und der Romantik betrachtet Heine zwar insgesamt als abgeschlossen. Doch nimmt er zwei Autoren aufgrund ihrer antiromantischen Modernität von diesem Urteil aus: E. T. A. Hoffmann

Anti-Romantik

und Achim von Arnim. Diese Denkfigur der sogenannten Anti-Romantik war neu. Sie hatte Folgen noch für die Wissenschaft im 20. Jahrhundert: Immer wieder gab es Versuche, Autoren wie E. T. A. Hoffmann dadurch zu profilieren, dass man sie als Anti-Romantiker bezeichnete und gegen ein Klischee von ‚Romantik' zu profilieren suchte.

Die neuere Forschung zu Klassizismus und Romantik hat begonnen, bestimmte Diskurse zu untersuchen, die eine Entdeckung der Gemeinsamkeiten zwischen diesen früher als getrennt oder sogar als aufeinander folgend angesehenen ‚Epochen' erlaubt. Unsere Übersicht knüpft produktiv an diese neuere Tendenz der Forschung an und setzt ihr gegenüber einen eigenen Akzent: Sie führt vor Augen, dass und wie die literarische Moderne der klassizistisch-romantischen Zeit sich experimentell auf zentrale Probleme, die in diesen Diskursen verhandelt wurden, zu öffnen suchte – sie unterscheidet also zwischen Diskurs und diskursiv verhandeltem Problem. Aus dieser methodischen Vorentscheidung ergibt sich für die Zeit um 1800 folgendes Bild: Die damals mit sehr hohem Anspruch formulierte Hoffnung auf die Autonomie der Literatur stand einer zwar nicht vorbehaltlosen aber dennoch radikalen Öffnung für zeitgenössische Probleme nicht im Wege, sondern fundierte sie überhaupt erst. (Anders, nämlich als Abwendung von einer als trist preisgegebenen Lebenswirklichkeit, sollte Kunstautonomie erst von den ästhetizistischen Literaturströmungen im weiteren Verlauf des 19. Jahrhunderts verstanden werden). In dieser Hinsicht – nämlich mit Blick auf ihren Stellenwert für die Produktion von Texten – unterscheiden sich selbst die auf den ersten Blick ‚literaturnäheren' Diskurse über Hermeneutik, Ästhetik oder die Literaturgattungen kaum von den Diskursen über Recht, Medizin oder die neuen Naturwissenschaften. Denn während die ersteren sich auf die konkrete Literaturproduktion bisweilen eher hemmend auswirkten statt leicht umzusetzende Rezepte zu liefern, fanden sich in letzteren immer wieder Vorgaben, die für die experimentellste Literatur der klassizistisch-romantischen Moderne geradezu formkonstitutive Konsequenzen haben konnten. Dem nur scheinbar literaturnäheren Begleitdiskurs der Selbstaussagen von Schriftstellern über ihre eigenen Werke, den ästhetisch-programmatischen Verlautbarungen und den Gattungsbestimmungsversuchen auf der einen Seite stand der alle vermeintlichen Sicherheiten preisgebende Gehalt der einzelnen Werke auf der anderen Seite gegenüber. Dazwischen ergaben sich um 1800 oft erhebliche Differenzen, die in Zukunft noch weiterer Erforschung bedürfen. Der Name Heinrich von Kleists und sein alle Grenzziehungen überschreitendes Werk, mag als der vielleicht augenfälligste Beleg für diese Gemeinsamkeit klassizistisch-romantischer Texte einstehen: Eine Gemeinsamkeit, die allerdings nichts Beruhigendes hat, denn sie bestand – und besteht – in radikaler Hingabe an die inneren Widersprüche einer in Bewegung geratenen Zeit ebenso wie in der Suche nach einer strengen Werkform, an der kaum mehr etwas der Tradition, ebensowenig jedoch dem neuartig normativen Diskurs der Ästhetik sich verdanken würde.

Anhaltende Wirkungsgeschichte in der Moderne: Ein Ausblick

Das Spektrum der Diskurse

Fragen und Anregungen

- Warum stellt die Entstehung der Literaturgeschichtsschreibung für das Epochenbild der Zeit um 1800 ein Problem besonderer Art dar, anders als in der Frühen Neuzeit und in der Aufklärung?
- Welchen Einfluss der sechs Phasen der Wirkungsgeschichte erkennen Sie in Ihrem (bisherigen) Bild von der klassizistisch-romantischen Moderne wieder?
- Diskutieren Sie, ob ein Kanon mit Blick auf die Zeit um 1800 sinnvoll ist. Wie sieht Ihr persönlicher Kanon im Vergleich mit den historisch aufgezeigten Kanonvorstellungen aus?
- Informieren Sie sich über die Art, die Ziele und den historischen Kontext der Schiller-Feiern des Jahres 1859.

Lektüreempfehlungen

Quellen
- **Bettina von Arnim: Goethe's Briefwechsel mit einem Kinde**, in: dies., Werke und Briefe in vier Bänden, hg. v. Walter Schmitz und Sibylle von Steinsdorff, Frankfurt a. M. 1986ff., Bd. 2.
- **Joseph von Eichendorff: Über die ethische und religiöse Bedeutung der neueren romantischen Poesie in Deutschland**, in: ders., Werke in sechs Bänden, Bd. 6: Geschichte der Poesie. Schriften zur Literaturgeschichte, hg. v. Hartwig Schultz, Frankfurt a. M. 1990, S. 61–280.
- **Heinrich Heine: Die romantische Schule**, in: ders., Sämtliche Schriften, hg. von Klaus Briegleb, Bd. 3, München 1997, S. 357–504.
- **Joseph Schreyvogel: Originalität und Nachahmung, in Beziehung auf den neuesten Zustand der deutschen Literatur. An Amalie von Sorben** [zuerst in: Das Sonntagsblatt, Wien, Jahrgang 1807], in: ders., Gesammelte Schriften von Thomas und Karl August West, 2. Abt.: Kritische und satyrische Streifzüge, 1. Teil, Braunschweig 1829, S. 165–179.

Forschung
- **Wolfgang Bunzel / Peter Stein / Florian Vaßen (Hg.): Romantik und Vormärz. Zur Archäologie literarischer Kommunikation in der ersten Hälfte des 19. Jahrhunderts**, Bielefeld 2003. *Innovativer*

Sammelband zu Veränderungen des Literatursystems am Ende der klassizistisch-romantischen Moderne.

- **Bernd Kortländer: Heinrich Heine,** Stuttgart 2003. *Hervorragend als Einführung in Heine geeignete Darstellung.*
- **Ulrike Landfester: Selbstsorge als Staatskunst. Bettine von Arnims politisches Werk,** Würzburg 2000. *Kontextualisierende Untersuchung der politischen Schriften Bettina von Arnims, deren Kritik an den politischen Missständen in Preußen vor und nach 1848 zwischen der früheren Romantik und der Vor- und Nachmärzliteratur vermittelte.*
- **Rolf Selbmann: Dichterdenkmäler in Deutschland. Literaturgeschichte in Erz und Stein,** Stuttgart 1988. *Umfassende Darstellung der Geschichte der Denkmäler für Dichter.*

15 Serviceteil

15.1 Allgemeine bibliografische Hilfsmittel

Laufende Bibliografie

- Internationale Bibliographie zur deutschen Klassik 1750–1850, Weimar, Folge 1 (1960) – 52 (2005). Seit 2009 als Informationsdienst „Klassik online" auf der Website der Herzogin Anna Amalia Bibliothek in Weimar fortgeführt, Web-Adresse: http://opac.ub.uni-weimar.de/LNG=DU/DB=4.2/. *Verzeichnet Editionen und Forschungsliteratur zu allen literarischen Strömungen der klassizistisch-romantischen Moderne.*

Lexika und Handbücher

- Romantik-Handbuch, hg. von Helmut Schanze. 2. Auflage Stuttgart 2003. *Enthält Aufrissdarstellungen zu Zeitkontexten, Literarischen Formen, Künsten und Wissenschaften sowie einen nützlichen bio-bibliografischen Anhang.*
- A Comparative History of Literatures in European Languages, Vol. 14: Die Wende von der Aufklärung zur Romantik 1760–1820, hg. von Horst Albert Glaser und György M. Vajda, Amsterdam/Philadelphia 2001. *Umfassendes, nach Sachgebieten geordnetes Handbuch, das die internationale Forschung aufarbeitet und Forschungsperspektiven aufzeigt.*

Zeitschriften und Periodika

- Athenäum. Jahrbuch der Friedrich Schlegel-Gesellschaft [bis 2007: Athenäum. Jahrbuch für Romantik], 1ff. Paderborn 1991ff.
- Aurora. Jahrbuch der Eichendorff-Gesellschaft, 1ff. Oppeln [wechselnde Orte] 1929ff.; ab 70/71ff. Berlin/New York 2010/11ff.
- Blütenstaub. Jahrbuch für Frühromantik, hg. von der Internationalen Novalis-Gesellschaft in Zusammenarbeit mit der Forschungsstätte für Frühromantik Schloss Oberwiederstedt, 1ff. Wiederstedt 2007ff.

- E.-T.-A.-Hoffmann-Jahrbuch. Mitteilungen der E.-T.-A.-Hoffmann-Gesellschaft, 38/39ff. Berlin 1992/93ff. (1ff. Bamberg 1938/40ff. unter dem Titel Mitteilungen der E. T. A.-Hoffmann-Gesellschaft).
- Goethe-Jahrbuch, hg. im Auftrag des Vorstandes der Goethe-Gesellschaft [mit wechselnden Titeln], 1ff. Weimar 1880ff., ab 122ff. Göttingen 2005ff.
- Heine-Jahrbuch, hg. vom Heinrich-Heine Institut Düsseldorf, 1ff. Hamburg 1962ff., ab 34/35ff. Stuttgart/Weimar 1995/96ff.
- Herder-Jahrbuch, 1ff. [Herder Yearbook] Columbia [wechselnde Orte] 1992ff.; ab 10ff. Heidelberg 2010ff.
- Hölderlin-Jahrbuch, hg. im Auftrag der Hölderlin-Gesellschaft. Jg. 1 unter dem Titel „Iduna. Jahrbuch der Hölderlin-Gesellschaft", Tübingen 1944, 2ff. Eggingen 1947ff.
- Internationales Jahrbuch der Bettina-von-Arnim Gesellschaft. Forum für die Erforschung von Romantik und Vormärz, 1ff. Berlin 1987ff.
- Jahrbuch der Deutschen Schillergesellschaft. Internationales Organ für neuere deutsche Literatur, 1ff. Stuttgart 1957ff., ab 49ff. Göttingen 2005ff.
- Jahrbuch der Jean-Paul-Gesellschaft, 1ff. Bayreuth [wechselnde Orte] 1966ff., ab 46ff. Würzburg 2011ff.
- Kleist-Jahrbuch, hg. im Auftrag des Vorstandes der Heinrich-von-Kleist-Gesellschaft, 1ff. Stuttgart/Weimar 1980ff.
- Romantisme. Revue du dix-neuvième siècle. Littératures, arts, sciences, histoire, hg. von der Société des études romantiques et dix-neuviémistes, 1ff. Clermont-Ferrand 1971ff.
- Wieland-Studien, hg. vom Wieland-Archiv Biberach. 1–3 Sigmaringen 1991–96, 4ff. Heidelberg 2005ff.

Literaturgeschichten

- Deutsche Literatur. Eine Sozialgeschichte, hg. von Horst Albert Glaser.
  - Bd. 5: Zwischen Revolution und Restauration. Klassik, Romantik 1786–1815, hg. von Horst Albert Glaser, Reinbek bei Ham-

burg 1980. Nachdruck 1987. *Sozialgeschichtlich orientierte Aufsatzsammlung.*

- Geschichte der deutschen Literatur vom 18. Jahrhundert bis zur Gegenwart, hg. von Viktor Žmegač. Bd. 1, Teil 1–2. Königstein/ Ts. 1978. 4., unveränderte Auflage Weinheim 1996. *Umfasst den Zeitraum von 1670–1848. Präzise informierende Kapitel zu Spätaufklärung, Klassik und Romantik.*

- Geschichte der deutschen Literatur von den Anfängen bis zur Gegenwart, begründet von Helmut de Boor und Richard Newald.
  - Bd. 7, Teil 1–2. Die deutsche Literatur zwischen Französischer Revolution und Restauration, von Gerhard Schulz, München 1983–89. *Historische und ideengeschichtliche Grundlagen werden erläutert, einzelne Werke nach Gattungen gegliedert vorgestellt.*

- Hansers Sozialgeschichte der deutschen Literatur vom 16. Jahrhundert bis zur Gegenwart, hg. von Rolf Grimminger.
  - Bd. 4: Klassik und Romantik. Deutsche Literatur im Zeitalter der Französischen Revolution 1789–1815, von Gert Ueding, München 1987. *Sozialgeschichtliche Darstellung in einem Band.*

- The Camden House History of German Literature, edited by James Hardin.
  - Vol. 7. The Literature of Weimar Classicism, edited by Simon Richter. Rochester, NY 2005.
  - Vol. 8. The Literature of German Romanticism, edited by Dennis F. Mahoney. Rochester, NY 2004. *Instruktive, problemorientierte und gattungstheoretische Überblicksdarstellungen, Auswahlbibliografie.*

15.2 Institutionen und Web-Adressen

- Klassik Stiftung Weimar mit Goethe-Nationalmuseum, Goethe-Schiller-Archiv, Herzogin Anna Amalia Bibliothek, Weimar. Web-Adresse: www.Klassik-Stiftung.de. *Forschungs- und Studienstätte zur klassischen deutschen Literatur mit vielfältigen musealen Angeboten.*

- Freies Deutsches Hochstift. Frankfurter Goethe-Museum, Frankfurt am Main. Web-Adresse: www.goethehaus-frankfurt.de/freies-deutsches-hochstift. *Museum und Forschungsstätte mit Handschriftenarchiv zur deutschen Literatur von 1750–1850.*

- Deutsches Literaturarchiv mit Schiller-Nationalmuseum und Literaturmuseum der Moderne, Marbach am Neckar. Web-Adresse: www.dla-marbach.de. *Größtes deutsches Literaturarchiv mit umfangreichen Handschriften- und Buchbeständen und zwei Museen mit Wechselausstellungen zur deutschen Literatur seit 1750.*

- Forschungsstätte für Frühromantik und Novalis-Museum Schloss Oberwiederstedt. *Forschungsbibliothek und Museum mit Wechselausstellungen in Novalis Geburtshaus.*

15.3 Werkausgaben einzelner Autoren

Bettina von Arnim (1785–1859)

- **Werke und Briefe in vier Bänden**, hg. von Walter Schmitz und Sibylle von Steinsdorff, Frankfurt a. M. 1986–2004. *Kommentierte Studienausgabe im Deutschen Klassiker Verlag.*

Ludwig Achim von Arnim (1781–1831)

- **Werke und Briefwechsel. Historisch-kritische Ausgabe**, hg. von Roswitha Burwick, Lothar Ehrlich, Heinz Härtl, Renate Moering, Ulfert Ricklefs und Christof Wingertszahn, Berlin / New York [zuvor Tübingen] 2000ff. *Eine auf 40 Bände veranschlagte, im Erscheinen begriffene historisch-kritische Ausgabe.*

- **Werke in sechs Bänden**, hg. von Roswitha Burwick, Jürgen Knaack, Paul Michael Lützeler, Renate Moering, Ulfert Ricklefs und Hermann F. Weiss, Frankfurt a. M. 1989–94. *Kommentierte Studienausgabe im Deutschen Klassiker Verlag.*

Clemens Brentano (1778–1842)

- **Sämtliche Werke und Briefe. Historisch-kritische Ausgabe**, veranstaltet vom Freien Deutschen Hochstift, hg. von Anne Bohnenkamp-Renken, Konrad Feilchenfeldt und Jürgen Behrens [38 Bde.] Stuttgart 1975ff.

- **Werke** [hg. von Friedhelm Kemp]. 4 Bde. München 1963–68.
  Umfangreichste, kommentierte Auswahlausgabe mit sämtlichen Märchen, einer Auswahl der Lyrik und der dramatischen Arbeiten, dem Roman Godwi und den Erzählungen.

Joseph von Eichendorff (1788–1857)

- **Sämtliche Werke des Freiherrn Joseph von Eichendorff. Historisch-kritische Ausgabe,** in Verbindung mit Philipp August Becker begründet von Wilhelm Kosch und August Sauer, fortgeführt und hg. von Helmut Koopmann und Hermann Kunisch, Regensburg 1908ff. [bis 1970, 1970–97 fortgeführt in Stuttgart], seit 1997: Tübingen. *Eine mit ungewöhnlich umfangreichem Sachkommentar ausgestattete historisch-kritische Ausgabe der Werke, Tagebücher und Briefe.*
- **Werke in sechs Bänden,** hg. von Wolfgang Frühwald, Brigitte Schillbach und Hartwig Schultz, Frankfurt a. M. 1985–93. *Kommentierte Studienausgabe im Deutschen Klassiker Verlag.*

Johann Wolfgang Goethe (1749–1832)

- **Goethes Werke,** hg. im Auftrag der Großherzogin Sophie von Sachsen, Abt. I: Werke. Bd. 1–55. Abt. II: Naturwissenschaftliche Schriften. Bd. 1–13. Abt. III: Tagebücher. Bd. 1–15. Abt. IV: Briefe. Bd. 1–50, Weimar 1887–1919; Reprint Tokyo/Tübingen 1975; Verkleinerter Nachdruck München 1987; Nachtrags-Bde. 1–3 zu Abt. IV, hg. von Paul Raabe, München 1990. *Als „Weimarer Ausgabe" (auch „Sophien-Ausgabe") bekannt. Historisch-kritische Ausgabe mit dem größten, allerdings späte Drucke wiedergebenden Textbestand.*
- **Die Schriften zur Naturwissenschaft. Vollständige mit Erläuterungen versehene Ausgabe,** hg. im Auftrage der Deutschen Akademie der Naturforscher [Leopoldina] zu Halle [von wechselnden Hg.], 2 Abt. Weimar 1947ff. *Umfangreichste, die Weimarer Ausgabe auf dem Gebiet der naturwissenschaftlichen Schriften ersetzende kritische Ausgabe.*
- **Werke. Hamburger Ausgabe in 14 Bänden,** hg. von Erich Trunz, Hamburg 1948–64; vollständige Neubearbeitung 1981; überarbeitete Nachauflagen einzelner Bände. *Als „Hamburger Ausgabe"*

bekannt. Literaturgeschichtlich eingehend kommentierte, schmale Auswahl- und Studienausgabe, nach Gattungen geordnet.

- Sämtliche Werke nach Epochen seines Schaffens. Münchner Ausgabe, Bd. 1–21, hg. von Karl Richter u. a., München 1985–98. *Die „Münchner Ausgabe" gliedert den Textbestand nach der Entstehungszeit der Werke mit eingehender und solider Kommentierung.*

- Sämtliche Werke, Briefe, Tagebücher und Gespräche, Abt. I: Sämtliche Werke, hg. von Friedmar Apel u. a., Bd. 1–27. Abt. II: Briefe, Tagebücher und Gespräche, hg. von Karl Eibl u. a. Bd. 1–12. Frankfurt a. M. 1986–99. *Die „Frankfurter Ausgabe" der Werke ist die umfangreichste kommentierte Ausgabe von Goethes Schriften mit detaillierten Dokumentenanhängen und Stellenkommentaren.*

Jacob (1785–1863) und Wilhelm (1786–1859) Grimm

- Werke und Briefwechsel. In kritisch kommentierten Einzelbänden [Kasseler Ausgabe], hg. im Auftrag des Vorstandes der Brüder-Grimm-Gesellschaft, Kassel/Berlin 1998ff. *Umfassend angelegte Ausgabe mit besonderem Akzent auf den Briefwechseln.*

- Deutsche Sagen herausgegeben von den Brüdern Grimm, Ausgabe auf der Grundlage der ersten Auflage, hg. von Heinz Rölleke, Frankfurt a. M. 1994. *Studienausgabe mit Einzelkommentar im Deutschen Klassiker Verlag.*

- Kinder- und Hausmärchen gesammelt durch die Brüder Grimm. Vollständige Ausgabe auf der Grundlage der dritten Auflage (1837), hg. von Heinz Rölleke, Frankfurt a. M. 1985. *Studienausgabe mit Einzelkommentar im Deutschen Klassiker Verlag.*

Karoline von Günderrode (1780–1806)

- Sämtliche Werke und ausgewählte Studien. Historisch-kritische Ausgabe, hg. von Walter Morgenthaler, 3 Bde., Basel/Frankfurt a. M. 1990–91. *Die einzige historisch-kritische Ausgabe einer Schriftstellerin der klassizistisch-romantischen Moderne.*

Heinrich Heine (1797–1856)

- **Historisch-kritische Gesamtausgabe der Werke. Düsseldorfer Ausgabe**, hg. von Manfred Windfuhr, 16 Bde., Hamburg 1973–97. *Die Düsseldorfer Ausgabe gliedert die Werke nach Gattungen und nach inhaltlichen Aspekten.*
- **Werke, Briefwechsel, Lebenszeugnisse. Säkularausgabe**, hg. von den Nationalen Forschungs- und Gedenkstätten der klassischen deutschen Literatur in Weimar und dem Centre National de la Recherche Scientifique in Paris, 4 Abteilungen, 53 Bde., Berlin / Paris 1970ff. *Die Säkularausgabe gliedert nach Genres, innerhalb der Genres in chronologischer Folge unter Einschluss der Briefe.*
- **Sämtliche Schriften**, hg. von Klaus Briegleb, 6 (in 7) Bde., München 1968–76. *Studienausgabe mit Sachkommentar, 2005 in München als erschwingliche Taschenbuchausgabe nachgedruckt.*

Johann Gottfried Herder (1744–1803)

- **Sämtliche Werke**, hg. von Bernhard Suphan, 33 Bde., Berlin 1877–1913 (Nachdruck Hildesheim 1967–68). *Dem Textbestand nach umfassendste, den Editionsprinzipien nach veraltete, uneinheitlich gegliederte Werkausgabe.*
- **Werke in 10 Bänden**, hg. von Günter Arnold und Martin Bollacher, Frankfurt a. M. 1985–2000. *Kommentierte Studienausgabe im Deutschen Klassiker Verlag.*
- **Werke**, hg. von Wolfgang Pross, 3 [in 4] Bde., München 1984–2002. *Kommentierte Studienausgabe mit umfangreichem Kommentarband zu ‚Ideen zur Philosophie der Geschichte der Menschheit'.*

Friedrich Hölderlin (1770–1843)

- **Sämtliche Werke. Große Stuttgarter Ausgabe**, hg. von Friedrich Beißner [u. a.], 8 [in 14] Bde. Stuttgart 1943–85. *Für die Editionsphilologie lange maßgebliche, historisch-kritische Ausgabe mit deutlicher Trennung zwischen ‚Text' und ‚Apparat'.*
- **Sämtliche Werke. Frankfurter Ausgabe**, hg. von Dietrich E. Sattler, Frankfurt a. M. 1975ff. *Neuere historisch-kritische Ausgabe mit Faksimiles sämtlicher Handschriften, deren Ziel es ist, Werkprozesse abzubilden.*

- Sämtliche Werke und Briefe, hg. von Michael Knaupp, 3 Bde., München / Wien 1992–93. *Kommentierte Studienausgabe mit Akzent auf Chronologie und Wiedergabe der Textgenese.*
- Sämtliche Werke und Briefe in drei Bänden, hg. von Jochen Schmidt, Frankfurt a. M. 1992–94. *Studienausgabe, weitgehend nach dem Textbestand der Stuttgarter Ausgabe mit umfangreichem Sachkommentar.*

Ernst Theodor (Amadeus) Hoffmann (1776–1822)

- Sämtliche Werke. Historisch-kritische Ausgabe mit Einleitungen, Anmerkungen und Lesarten, hg. von Carl Georg von Maassen, Bd. 1–4 und 6–10. München 1908–28. *Eine ursprünglich auf 12 Bde. berechnete, Fragment gebliebene historisch-kritische Ausgabe.*
- Sämtliche Werke in sechs Bänden, hg. von Hartmut Steinecke und Wulf Segebrecht [unter Mitarbeit weiterer Autoren], Frankfurt a. M. 1985–2004. *Kommentierte Studienausgabe im Deutschen Klassiker Verlag, unter Einschluss der Briefe, Tagebücher, juristischen und musikalischen Schriften.*
- [Sämtliche Werke in fünf Einzelbänden], München 1960–65. [Mit einem Nachtragsbd.: Nachlese. Dichtungen, Schriften, Aufzeichnungen und Fragmente, 1981]. *Eine in der ersten Auflage von Walter Müller-Seidel und Friedrich Schnapp herausgegebene, gut kommentierte Studienausgabe der Werke (ohne Gesamttitel und ohne Gesamtherausgeber), wird seit 1995 vollständig neu bearbeitet, mit umfassendem Kommentar und aktueller Bibliografie ausgestattet.*

Jean Paul (Johann Paul Friedrich Richter, 1763–1825)

- Sämtliche Werke. Historisch-kritische Ausgabe, hg. von Eduard Berend, 4 Abteilungen, Weimar 1927ff., Abt. 2 Weimar [seit 2004 Stuttgart] 1996ff., Abt. 4 Berlin 2003ff. *Historisch-kritische Ausgabe in vier Abteilungen, 1: Werke, 2: Nachlass, 3: Briefe, 4: Briefe an Jean Paul, Abteilung 1 und 3 liegen vollständig vor, Abteilung 2 wird neu bearbeitet, Abteilung 4 wurde 2003 begonnen.*
- Werke. Historisch-kritische Ausgabe, hg. von Helmut Pfotenhauer, Tübingen [seit 2010 Berlin / New York] 2009ff. *Eine Neubearbei-*

tung der 1. Abteilung der Ausgabe von E. Berend, die alle Druckfassungen synoptisch darbieten wird. Bisher 1 Band erschienen (Hesperus, 2009).

- **Werke** [seit 1974: **Sämtliche Werke**], hg. von Norbert Miller und Gustav Lohmann [seit 1970 hg. von Norbert Miller], 10 Bde. in 2 Abteilungen, München 1959–85. *Eine umfassende und ausführlich kommentierte Studienausgabe.*

Heinrich von Kleist (1777–1811)

- **Brandenburger** [1988–91 vorübergehend: Berliner] **Ausgabe. Kritische Edition** […], hg. von Roland Reuß und Peter Staengle, Basel/Frankfurt a. M. 1988ff. *Kritische Ausgabe, deren Editionsprinzipien diejenigen der Frankfurter Ausgabe der Werke Hölderlins fortführen.*

- **Sämtliche Werke und Briefe**, hg. von Helmut Sembdner, 2 Bde., 9. Auflage, München 1993. *Bewährte Studienausgabe mit kritischem Apparat und hilfreichem Sachkommentar.*

- **Sämtliche Werke und Briefe in 4 Bänden**, hg. von Ilse-Marie Barth u. a., Frankfurt a. M. 1987–97. *Kommentierte Studienausgabe mit umfangreichen Sacherläuterungen.*

- **Sämtliche Werke und Briefe. Münchner Ausgabe**, hg. von Roland Reuß und Peter Staengle, 3 Bde., München/Frankfurt a. M. 2010. *Knapp kommentierte, sämtliche Textfassungen der Brandenburger Ausgabe dokumentierende Studienausgabe.*

Novalis (Friedrich Leopold von Hardenberg, 1772–1801)

- **Schriften. Die Werke Friedrich von Hardenbergs**, begründet von Paul Kluckhohn und Richard Samuel, 6 [in 9] Bde. hg. von Richard Samuel in Verbindung mit Hans-Joachim Mähl und Gerhard Schulz, Stuttgart 1960–2010 [Bd. 1–4 in zweiter Auflage, 1977–83] *Historisch-kritische Ausgabe in vier Bänden, einem Materialienband (Bd. 5) und einem Ergänzungsband (Bd. 6) in 4 [bisher 3 erschienenen] Teilbänden mit dem dichterischen Jugendnachlass und weiteren neu aufgefundenen Handschriften.*

- Werke, Tagebücher und Briefe Friedrich von Hardenbergs, hg. von Hans-Joachim Mähl und Richard Samuel, 3 Bde., München 1987. *Auf der historisch-kritischen Ausgabe beruhende, umfassend kommentierte Studienausgabe.*

Friedrich Schiller (1759–1805)

- Schillers Werke. Nationalausgabe, begründet von Julius Petersen, fortgeführt von Lieselotte Blumenthal und Benno von Wiese, hg. im Auftrag der Stiftung Weimarer Klassik und des Schiller-Nationalmuseums Marbach von Norbert Oellers, Weimar 1943ff. *Grundlegende historisch-kritische Ausgabe, 2006 zu einem vorläufigen Abschluss gekommen. Einzelbände werden in neuer Bearbeitung vorgelegt.*

- Sämtliche Werke. Berliner Ausgabe, 10 Bde., hg. von Hans-Günther Thalheim u. a. , Berlin 1980–2005. *Historisch-kritische Ausgabe, die konsequent den Erstdrucken folgt, mit Abdruck von Schillers handschriftlichen Marginalien.*

- Werke und Briefe in 12 Bänden, hg. von Otto Dann u. a., Frankfurt a. M. 1988ff. *Kommentierte Studienausgabe im Deutschen Klassiker Verlag.*

- Sämtliche Werke [in 5 Bänden], auf der Grundlage der Textedition von Herbert G. Göpfert, hg. von Peter-André Alt und Albert Meier [erweiterte Neuausgabe], München 2004. *Beste erschwingliche Ausgabe der Werke mit umfangreichem Sachkommentar.*

August Wilhelm Schlegel (1767–1845)

- Sämmtliche Werke, hg. von Eduard Böcking. 12 Bde., Leipzig 1846–47 (Nachdruck. Hildesheim 1971). *Umfangreichste, den Editionsprinzipien nach veraltete Werksammlung, die den spätesten Drucken folgt.*

- A. W. Schlegels Vorlesungen über schöne Litteratur und Kunst, [hg. von Jacob Minor], 3 Teile, Heilbronn 1884. *Dem Anspruch nach kritische Ausgabe der bedeutenden Vorlesungen Schlegels zur Kunstlehre, Geschichte der klassischen und der romantischen Literatur.*

- Kritische Schriften und Briefe, hg. von Edgar Lohner, 7 Bde., Stuttgart 1962–74. *Knapp kommentierte Leseausgabe der wichtigsten Schriften, Vorlesungen und Briefe.*
- Kritische Ausgabe der Vorlesungen, begründet von Ernst Behler, hg. von Georg Braungart, 6 Bde., Paderborn 1989ff. *Gegenüber der Minorschen Ausgabe wesentlich verbesserte, noch nicht abgeschlossene Ausgabe.*

Friedrich Schlegel (1772–1829)

- Kritische Friedrich-Schlegel-Ausgabe, hg. von Ernst Behler unter Mitwirkung von Jean-Jacques Anstett und Hans Eichner, fortgeführt von Andreas Arndt, 35 Bde., Paderborn 1958ff. *Umfassende, noch nicht abgeschlossene historisch-kritische Ausgabe in vier Abteilungen.*
- Kritische Schriften und Fragmente in sechs Bänden. Studienausgabe, hg. von Ernst Behler und Hans Eichner, Paderborn 1988. *Beste erschwingliche Studienausgabe.*

Johann Gottfried Seume (1763–1810)

- Prosaische und poetische Werke, 10 Teile in 4 Bdn., Berlin 1879. *Dem Textbestand nach umfassendste, doch veraltete Werkausgabe.*
- Werke in zwei Bänden, hg. von Jörg Drews, Frankfurt a. M. 1993. *Umfangreich kommentierte Auswahlausgabe, besonders innovativ der Nachtragsband [3] „Briefe" (2002).*

Ludwig Tieck (1773–1853)

- Schriften. 28 Bde., Berlin 1828–54 (unveränderter Nachdruck Berlin 1966). *Vollständigste, aber veraltete Ausgabe der Werke.*
- Kritische Schriften. 4 Bde., Leipzig 1848–52 (Nachdruck Berlin/New York 1974).
- Nachgelassene Schriften. Auswahl und Nachlese, hg. von Rudolf Köpke. 2 Bde., Leipzig 1855 (Nachdruck Berlin/New York 1974). *Auswahl ungedruckter, dramatischer (1) und novellistischer (2) Texte.*

- Werke in vier Bänden. Nach dem Text der Schriften von 1828–1854, unter Berücksichtigung der Erstdrucke, hg. von Marianne Thalmann, München 1963–66. *Umfangreichste Auswahlausgabe der Werke mit Sachkommentar.*
- Schriften in zwölf Bänden, hg. von Manfred Frank, Achim Hölter, Paul Gerhard Klussmann, Ernst Ribbat, Uwe Schweikert und Wulf Segebrecht, Frankfurt a. M. 1985ff. *Umfassend kommentierte Studienausgabe, von der bisher allerdings nur einige Bände erschienen sind.*

Rahel Varnhagen, geb. Levin (1771–1833)

- Rahel-Bibliothek. Gesammelte Werke, hg. von Konrad Feilchenfeldt, Uwe Schweikert und Rahel E. Steiner, 10 Bde., München 1983. *Nachdrucke von Erstausgaben des 19. Jahrhunderts, ergänzt durch 2 Bde. Briefe, Tagebücher und Materialien (Bd. 9, Bd. 10).*

Wilhelm Heinrich Wackenroder (1773–1798)

- Sämtliche Werke und Briefe. Historisch-kritische Ausgabe, hg. von Silvio Vietta und Richard Littlejohns, 2 Bde., Heidelberg 1991. *Standardausgabe mit umfangreichem Text- und Sachkommentar, dokumentarischem Anhang und Personenregister.*

Christoph Martin Wieland (1733–1813)

- Wielands Werke. Historisch-kritische Ausgabe. Oßmannstedter Ausgabe, hg. von Klaus Manger und Jan Philipp Reemtsma. Berlin 2008ff. *Chronologisch gegliederte, auf 36 Bde. veranschlagte historisch-kritische Ausgabe der Werke (ohne den Briefwechsel, der in einer abgeschlossenen historisch-kritischen Ausgabe in 20 Bdn. mit umfassendem Text- und Sachkommentar vorliegt).*
- Werke, hg. von Fritz Martini und Hans Werner Seiffert, 5 Bde., München 1964–68. *Zuverlässige Studienausgabe, meist nach den Erstdrucken, gut kommentiert.*
- Werke in zwölf Bänden, hg. von Manfred Fuhrmann, Sven-Aage Jørgensen, Klaus Manger und Hansjörg Schelle. Frankfurt a. M. 1986ff. *Umfassend kommentierte Studienausgabe im Deutschen Klassiker Verlag, von der bisher allerdings nur einige erschienen sind.*

16 Anhang

→ ASB
Akademie Studienbücher, auf die der vorliegende Band verweist

ASB BRUHN Matthias Bruhn: Das Bild. Theorie – Geschichte – Praxis, Berlin 2009.

ASB D'APRILE/SIEBERS Iwan-Michelangelo D'Aprile/Winfried Siebers: Das 18. Jahrhundert. Zeitalter der Aufklärung, Berlin 2008.

ASB FELSNER/HELBIG/MANZ Kristin Felsner/Holger Helbig/Therese Manz: Arbeitsbuch Lyrik, Berlin 2009.

ASB ASB JOISTEN Karen Joisten: Philosophische Hermeneutik, Berlin 2009.

ASB KELLER Andreas Keller: Frühe Neuzeit. Das rhetorische Zeitalter, Berlin 2008.

ASB KOŠENINA Alexander Košenina: Literarische Anthropologie, Berlin 2008.

16.1 Zitierte Literatur

Adorno 1970 Theodor W. Adorno: Ästhetische Theorie, Frankfurt a. M. 1970.

Alt 2000 Peter-André Alt: Schiller. Leben – Werk – Zeit, 2 Bde., München 2000.

Apel 1992 Friedmar Apel (Hg.): Romantische Kunstlehre. Poesie und Poetik des Blicks in der deutschen Romantik, Frankfurt a. M. 1992.

D'Aprile 2006 Iwan-Michelangelo D'Aprile: Die schöne Republik. Ästhetische Moderne in Berlin im ausgehenden 18. Jahrhundert, Tübingen 2006.

Aretin 1980 Karl Otmar Freiherr von Aretin: Vom Deutschen Reich zum Deutschen Bund, Göttingen 1980.

Arndt 1994 Hans Werner Arndt: Die Hermeneutik des 18. Jahrhunderts im Verhältnis zur Sprach- und Erkenntnistheorie des klassischen Rationalismus, in: Axel Bühler (Hg.), Unzeitgemäße Hermeneutik. Verstehen und Interpretieren im Denken der Aufklärung, Frankfurt a. M. 1994, S. 12–25.

Arnim 1992 Achim von Arnim: Werke in sechs Bänden, Bd. 4: Sämtliche Erzählungen 1818–1830, hg. von Renate Moering, Frankfurt a. M. 1992.

Auerochs 2006 Bernd Auerochs: Die Entstehung der Kunstreligion. Göttingen 2006.

Aurnhammer 1992 Achim Aurnhammer: Zur Bedeutung von Leiden und Melancholie für das frühe Tasso-Bild, in: Udo Benzenhöfer/Wilhelm Kühlmann (Hg.), Heilkunde und Krankheitserfahrung in der frühen Neuzeit. Studien am Grenzrain von Literaturgeschichte und Medizingeschichte, Tübingen 1992, S. 187–200.

Barkhoff 1992 Jürgen Barkhoff: Goethes Ehrfurchtsgebärden in den *Wanderjahren* als Anthropologie vom Leibe her, in: ders./Eda Sagarra (Hg.), Anthropologie und Literatur um 1800, München 1992, S. 161–186.

Barner 1983 Wilfried Barner: Geheime Lenkung. Zur Turmgesellschaft in Goethes *Wilhelm Meister*, in: William J. Lillyman (Hg.), Goethe's Narrative Fiction, Berlin/New York 1983, S. 85–109.

Bateson 1983   Gregory Bateson: Ökologie des Geistes. Anthropologische, psychologische, biologische und epistemologische Perspektiven. Übersetzt von Hans Günter Holl, 5. Auflage Frankfurt a. M. 1983.

Becker-Cantarino 2000   Barbara Becker-Cantarino: Schriftstellerinnen der Romantik. Epoche – Werke – Wirkung, München 2000.

Behler 1981   Ernst Behler: Klassische Ironie, romantische Ironie, tragische Ironie: Zum Ursprung dieser Begriffe, 2. Auflage, Darmstadt 1981.

Behler 1989   Ernst Behler: Goethes Wilhelm Meister und die Romantheorie der Frühromantik, in: Études Germaniques 44 (1989), S. 409–428.

Bennett 2005   Benjamin Bennett: The Irrelevance of Aesthetics and the De-Theorizing of the Self in 'Classical' Weimar, in: Simon Richter (Hg.), The Literature of Classicism, Rochester N.Y. 2005, S. 295–322.

Bennholdt-Thomsen 1979   Anke Bennholdt-Thomsen / Alfredo Guzzoni: Der „Asoziale" in der Literatur um 1800, Königstein / Ts. 1979.

Bennholdt-Thomsen 1995   Anke Bennholdt-Thomsen: Das topographische Verfahren bei Hölderlin und in der Lyrik nach 1945, in: Kurz / Lawitschka / Wertheimer 1995, S. 300–322.

Bersier 1997   Gabrielle Bersier: Goethes Rätselparodie der Romantik. Eine neue Lesart der *Wahlverwandtschaften*, Tübingen 1997.

Bertsch / Wegner 2010   Markus Bertsch / Reinhard Wegner (Hg.): Landschaft am „Scheidepunkt". Evolutionen einer Gattung in Kunsttheorie, Kunstschaffen und Literatur um 1800, Göttingen 2010.

Beßlich 2007   Barbara Beßlich: Der deutsche Napoleon-Mythos. Literatur und Erinnerung 1800–1945, Darmstadt 2007.

Beyer 2006   Andreas Beyer (Hg.): Klassik und Romantik [Geschichte der bildenden Kunst in Deutschland, Bd. 6], München 2006.

Binder 1976   Wolfgang Binder: Aufschlüsse. Studien zur deutschen Literatur, Zürich 1976.

Bluhm 2001   Lothar Bluhm: „Du kommst mir vor wie Saul, der Sohn Kis'". *Wilhelm Meisters Lehrjahre* zwischen ‚Heilung' und ‚Zerstörung', in: Lothar Bluhm / Achim Hölter (Hg.), „daß gepfleget werde der feste Buchstab". Festschrift für Heinz Rölleke zum 65. Geburtstag am 6. November 2001, Trier 2001, S. 122–140.

Blumenberg 1986   Hans Blumenberg: Die Lesbarkeit der Welt, Frankfurt a. M. 1986.

Böhn 2001   Andreas Böhn: Das Formzitat. Bestimmung einer Textstrategie im Spannungsfeld zwischen Intertextualitätsforschung und Gattungstheorie, Berlin 2001.

Bormann 1968   Alexander von Bormann: Natura loquitur. Naturpoesie und emblematische Formel bei Joseph von Eichendorff, Tübingen 1968.

Breuer 2010   Ulrich Breuer: Friedrich Schlegel, in: Wolfgang Bunzel (Hg.), Romantik. Epoche – Autoren – Werke, Darmstadt 2010, S. 60–75.

Brinkmann 1978   Richard Brinkmann (Hg.): Romantik in Deutschland. Ein interdisziplinäres Symposion. Sonderband der Deutschen Vierteljahrsschrift für Literaturwissenschaft und Geistesgeschichte, Stuttgart 1978.

Brown 1986   Jane Brown: Goethe's Faust. The German Tragedy, Cornell 1986.

Bubner 2004   Rüdiger Bubner (Hg.): Deutscher Idealismus [Geschichte der Philosophie in Text und Darstellung, Bd. 6], Stuttgart 2004.

Busch / Borgmeier 2000   Werner Busch / Raimund Borgmeier: Klassizismus, in: Der Neue Pauly. Enzyklopädie der Antike, Bd. 14, Stuttgart 2000, Sp. 954–978.

ZITIERTE LITERATUR

Daiber 2001　Jürgen Daiber: Experimentalphysik des Geistes. Novalis und das romantische Experiment, Göttingen 2001.

Darsow 2000　Götz-Lothar Darsow: Friedrich Schiller, Stuttgart/Weimar 2000.

de Man 1988　Paul de Man: Ästhetische Formalisierung. Kleists *Über das Marionettentheater* [zuerst 1979], in: ders., Allegorien des Lesens. Aus dem Amerikanischen von Werner Hamacher und Peter Krumme, Frankfurt a. M. 1988, S. 205–233.

Dresdner 2001　Albert Dresdner: Die Entstehung der Kunstkritik im Zusammenhang der Geschichte des europäischen Kunstlebens [Erstausgabe 1915], Dresden 2001.

van Dülmen 2002　Richard van Dülmen: Poesie des Lebens. Eine Kulturgeschichte der deutschen Romantik 1795–1820. Bd. 1: Lebenswelten, Köln/Weimar/Wien 2002.

Ebert 2005　Udo Ebert: Schiller und das Recht, in: Klaus Manger/Gottfried Willems (Hg.), Schiller im Gespräch der Wissenschaften, Heidelberg 2005, S. 139–169.

Eichendorff 1987　Joseph von Eichendorff: Werke in sechs Bänden. Bd. 1: Gedichte, Versepen, hg. von Hartwig Schultz, Frankfurt a. M. 1987.

Eichendorff 1990　Joseph von Eichendorff: Werke in sechs Bänden. Bd. 6: Geschichte der Poesie. Schriften zur Literaturgeschichte, hg. von Hartwig Schultz, Frankfurt a. M. 1990.

Engel 1993　Manfred Engel: Der Roman der Goethezeit, Bd. 1: Anfänge in Klassik und Frühromantik, Stuttgart 1993.

Engel 2000　Manfred Engel: Romantische Anthropologie. Skizze eines Forschungsprojektes, in: Historische Anthropologie 8 (2000), S. 264–271.

Fauteck 1940　Heinrich Fauteck: Die Sprachtheorie Fr. von Hardenbergs (Novalis), Berlin 1940.

Fehling 1925　Maria Fehling (Hg.): Briefe an Cotta. Bd. 1: Das Zeitalter Goethes und Napoleons 1794–1815, Stuttgart/Berlin 1925.

Fernow 1806　Carl Ludwig Fernow: Leben des Künstlers Asmus Jakob Carstens, ein Beitrag zur Kunstgeschichte des achtzehnten Jahrhunderts, Leipzig 1806.

Fichte 1972　Johann Gottlieb Fichte: Über den Begriff der Wissenschaftslehre oder der sogenannten Philosophie, hg. von Edmund Braun, Stuttgart 1972 u. ö.

Flaherty 1986　Gloria Flaherty: The Stage Struck Wilhelm Meister and 18th-Century Psychiatric Medicine, in: MLN 101 (1986), Nr. 3, S. 493–515.

Förster 2011　Eckart Förster: Die 25 Jahre der Philosophie. Eine systematische Rekonstruktion, Frankfurt a. M. 2011.

Foucault 1974　Michel Foucault: Die Ordnung der Dinge. Eine Archäologie der Humanwissenschaften. Aus dem Französischen von Ulrich Köppen, Frankfurt a. M. 1974.

Foucault 1996　Michel Foucault: Wahnsinn und Gesellschaft. Eine Geschichte des Wahns im Zeitalter der Vernunft. Aus dem Französischen von Ulrich Köppen, 12. Auflage, Frankfurt a. M. 1996.

Frank 1998　Manfred Frank: „Unendliche Annäherung". Die Anfänge der philosophischen Frühromantik, 2. Auflage, Frankfurt a. M. 1998.

Frantzke 1998　Thomas Frantzke: Goethes Schauspiele mit Gesang und Singspiele 1773–1782, Frankfurt a. M. 1998.

Freund 2001　Winfried Freund: Novalis, München 2001.

Frühwald 1991　Wolfgang Frühwald: „Von der Poesie im Recht". Über die Brüder Grimm und die Rechtsauffassung der deutschen Romantik, in: Nicholas Saul (Hg.), Die deutsche literarische Romantik und die Wissenschaften, München 1991, S. 282–305.

Gaier 1988　Ulrich Gaier: Herders Sprachphilosophie und Erkenntniskritik, Stuttgart-Bad Cannstatt 1988.

Gaier 1995   Ulrich Gaier: Hölderlin, die Moderne und die Gegenwart, in: Kurz/Lawitschka/Wertheimer 1995, S. 9–40.

Gaier 1996   Ulrich Gaier: *Natur und Kunst* oder *Saturn und Jupiter*. Hölderlins Ode über die Mythologie, in: Gerhard Kurz (Hg.), Interpretationen. Gedichte von Friedrich Hölderlin, Stuttgart 1996, S. 124–141.

Gaier 1999   Ulrich Gaier: Johann Wolfgang Goethe. Faust-Dichtungen. Bd. 3: Kommentar II, Stuttgart 1999.

Gaier 2004   Ulrich Gaier: Anthropologie der Neuen Mythologie, in: Jörn Garber/Heinz Thoma (Hg.), Zwischen Empirisierung und Konstruktionsleistung. Anthropologie im 18. Jahrhundert, Tübingen 2004, S. 193–218.

Gervinus 1842   Georg Gottfried Gervinus: Neuere Geschichte der poetischen National-Literatur der Deutschen, Bd. 6, 2. Teil, Leipzig 1842.

Glaser 2001   Horst Albert Glaser/György M. Vajda (Hg.): Die Wende von der Aufklärung zur Romantik 1760–1820, Amsterdam/Philadelphia 2001.

Goethe 1985ff.   Johann Wolfgang Goethe: Sämtliche Werke nach Epochen seines Schaffens. Münchner Ausgabe, hg. von Karl Richter u. a., Bd. 1–21, München 1985–98.

Golz 2005   Jochen Golz: Weimar – ein „Bethlehem" der deutschen Kultur um 1800?, in: Rolf Selbmann (Hg.), Deutsche Klassik. Epoche – Autoren – Werke, Darmstadt 2005, S. 60–78.

Gumbrecht 1987   Hans Ulrich Gumbrecht: „Phoenix aus der Asche" oder: Vom Kanon zur Klassik, in: Aleida Assmann/Jan Assmann (Hg.), Kanon und Zensur. Beiträge zur Archäologie der literarischen Kommunikation II, München 1987, S. 284–299.

Habermas 1971   Jürgen Habermas: Strukturwandel der Öffentlichkeit. Untersuchungen zu einer Kategorie der bürgerlichen Gesellschaft, Neuwied 1971.

Hamburger 1956   Käte Hamburger: Schillers Fragment *Der Menschenfeind* und die Idee der Kalokagathie, in: DVjs 30 (1956), S. 365–400.

Hansen 1987   Olaf Hansen/Jörg Villwock: Einleitung, in: Volker Bohn (Hg.), Romantik. Literatur und Philosophie. Internationale Beiträge zur Poetik, Frankfurt a. M. 1987, S. 9–23.

Hausdörfer 1989   Sabrina Hausdörfer: Die Sprache ist Delphi. Sprachursprungstheorie, Geschichtsphilosophie und Sprach-Utopie bei Novalis, Friedrich Schlegel und Friedrich Hölderlin, in: Joachim Gessinger/Wolfert von Rahden (Hg.), Theorien vom Ursprung der Sprache, Bd. 1, Berlin/New York 1989, S. 468–497.

Haym 1870   Rudolf Haym: Die romantische Schule. Ein Beitrag zur Geschichte des deutschen Geistes, Berlin 1870 (Nd. Hildesheim 1961).

Heine 1997   Heinrich Heine: Sämtliche Schriften, hg. von Klaus Briegleb, Bd. 3, München 1997.

Henrich 2004   Dieter Henrich: Grundlegung aus dem Ich. Untersuchungen zur Vorgeschichte des Idealismus. Tübingen – Jena (1790–1794), 2 Bde., Frankfurt a. M. 1994.

Herder 1984   Johann Gottfried Herder: Werke, hg. von Wolfgang Proß, Bd. 1: Herder und der Sturm und Drang 1764–1774, München/Wien 1984.

Herder 1987   Johann Gottfried Herder: Werke, hg. von Wolfgang Proß, Bd. 2: Herder und die Anthropologie der Aufklärung, München/Wien 1987.

Herwig 2002   Henriette Herwig: *Wilhelm Meisters Wanderjahre*. Geschlechterdifferenz, Sozialer Wandel, Historische Anthropologie, Tübingen 2002.

Hitzig 1823   Julius Eduard Hitzig: E. T. A. Hoffmanns Leben und Nachlass [1823], hg. von Wolfgang Held, Frankfurt a. M. 1986.

ZITIERTE LITERATUR

Hölderlin 1992–94 Friedrich Hölderlin: Sämtliche Werke und Briefe in drei Bänden, hg. von Jochen Schmidt, Frankfurt a. M. 1992–94.

Hölter 2005 Achim Hölter: Eichendorff und der „Eleusische Bund" in Heidelberg, in: Walter Pape (Hg.), Das „Wunderhorn" und die Heidelberger Romantik. Mündlichkeit, Schriftlichkeit, Performanz, Tübingen 2005, S. 61–77.

Hölter 2010 Achim Hölter: Ludwig Tieck, in: Wolfgang Bunzel (Hg.), Romantik. Epochen – Autoren – Werke, Darmstadt 2010, S. 123–137.

Hoffmann 1985ff. E. T. A. Hoffmann: Sämtliche Werke in sechs Bänden, hg. von Hartmut Steinecke u. a., Frankfurt a. M. 1985–2004.

Hoffmeister 1981 Gerhart Hoffmeister: Bonaventura: Nachtwachen (1804/05), in: Paul Michael Lützeler (Hg.), Romane und Erzählungen der deutschen Romantik, Stuttgart 1981, S. 194–212.

Hoffmeister 1990 Gerhart Hoffmeister: Deutsche und europäische Romantik, 2. Auflage, Stuttgart 1990.

Honold 2002 Alexander Honold: Nach Olympia. Hölderlin und die Erfindung der Antike, Berlin 2002.

Hoorn 2004 Tanja van Hoorn: Dem Leibe abgelesen. Georg Forster im Kontext der physischen Anthropologie des 18. Jahrhunderts, Tübingen 2004.

Hühn 1997 Helmut Hühn: Mnemosyne. Zeit und Erinnerung in Hölderlins Denken, Stuttgart/Weimar 1997.

Immermann 1971 Karl Immermann: Werke in fünf Bänden, hg. von Benno von Wiese, Bd. 2, Wiesbaden 1971.

Immerwahr 1972 Raymond Immerwahr: Romantisch. Genese und Tradition einer Denkform, Frankfurt a. M. 1972.

Irmscher 2001 Hans Dietrich Irmscher: Johann Gottfried Herder, Stuttgart 2001.

Jean Paul 1960 Jean Paul: Werke, Abt. I/Bd. 1, hg. von Norbert Miller, München 1960.

Jean Paul 1963 Jean Paul: Werke, Abt. I/Bd. 5, hg. von Norbert Miller, München 1963.

Käuser 1990 Andreas Käuser: Das Wissen der Anthropologie. Goethes Novellen, in: Goethe Jahrbuch 107 (1990), S. 158–168.

Kant 1974 Immanuel Kant: Werkausgabe Bd. 10: Kritik der Urteilskraft, hg. von Wilhelm Weischedel, Frankfurt a. M. 1974.

Kanz 2008 Roland Kanz: Vom Charakter in der Kunst – Einführende Bemerkungen, in: ders./Jürgen Schönwälder (Hg.), Ästhetik des Charakteristischen. Quellentexte zu Kunstkritik und Streitkultur in Klassizismus und Romantik, Bonn 2008, S. 7–14.

Kapitza 1968 Peter Kapitza: Die frühromantische Theorie der Mischung. Über den Zusammenhang von romantischer Dichtungstheorie und zeitgenössischer Chemie, München 1968.

Kasperowski 1997 Ira Kasperowski: Novalis und die zeitgenössische Geschichtsschreibung. Zum Bild des Mittelalters im *Heinrich von Ofterdingen*, in: Herbert Uerlings (Hg.), Novalis und die Wissenschaften, Tübingen 1997, S. 269–283.

Kilcher 2003 Andreas B. Kilcher: *mathesis* und *poiesis*. Die Enzyklopädik der Literatur 1600 bis 2000, München 2003.

Klemperer 1954 Victor Klemperer: Geschichte der französischen Literatur im 18. Jahrhundert, Bd. 1: Das Jahrhundert Voltaires, Berlin 1954.

Koch 2002 Manfred Koch: Weimaraner Weltbewohner. Zur Genese von Goethes Begriff „Weltliteratur", Tübingen 2002.

Körner 1929 Josef Körner: Die Botschaft der deutschen Romantik an Europa, Augsburg 1929 (Nd. Bern 1969).

Körner 1999 Hans Körner: Paragone der Sinne. Der Vergleich von Malerei und Skulptur im Zeitalter der Aufklärung, in: Ausstellungskatalog Mehr Licht. Europa um 1770. Die bildende Kunst der Aufklärung, hg. von Herbert Beck u. a., München 1999, S. 365–378.

Kohlenbach 2009 Margarete Kohlenbach: Transformations of German Romanticism 1830–2000, in: Nicholas Saul (Hg.)´, The Cambridge Companion to German Romanticism, Cambridge 2009, S. 257–280.

Kommerell 1967/68 Max Kommerell: Hölderlin-Gedenkrede Juni 1943, in: Hölderlin-Jahrbuch 15 (1967/68), S. 240–254.

Kommerell 1991 Max Kommerell: Die Sprache und das Unaussprechliche. Eine Betrachtung über Heinrich von Kleist, in: ders., Geist und Buchstabe der Dichtung. Goethe, Schiller, Kleist, Hölderlin, 6. Auflage, Frankfurt a. M. 1991, S. 243–317.

Kondylis 1986 Panajotis Kondylis: Die Aufklärung im Rahmen des neuzeitlichen Rationalismus, München 1986.

Kortländer 2003 Bernd Kortländer: Heinrich Heine, Stuttgart 2003.

Koschorke 1999 Albrecht Koschorke: Körperströme und Schriftverkehr. Mediologie des 18. Jahrhunderts, München 1999.

Kremer 1996 Detlef Kremer: Prosa der Romantik, Stuttgart/Weimar 1996.

Kremer 2003 Detlef Kremer: Romantik. 2. Auflage, Stuttgart/Weimar 2003.

Kreuzer 2002 Johann Kreuzer (Hg.): Hölderlin-Handbuch. Leben – Werk – Wirkung, Stuttgart/Weimar 2002.

Kruckis 1995 Hans-Martin Kruckis: „Ein potenziertes Abbild der Menschheit". Biographischer Diskurs und Etablierung der Neugermanistik in der Goethe-Biographik bis Gundolf, Heidelberg 1995.

Kurth 1969 Lieselotte E. Kurth: Die zweite Wirklichkeit. Studien zum Roman des achtzehnten Jahrhunderts, Chapel Hill 1969.

Kurz/Lawitschka/Wertheimer 1995 Gerhard Kurz/Valérie Lawitschka/Jürgen Wertheimer (Hg.): Hölderlin und die Moderne. Eine Bestandsaufnahme, Tübingen 1995.

Langen 1940 August Langen (Hg.): Kunstwerke in dichterischer Deutung. Eine Auswahl von Winckelmann bis Burckhardt, Dresden 1940.

Liebrand 2004 Claudia Liebrand: Lebens-Ansichten des Katers Murr nebst fragmentarischer Biographie des Kapellmeisters Johannes Kreisler in zufälligen Makulaturblättern, in: Günter Saße (Hg.), Interpretationen. E.T.A. Hoffmann. Romane und Erzählungen, Stuttgart 2004, S. 212–236.

Liedtke 1993 Ralf Liedtke: Das romantische Paradigma der Chemie. Friedrich von Hardenbergs Naturphilosophie zwischen Empirie und alchemistischer Spekulation, Paderborn 2003.

Lubkoll 1995 Christine Lubkoll: Mythos Musik. Poetische Entwürfe des Musikalischen in der Literatur um 1800, Freiburg i. Br. 1995.

Lüderssen 2005 Klaus Lüderssen: „… daß nicht der Nutzen des Staats Euch als Gerechtigkeit erscheine". Schiller und das Recht, Frankfurt a. M./Leipzig 2005.

Luhmann 1995 Niklas Luhmann: Die Kunst der Gesellschaft, Frankfurt a. M. 1995.

Mähl 1994 Hans-Joachim Mähl: Die Idee des goldenen Zeitalters im Werk des Novalis. Studien zur Wesensbestimmung der frühromantischen Utopie und zu ihren ideengeschichtlichen Voraussetzungen, 2. Auflage, Tübingen 1994.

ZITIERTE LITERATUR

Mahlmann-Bauer 2005   Barbara Mahlmann-Bauer: Die Psychopathologie des Herrschers. Demetrius, ein Tyrann aus verlorener Selbstachtung, in: Georg Braungart / Bernhard Greiner (Hg.), Schillers Natur. Leben, Denken und literarisches Schaffen. Sonderheft 6 der Zeitschrift für Ästhetik und Allgemeine Kunstwissenschaft, Hamburg 2005, S. 107–137.

Maier 1617   Michael Maier: Atalanta fugiens, hoc est, Emblemata nova de secretis naturae chymica [...], Oppenheim 1618 [Titelausgabe der Erstausgabe Oppenheim 1617], Faksimiledruck hg. von Lucas Heinrich Wüthrich, Kassel, Basel 1964.

Matuschek 1998   Stefan Matuschek: Literarische Spieltheorie. Von Petrarca bis zu den Brüdern Schlegel, Heidelberg 1998.

Matuschek 2001   Stefan Matuschek: Poesie der Erinnerung. Friedrich Schlegels Wiener Literaturgeschichte, in: Günter Oesterle (Hg.), Erinnern und Vergessen in der europäischen Romantik, Würzburg 2001, S. 193–205.

Matussek 1996   Peter Matussek: Faust I, in: Goethe-Handbuch in vier Bänden, Bd. 2: Dramen, hg. von Theo Buck, Stuttgart / Weimar 1996, S. 352–390.

Meinecke 1928   Friedrich Meinecke: Weltbürgertum und Nationalstaat. Studien zur Genesis des deutschen Nationalstaates, München 1928.

Mennemeier 2007   Franz Norbert Mennemeier: Die romantische Konzeption einer objektiven Poesie. Friedrich Schlegels Poesiebegriff dargestellt anhand der literaturkritischen Schriften, 2. Auflage, Berlin 2007.

Menninghaus 2005   Winfried Menninghaus: Hälfte des Lebens. Versuch über Hölderlins Poetik, Frankfurt a. M. 2005.

Mieth 1996   Günter Mieth: *An unsre großen Dichter.* Hölderlin und die großen Dichter, in: Gerhard Kurz (Hg.), Interpretationen. Gedichte von Friedrich Hölderlin, Stuttgart 1996, S. 48–58.

Möller 1989   Horst Möller: Fürstenstaat oder Bürgernation. Deutschland 1763–1815, Berlin 1989.

Moering 2010   Renate Moering: Joseph von Eichendorff, in: Wolfgang Bunzel (Hg.), Romantik. Epoche – Autoren – Werke, Darmstadt 2010, S. 183–199.

Mommsen 1984   Momme Mommsen: Zu Hölderlins Gedicht *Die Eichbäume*, in: Segebrecht 1984, S. 145–152.

Moritz 1999   Karl Philipp Moritz: Werke in zwei Bänden, hg. von Heide Hollmer und Albert Meier, Bd. 1, Frankfurt a. M. 1999.

Müller 1998   Jürgen E. Müller: Intermedialität als poetologisches und medientheoretisches Konzept. Einige Reflexionen zu dessen Geschichte, in: Jörg Helbig (Hg.), Intermedialität. Theorie und Praxis eines interdisziplinären Forschungsgebiets, Berlin 1998, S. 31–40.

Müller 2003   Ernst Müller: Romantisch / Romantik, in: Ästhetische Grundbegriffe, hg. von Karl Heinz Barck u. a., Bd. 5, Stuttgart 2003, S. 315–344.

Müller 2010   Lothar Müller: Achsendrehung des Klassizismus. Die antiken Statuen und die Kategorie des „Plastischen" bei Friedrich und August Wilhelm Schlegel, in: York-Gothart Mix / Jochen Strobel (Hg.), Der Europäer August Wilhelm Schlegel. Romantischer Kulturtransfer – romantische Wissenswelten, Berlin / New York 2010, S. 57–75.

Müller-Seidel 1984   Walter Müller-Seidel: Hölderlins Ode *Dichterberuf.* Zum schriftstellerischen Selbstverständnis um 1800, in: Segebrecht 1984, S. 230–242.

Müller-Seidel 2009   Walter Müller-Seidel: Friedrich Schiller und die Politik. „Nicht das Große, nur das Menschliche geschehe", München 2009.

Müller-Sievers 1997   Helmut Müller-Sievers: Über Zeugungskraft. Biologische, philosophische und sprachliche Generativität, in: Hans-Jörg Rheinberger / Michael Hagner / Bettina Wahrig-Schmidt (Hg.), Räume des Wissens. Repräsentation, Codierung, Spur, Berlin 1997, S. 145–164.

Münz 1988   Walter Münz: Ludwig Tieck: *Der blonde Eckbert / Der Runenberg*, in: Erzählungen und Novellen des 19. Jahrhunderts. Interpretationen. Bd. 1, Stuttgart 1988, S. 7–59.

Nachtwachen 2003   *Nachtwachen. Von Bonaventura*. [E. A. F. Klingemann], hg. von Wolfgang Paulsen, Stuttgart 2003.

Neubauer 1986   John Neubauer: The Emancipation of Music from Language. Departure from Mimesis in 18th Century Aesthetics, New Haven 1986.

Neumann 1995   Gerhard Neumann: Einleitung, in: ders. (Hg.), Romantisches Erzählen, Würzburg 1995, S. 7–23.

Novalis 1960ff.   Novalis: Schriften. Die Werke Friedrich von Hardenbergs. Begründet von Paul Kluckhohn / Richard Samuel, hg. von Richard Samuel in Verbindung mit Hans-Joachim Mähl / Gerhard Schulz, Stuttgart 1960ff.

Nüsse 1962   Heinrich Nüsse: Die Sprachtheorie Friedrich Schlegels, Heidelberg 1962.

Oesterle 2001   Günter Oesterle: Vision und Verhör. Kleists *Käthchen von Heilbronn* als Drama der Unterbrechung und Scham, in: Christine Lubkoll / Günter Oesterle (Hg.), Gewagte Experimente und kühne Konstellationen. Kleists Werk zwischen Klassizismus und Romantik, Würzburg 2001, S. 303–328.

Osterkamp 1996   Ernst Osterkamp: *Nänie. Das Schöne in Mnemosynes Schoß*, in: Norbert Oellers (Hg.), Interpretationen. Gedichte von Friedrich Schiller, Stuttgart 1996, S. 282–297.

Perels 2008   Christoph Perels: Augustins Argumente, in: Anne Bohnenkamp / Matías Martínez (Hg.), Geistiger Handelsverkehr. Komparatistische Aspekte der Goethezeit, Göttingen 2008, S. 377–394.

Peter 1997   Klaus Peter: Nürnbergs krumme Gassen. Zum Deutschlandbild bei Wackenroder, Tieck und Richard Wagner, in: Aurora. Jahrbuch der Eichendorff-Gesellschaft für die klassisch-romantische Zeit 57 (1997), S. 129–147.

Pethes 2007   Nicolas Pethes: Zöglinge der Natur. Der literarische Menschenversuch des 18. Jahrhunderts, Göttingen 2007.

Pevsner 1992   Nikolaus Pevsner / Hugh Honour / John Fleming: Lexikon der Weltarchitektur, 3. Auflage, München 1992.

Pfotenhauer 1995a   Helmut Pfotenhauer / Peter Sprengel unter Mitarbeit von Sabine Schneider / Harald Tausch (Hg.): Klassik und Klassizismus, Frankfurt a. M. 1995.

Pfotenhauer 1995b   Helmut Pfotenhauer / Markus Bernauer / Norbert Miller unter Mitarbeit von Thomas Franke (Hg.): Frühklassizismus. Position und Opposition: Winckelmann, Mengs, Heinse, Frankfurt a. M. 1995.

Pfotenhauer 1995c   Helmut Pfotenhauer: Bild, Bildung, Einbildung. Zur visuellen Phantasie in E. T. A. Hoffmanns *Kater Murr*, in: E. T. A. Hoffmann-Jahrbuch 3 (1995), S. 48–69.

Polianski 2004   Igor J. Polianski: Die Kunst, die Natur vorzustellen. Die Ästhetisierung der Pflanzenkunde um 1800 und Goethes Gründung des botanischen Gartens zu Jena im Spannungsfeld kunsttheoretischer und botanischer Diskussionen der Zeit, Köln 2004.

Proß 1987   Wolfgang Proß: Herder und Vico. Wissenssoziologische Voraussetzungen historischen Denkens, in: Gerhard Sauder (Hg.), Johann Gottfried Herder 1744–1803, Hamburg 1987, S. 88–113.

Quintilianus 1995   Marcus Fabius Quintilianus: Ausbildung des Redners, hg. und übersetzt von Helmut Rahn, 2. Teil, 3. Auflage, Darmstadt 1995.

Reed 1984   T. J. Reed: Ecclesia militans. Weimarer Klassik als Opposition, in: Wilfried Barner / Eberhard Laemmert / Norbert Oellers (Hg.), Unser Commercium. Goethes und Schillers Literaturpolitik, Stuttgart 1984, S. 37–53.

Regel 2007   Walter Regel/Hartmut Köhler (Hg.): ... hoch gerühmt, fast vergessen, neu gesehen ... Der italienische Maler und Poet Salvator Rosa, Würzburg 2007.

Rehm 1964   Walter Rehm: Prinz Rokoko im alten Garten. Eine Eichendorff-Studie, in: ders., Späte Studien, Bern 1964, S. 122–214.

Reinhardt 1991   Volker Reinhardt: Seume und die späte Entdeckung der Revolution, in: Historische Zeitschrift 252 (1991), S. 319–337.

Ricklefs 1990   Ulfert Ricklefs: Kunstthematik und Diskurskritik. Das poetische Werk des jungen Arnim und die eschatologische Wirklichkeit der *Kronenwächter*, Tübingen 1990.

Riedel 1993   Wolfgang Riedel: Die Aufklärung und das Unbewußte. Die Inversionen des Franz Moor, in: Jahrbuch der Deutschen Schillergesellschaft 37 (1993), S. 198–220.

Rölleke 1980   Heinz Rölleke: „Was die Alten Schönes gesungen". Clemens Brentanos Auffassung ‚frommer Volkstümlichkeit', in: ders., „Nebeninschriften". Brüder Grimm – Arnim und Brentano – Droste-Hülshoff. Literarhistorische Studien, Bonn 1980, S. 89–105.

Rölleke 2008   Heinz Rölleke: Die Märchen der Brüder Grimm. Eine Einführung. Aktualisierter Neudruck der 3. Auflage 1992, Stuttgart 2008.

Röttgers 1981   Kurt Röttgers: Symphilosophieren, in: Philosophisches Jahrbuch [Görres-Gesellschaft] 88 (1981), S. 90–119.

Safranski 2007   Rüdiger Safranski: Romantik. Eine deutsche Affäre, München 2007.

Saße 1998   Günter Saße: Vom „heimlichen Geist des Widerspruchs". Der Bildungsroman im 18. Jahrhundert. Goethes *Wilhelm Meisters Lehrjahre* im Spannungsfeld von Subjektivität und Intersubjektivität, in: Monika Fludernik/Ruth Nestvold (Hg.), Das 18. Jahrhundert, Trier 1998, S. 69–89.

Sautermeister 2005   Gert Sautermeister (Hg.): Interpretationen. Gedichte von Joseph von Eichendorff, Stuttgart 2005.

Savoy 2011   Bénédicte Savoy: Kunstraub. Napoleons Konfiszierungen in Deutschland und die europäischen Folgen. Aus dem Französischen von Tom Heithoff, Wien/Köln/Weimar 2011.

Schanze 1976   Helmut Schanze: Romantik und Aufklärung. Untersuchungen zu Friedrich Schlegel und Novalis, 2. Auflage Nürnberg 1976.

Schiller 1943ff.   Friedrich Schiller: Werke. Nationalausgabe, hg. von Julius Petersen u. a., 42 Bde., Weimar 1943–2006.

Schings 1984   Hans-Jürgen Schings: Agathon – Anton Reiser – Wilhelm Meister. Zur Pathogenese des modernen Subjekts im Bildungsroman, in: Wolfgang Wittkowski (Hg.), Goethe im Kontext. Kunst und Humanität, Naturwissenschaft und Politik von der Aufklärung bis zur Restauration, Tübingen 1984, S. 42–86.

Schlaffer 1978   Heinz Schlaffer: Exoterik und Esoterik in Goethes Romanen, in: Goethe Jahrbuch 95 (1978), S. 212–226.

Schlaffer 1986   Hannelore Schlaffer: Epochen der deutschen Literatur in Bildern. Klassik und Romantik 1770–1830, Stuttgart 1986.

Schlaffer 1987   Heinz Schlaffer: Goethes Versuch, die Neuzeit zu hintergehen, in: Paolo Chiarini (Hg.), Bausteine zu einem neuen Goethe, Frankfurt a. M. 1987, S. 9–21.

Schlaffer 1989   Hannelore Schlaffer: Wilhelm Meister. Das Ende der Kunst und die Wiederkehr des Mythos, 2. Auflage, Stuttgart 1989.

Schlechta 1953   Karl Schlechta: Goethes Wilhelm Meister, Frankfurt a. M. 1953.

Schlegel 1961   Friedrich Schlegel: Kritische Friedrich-Schlegel-Ausgabe, Bd. 6: Geschichte der alten und neuen Literatur, hg. von Hans Eichner, Paderborn 1961.

Schlegel 1967a Friedrich Schlegel: Kritische Friedrich-Schlegel-Ausgabe, 1. Abteilung, Bd. 2: Charakteristiken und Kritiken I (1796–1801), hg. von Hans Eichner, München 1967.

Schlegel 1967b August Wilhelm Schlegel: Kritische Schriften und Briefe, hg. von Edgar Lohner, Bd. 6: Vorlesungen über dramatische Kunst und Literatur, 2. Teil, Stuttgart/Berlin/Köln/Mainz 1967.

Schlegel 1980 Friedrich Schlegel: Literarische Notizen 1797–1801. Literary Notebooks, hg. von Hans Eichner, Frankfurt a. M./Berlin/Wien 1980.

Schlegel 1996 August Wilhelm Schlegel: Die Gemählde. Gespräch, hg. von Lothar Müller, Dresden 1996.

Schmidt 1966 Peter Schmidt: Gesundheit und Krankheit in romantischer Medizin und Erzählkunst, in: Jahrbuch des Freien Deutschen Hochstifts 1966, S. 197–228.

Schößler 2002 Franziska Schößler: Goethes *Lehr-* und *Wanderjahre*. Eine Kulturgeschichte der Moderne, Tübingen 2002.

Schreyvogel 1810 [Joseph Schreyvogel:] Biographie Schiller's und Anleitung zur Critic seiner Werke, Wien/Leipzig 1810 (Nd. unter dem Titel: Joseph Schreyvogel: Friedrich Schiller – Eine Biografie und Anleitung zum Verständnis seiner Schriften, Bremen 2010).

Schultz 1940 Franz Schultz: Klassik und Romantik der Deutschen, Bd. 2: Wesen und Form der klassisch-romantischen Literatur, Stuttgart 1940.

Schultz 2004 Hartwig Schultz: „Empfindungen vor Friedrichs Seelandschaft". Kritische Edition der Texte von Achim von Arnim, Clemens Brentano und Heinrich von Kleist im Paralleldruck, in: Lothar Jordan, Hartwig Schultz (Hg.), Empfindungen vor Friedrichs Seelandschaft. Caspar David Friedrichs Gemälde „Der Mönch am Meer" betrachtet von Clemens Brentano, Achim von Arnim und Heinrich von Kleist, Katalog des Kleist-Museums Frankfurt a. d. O. 2004, S. 38–46.

Schulz 1983–89 Gerhard Schulz: Die deutsche Literatur zwischen Französischer Revolution und Restauration, 2 Teile, München 1983–89.

Schulz 1984 Gerhard Schulz: „Mit den Menschen ändert die Welt sich". Zu Friedrich von Hardenbergs 5. Hymne an die Nacht, in: Segebrecht 1984, S. 202–215.

Schumann 1966 Detlev W. Schumann: Friedrich Schlegels Bedeutung für Eichendorff, in: Jahrbuch des Freien Deutschen Hochstifts 1966, S. 336–383.

Seel 2000 Martin Seel: Ästhetik des Erscheinens, München/Wien 2000.

Segebrecht 1984 Wulf Segebrecht (Hg.): Gedichte und Interpretationen, Bd. 3: Klassik und Romantik, Stuttgart 1984.

Seidler 1982 Herbert Seidler: Österreichischer Vormärz und Goethezeit. Geschichte einer literarischen Auseinandersetzung, Wien 1982.

Seume 1993 Johann Gottfried Seume: Werke in zwei Bänden [und einem Nachtragsband „Briefe", 2002], hg. von Jörg Drews, Frankfurt a. M. 1993.

Simon 1998 Ralf Simon: Das Gedächtnis der Interpretation. Gedächtnistheorie als Fundament für Hermeneutik, Ästhetik und Interpretation bei Johann Gottfried Herder, Hamburg 1998.

Sommerhage 1993 Claus Sommerhage: Romantische Aporien. Zur Kontinuität des Romantischen bei Novalis, Eichendorff, Hofmannsthal und Handke, Paderborn 1993.

Staengle 1998 Peter Staengle: Heinrich von Kleist, München 1998.

Steffens 1995 Henrich Steffens: Was ich erlebte, 10 Bde., hg. von Dietrich von Engelhardt, Bd. 4, Nd. Stuttgart 1995.

Steinecke 1997 Hartmut Steinecke: E. T. A. Hoffmann, Stuttgart 1997.

ZITIERTE LITERATUR

Stephan 1980   Inge Stephan: Theorie und Praxis des literarischen Jakobinismus in Deutschland, in: Otto Büsch/Walter Grab (Hg.), Die demokratische Bewegung in Mitteleuropa im ausgehenden 18. und frühen 19. Jahrhundert, Berlin 1980, S. 175–195.

Stephens 1999   Anthony Stephens: Kleist. Sprache und Gewalt, Freiburg i. Br. 1999.

Stockinger 2009   Ludwig Stockinger: Die ganze Romantik oder partielle Romantiken?, in: Bernd Auerochs/Dirk von Petersdorff (Hg.), Einheit der Romantik? Zur Transformation frühromantischer Konzepte im 19. Jahrhundert, Paderborn 2009, S. 21–41.

Stoll 1927   Adolf Stoll: Der junge Savigny. Kinderjahre, Marburger und Landshuter Zeit Friedrich Karl von Savignys, Berlin 1927.

Stollberg-Rilinger 2000   Barbara Stollberg-Rilinger: Europa im Jahrhundert der Aufklärung, Stuttgart 2000.

Stolzenberg 1997   Jürgen Stolzenberg: Subjektivität und Leben. Zum Verhältnis von Philosophie, Religion und Ästhetik um 1800, in: Wolfgang Braungart/Gotthard Fuchs/Manfred Koch (Hg.), Ästhetische und religiöse Erfahrungen der Jahrhundertwenden, Bd. 1: Um 1800, Paderborn u. a. 1997, S. 61–81.

Szondi 1974   Peter Szondi: Poetik und Geschichtsphilosophie II. Von der normativen zur spekulativen Gattungspoetik. Schellings Gattungspoetik, hg. von Wolfgang Fietkau, Frankfurt a. M. 1974.

Tekolf 2005   Oliver Tekolf: Schillers Pitaval. Merkwürdige Rechtsfälle als ein Beitrag zur Geschichte der Menschheit, verfaßt, bearbeitet und hg. von Friedrich Schiller, Frankfurt a. M. 2005.

Tieck 1966   Ludwig Tieck: Schriften. Bd. 15. Berlin 1829 (Nachdruck Berlin 1966).

Tieck 1985   Ludwig Tieck: Schriften in zwölf Bänden, Bd. 6: Phantasus, hg. von Manfred Frank, Frankfurt a. M. 1985.

Trabant 1994   Jürgen Trabant: Neue Wissenschaft von alten Zeichen. Vicos Sematologie, Frankfurt a. M. 1994.

Trappen 2001   Stefan Trappen: Gattungspoetik. Studien zur Poetik des 16. bis 19. Jahrhunderts und zur Geschichte der triadischen Gattungslehre, Heidelberg 2001.

Tzoref-Ashkenazi 2009   Chen Tzoref-Ashkenazi: Der romantische Mythos vom Ursprung der Deutschen. Friedrich Schlegels Suche nach der indogermanischen Verbindung, Göttingen 2009.

Ueding 1987   Gert Ueding: Klassik und Romantik. Deutsche Literatur im Zeitalter der Französischen Revolution 1789–1815, München 1987.

Uerlings 2000   Herbert Uerlings (Hg.): Theorie der Romantik, Stuttgart 2000.

Unfer 2004   Rita Unfer Lukoschik: Friedrich Schiller in Italien (1785–1861). Eine quellengeschichtliche Studie, Berlin 2004.

Vaget 1980   Hans Rudolf Vaget: Um einen Tasso von außen bittend. Kunst und Dilettantismus am Musenhof von Ferrara, in: DVjs 54 (1980), S. 232–258.

Vajda 2001   György M. Vajda: Ut pictura poesis – ut musica poesis, in: Glaser 2001, S. 475–488.

Valk 2002   Thorsten Valk: Melancholie im Werk Goethes. Genese – Symptomatik – Therapie, Tübingen 2002.

Vietta 1992   Silvio Vietta: Die literarische Moderne. Eine problemgeschichtliche Darstellung der deutschsprachigen Literatur von Hölderlin bis Thomas Bernhard, Stuttgart 1992.

Vogl 2000   Joseph Vogl: Staatsbegehren. Zur Epoche der Policey, in: DVjs 74 (2000), S. 600–626.

Vogl 2002   Joseph Vogl: Kalkül und Leidenschaft. Poetik des ökonomischen Menschen, München 2002.

Voßkamp 2009   Wilhelm Voßkamp (Hg.): Theorie der Klassik, Stuttgart 2009.

Wackenroder 1991   Wilhelm Heinrich Wackenroder: Sämtliche Werke und Briefe. Historisch-kritische Ausgabe. 2 Bde., hg. von Silvio Vietta / Richard Littlejohns, Heidelberg 1991.

Wackwitz 1997   Stephan Wackwitz: Friedrich Hölderlin, 2. Auflage, Stuttgart 1997.

Waibel 2000   Violetta L. Waibel: Hölderlin und Fichte 1794–1800, Paderborn u. a. 2000.

Wiedemann 2009   Conrad Wiedemann: Die wilden Lebensläufe von Berlin, in: Bärbel Holtz / Wolfgang Neugebauer (Hg.), Kennen Sie Preußen – wirklich? Das Zentrum „Preußen – Berlin" stellt sich vor, Berlin 2009, S. 111–122.

Wölfel 1998   Kurt Wölfel: Über das Marionettentheater, in: Walter Hinderer (Hg.), Kleists Erzählungen, Stuttgart 1998, S. 17–42.

Zelle 2001a   Carsten Zelle (Hg.): „Vernünftige Ärzte". Hallesche Psychomediziner und die Anfänge der Anthropologie in der deutschsprachigen Frühaufklärung, Tübingen 2001.

Zelle 2001b   Carsten Zelle: Von der Ästhetik des Geschmacks zur Ästhetik des Schönen, in: Glaser 2001, S. 371–397.

Zeller 1955   Hans Zeller: Winckelmanns Beschreibung des Apollo im Belvedere, Zürich 1955.

Zimmermann 2002   Rolf Christian Zimmermann: Das Weltbild des jungen Goethe. Studien zur hermetischen Tradition des deutschen 18. Jahrhunderts. Bd. 1: Elemente und Fundamente, 2. erw. Auflage, München 2002.

Zimmermann 2008   Hans-Dieter Zimmermann: „Die Götter Griechenlands". Zu Friedrich Schiller und Friedrich Hölderlin, in: Paolo Chiarini / Walter Hinderer (Hg.), Schiller und die Antike, Würzburg 2008, S. 75–89.

Ziolkowski 1994   Theodore Ziolkowski: Das Amt der Poeten. Die deutsche Romantik und ihre Institutionen, München 1994.

Ziolkowski 2008   Theodore Ziolkowski: Minos and the Moderns. Cretan Myth in Twentieth-Century Literature and Art, Oxford 2008.

Žmegač 1978   Viktor Žmegač (Hg.): Geschichte der deutschen Literatur vom 18. Jahrhundert bis zur Gegenwart, Bd. 1 [in 2 Teilbd.], Königstein / Ts. 1978.

16.2 Abbildungsverzeichnis

Abbildung 1: Achille Josephe Etienne Valois: *Triumphaler Einzug der römischen Kunstwerke in Paris* [Ausschnitt], (um 1810).

Abbildung 2: *Blick von der Höhe in Reichardts Garten auf das Reichardtsche Gehöft und auf das Saaletal,* Lithographie, William Colley Wrankmore zugeschrieben (um 1840). Erich Neuß: Das Giebichensteiner Dichterparadies, 2. Auflage Halle 1949, Tafel 10.

Abbildung 3: Jean Jacques Lequeu: *Architecture civile,* Fig. 146 (Bellevue). Philippe Duboy, Lequeu. An Architectural Enigma. Foreword by Robin Middleton. Cambridge, MA, 1987, S. 83.

Abbildung 4: Karl Friedrich Schinkel: *Felsenschloss am Flussufer* (o. J.). Zeichnung, Feder in Braun, aquarelliert, weiß gehöht. bpk / Kupferstichkabinett SMB / Jörg P. Anders.

Abbildung 5: Phillipp Otto Runge: Konstruktionszeichnung zu *Der Tag* (1803). bpk / Hamburger Kunsthalle / Christoph Irrgang.

Abbildung 6: Carlo Blasis: *The Code of Terpsichore* (1828). James Bulcock, London, 1928.

Abbildung 7: Karl Friedrich Schinkel nach Friedrich Gilly: *Entwurf zu einer Bibliothek* (undatiert). Radierung, 38,4 × 25,2 cm. Berlin, Märkisches Museum. Katalog Revolutionsarchitektur, hg. von Winfried Nerdinger u. a., München 1990, S. 98f.

Abbildung 8: Michael Maier: *Atalanta fugiens, hoc est Emblemata nova de secretis naturae chymica* (Oppenheim 1617) Emblem IX.

Abbildung 9: Bertel Thorvaldsen nach Asmus Jakob Carstens: *Das goldene Zeitalter* (um 1800).

Abbildung 10: Francisco de Goya: *El pelele* (Die Strohpuppe) (1791 / 92). wikimedia.

Abbildung 11: Titelvignette von Carl Alexander Ferdinand Kluges *Versuch einer Darstellung des animalischen Magnetismus als Heilmittel* (2. Auflage 1815).

Abbildung 12: Eugène Delacroix: *Tasso im Irrenhaus* (1825). Bleistift. 26,7 × 31,3 cm. Signiert und datiert u. l.: Eug. Delacroix 1825. Privatsammlung / Hirmer Verlag.

Abbildung 13: David Gilly (gezeichnet von Bocksfeld d. J.): *Entwurf zum Neubau des Zuchthauses in Spandau. Ansicht und Querschnitt des Haupttraktes (um 1804).* Entworfen von David Gilly, gezeichnet von Bocksfeld d. J., Feder, laviert, 51,5 × 73 cm. Berlin, Landesarchiv, Plankammer, II, 36, 8–13. Katalog Revolutionsarchitektur, hg. von Winfried Nerdinger u. a., München 1990, S. 100f.

Abbildung 14: Ludwig Emil Grimm: *Bettina von Arnim vor dem Entwurf ihres Goethe-Denkmals.* Radierung (1838). akg-images.

Der Verlag hat sich um die Einholung der Abbildungsrechte bemüht. Da in einigen Fällen die Inhaber der Rechte nicht zu ermitteln waren, werden rechtmäßige Ansprüche nach Geltendmachung ausgeglichen.

16.3 Personenverzeichnis

Rufnamen bzw. den Zeitgenossen geläufige Vornamen finden sich kursiv gesetzt; abgewandelte Vornamensformen werden in runden Klammern aufgelöst; von den Autoren willkürlich angenommene Vornamen werden in eckigen Klammern wiedergegeben.

Addison, Joseph 18, 24, 73f.
Alembert, Jean le Rond d' 105f.
Alewyn, Richard 218
Anakreon 221
Anna Amalia, Herzogin von Sachsen-Weimar-Eisenach 28, 30, 138
Apuleius von Madaura 258
Arens, Johann August 44
Ariosto, Lodovico 185
Aristoteles 126, 256
Arnim, Bettina (eigentlich Elisabeth) von, geb. Brentano 31, 209f., 213, 225
Arnim, Ludwig *Achim* von 15, 23, 31f., 50f., 58, 83, 158, 166, 171, 178, 200, 221f., 256
Ast, Georg Anton *Friedrich* 146f.
Augustinus, Aurelius 167, 256

Baggesen, Jens [Immanuel] 23, 213
Barner, Wilfried 155
Bateson, Gregory 123
Batsch, *August* Johann Georg Karl 112, 131
Baudelaire, Charles 69, 147
Baumgarten, Alexander Gottlieb 89
Beethoven, Ludwig van 60
Beißner, Friedrich 219
Benjamin, Walter 86, 217
Bertuch, Friedrich Justin 199
Binder, Wolfgang 100
Björnstahl, Jacob Jonas 116
Blanckenburg, Friedrich von 258
Blasis, *Carlo* Pasquale Francesco Raffaele Baldassare de 87f.
Bluhm, Lothar 152f., 156
Blumenberg, Hans 89, 106f.
Boccaccio, Giovanni 78
Bocksfeld d. J. 195
Bodmer, Johann Jakob 73f.
Böhn, Andreas 82
Böhmer, Auguste 67
Bolten, Johann Christian 182
Bonaparte, Napoléon (als Napoléon I. ab 1804 Kaiser von Frankreich) 40, 52f.
Bormann, Alexander von 145
Brandt, Susanna Margaretha 122
Breitinger, Johann Jakob 73

Brentano, *Clemens* Maria Wenzeslaus 15, 23, 32, 51, 56, 58, 200, 210, 212, 216, 221f., 256
Brown, Jane 130
Brun, Carl 46
Brun, *Friederike* Sophie Christiane, geb. Münter 46
Brydone, Patrick 116
Büchner, Carl *Georg* 197, 208

Calderón de la Barca, Pedro 130
Carl August, Herzog von Sachsen-Weimar-Eisenach 28-30, 44
Carstens, Asmus Jakob 133f., 164
Carus, Carl Gustav 166
Carus, Friedrich August 165
Cassirer, Ernst 89
Cervantes Saavedra, Miguel de 157
Coleridge, Samuel Taylor 64
Collin, Heinrich Joseph von 213
Collin, *Matthäus* Casimir von 213
Condillac, Étienne Bonnot de 136
Cotta, Johann Friedrich 22, 64, 199

Delacroix, Eugène 179f.
de Man, Paul 99–101
Descartes, René 135, 137, 141
Diderot, Denis 58, 66–68, 105f., 110
Diederichs, Eugen 215
Dilthey, Wilhelm 216
Dionysios I. von Syracus 53
Dubos, Jean-Baptiste 74

Eckermann, Johann Peter 258
Eichendorff, *Joseph* Karl Benedikt Freiherr von 23, 53, 134, 138–148, 166, 210, 212, 220–222
Elsheimer, Adam 258
Engel, Manfred 152
Enzensberger, Hans Magnus 221
Erhard, Johann Benjamin 35

Falk, *Johannes* Daniel 213
Fauteck, Heinrich 137
Feuerbach, Paul Johann Anselm Ritter von 198
Fénelon (François de Salignac de La Mothe-Fénelon) 36

Fernow, *Carl Ludwig* Christoph 59, 134, 138
Fichte, Johann Gottlieb 17, 48f., 67, 108f., 113f., 124, 198, 217, 257
Fiorillo, Johann Dominik (auch Dominico) 59
Fohrmann, Jürgen 214
Forster, Johann *Georg* Adam 52, 116, 215
Foucault, Michel 105, 192, 220
Fouqué, *Friedrich* Heinrich Baron de la Motte 213
Frank, Manfred 112
Franz II., römisch-deutscher Kaiser, als Franz I. ab 1806 Kaiser von Österreich 214
Freud, Sigmund (eigentlich Sigismund Schlomo) 190
Friedrich, Caspar David 58
Friedrich II., König von Preußen, genannt der Große 26, 29, 35, 199
Friedrich Wilhelm III., König von Preußen 29
Friedrich Wilhelm IV., König von Preußen 200

Gaier, Ulrich 47
Garve, Christian 151
Gervinus, Georg Gottfried 212f., 215
Gilly, David 195f.
Gilly, *Friedrich* David 34, 103f., 117
Göchhausen, *Louise* Ernestine Christiane Juliane von 122
Goethe, Johann Wolfgang 11f., 14, 17–22, 24, 26f., 29–32, 34, 38, 43f., 49, 54, 56, 60, 62, 64–67, 69, 72–80, 85f., 91, 98, 104, 106–112, 118, 120–132, 138, 150–162, 164, 166, 171, 177, 180–188, 192, 197f., 205, 209f., 212, 214–216, 218f., 222, 256–258
Görres, Johann *Joseph* 51
Goya, Francisco de 149f.
Gries, Johann Dietrich (auch Diederich) 67
Grillparzer, *Franz* Seraphicus 213
Grimm, *Jacob* Ludwig Carl 50f., 72, 82, 138, 200, 258
Grimm, Ludwig Emil 209f.
Grimm, *Wilhelm* Carl 50f., 72, 82, 138, 258
Günderrode, *Karoline* Friederike Louise Maximiliane von 213
Gundolf, Friedrich 218

Habermas, Jürgen 151
Hackert, Jakob *Philipp* 68
Hamann, Johann Georg 47
Hansen, Olaf 12
Hardenberg, *Friedrich* Leopold von 17, 20–23, 47, 50, 67, 72, 79–81, 85, 94, 104, 106, 109–114, 134, 137–145, 147f., 150, 153f., 158, 166, 212f., 216f., 219, 222, 257, 259
Haym, Rudolf 213, 216

Hegel, Georg Wilhelm Friedrich 64, 90, 257
Heilborn, Ernst 217
Heine, Heinrich (eigentlich Harry) 210, 212, 215, 220–222, 225
Herder, Johann Gottfried 22, 29f., 47, 58f., 63, 91, 134, 136f., 141f., 148
Herwig, Henriette 157
Hesiod 134
Hettner, Hermann 215
Heydenreich, Karl Heinrich 198
Heyne, Christian Gottlob 74
Hirt, *Aloys* Ludwig 44
Hobbes, Thomas 198
Hölderlin, Johann Christian *Friedrich* 45–49, 52–54, 90f., 216, 219f., 256f.
Hoffmann, E.T.A. (d. i. Ernst Theodor Wilhelm [Amadeus] Hoffmann) 27, 32, 60, 68, 150, 158–162, 166, 171, 178, 180f., 187–192, 196f., 213, 222, 258
Hofmannsthal, Hugo von (eigentlich Hugo Laurenz August Hofmann, Edler von Hofmannsthal) 218
Homer 23, 32, 75, 136, 142, 155
Honold, Alexander 46
Huber, Marie *Therese*, geb. Heyne, geschiedene Forster 213
Huch, Ricarda 216
Hülsen, August Ludwig 213
Humboldt, *Alexander* Friedrich Heinrich von 52
Humboldt, *Wilhelm* Friedrich Karl von 73

Immermann, *Karl* Leberecht 41
Isidorus Orientalis (Pseudonym für Otto Heinrich Graf von Loeben, siehe dort)

Jacobs, Jürgen 152f.
Jean Paul (Pseudonym für Johann Paul Friedrich Richter, siehe dort)
Jenisch, Daniel 19

Kamptz, *Karl Albert* Christoph Heinrich Freiherr von 160, 196
Kant, Immanuel 61–63, 75, 89f., 94–96, 113, 115, 178, 198, 212, 257, 259
Kleist, Bernd Wilhelm *Heinrich* von 12, 32, 58, 88, 91, 93, 98–101, 166, 171, 178, 196f., 199, 205–208, 213, 219, 223, 256
Klemperer, Victor 57
Klopstock, Friedrich Gottlieb 115
Kluge, Carl Alexander Ferdinand 163f., 166
Knauss, Bernhard 217
Knorring, Sophie von, geb. Tieck, gesch. Bernhardi 35

Körner, Christian Gottfried 94, 152
Körner, Karl *Theodor* 213
Kofman, Sarah 160
Kommerell, Max 48, 205, 207, 218
Korff, Hermann August 217
Kosegarten, Gotthard [Theobul] Ludwig 213
Kremer, Detlef 214
Kurth, Lieselotte 151

Langermann, Johann Gottfried 182
Lavater, Johann Kaspar 115
Lequeu, Jean Jacques 39f.
Lessing, Gotthold Ephraim 34, 59f., 63, 73f., 216
Lichtenberg, Georg Christoph 106
Liebrand, Claudia 160
Locke, John 166f., 178, 181, 198, 257, 259
Loeben, Otto Heinrich Graf von 23, 140
Louis XIV, König von Frankreich 18, 258

Maier, Michael 119f., 126
Matthisson, Friedrich 213
Matussek, Peter 129, 131
Menninghaus, Winfried 46
Mesmer, Franz Anton 171
Meyer, Johann (eigentlich Hans) Heinrich 65–67, 109
Milton, John 18
Möller, Friedrich Wilhelm 82
Morgenstern, Johann Simon *Karl* 152
Moritz, Karl Philipp 33f., 44, 62f., 69, 90–92, 94, 164f., 167–170, 177
Müller-Seidel, Walter 96
Müller-Sievers, Helmut 143

Napoléon I. (siehe Bonaparte)
Nees von Esenbeck, *Christian Gottfried* Daniel 131
Newton, Isaac 107, 121
Nicolai, Christoph *Friedrich* 171
Niethammer, Friedrich Immanuel 200
Novalis (Pseudonym für Friedrich Leopold von Hardenberg, siehe dort)

Oehlenschläger, *Adam* Gottlob 213
Oesterle, Günter 207
Oken, Lorenz (eigentlich Okenfuß) 166

Pindar 46
Platen-Hallermünde, August Graf von 222
Platon 90
Plutarch 52
Pockels, Karl Friedrich 168

Quintilian 141

Racine, Jean Baptiste 18
Raffael (eigentlich Raffaelo Santi, Raffaello Sanzio) 10
Reichardt, Johann Friedrich 25f., 37
Reil, Johann Christian 182, 191
Reimer, Georg Andreas 199
Reinhold, Karl Leonhard 94, 113
Reuß, Roland 219
Richter, Johann Paul Friedrich 88, 104, 114–117, 178, 222, 256
Ricklefs, Ulfert 50
Ritter, Joachim 89
Rölleke, Heinz 82
Rosa, Salvator 68
Rousseau, Jean-Jacques 115, 134, 136, 165, 167, 198f., 207
Rückert, Friedrich 213
Runge, Philipp Otto 68, 71f., 83, 256

Safranski, Rüdiger 34f., 211
Sappho 46f.
Saße, Günter 153
Sattler, Dieter E. 219
Savigny, Friedrich Karl von 50f., 53, 200
Savigny, Gunda (eigentlich Kunigunde) von, geb. Brentano 200
Schelling, Caroline, geb. Michaelis, verw. Böhmer, gesch. Schlegel 67
Schelling, Friedrich Wilhelm Joseph 64, 67, 90, 100
Schiller, Johann Christoph *Friedrich* 11f., 15, 17–22, 24, 30f., 44–46, 48f., 52–54, 59, 66, 72–79, 86, 88, 90–102, 108f., 113, 120f., 129–132, 152, 156, 161, 196f., 199–205, 207f., 212, 214f., 218, 224, 256, 258
Schings, Hans-Jürgen 152f.
Schinkel, Karl Friedrich 55f., 103f.
Schlaffer, Hannelore 27, 153
Schlaffer, Heinz 81, 153
Schlechta, Karl 153
Schlegel, August Wilhelm 17, 21f., 30, 41, 61, 67, 69, 73f., 114, 129, 166, 210, 213–215, 222, 257f.
Schlegel, Caroline siehe Schelling
Schlegel, Karl Wilhelm *Friedrich* 17, 21f., 30, 35, 47, 49, 61, 67, 72, 76, 79, 80f., 85, 90, 114, 129, 138, 140, 144, 146f., 152f., 157f., 166, 210, 212–215, 217, 218f., 222, 256–259
Schleiermacher, *Friedrich* Daniel Ernst 146, 216
Schmitt, Carl 217
Schöningh, Ferdinand 138

Schopenhauer, *Johanna* Henriette, geb. Trosiener 213
Schreyvogel, *Joseph* Karl 22, 214f.
Schubert, *Franz* Peter 61
Schubert, Gotthilf Heinrich 166, 258
Selbmann, Rolf 152f.
Sembdner, Helmut 219
Seume, Johann Gottfried 44, 52–54, 213, 256
Shakespeare, William 23, 214
Sinclair, *Isaak* Eduard Freiherr von 52
Sokrates 257
Spinoza, Baruch de 107
Staël-Holstein, Anne Louise Germaine de, geb. Necker 214
Staengle, Peter 219
Steffens, Henrich 29
Stein, *Charlotte* Albertine Ernestine von, geb. von Schardt 43
Stephan, Inge 52
Stephens, Anthony 207
Stock, Dora (eigentlich Johanna Dorothea) 67
Stockinger, Ludwig 13f., 23
Strich, Fritz 217
Szondi, Peter 74

Tasso, Torquato 180, 183, 186
Thorvaldsen, Bertel 133f., 142
Tieck, Johann *Ludwig* 26, 32–38, 59, 72, 81–86, 140, 150, 157, 166, 169–177, 212f., 215, 256
Tieck, Sophie siehe von Knorring
Trappen, Stefan 73

Uhland, Ludwig 213
Unger, *Johann Friedrich* Gottlieb 199

Vajda, György 68
Valois, *Achille* Josephe Etienne 9f.
Varchi, Benedetto 57
Varnhagen, Rahel, geb. Levin 213
Vernet, Joseph 58
Vico, Giambattista 134, 136f., 141f.
Vietta, Silvio 12f.
Villwock, Jörg 12
Vitruv 61
Vogl, Joseph 154
Voltaire (d. i. François Marie Arouet) 18, 24
Voß, Johann Heinrich d. Ä. 22f., 32, 199, 258
Voß, Johann *Heinrich* d. J. 22f., 212
Voßkamp, Wilhelm 214

Wackenroder, Wilhelm Heinrich 26, 33–38, 59, 169, 213, 215, 256
Wackenroder, Christoph Benjamin 35
Wagner, Heinrich Leopold 122
Wagner, Michael 166
Weidmann, Paul 129
Werner, Friedrich Ludwig *Zacharias* 213
Wezel, Johann Karl 220
Wickram, Georg (auch: Jörg) 15, 51
Wieland, Christoph Martin 22, 29, 207, 220, 258
Wilhelmine (eigentlich Friederike Sophie *Wilhelmine*), Markgräfin von Brandenburg-Bayreuth 35f.
Winckelmann, Johann Joachim 42f., 51, 58–61
Wölfel, Kurt 99f.
Wölfflin, Heinrich 217
Wolff, Christian 165
Wrankmore, William Colley 25

Zelle, Carsten 98, 102
Ziolkowski, Theodore 67
Zschokke, Johann *Heinrich* Daniel 89, 213

16.4 Glossar

Ästhetische Erziehung, Bildung Eines der drei Zentralkonzepte, die der Epoche um 1800 zugrunde liegen. → KAPITEL 1.1, 10

Arabeske [ital. *arabesco*, franz. *arabesque*] ursprünglich aus der islamischen Kunst abgeleiteter Begriff für ein Pflanzenornament, wie es insbesondere in der italienischen Kunst seit der Spätrenaissance beliebt war. Friedrich Schlegel übertrug den Begriff 1798 auf ein literarisches Verfahren, das zwischen ‚durchsichtigem' Klartext und ‚opaker' Hieroglyphe einen Mittelweg sucht – freilich keinen geraden, sondern einen, der die Peripherie des Texts umspielt. Die nur scheinbar gesetzlose Willkür der Arabeske, das Unvereinbare miteinander in Beziehung zu setzen, wurde zum grundlegenden Organisationsprinzip romantischer Textproduktion. Dabei sollte ein nicht auf den Begriff zu bringendes Ordnungsprinzip augenfällig werden. Der Künstler Philipp Otto Runge meinte Schlegel zu folgen, wenn er seine *Tageszeiten* (→ ABBILDUNG 5) als Arabesken verstand. → KAPITEL 4

Autobiografie Der Gattungsname ist in Deutschland erst seit etwa 1790 nachgewiesen, über die Sache aber dachte man bereits seit dem frühen 18. Jahrhundert in gattungstheoretischen Kontexten nach. Die Frage lautete, wie ein Verfasser in einem narrativen Text selbst [*autós*] über das eigene Leben [*bíos*] schreiben [*gráphein*] könne. Wiewohl ein berühmtes Muster mit den *Confessiones* des Augustinus vorlag und in Mittelalter und Renaissance sowohl religiös ‚bekennende' als auch gelehrt ‚berichtende' Autobiografien verfasst wurden, erlebte die Gattung erst in der Spätaufklärung eine erste Blüte, als ihr mit dem Ersteindruck, der Kindheit und dem allmählichen Werden des Menschen neue Themen zuwuchsen. Auf Jean Paul geht die Eindeutigung „Selberlebensbeschreibung" zurück: ein Autobiografie-Projekt, das er im Jahr 1819 abbrach, doch das 1826 nach seinem Tod unter diesem Titel erschien. → KAPITEL 11

Autonomie Eines der drei Zentralkonzepte, die der Epoche um 1800 zugrunde liegen. → KAPITEL 1.1, 3.3, 5.1, 6.1, 10, 13.2

Brief Eigentlich ein kurzer [lat. *brevis* = kurz], nicht-fiktionaler Text an einen abwesenden Empfänger. Schon in der Antike wurde über den literarischen Gattungscharakter des Briefs nachgedacht. Um 1800 u. a. deswegen wichtig, weil sich in Briefen auf adressatenbezogene Weise Ideen erproben (z. B. Heinrich von Kleists als sprachliche Kunstwerke gestalteten Briefe), literarische Entwürfe mitteilen (etwa im Briefwechsel Goethe – Schiller (→ KAPITEL 5.1)) oder auch Freundschaftsbünde pflegen ließen (vgl. z. B. die Briefwechsel Tieck – Wackenroder (→ KAPITEL 2.2) und von Arnim – Brentano). Viel Aufmerksamkeit fanden solche Briefe, die Reiseeindrücke schilderten (→ KAPITEL 3); sie wurden wegen ihres ambivalenten Charakters zwischen Dokument, Ereignis und literarischer Schilderung gerne auch in Zeitschriften gedruckt. Auf diese Weise ergaben sich Übergänge zu dezidiert literarischen Texten, wie z. B. Johann Gottfried Seumes *Spaziergang nach Syrakus* (→ KAPITEL 3.5). Der schon von der Aufklärung wegen seines Perspektivismus besonders geschätzte Briefroman wurde auch um 1800 gepflegt, oft in artifizieller Form wie in Hölderlins *Hyperion* (→ KAPITEL 3.3).

Dilettant, Dilettantismus Um 1750 ins Deutsche übernommen; bezeichnete ursprünglich wie im Italienischen [*dilettante*] den Liebhaber einer Kunst, meist der bildenden Künste im Allgemeinen. Weil sich die Adelskritik der Spätaufklärung gegen eine bloß genießerische Kunstrezeption richtete, wurde der Dilettant zum negativ besetzten Gegenteil des professionellen Künstlers oder Kritikers. Insbesondere Goethe und Schiller nahmen sich des Problems an und arbeiteten umfangreiche Tabellen aus, die den Dilettantismus bekämpfen und ihm ein gesichertes Wissen entgegensetzen wollten (→ KAPITEL 7.2). Andererseits gab es zahlreiche Ansätze zur Aufwertung des Dilettantismus als einer anregenden Haltung, die sich den herrschenden Diskursen widersetzt und von Offenheit gegenüber mehreren Perspektiven geprägt ist (→ KAPITEL 4).

Drama [abgeleitet vom griechischen *drán*, einem Verb mit weitem Bedeutungsumfang, in dessen Zentrum das körperliche Agieren steht]. Als literarische Gattung, die für die Aufführung auf dem Theater vorgesehen war und der fiktiven direkten Rede eine zentrale Bedeutung verleiht, erfuhr das Drama innerhalb der antiken Poetik (z. B. in Aristoteles *Poetik*) die größte Aufmerksamkeit. Dramen wurden schon in der Frühen Neuzeit gattungstheoretisch bedacht. Erst nach 1800 erklärte man das Drama neben Epik und → Lyrik zu einer der drei Grundformen der Dichtung. → KAPITEL 6, 8, 12, 13

Empirismus   Eine philosophische Richtung, die alle Begriffe aus der Erfahrung [griech. *empeiría*] abzuleiten versucht und vom Primat der Erfahrung ausgeht. Als neuzeitlicher Begründer des Empirismus wurde um 1800 allgemein John Locke angesehen (→ Sensualismus). → KAPITEL 6, 7, 11

Epik   → Lyrik, → Roman

Fragment   Im 18. Jahrhundert ein nicht fertig gewordenes Textstück, ein Bruchstück also. Für die romantische Geschichtsphilosophie deutet das Fragment jedoch immer auf ein Ganzes hin, dessen Erkennbarkeit sich dem Einzelnen entzieht. Die Verschiebung der Wortbedeutung können an Goethes Faust, der 1790 zuerst als *Faust. Ein Fragment* veröffentlicht wurde, sowie an den romantischen Reaktionen auf ihn studiert werden (→ KAPITEL 8). Berühmt wurden die 1798 in der Zeitschrift *Athenäum* veröffentlichten Fragmente von Friedrich und August Wilhelm Schlegel, darunter das 116. zum Thema der „progressiven Universalpoesie" (→ KAPITEL 5.2).

Geschichtlich reflektierte Aneignung von Vorvergangenheiten   Eines der drei Zentralkonzepte, die der Epoche um 1800 zugrunde liegen. → KAPITEL 1.1, 3, 4

Idealismus   Als deutschen Idealismus bezeichnet man die Geschichte der deutschsprachigen Philosophie von Kant bis Hegel, insbesondere die 25 Jahre zwischen Kants *Kritik der reinen Vernunft* (1781) und Hegels *Phänomenologie des Geistes* (1807). Die neuere Forschung tendiert allerdings dazu, diesen Weg nicht einsinnig auf Hegel hin zu beziehen, sondern fallen gelassene Alternativen und Querdenker aufzuwerten; Netzwerke und Vermittlungswege der Ideengeber und ihre wichtigsten Ideen werden historisch exakt dokumentiert, und insbesondere die Bedeutung Johann Gottlieb Fichtes wird als maßgeblich neben derjenigen Hegels und Schellings angesetzt. Novalis und Goethe (→ KAPITEL 7), aber auch Hölderlin (→ KAPITEL 3.3) haben sich früh mit Fichte auseinandergesetzt. → KAPITEL 7.3

Inzitament   Ein Reizmittel, das die zeitgenössische medizinische Lehre über das Fließgleichgewicht der Seele als unabkömmlich betrachtete. Der Begriff wurde insbesondere von Friedrich Schlegel und Novalis an zentralen Stellen gebraucht, wo er zwischen medizinischer und poetologischer Verwendung changiert. („Incitament und Reitzbarkeit bestimmen sich gegenseitig. Keins ohne das Andre – und zwar vom Ursprung an"; Novalis 1960ff., Bd. 2, S. 573; „Auf die Kritiken der Fragm[ente] freuen wir uns sehr. Sie geben uns oft Incitamente zur Symphilosophie"; Friedrich Schlegel an Novalis, Ende Juli 1798, nach Novalis 1960ff., Bd. 4, S. 498). → KAPITEL 1, 5

Ironie   Der Begriff aus der Rhetorik, bezeichnet eine Verstellung der Rede [griech. *eironeia* = Verstellung]: das Gegenteil des Gemeinten wird zwar gesagt, doch so gesagt, dass das eigentlich Gemeinte erraten werden kann (und soll). Schon in der Antike bediente sich Sokrates der Ironie als Mittel zur Wahrheitsfindung, indem er zur Widerlegung der Meinung eines Gegners sich – scheinbar – dessen Argumente zueigen machte. Um 1800 entstand die romantische Ironie. Sie diente nicht der Wahrheitsfindung, sondern ist ein poetisches Prinzip, das insbesondere darin besteht, zugleich etwas auszusagen und die Geltung der Aussage infrage zu stellen. Das Paradoxon ist daher eine wichtige Denkfigur romantischer Ironie, doch nicht die einzige. → KAPITEL 10.3

Jakobiner   Bezeichnung für die gesamte (radikal-)demokratische Bewegung in Mitteleuropa im Zeitalter der Französischen Revolution. Der Name geht auf die Gegner des „Club des Jacobins de Paris" (einer Versammlung im säkularisierten Kloster Saint Jacques zu Paris) zurück. Der literarische Jakobinismus brachte eine Fülle von Liedern, Pamphleten, Straßentheaterstücken hervor und pflegte in besonderer Weise die Gattung des Reiseberichts. Er kann weder dem Klassizismus noch der Romantik zugeordnet werden, und markiert eine dritte Position in der Zeit um 1800. → KAPITEL 3.4, 3.5, 14.2

Kontingenz   [von lat. *contingere* = widerfahren, zuteil werden] bezeichnet die bloße Zufälligkeit eines Sachverhalts: sie ist somit Widersacherin der Notwendigkeit im philosophischen und der Providenz (Vorsehung) im theologischen Sinn. → KAPITEL 3, 6, 10

Lyrik   Bereits aus der Antike und der Frühen Neuzeit sind zahlreiche Äußerungen über Versdichtungen verschiedener Art überliefert, die man nachträglich einer Theorie der Lyrik subsumieren könnte. Das Substantiv „Lyrik" ist allerdings erst seit dem frühen 19. Jahrhundert nachweisbar, zuerst in den Vorlesungen zur Literatur von August Wilhelm und Friedrich Schlegel. Offenbar ist es in Analogie zu „Epik" und → „Dramatik" gebildet und bezeichnet das, was jene nicht sind: eine monologische Rede, in Versen, ohne einbettenden Kontext. Erst 1819 hat Goethe die Lyrik neben Epik und Drama zu den „Naturformen der Poesie" gezählt – und zwar: als „die enthusiastisch aufgeregte" (Goethe 1985ff., Bd. 11.1.2, S. 194) neben der klar erzählenden und der persönlich handelnden. Damit wurde die Dreizahl der Gattungen etabliert, die uns heute so selbstverständlich (und so überprüfenswert) ist. → KAPITEL 1.3, 3, 4, 5, 9

Märchen   [von Mittelhochdeutsch: *maere* = Kunde, Nachricht] verweist als Diminutivform darauf, dass die „Kunde/Nachricht" in einer kleineren Erzählung geschehe. Wie die Existenz z. B. der Märchen aus *1001 Nacht* oder auch der ‚Goldene Esel' des Apuleius belegt, gab es Märchen gleichsam immer schon. Die Definition der Gattung stammt allerdings erst von den Brüdern Grimm, die die Gattung im frühen 19. Jahrhundert erstmals wissenschaftlich erforscht (→ KAPITEL 5) und außerdem die literarischen Muster geschaffen haben, nach denen Märchen international gesammelt und weitertradiert wurden. Es ist für die Zeit um 1800 von besonderem Interesse, die Wechselwirkungen zwischen der Erfindung dieser romantischen Gattung und der Entstehung anderer Gattungen zu beobachten. → KAPITEL 5.3, 6, 11

Nachtstück   Zunächst ein kunstgeschichtlicher Begriff, mit dem ein (meist kleinformatiges) Gemälde einer Nachtszene bezeichnet wird, in dem scharfe Hell-Dunkel-Kontraste mehr zählen als lebhafte Farben (z. B. Adam Elsheimer, *Flucht nach Ägypten*, 1609). Aufgrund des Interesses romantischer Naturphilosophie und Literatur an der Nacht (z. B. *Nachtwachen des Bonaventura* → KAPITEL 4.3) fand eine Übertragung auf den Bereich der literarischen Gattungen statt. Insbesondere seit E.T.A. Hoffmanns *Nachtstücke* (→ KAPITEL 12) werden als Nachtstück solche Erzählungen verstanden, die sich dem Nächtlichen im Menschen selbst stellen. Zuvor und mit ganz anderen Akzenten hatte der Wissenschaftler Gotthilf Heinrich Schubert *Ansichten von der Nachtseite der Naturwissenschaft* (1808) publiziert, ein Buch, das von vielen romantischen Texten aufgegriffen, wegen seiner ans Irrationale grenzenden Wissenschaftsgläubigkeit aber auch kritisiert wurde. → KAPITEL 4.3, 12

Novelle   Der Gattungsbegriff leitet sich von lateinisch *novus* [= neu, jung] ab. In der Frühen Neuzeit hießen Neuigkeiten der verschiedensten Art gerne *nouvelles* (im frz. Bereich). Da die Gattung in der Antike nicht bedacht worden war und faktisch ein äußerst weites Feld von Texten umfasste, war sie theoretisch unterbestimmt. Gerade deswegen war sie um 1800 in besonderem Maße attraktiv für literarische Experimente und für tentative Gattungsbestimmungen. So sprach Goethe Johann Peter Eckermann gegenüber angeblich davon, dass sie eine „sich ereignete unerhörte Begebenheit" (Goethe 1985ff., Bd. 19, S. 203) sei. → KAPITEL 4, 5, 11

Parodie   geht als Begriff auf das griechische Wort *paródía* zurück, in dem sich das Wort *Ode*, der Gesang, verbirgt. Es bedeutet ‚Nebengesang' oder ‚Gegengesang' und bezeichnet eher eine (meist durch Imitation oder Übertreibung eines Vorbildes das Lachen herausfordernde) Schreibweise als eine Gattung oder Textsorte. → KAPITEL 1, 10

Roman   Ein längerer fiktionaler Erzähltext. Als Gattung wurde der Roman erst erstaunlich spät begriffen. Da er in antiken Poetiken nicht vorkam und auch von der Frühen Neuzeit zumindest nicht systematisch beachtet wurde (ähnlich wie die → Novelle), galt er noch um 1800 als junge, experimentierfreudige Gattung. Wenn Goethe und Schiller von „Epik" sprachen, meinten sie nicht den Roman, sondern Versepen, wie z. B. *Luise* von Johann Heinrich Voß oder *Hermann und Dorothea* von Goethe. Mit *Wilhelm Meisters Lehrjahre* (1795/96) hat Goethe jedoch – nach Christoph Martin Wielands frühen Romanen, die für Friedrich von Blanckenburgs *Versuch über den Roman* (1774) maßgeblich waren – das folgenreichste Muster für die Gattungsüberlegungen gerade auch in romantischen Texten vorgelegt. → KAPITEL 10

Salons   Die Etablierung von Salons geht auf die absolutistische Kulturpolitik des französischen Königs Louis XIV. zurück, der seit 1667 alle zwei Jahre im Salon Carré des Louvre eine öffentliche Kunstausstellung stattfinden ließ. Die dort ausgestellten Bilder wurden in kleinen Broschüren besprochen, die zunächst noch nicht „Salons" hießen. Im Verlauf des 18. Jahrhunderts etablierte sich der Name „Salon" für die aus diesen unscheinbaren Heftchen hervorgehende Kunstkritik, die mit rhetorischem Schwung, Witz und Biss dafür sorgte, dass aus dieser Beschreibungsliteratur zumindest in Frankreich eine eigenständige literarische Gattung, teils mit dialogischen Partien, teils mit theoretischen Exkursen, wurde – im deutschsprachigen Gebiet fehlte es lange an den Voraussetzungen hierzu. → KAPITEL 4

Sensualismus   Eine im 18. Jahrhundert besonders folgenreiche Spielart des → Empirismus. Knüpfte an John Lockes Überzeugung an, dass nichts im Intellekt sei, was nicht zuvor in den Sinnen war. Der Mensch wird demzufolge als eine Tabula rasa (ein weißes Blatt Papier oder eine leere Schreibtafel) ohne angeborene Ideen begriffen, die sich erst nach und nach mit den allein aus den Sinnen empfangenen Daten füllt. Lockes Ansatz wurde von vielen Zeitgenossen als atheistisch beargwöhnt und früh bekämpft. Kant und die ihm folgende Philosophie wendet die gesamte Fragestellung ‚transzendental', indem zunächst die Bedingungen der Möglichkeit von Erfahrung vor aller Erfahrung (‚a priori') bedacht werden – eine metatheoretische Rückwendung der Philosophie auf ihre Grundlagen, die als Vorbedingung dafür angesehen wurde, dass Philosophie wahrheitsfähig und in diesem Sinn Wissenschaft werde. → KAPITEL 4, 5, 9

Symphilosophieren   Eine von Friedrich Schlegel aus den Worten bzw. Lexemen *Sym(pathie)* und *Philosophie(ren)* gebildete Wortneuschöpfung für die im produktiven Gespräch zu gewinnende frühromantische Wissenschaftsprogrammatik und -poetik. Diese äußert sich zunächst in einer gemeinschaftlichen Theorieproduktion, nämlich den anonym im *Athenäum* veröffentlichten Fragmenten. Obwohl es letztlich nur Schlegel war, der diese Fragmente redaktionell bearbeitete, gingen ihnen tatsächlich gemeinsame Überlegungen der jungen Jenaer Intellektuellen voraus. Wichtigstes Beispiel dafür ist das anonyme *Gemählde*-Gespräch im zweiten Band des *Athenäum* (→ KAPITEL 4.3). Novalis ließ sich zwar intensiv auf das Symphilosophieren mit Schlegel ein, brach es dann jedoch zugunsten seines Projekts einer romantischen Enzyklopädie ab (→ KAPITEL 7), das von ihm allein entworfen wurde. → KAPITEL 4, 7

www.ingramcontent.com/pod-product-compliance
Lightning Source LLC
Chambersburg PA
CBHW030824230426
43667CB00008B/1365